人類學與社會文化

反景入深林

人類學的觀照、理論與實踐

黃應貴 著

三民書局

二版說明

黃應貴教授在人類學界享負盛名，此大作《反景入深林——人類學的觀照、理論與實踐》為教授多年研究的心血結晶，是認識人類學不可不讀的經典之作。

此次再版，除調整內文間距及字體編排外，也重新設計版式與封面，讓讀者能夠輕鬆、舒適的閱讀本書。期望讀者能深入領會人類學的魅力與內涵，以理解、應用於今日世界。

編輯部謹識

「人類學與社會文化叢書」總序

> 有人從西珥不住的大聲問我：「守望的啊！黑夜還有多久才過去呢？守望的啊！黑夜還有多久才過去呢？」守望的人回答：「黎明來到了，可是黑夜卻還沒有過去！你們如果再想問些什麼，回頭再來吧。」聽這段話的那個民族，已經詢問並等待了兩千餘年了，我們知道他們令人戰慄的命運。從這件事，我們要汲取一個教訓：只憑企盼和等待，是不會有任何結果的，我們應走另一條路：我們要去做我們的工作，承擔應付「眼下的要求」(*Forderung des Tafes*)，不論是在人間的事務方面，抑是在成全神之召喚的志業 (*Beruf*) 方面。(韋伯，〈學術作為一種志業〉)

這套叢書所出版的著作，基本上是以人類學的教科書，或社會文化相關課題的導論書為主。我們希望：這套叢書不僅能夠介紹國際人類學各分支或新課題的晚近發展外，更重要的是，透過人類學的引介，能夠擴展讀者的世界觀，突破華人文化長久以來的我族中心主義，達到人類學所強調的全人類社會文化的整體關懷與觀點。是以，我們希望在這套叢書中，所有著作均能夠適時地介紹不同文化區的相關研究，以便使讀者注意到不同個案的地理位置及文化特色，建立全人類的社會文化圖像。這種視野觀點，在國際人類學界並不陌生，甚至是成為頂尖人類學家的先決條件；但是，這個問題，從清末民初人類學在中國出現以來，卻一直為華人學者所切身體驗而無法解決，以韋伯的話來說，我們已經在黑暗之中等待了百年，現在，已經是出版這套叢書的時候了。

其次，透過人類學各個次分支以及新課題發展的引介，我們希望可以突顯出：在人類學理論的發展過程中，如何剔除既有理論中隱含的文化偏見，特別是世界性資本主義文化的偏見。這也是人類學在當今社會人文學科中，最為獨特，也最為重要的性質與貢獻。我們也希望，透過人類學知識發展上的反省，以及逐步累積的一點點成就，刺激讀者反身思考我們自己的社會、乃至於個人的文化偏見。也只有在剔除既有偏見的過程之中，才可能建構出足以包容更多元、更廣泛觀點的視野，也才有可能真正接納、乃至建構全人類社會文化的整體關懷。

第三，在這套叢書中，我們希望突顯出：人類學知識發展上的突破，是來自瞭解被研究現象或對象之社會文化特色，同時又能在理論上有所創新。人類學新課題或重要理論的發展，往往可以更有效呈現被研究對象的文化特色。這種突破，其實是奠基在對當地文化更深入、細緻，也更廣泛的理解，並從其中尋找出得以提綱挈領的新切入點，以便發展出新的研究課題。

最後，本叢書以中文出版，對象也是華文世界的讀者。因此，我們期望能納入華人學者在華文地區的重要研究成果以及親身經驗。除了能夠提供讀者在閱讀上的熟悉親近感，更易融入人類學的討論情境，更重要的是：我們呈現華人學者所關懷的社會文化問題，以及舊議題、舊現象的創新觀點。這往往有其切身的時代性及歷史性，更有其文化意義在內。換言之，表面上，我們出版的是教科書，但我們希望作者在寫這些書時，有自己的立場與觀點。故實際上，此叢書的出版概念，已超越一般教科書刻板印象，而是透過每一個主題的系統整體，創造出作者的知識系統，為新文化的發展貢獻一分心力。

因此我們期望：這套叢書不僅只是人類學新知識的介紹。透過它，我們也是在反省、乃至於創新自己的文化。

主編

黃應貴 敬上

序

這本書並非是給一般初學者的入門書，而是論述筆者對於人類學的主觀看法，故並不是試圖以最容易理解的方式來介紹人類學，而是透過個人的親身體驗、反省、實做等，勾畫出筆者對於人類學的特殊理解或看法，比較接近畢梯 (John Beattie) 所寫的《異文化》(*Other Cultures*) 或李區 (Edmund Leach) 的《社會人類學》(*Social Anthropology*)，所以特稱之為《反景入深林——人類學的觀照、理論與實踐》。故我鎖定的主要讀者為碩、博士班研究生或大學部高年級學生。

這裡所說的特殊理解或看法，主要是指個人因特定歷史情境下的成長過程與經驗，影響自己對於人類學生涯的選擇，也影響了自己對於人類學研究對象、課題與解答方式的選擇。當然，研究對象本身的性質也會對研究課題與解答方式有所影響，但無可否認的，作為一個非西方文化下成長的人類學者，面對從西方所發展出來的學問，筆者還是無法否認西方人類學的優越性而不可避免地去學習、甚至接受其成果，並受到影響。唯這並不表示這接受是沒有選擇性的，事實上，正好相反；人類學知識的特色之一便是透過被研究對象的特性來反省並剔除已有知識理論中的文化偏見，特別是資本主義文化的偏見，而有所突破。這對於非西方文化下的人類學發展特別重要，因這有助於非西方社會的人類學在當地得以有效地發展。故本書明顯不同於西方人類學者所寫的導論之處，便是盡可能突顯它如何剔除已有知識理論中文化偏見的知識特色。否則，我們只需好好翻譯一本西方學者的導論書便可。

其次，這本書在論述過程中，除了引用人類學古典的研究成果或民族誌例子外，將盡可能地加入華人的民族誌研究成果。這除了可增加讀者的熟悉感外，最主要的還是突顯出本地人類學家的關懷與累積，以及臺灣或中國地區各種社會文化的特性，有助於人類學知識在華人社會中生根，並作為華人人類學與國際人類學銜接的橋樑。雖然如此，筆者還是盡可能保留其他文化區重要的民族誌，以提醒讀者人類學所具有的全人類社會文化視野，正是建立在各文化區不同文化特色的掌握上。書中將以不同的字體及類似引用段落（以分隔線特別標示）來簡要記述某個民族誌或某個研究的主要重點內容外，並標示其大概的地理位置，勾勒出不同人類社會文化的分佈。當然，這類重點內容均是筆者主觀選擇摘要的結果。其中外國人名、地名及書名，已有一般慣用的譯名者則沿用之，無慣用譯名者則另行翻譯，但為免讀者無法辨識，可參考書後的譯名對照表。

第三，為了便於讀者掌握每章的主要論點與討論，在每章開始，以另一種字體簡單摘要該章的主要內容，讓讀者更易掌握整章的討論。而所有章節與內容的選擇，多少反映出筆者心中「社會」與「文化」的圖像及個人的限制。特別是在外國語文能力上的限制，使得本書所指的國際學界，幾乎只有英語學界，即使包括英譯的其他語言著作。這限制只有待未來有人能夠克服，而寫出更周延的作品來取代了。

第四，雖說本書是筆者個人對於人類學的看法，但在有限的篇幅內，不可能也不必要將筆者所理解的全部主要領域都涵蓋在內，只能選擇性地就書中提及的有限主題來談。像法律、藝術文學或美學、語言、都市、醫療或醫學等等多少已成為人類學分支，甚至已是有專業人類學刊物出版的領域，往往因個人相關知識的限制而不得不割愛。而各領域已有的研究成果所具有剔除既有知識理論上文化偏見的成就與影響力，以及其成果對於人類學其他領域的影響程度，更是筆者決定是否將其納入討論的主要依據。雖然如此，這些被選擇的主題或領域，往往是筆者已從事過相關的研究，在理解與掌握上得有某種程度的自信，但也容易帶入個人的偏見與偏好。事實上，筆者引用的民族誌資料或研究成果，往往會選擇自己最熟悉的來詮釋與討論，而無法全面照顧到不同文化區與其他的人類學家，更難將臺灣及中國地區有趣的研究成果通通納入。這都是個人能力上不足所造成的限制。因此，筆者期望未來能有更完善或不同觀點的著作出現，以達到本書拋磚引玉的目的。

最後，除了謝謝謝國雄、黃宣衛、陳文德、林開世、林瑋嬪、王梅霞等對於各章分別所提的意見外，謝謝陳文德、鄭依憶、譚昌國等對於全書所提供的意見，也謝謝劉斐玟及林偉仁夫婦為本書所提供的書名、許婉容代為製作圖表與索引、以及王薇綺代為處理一些相關瑣務，更特別謝謝黃郁茜對於整本書所提供非常細緻而深入的修改意見及修飾。某個角度來說，這本書已不只是筆者個人的作品，而包括了許多人的心血在內。另外，謝謝三民書局的劉振強董事長願意出版此套叢書，並謝謝筆者在做與此書內容相關課題的演講與討論時的聽眾，因他們的回應讓筆者有更深一層的領悟。最後，謝謝這本書的讀者，因願意寫這樣一本吃力不討好，而在學術界又不見得會算成成績的書，主要還是工作了三十年之後，愈來愈被它新的挑戰所吸引，卻離解答也愈來愈遠。唯一能做的就是讓自己沒有解答的問題與困惑，留給後面的人來解答與超越，也讓這咀嚼後餘味無窮的人類學知識能繼續吸引人加入。若沒有讀者，筆者懷疑這本書是否會誕生？更懷疑它存在的意義何在？

反景入深林

人類學的觀照、理論與實踐

目次

第一章　導　論

本章除了陳述筆者個人的人類學經驗外，主要說明人類學發展的歷史背景。

十五、十六世紀以來西歐資本主義的全球性拓展，使得西歐人比以往更頻繁地接觸到異文化的「他者」。但對於異文化他者的理解是否成為知識，則是取決於當時的知識體系是否將異族視為探討的對象。因此，西歐人知識體系的轉變如何影響其對異文化他者的看法，往往比「他者」的定義本身更重要。要理解這個改變，必須追溯到中世紀甚至更早以前。西方文化中的「他者」，從中世紀的「受魔鬼或撒旦誘惑而犯罪的人」、啟蒙時期的無知者、到十九世紀被視為史前原始文化的殘留等，均分別受到西歐當時知識上的發展或文化革命影響。如：文藝復興以來的哥白尼天文學革命與地理大發現、啟蒙時代以來的地質學革命與生物學演化論等。這個歷史過程，最後促使西歐人開始把他者的「差異」視為「文化」，這便是現代人類學的開始。

直到 1920 年代，現代科學人類學的文化概念才真正建立。隨著大英帝國的全球性發展，英國文化上的重要知識基礎：經驗論，也逐漸成為人類學理論的宰制性思潮。經驗論宰制下的科學觀，對於十九世紀末期的演化人類學之「臆測性知識體系」，提出很強烈的批判。在經驗論的知識基礎上，人類學的文化概念得以發展並精巧化：文化是複數的、多元性的、不同文化之間存在著差異。更重要地，文化是透過人的實踐過程來表現，跟人的活動不可分。是以，社會人類學一開始便是以人的群體、活動作為主要研究對象，這便涉及了「社會」的概念，而進入第二章的主題。

第一節　我的人類學經驗

身為一個在非西方世界成長的人類學者，對於這門學科的看法，至少有三個主要的來源：一是國際人類學知識發展的衝擊，一是研究對象的刺激，最後是人生經歷的影響。對我來說，這三者是相互影響而糾纏不清的，但人生的經歷卻是最初影響我決定念人類學的主因。因此，先由這裡開始談我對人類學的看法。

一、青少年時期刻骨銘心的經歷

雖然，人生是由許多瑣碎而平淡的生活經驗累積而來，但產生關鍵性影響的，卻往往只是幾件刻骨銘心的特殊經歷。其中，最讓我難以忘懷的是 1960 年代，初一（九年國教的國一）時的經驗。當時的臺灣才經歷二次大戰，人民生活普遍困苦，大部分人家的小孩都必須幫忙家計，以減輕家庭經濟負擔，我也不例外。星期天早上，我常與一位初中同學一起到嘉義市中心最大的市場賣菜。週一到週六，市場上擺攤的攤販都有固定的攤位，必須付費給管理委員會才能取得擺攤的權利。傳聞中，市場管理委員會是由黑道把持。只有在週日，警察與合法攤販會放鬆控制，讓未繳費的小販得以在此販賣他們自己栽種的農產品，以賺取微薄的利潤補貼家用。因而，週日的市場，往往可見臨時小販一路排到市場外。當時我們年紀小，只能用大菜籃將自己種的菜排在市場最外圍、最邊緣的街道上。有一天，一個警察走到我們的攤位前，斥責我們造成市場雜亂，然後竟一腳將我們的菜籃與籃裡的菜踢翻到路旁的水溝，讓我憤怒得想打那個警察。當時，我憤憤不平地跟同學說：「我一定要改變這個社會！」這件事便決定了我的一生。

高中時，我原本就讀生物組，讀得不錯，在當時的嘉義中學還滿有名。但到高三的最後關頭，我轉考人文組。因為，當時的我還是無法忘懷少年時在市場賣菜的憤怒經歷，總認為自己念的應該是經世致用之學。當時，在臺灣南部的環境，我所知道的經世致用之學便是歷史學——這必須要歸功於我當時的歷史老師，他是李敖的臺大歷史系同班同學，上課時便大談李敖當時引起廣泛爭議的暢銷著作《傳統下的獨白》。我也就這樣一廂情願地考進了臺大歷史系。

二、歷史系時期的啟蒙

進入臺大歷史系之後，我才發現，當時的歷史學訓練以訓詁考證為主，而考據工作距離原本想像的「經世致用之學」，相去不可以道里計。印象最深刻的例子，便是大一時讀到一篇期刊論文，考證「中國第一條電線」在哪裡，是哪一條。但對我而言，重要的是：電線在當時代的中國，有著什麼樣的意義？而該文完全無法回答這樣的問題。失望之餘，我便沉迷於舊俄時代的小說，如托爾斯泰的《戰爭與和平》、屠格涅夫的《父與子》、杜斯妥也夫斯基的《罪與罰》、《卡拉馬助夫兄弟們》、蕭洛霍夫的《靜靜的頓河》等等，都在大一時陸陸續續地讀了。直至今日，這些著作仍影響著我的研究主題。舉個最簡單的例子：托爾斯泰在《戰爭與和平》的跋中，進一步討論小說的主題之一：「什麼是歷史？」在小說中，拿破崙遠征俄國，大敗而歸。但，打敗法國大軍的俄軍統帥，在整個過程中卻幾乎沒有做出任何攸關大局的決定。是以，這位統帥認為真正的勝利者是俄羅斯老百姓，而不是他自己。托爾斯泰心目中的歷史也是以平民百姓為主體，而不是帝王將相或英雄。而「歷史的主體」，正是我現在關注的「歷史人類學」問題之一。❶

不過，在歷史系就讀的一年中，除了上述小說所帶來的啟發之外，還讀了當時的禁書，費孝通的《鄉土中國》。該書使我第一次認識到社會學這門學科，以及「救中國必須由瞭解中國社會做起」的學術立場。❷而社會學更合乎我當時懷抱的「經世致用」理想。因此，升上大二時，我便轉學到社會學系。

三、社會學系時的人類學反省

1960 年代晚期，社會學剛引入臺灣，完全沒有中文教材，必須閱讀大量的英文書籍。英文不好的我，大一暑假便到文星書店買了一本最便宜的口袋原文書，作為練習，這本小書便是米德 (Margaret Mead) 的《薩摩亞人的成年：為西方文明所作的原始人類的青年心理研究》(*Coming of Age in Samoa: A Psychological Study of Primitive Youth for Western Civilization*)(Mead 1928)。雖然，買到這本書完全是出於偶然，但暑假過去之後，我便開始深受人類學吸引。在這本書中，米德透過太平洋波里尼西亞薩摩亞人的田野工作研究，反省當時美國嚴重的青少年問題。彼時，幾乎所有社會科學都將青春期的叛逆行為視為生理的自然現象與社會化的必經過程。但在薩摩亞群島，親子關係自幼即和諧而少衝突，以至於兒童在進入青少年階段時，也很少發生嚴重的叛逆行為。經由這個研究，米德進一步指出：兒童養育方式將會決定

---

❶ 關於歷史人類學的深入討論，可見本書第十四章〈文化與歷史〉。

❷ 關於費孝通個人的學術立場與社會實踐，可參見郭一農 (1969)、李業富 (1976)。

青少年反叛期的存在與強度。

這本小書，充分顯示出人類學研究的特性：以一個個案的當地人觀點，挑戰當時西方社會所認為的普遍性真理，以剔除霸權文化的偏見。這讓初次閱讀的我大為震驚，也察覺到自己不喜歡歷史學的原因之一，其實源於它無法告訴我芸芸眾生主觀的看法與立場，就像自己當年無法理解：為何在市場賣菜賺點小錢，會被扣上造成市場雜亂的罪名？但大三暑假的一個打工經驗，更讓我體會人類學注重被研究者觀點的學科特性。

當時，我在暑期兼差打工，協助一位美國社會學家顧浩定 (Wolfang L. Grichting) 進行問卷調查。該問卷中，有一個問題是詢問受訪者的宗教信仰，列出九個選項，要求受訪者圈選其一：佛教、道教、儒教、拜拜、伊斯蘭教、基督教、天主教、其他、無宗教信仰 (Grichting 1971: 523)。結果，百分之七八十的受訪者不知該如何圈選，因為大部分的人都分不清自己信仰的是道教、佛教，還是「拜拜」。事實上，大部分人的信仰都混雜了好幾個選項，也就是今日大家慣稱的「民間信仰」。但是，若研究者不瞭解當地人的信仰體系，就可能以自己的宗教分類方式來詢問與歸類，以至於無法得到適切的回答；或者，即使得到問卷結果，也無法呈現當地人的信仰狀態，而這正是社會科學普遍存在的盲點。

這兩個經驗，讓我對人類學產生興趣。大學畢業時，我考上了臺大考古人類學研究所——即現在的人類學研究所。

四、與布農人的第一次接觸

1970 年代初期，我就讀於臺大人類學研究所。當時，臺灣煤產業開始步入黃昏時期，各礦場災變頻傳。因此，我原本意圖以煤礦工人作為研究主題。但這個主題卻是源於個人當兵的經歷。

大學畢業後的兵役期間，我曾受過傘兵訓練。當時設備落後，訓練過程頻生意外，造成一個特別的現象：同期受訓的學員之間，一方面熱絡異常有如多年好友，但另一方面卻只記得對方的編號而非姓名。當時我的感覺是：似乎大家都不願意建立真正的友情與關係，以免意外發生時徒增傷心。這個經驗，讓我在進入研究所之時，很想理解：煤礦工人如何面對危險性極高的工作環境?特別是工殤犧牲者的家屬，又如何相互幫助以度過難關？然而，一門田野實習課，改變了我的研究對象。❸

當時的田野實習課，在南投縣信義鄉望美村的久美聚落進行，這是我第一次接觸到臺灣的原住民。1960 年代末期以來，當地人開始接觸到資本主義市場經濟，其努力與掙扎，令我想起小時候的生活情景，也勾起少年時期的豪情壯志。加上當時中央研究院正推動「臺灣省濁水、大肚兩溪流域自然與文化史科技研究計畫」（簡稱「濁大計畫」），❹需要有人從事該地區的原住民研究，我便選擇了布農人的經濟發展作為碩士論文的主題，以便兼顧學術研究及社會實踐的目的。

---

❸ 田野實習課是臺灣大學人類學系的必修課，授課教師經常選定一個村落，要求學生以此為研究對象或場域，練習從事獨立研究。對於不少學生而言，田野實習經常是接觸異文化的起點。關於田野實習課的反省，可參見黃應貴(2002d [1974])。

❹ 濁大計畫是在 1972 至 1976 年，由耶魯大學、中央研究院、臺灣大學合作進行，獲國科會與美國國家科學基金會贊助的跨科際區域整合研究計畫。由考古學家張光直先生主持，人類學家李亦園、王崧興兩位先生負責執行。其下包含六個學科：考古、民族、地質、地形、動物、植物。有關濁大計畫的人類學執行成果，可參閱《中央研究院民族學研究所集刊》第 36 期《濁大流域人地研究計畫民族學研究專號》。

事實上，在從事田野工作及撰寫碩士論文的過程中，我確實也協同當地人解決其經濟發展上的相關問題；特別是有關儲蓄互助社、共同運銷、共同購買等，我也都參與提供內部運作流程的實質意見，以及負責與外界溝通協調的工作。因此，論文完成的同時，自己也覺得在當地已經盡了社會實踐的義務。

五、資本主義經濟之外的另一種可能

畢業後，我到中研院民族所工作。再回到久美聚落之時，卻注意到：當地人適應資本主義市場經濟的結果，使得市場機制在當地得以更有效運作，也使得土地較多而適應較成功的人，更積極從儲蓄互助社貸款以進行再投資。但土地較少者，往往只能存款於儲蓄互助社，而無法貸款再投資。於是形成一個明顯的奇怪現象：窮人存錢給有錢人再投資，使得貧富差距日益擴大。因此，當地一些與我熟悉的朋友便遺憾地對我說：「你只幫助了有錢人。」

第一次聽到這樣的評論，讓我大吃一驚，開始深深反省；也第一次意識到：在資本主義經濟邏輯下，社會實踐雖解決了原先普遍貧困的問題，卻製造出另一個更棘手的貧富差距困境。真正的解決之道，是去面對更基本的問題：資本主義經濟之外的另一種可能——這正是經濟人類學從一開始便致力探索的主題。面對這個大哉問，我也意識到，必須先回答「什麼是『經濟』？」這問題必然涉及布農族經濟以外的社會組織及宗教信仰等層面。特別是布農人在上述經濟發展與適應的過程，主要是以集體適應而非個別競爭的方式進行，顯然與他們原有的社會組織與信仰或宇宙觀等有緊密的關係。是以，我開始研究他們的親屬、政治、宗教等其他社會文化層面。也因此，我必須面對布農的前輩研究者：馬淵東一的觀點。

六、如何面對或超越馬淵東一

在有關布農族社會文化的研究中，日本學者馬淵東一的父系繼嗣理論，到 1980 年代中期以前，一直是支配性的解釋。但是，我自己在久美聚落進行的田野調查所瞭解到的布農族，與他的理論解釋並不相符。在他的理論中，布農族是依父系繼嗣原則而來的先天地位所組成的社會。雖然，他並沒有完全否定個人能力的重要性，但至少那不是他所理解的布農社會主要特性。但在我的研究當中，當地人強調個人能力，甚至超越他們行動上的集體性，依父系繼嗣而來的先天地位幾乎不具重要性。面對與馬淵東一在布農族社會組織特性之解釋上的衝突，我無法完全釋懷，一直在尋找解決之道，並將田野地由具族群混雜且經遷移的久美聚落改到當時對外更孤立而未經遷移的東埔社(現在的南投縣信義鄉東埔村第一鄰)，以便更深入瞭解布農人的社會文化本身。

在 1980 到 1981 年間，我獲得哈佛燕京學社的獎助，到哈佛大學進修一年。在這裡，我遇到了梅布里路易士 (David Maybury-Lewis)、譚拜亞 (Stanley Tambiah)、葉爾曼 (Nur Yalman) 等當時著名的人類學家。其中，葉爾曼建議：若要解決我的研究問題，去英國進修會較有幫助。因此，我便申請國科會的進修獎助，在 1984 年前往倫敦政治經濟學院攻讀博士學位。❺

---

❺ 倫敦政治經濟學院，全名為 London School of Economics and Political Science，簡稱 L.S.E.。馬凌諾斯基在此處開創了英國現代人類學基業；中國大陸前輩人類學者費孝通曾受業其門下，在此獲得人類學博士學位。

七、人觀——布農文化的新理解

在倫敦求學的四年中，受到當時國際人類學知識發展的衝擊，特別是 1970 年代末期對於法國人類學家牟斯 (Marcel Mauss) 的重新重視，使我再度整理及擴展了人類學知識，也重新理解過去所收集的民族誌資料。最後，我由布農人文化上對人的主觀看法，找到了解決我與馬淵東一衝突的方式。

由布農人的傳統「人觀」(personhood, the concept of person)，我們發現：他們認為一個人有兩個精靈（布農語 *hanitu*）；一個是在右肩上，決定一個人從事利他、慷慨、追求集體利益等合乎道德的行為；一個是在左肩上，決定一個人追求私利、傷害他人的行為。而一個人從出生到死亡的過程，便是在尋找如何平衡兩個性質相反的精靈之驅動力。在這樣的人觀下，布農人早已發展出一種人生觀：一個人在有生之年，必須由其對於群體的實際貢獻，來得到群體對個人能力的公認。否則，個人的成就再高，都無法得到這社會的承認，甚至可能因成就僅累積於自身而遭到公眾唾棄。精靈的能力，一方面繼承自父親，另一方面又可由個人後天的努力來強化。當地人文化上對人的主觀看法，很自然地結合了馬淵東一與我的不同解釋。由此，我得以進而以「人觀」重新理解布農人的社會與文化，並開展進一步的研究。

當然，對於布農文化的新理解，一方面是受人類學知識的新發展所啟發，但另一方面主要還是當地布農人所帶來的刺激。事實上，在東埔社的田野中，我已注意到許多與布農族人觀有關的現象，以下僅舉三個最為突顯的例子。

1978 年，我第一次到東埔社從事正式田野工作時，當地布農人打乒乓球的方式，令我印象深刻又百思不解。他們平常的玩法是：當對方把球打過來時，己方若覺得接不到球，可以不接而不算失分。只有去接對方打過來的球但又沒有接到，才算失分。後來我才明白，原來當地布農人認為只有與能力相當的人比賽，勝負才有意義。如果對方明顯不如自己，則勝之不武。因此，比賽過程中，雙方都可以因球難接而放棄卻又不失分。但這樣一來，很可能使比賽頻頻中斷而難以為繼。因此，最理想的乒乓球賽，便是以實力相若的人作為對手。

第二個例子，也是我於 1978 年至 1980 年間在東埔社從事田野工作時所注意到的現象。那時，若詢問他們如何分財產，每一位布農人的答案都是「平分」。可是，從我所收集的實際資料來看，沒有一家是平分的。當時，我也是百思不解，後來才瞭解，那時當地的布農人認為：只有依照個人不同的能力與貢獻分給不同的分量，才是「公平」。比如，某家有三兄弟，老大善於在山上陡峭的林地及旱田工作；老二傾向在平坦的水田或梯田工作；老三選擇到都市工廠謀生而不願留在家裡從事農業生產。分家時，老大分到所有的林地及大部分的旱田，老二分到水田及位於平坦地形上的旱田，老三則一塊地都沒分到。對他們來說，這樣的分法是依據每一個人的能力及過去的貢獻或努力的結果。也因此，三兄弟均認為這才是「平分」。即便是年輕時就到都市工作而沒有分到土地的老三，他也認為這樣的分法是很「公平」的。

第三個例子的時空背景與第二個例子一樣。當時，東埔布農人雖已以種植經濟作物（特別是番茄、高麗菜、香菇、木耳）為主要的生產工作，但當地人之間的「交換」，往往是依據雙方的相對能力來進行。比如，有人一天可賺一千元，另外一人一天只賺五百元。當前者向後者借五百元時，歸還時要給一千元。反之，後者向前者借一千元，還時只要給五百元。換言之，兩人間的交換，是以雙方相對能力來進行，而不是像市場經濟中以普遍性、客觀性的金錢標準來估計。

這三個例子，均說明布農人文化上主觀的「人觀」之重要性，但研究者往往被自己原有的文化觀念與理論訓練所限制，也就無法注意到經常出現的現象及其背後的深遠意義，自然無法由此更深入去瞭解其社會文化的特色。甚至，在科學主義認識論下，文化上的主觀觀念，經常會被排斥或輕忽。也因此，對於當地人主觀中重要概念的理解，實包含了對於被研究對象本身的深層特性之掌握，及研究者在研究觀念乃至理論發展上的突破。

八、跨文化研究計畫：基本文化分類概念

由於人觀的探討，使我對於布農社會與文化得以有與以往不同的深入理解，也促使我決定進一步系統地探討當地人的「基本文化分類概念」。這個研究計畫，不但可回應後現代主義或後結構論對於當前社會及人文科學所使用的許多分類概念的批評，如政治、經濟、宗教、親屬、乃至社會與文化等，都被認為只是西方資本主義文化的產物外，更能積極地提出具有批判性、反省性以及創造性的研究切入點，使我們能夠進一步瞭解被研究的對象，以便對其社會文化特性的理解有所突破。其實，這類的探討並非全新，而是與涂爾幹 (Émile Durkheim) 所強調的，西方哲學從亞里斯多德以來，由康德 (Immanuel Kant) 集大成的所謂瞭解之類別或範疇 (the categories of understanding) 有關。這個哲學知識傳統強調人觀、時間、空間、物、數字、因果等類別，是各文化建構其知識及認識其世界的基礎；其他較複雜的概念與知識，都是由這些基本的分類概念所衍生而來的。只是，在這個研究計畫的架構中，我並不假定康德所假設的每個基本分類概念都是同等重要與固定，也許還有其他不同但更重要的分類概念；而每一個基本的分類概念在不同的文化中，更被賦予不同的重要性與特質。因此，在這研

究計畫中，我加入了「超自然」、「工作」、乃至「知識」等可能的分類。這個跨文化的研究計畫，已先後出版了《人觀、意義與社會》、《空間、力與社會》、《時間、歷史與記憶》以及《物與物質文化》四本專題論文集（黃應貴主編 1993b, 1995a, 1999a, 2004c）。

九、人類學的視野：全人類文化的觀看角度

在倫敦政治經濟學院四年，除了解決自己在布農研究上的瓶頸而開展了基本文化分類概念的新研究取向外，最大的影響，還是在於深深體會到英國社會處處可見「人類學的視野」，毋怪人類學會跟哲學一樣成為英國社會的基本人文素養。比如，當時的商業電視臺第四頻道(Channel 4)，每個週末都會播放各國當代的代表性電影。其中，有許多國家，我都還不清楚位在何處。但電視臺不但有能力顧及全世界不同文化區的分配比例，還能瞭解每個國家的代表性電影，甚至包括許多在該國被禁止播放的電影，也在第四頻道的片單之列。顯然，電視節目製作人有著全世界各國電影發展與水準的圖像。這種具有全人類圖像的人類學視野，更充分表現在他們對於一些問題的解釋上。

舉個簡單的例子。當時在電視臺看過一部實驗電影，內容是描述英國訓練殖民地官員的男性寄宿高中之同性戀現象。影片結束後，節目的評論人討論導演如何透過這個例子來批判英國的殖民主義：在這所以訓練殖民地官員為教育目的的高中，特別注重學生的行為舉止，使未來的官員在殖民地任職能夠表現出足夠的威嚴。由於訓練的過程非常嚴格而不合人性，同性戀便成為同學之間的慰藉管道。換言之，導演要表達的是：英國殖民主義及大英帝國的沒落，其根源就埋藏在為維持殖民統治與帝國而發展出的各種不合人性的制度。這裡所展示的，不只是英國人自己對歷史過程的反省，更重要的是他們能把一件

看似簡單或枝節的小事放在更寬廣的全人類文化發展之視野上來看待，而賦予深層的意義。但要建立這樣的世界觀，並不是容易的事。這可由下面另一個例子證明。

1987 年的暑假，英國電視臺播放一系列由日本政府提供，有關日本近代發展的紀錄片，主題是「日本是否已進入國際的舞臺？」該系列的開幕作，是日本參與凡爾賽和會的紀錄片。雖然，當時日本是世界五強之一，但在討論過程中，由於日本缺少大國應有的世界觀，與會代表除了為自己國家爭取利益外，對於其他世界事務幾乎無法置喙。這個慘痛的經驗，使得年輕的和會代表，回國後均努力推動培養國際視野的教育。七十年後，日本仍繼續檢討他們是否已建立了國民的國際觀。由此可見國際觀甚至全人類文化的視野，並不是一蹴可幾的。

上面三個例子意圖說明：建立「人類學的視野」，也就是強調從全人類社會文化的角度來觀察個別的現象，並不是一件容易的事。❻在倫敦政治經濟學院人類學系，大一必修課只有兩門：人類學導論與基本民族誌。後者是藉由研讀不同文化區的代表性民族誌，以便瞭解該文化區的特色，由此訓練人類學系學生熟悉世界各地不同的文化，並建構出全人類文化的圖像。當然，要能從全人類社會文化的視野出發，將一個研究個案賦以其社會文化的特性，往往只是研究上的理想，卻很不容易做到。儘管，我在英國留學的四年期間，雖已有這樣的領悟，但也一直無法做到。1988 年返臺後，我的研究雖已具備與東南亞或大

❻ 儘管，我在英國社會中所觀察到的「人類學視野」，也如同英國人類學的形成與發展，與其殖民主義及大英帝國的歷史發展條件息息相關；甚至無法釐清：這種視野到底是大英帝國發展的因還是果。但是，對於成長於族群相對同質，環境相對封閉的前殖民地學生而言，英國社會試圖兼及不同國家民族文化的企圖與成果，依然令我十分驚嘆。

洋洲民族誌研究的比較視野，但依然是以東埔社的民族誌資料及其文化圖像為依據，而無法悠遊於全人類社會文化的圖像及其他文化區個別獨立的民族誌資料。一直到 2001 年寫完《臺東縣史：布農族篇》之後，才有進一步的體會與實踐。

十、意外的插曲

撰寫《臺東縣史：布農族篇》，完全是無心插柳的意外收穫。1995 年，《臺東縣史》總編纂施添福教授邀請我參與縣史的撰寫工作。由於此書的寫作並不在我的生涯規劃之內。而當時，我正在思索如何進一步去處理與夢及情緒有關的心理層面之研究，以及準備進行有關「物」的分類之研究，因此，我感到有些為難。然而，身為晚輩，加上施教授一向積極支持我規劃的研究（特別是「空間」及「社群的省思」等問題上），我很難拒絕施教授的邀約。再者，撰寫地方志，也可說是對當地原住民的一種回饋。所以，我還是答應執筆《臺東縣史：布農族篇》。為了這本書，我整整訪調了十六個臺東縣境內的布農聚落，還必須在很短的時間內掌握每一個聚落的獨特性質。這樣緊湊密集的田野經驗，促使我發展出更清楚的基本社會文化圖像，以及作為參考點的全人類社會文化圖像。並且，必須超越過去以一個聚落為中心，從事定點深入研究的作法，重新考慮到區域的共同性問題。如此，在這本專書中，我不僅帶入了資本主義化、國家化、基督宗教化等問題，也探討了該地區的族群互動過程如何影響個別地方社會的形成，更觸及歷史過程中不同階段的發展動力之差別，使得布農族研究開始向歷史深度發展而有「歷史化」趨勢。這也使我重新思考：臺灣的整體歷史發展過程在全人類社會文化圖像中，具有何種特殊位置與特色。因此，前述全人類社會文化的視野，對我也開始產生更具體而真實的意義。

十一、田野是一本讀不完的書

正因為注意到各文化與族群之形成與發展的歷史脈絡，我也開始意識到：臺灣原住民研究與漢人社會研究分離的學術傳統，實際上是日本殖民政府為了統治方便所建立，與實際狀況不符，也往往限制了研究上突破的可能。臺灣地方社會在 1987 年解嚴之後，特別是 1999 年九二一震災後的重建過程中，被納入全球化背後的新自由主義政經秩序之發展趨勢中，而逐漸被新的區域性地方社會或多地社會 (multi-sites society) 所取代，更吸引我開始注意到原有以人與人、人與物直接互動為主要溝通方式的地方社會，如何因溝通工具、大眾媒體、交通等的快速發展，而逐漸改變為非直接溝通方式，使得人與人或人與物的溝通距離擴大而產生客體化現象，更使得社會生活的基本單位由原來的村落擴大為區域。這不僅造成了臺灣的地方社會重組，促成新區域體系形成與發展，更導致地方社會的居民改變認識世界的方式。這種改變的劇烈與廣泛，實有如人類學討論中以文字取代口語來溝通一樣關鍵。但這個正進行中的巨變，不僅與全球性的新自由主義經濟發展連結在一起，更涉及新情境與新經驗的未知、曖昧及不可預測性等性質，導致人的焦慮與孤獨，突顯個人心理層面的重要性。加上新自由主義經濟與過去資本主義經濟有基本的不同，不僅在於它已超越現代國家的控制而弱化了國家，更重要的是它一反過去強調社會文化在政治、經濟、宗教與親屬等範疇的分化，反而是模糊了原類別間的分隔，使得新的經濟體系之宰制力量不再只是取決於經濟結構，而是可透過文化形式來運作。這些新現象與新動力都直接影響地方社會上的人。但這些新的現象在國際學界中，才剛開始被認真探討。

上述新的研究方向，並不意味著我已完全放棄過去定點式的研究。

事實上，在 1995 年，我在東埔社從事田野工作時，開始像當地布農人一樣每夜作夢，更因每天作夢的時間很長，而經常覺得睡眠不足。過去，我很少意識到作夢或記得夢的內容，但經由紀錄夢的內容並與當地人討論時，我才意識到：布農族其實是相當重視夢的民族。不僅可在過去的民族誌中發現傳統布農人無論從事什麼重要的活動，一定會依據夢占的吉凶來決定下一步動作。即使當代布農人在接受資本主義文化、國家意識型態、基督教義之後，他們往往仍依靠夢占來解決現實生活中所面對的難題。比如，由於經濟作物的市場價格難以預測，最後只好依據夢占來決定何時何地種何種作物，也使得夢占逐漸成為他們文化與族群認同的標誌。而晚近新自由主義政經秩序發展趨勢下所帶來的不確定性與心理焦慮，反而更擴大了夢在當地布農人的作用與意義。雖然，就西方學術傳統而言，夢正如情緒一樣，一直被視為是非理性範疇的邊陲課題。然而，就布農人社會文化的理解而言，我一直認為它是人觀之後的另一個可能帶來新突破的研究課題，更可能對於當代新自由主義下新現象與新經驗的探討，帶來可能的解決方向，並對人類學知識的西方理性傳統提出挑戰。事實上，由非理性層面來探討西方理性知識的限制與突破，正也是國際學界在 1990 年代末期以來的新發展之一。然而，我對這個新趨勢的注意，主要卻是來自田野的刺激。對我而言，田野一直是一個有著無盡寶藏的泉源。相對於國際人類學知識的發展而言，它是另一本充滿挑戰而永遠讀不完的書。

十二、結　語

正如本節一開始所說的，一個人對於人類學的理解，除了國際人類學知識的發展外，更與被研究對象及研究者本身的人生經歷息息相關。然而，人類學之所以能不斷地吸引我，是因為這個學科本身便充滿著對已有知識的挑戰；不只是由特殊性去挑戰一般性而有所突破，更是藉由已知探討未知。然而，這些挑戰固然是建立在全體人類社會文化的圖像及知識的累積上，更是發生在對知識的好奇及深一層探索的企圖與態度上。在我來看，知識的探索實有如登山；登山的人都知道，一旦往上攀，將會因視野的不同而使所看的景色有所不同。但只有爬到山頂的人，才會發現後面還有一座更高的山。也只有想看不同風景的人才會繼續往上爬，而這種不斷追求更高境界的好奇與企圖，才是學術研究發展的最主要動力。事實上，也只有爬過山的人才會體會爬山的魅力；而也只有真正進入學術研究殿堂者，才會體會學術研究背後的內在動力。

無論如何，人類學終究是來自西方的一門學問，故人類學知識的形成與發展，與西方社會的歷史發展息息相關。因此，下一節，我們將簡單地交代人類學在西方發展的歷史背景。並在接下來的第二章、第三章中，深入人類學在本體論上的核心概念：「社會」與「文化」。

第二節　人類學發展的歷史背景：西方文化的世界性拓展與他者❼

「社會人類學」和「文化人類學」現今雖已無太大差別，但在人類學剛開始成為一門學科的時候，英國的理論取向明顯地比較著重「社會」的層面，而美國人類學則比較著重「文化」的層面。❽即使如此，兩者卻有著共同的預設：每個社會或文化都有其獨特性。尤其，文化差異本身，更是人類學知識上的本體論假定。亦即，若取消了文化差

❼ 本節主要參考 McGrane (1989) 及 Jahoda (1999)。

❽ 這兩個關鍵概念，在第二章與第三章將有更深入的說明。

異，人類學也不存在。舉個簡單的例子：「西方人」用刀叉吃麵包，「東方人」用筷子吃米飯。同樣是東方人，中國人坐在椅子上進食，而日本人是盤坐在榻榻米上用餐。同樣是中國人，北方人喜麵食，南方人喜米食。同樣是南方人，廣東人的餐桌上可能出現狗、猴、蛇乃至其他地區的中國人難以想像的菜餚，而臺灣的飲食街上匯聚了中國南北的各種小吃。我們很容易發現不同群體在文化上的差別。但是，人類學不只是要指出文化差異而已，更重要的是必須解釋這些文化差異為什麼產生？文化如何去培養、訓練、教化社會裡面的人具備這些習慣與看法？如何因為文化的不同而在行為上有不同的表現？因此，人類學在談文化差異時，並不只是談論一個抽象的概念，它往往具體表現在人的行為上，跟人的活動結合在一起。❾

然而，文化差異之所以被意識到，往往是透過與他者接觸而來。社會／文化人類學（在本書中均簡稱人類學）的知識既然建立在文化差異的本體論假設上，其興起自然與異文化他者的接觸有關。自十五、十六世紀開始，西方資本主義逐漸形成並開始往全球擴張。十五世紀之後的地理大發現，更使得西歐人所認識的世界由歐亞非三洲擴展至美洲、大洋洲、澳洲等其他地區。這兩個條件增加西方人與異族接觸的機會。人類學這門學科，即是企圖瞭解異文化他者的系統知識。不過，直至十九世紀，「人類學」才真正產生；甚至到1920年代，才有現代人類學的形成與發展——特別是馬凌諾斯基 (Bronislaw Malinowski) 在英國發展的功能論、芮克里夫布朗 (Alfred R. Radcliffe-Brown) 的結構功能論，以及鮑亞士 (Franz Boas) 在美國發展

❾ 舉例：當希臘羅馬滅亡之後，其文化的主要部分雖然被繼承下去，但已被吸收消化於其他文化中，非古希臘羅馬的文化。今日的希臘文化更與它存在著斷裂性。這意味著文化必須透過人的實踐過程才能存在，否則便會死亡。

的歷史學派。而且，直到馬凌諾斯基建立了人類學方法論的獨特地位：田野工作，才賦予人類學知識以現代科學的基礎。

從另一個方面來說，跟異族接觸不一定會產生人類學的知識，甚至可能產生許多意想不到的誤解。例如，布農人在日本殖民統治之前，將異族視為「非人」而可成為出草的對象。在中國歷史上，往往視異族為化外之民，需要文明教化。因此，在《鏡花緣》中，我們看到中國文人對於中土以外的奇風異俗，便缺乏探索風俗成因的動機，而給予價值判斷，甚至表現出嗤之以鼻、不屑一顧的態度。又如羅馬帝國，統轄疆域不僅包括希臘諸城邦，更涵蓋了西歐、地中海、北非等地區與各種文化。因此，為了維持帝國的秩序，基督宗教逐漸受到重視，甚至成為羅馬帝國的國教。原因之一，即在於基督宗教是普世性的宗教——所有信徒都是兄弟姊妹。因而，宗教的力量提供了容忍異族以建立包含不同族群文化的帝國秩序之基礎。而基督宗教能夠從異端成為國教，便涉及其教義如何提供帝國平等對待異文化他者所必要的普遍性觀念架構，而不是發展成瞭解異族的系統知識。

因此，資本主義經濟的擴展、地理大發現等，只能說是人類學知識形成的歷史條件。但歷史條件之所以能產生人類學相關知識，不只涉及當時的西歐人如何看待異文化的「他者」，更涉及當時的知識系統是否能將「他者」視為知識探討的主要對象。因此，西歐人知識體系的轉變，如何影響其對異文化他者的看法，反而更具重要性。這個改變，有很長的歷史過程，必須追溯到中世紀、甚至更早以前。直到十五、十六世紀文藝復興以來，西歐對異文化他者的認知，才逐漸發展成為一系統的知識。這個過程，可由麥格蘭 (Bernard McGrane) (McGrane 1989) 的討論來進一步瞭解。

麥格蘭指出：早期西歐人常常將異文化的他者視為非人，如食人野獸一般，或像兒童一樣心智未開的人類。⑩到了中世紀，基督宗教已成為支配性的信仰，其教義也影響到西歐對異文化他者的看法——認為他者是受到撒旦的引誘而墮落的人群。在文藝復興及十六世紀，因為哥白尼的天文學革命以及地理大發現，不僅使西歐人接觸到更多的他者，更重要的是帶來「看事情的嶄新方式」，破除了西歐位於宇宙中心與地理中心的想像，導致中世紀的舊有世界觀被全盤放棄。⑪新的世界觀，將整個地球視為一個整體而無中心與邊緣之分，使西歐人必須採取反中心的看世界方式，將天體與地球同質化，乃至將地球的空間同質化，而使美洲與歐、亞、非三大洲具有同質性；連帶地，也必須重新看待這些不同大陸上的他者，無法簡單地將他們視為受撒旦誘惑的墮落人群，而是可能轉宗為基督教徒的潛在信徒。但是，這樣的改變並未將「他者」納入西方的世界裡面。「他者」的定位，一直到十八世紀啟蒙時代才有明顯的改變。

在西歐啟蒙運動思潮影響下，西方人不再以基督宗教的鬼神學 (demonology) 來看待「他者」，卻以「他者」的無知與錯誤，即「未啟蒙」的蒙昧狀態，來解釋他們的奇特與差異。啟蒙時期的西歐人已不再以排他性的「非我族裔，其心必異」方式來認識「他者」，而傾向認為：「他者」與西歐人的祖先一樣「無知」，⑫對世界的認識奠基在錯誤或迷信的基礎上，受到非真實與非啟蒙認識論之宰制。當時的西方

---

⑩ 這種看法，實涉及西歐文化古代傳統的根源。Jahoda (1999) 有更深入而細緻的討論。

⑪ 傳統世界觀認為太陽繞著地球轉、歐亞非大陸是世界中心，也是宇宙中心；海洋則是世界的邊緣或界線，屬於黑暗而非人所能知的深水地帶。

⑫ 這裡所說的「無知」，是指有關因果知識的誤解。當時的因果知識，已開始跳脫宗教的詮釋，而隱含自然哲學的預設在內。

人，也不再以基督宗教的教義來解釋「他者」，而把宗教視為一獨立自主的類別。不過，當時的啟蒙思潮尚無法完全脫離宗教主導的世界觀，我們還是可以看到「神話即歷史」(euhemerism) 及「神擬人化」(anthropomorphism) 等充滿宗教信仰的解釋。到了啟蒙時代結束時，才有根本的改變。

工業資本主義的興起，約略與啟蒙時代同時。隨著全球市場的建立，西方不但需要異文化地區的原料，因而與「他者」有著更密切的接觸，更要求異文化他者購買工業產品。又因為新技術的發展，使機器生產成為可能，科學知識已有其宰制性。此時，事件的解釋已是由「企圖的」(intentional) 發展為「統計的」(statistical)。但也因為工業資本主義的發展帶來對於個人特性的否定，使得人的個性被抹滅，成為生產過程中的機器，因而導致對個人自我認同的追求。是以，這時期對於非西歐人的「他者」之瞭解，成為西歐人瞭解自己及確定認同的一面鏡子。

到了十九世紀，科技的發展增進了西歐殖民主義的擴張，也促使西歐對異文化他者有更頻繁的接觸。更重要的是，工業資本主義的發展導致西歐需要爭取原料、勞力、市場。加上受到地質學革命所帶入的「長時間」(long durée) 觀念，及達爾文生物學演化論的影響，原啟蒙時代建立在相似性上（如外型）的相對穩定秩序，被基於「有機體的類比」(organic analogy)⑬之相似性的秩序（如結構）所取代。尤其引進的「演化」概念，使當時的學者將有差異的他者之空間分佈，當作文化上演化的不同階段，並將史前西歐視為文化演進的早期或自然

⑬ 在討論「有機體類比」時，達爾文採用了文藝復興時笛卡兒 (René Descartes) 的看法：不僅依據要素的相似便視為同類，而強調透過認同、差異、計量、規律等來探索有機體的類別，並由關係的類似性，來認定演化關係。

狀況。這不只是將時間階序化，更將不同地區「他者」的差異歷史化，進一步還導致異己文化的化石化：將他者的彼此差異，視為西歐歷史階段的具體記憶。也因此，十九世紀西歐對於他者的看法，並不是要去解釋他者，而是解釋他們自己。此時，西歐所說的「原始」，不僅假設了進步的觀念在內，更是一種時間的概念，是一種類別，而不是客體——是進步的概念「創造」了原始人，而不是以原始人證明文化的進步。如此一來，「他者」的差異被納入變遷的概念中，而空間取代了時間以代表不同的發展階段。就如同時間的旅行者，利用時間機器，從西歐出發而「回到過去」，他所穿梭的不同地方，均呈現不同「歷史階段」的文化。旅程的起點與終點，都還是西歐。

不過，西歐人在歷史化他者的文化差異時，也開始浪漫化他者的文化差異，不再只是認為他者的差異是像兒童未成熟發展的表現，而是代表已失去的自然美好狀況，而有所謂的「高貴野蠻人」或烏托邦的想像。雖然如此，他們仍然不是把「他者」的「差異」當作「他者」的「文化」，而將之視為「失落的自然」。當西歐人開始把非西歐人的差異視為他者的文化時，便是現代人類學的開始。

因此，十九世紀的文化觀念和二十世紀的當代文化觀念不太一樣。這可見於當時社會演化論的代表性著作，如摩爾根 (Lewis H. Morgan) 的《古代社會》、泰勒 (Edward B. Tylor) 的《原始文化》、史賓賽 (Herbert Spencer) 的《社會演化》等。以泰勒對文化的定義為例，[14]其文化概念與現代人類學的文化概念至少有四個差別：缺少歷史性（歷史過程）、缺少整體性、缺少行為的重要性（文化透過人的實踐過程來

---

[14] 泰勒的文化定義非常著名，在此再引用一次，以資對照：「文化或者文明，在其寬廣的民族誌意義中，是包含了知識、信仰、藝術、道德、法律、習俗，以及其他作為社會成員所需之能力與習慣的複雜整體。」(Tylor 1958: 1)

表現)、缺少文化相對性。

現代人類學文化概念的建立，要到 1920 年代，還是跟大英帝國的發展有關。由於經驗論是英國文化上的重要知識基礎，因此，隨著大英帝國的全球性發展，經驗論也逐漸成為西歐文化上的宰制性思潮。使得從笛卡兒以來強調透過「觀看」來建立知識的經驗論，發展到極點。也因此，在經驗論宰制下的科學觀，對於以往建立在假想基礎上的演化論人類學，特別是以空間替代時間來呈現文化單一發展階段的人類學知識，有很大的批判。經驗論知識乃成為知識發展的基礎。研究者感官所看到的知識，才是真正的「科學」知識。如此，才有了人類學對文化的觀點：文化是複數的、有差異的、多元性的，更是透過人的實踐過程來表現，跟人的活動不可分。這不僅涉及文化的研究對象，更確定社會人類學一開始便是以人的群體、活動作為研究的主要對象。是以，研究對象涉及了「社會」的概念。這便是下一章的主題。

第二章　社會的概念與理論[1]

現代人類學理論的發展，與社會學共享許多知識泉源。涂爾幹、韋伯 (Max Weber)、馬克思 (Karl Marx) 依然是知識理論的主要來源。但不同的是，人類學家在使用這些理論泉源來發展人類學知識體系時，更考慮被研究社會的特色及當地人的觀點。也因此，本章將提及牟斯、伊凡普理查、特納等人類學家，分別結合涂爾幹理論與不同的知識傳統，發展出不同取徑的象徵論，以突顯出被研究社會的特色及當地人主觀的文化觀點。同樣，社會性 (sociality) 概念的提出，也正是要有效呈現如美拉尼西亞 (Melanesia) 與亞馬遜社會，由於界線不清楚而充滿著流動性、混合性的特色，並強調當地人的主觀意義。因此，隨著人類學理論的發展，使我們對於不同文化區的社會特性更能清楚地分辨與掌握。另一方面，我們也發現到這些社會理論的發展過程，不斷地剔除理論自身所具有的西歐資本主義文化的偏見，因而突顯了人類學知識理論所具備的反省性及挑戰性。1970 年代末期以來，「社會」的概念與「文化」的概念愈來愈難以區分，甚至後者有取代前者的趨勢。

在本章開始之前，必須先說明的是：「社會」與「文化」的概念與理論，並不容易區分。愈到晚近，其區分愈難。本書將「社會」與「文化」兩個概念分為獨立的兩章來討論，不只是為了方便而已，更是為

[1] 本章的討論主要依筆者的思考架構而來，有興趣的讀者可進一步參考 Kuper (1983) 及 Frisby & Sayer (1986) 兩書。

了呈現這個學科的主要概念所隱含的西歐資本主義文化上的假定，以及這基本概念如何因非西歐社會文化的進一步理解而受到挑戰。就如同本書第五章以後所討論的親屬、政治、經濟、宗教、性別、族群等源於西歐資本主義文化而來的概念一樣，這些分類愈來愈受到非資本主義社會文化的挑戰，概念與概念之間的界線也愈來愈不清楚，但卻更貼近大部分人類社會文化的實際狀況。

第一節　人類學與社會學在知識論上的基本差別

在十九世紀末，以「社會」作為主要研究對象的新學科知識，有社會學與社會人類學兩支。但這兩個學科還是有其基本上的差別，這可由下列四點來談：

㈠強調被研究者的觀點 (native's point of view)

一般而言，在研究對象上，社會學多半是以研究西方的工業社會為主，而人類學則以非西方的異文化或弱勢少數民族為主要的研究對象。但在知識論上，基本的差別不在對象本身，而是社會學更強調客觀的分析研究立場與觀點，人類學則較強調被研究者主觀的文化觀點。其區別有如客觀論 (objectivism) 與主觀論 (subjectivism) 的不同。❷

㈡強調整體的 (holistic) 觀點

因為研究對象的複雜性，社會學往往將之進一步區分為各個不同

❷ 極簡化地說，客觀論認為真實 (reality) 是外於人而獨立地存在著，故可被人客觀地認識觀察得知；而主觀論則強調人至今無法瞭解真實是什麼，所有的理解都是透過人的主觀認識而來，故人已有的觀念往往影響人對於真實的理解而無法觸及真實本身。

的研究主題與領域，而有很強的分殊化與專業化傾向。人類學在研究時，雖然也逐漸有分殊化及專業化的趨勢，但一直很注重研究的現象在世界民族誌中的地位，以及在其整體社會文化脈絡中的作用與意義。因此，早期的人類學家，特別是結構功能論訓練下的人類學家，往往會被要求必須收集及瞭解被研究對象的各個層面，熟悉政治、經濟、宗教、親屬四個主要分支，以便對被研究對象能有整體性的理解與掌握。不過，這裡所說的整體的觀點，並不只是面面俱到而已，而是必須瞭解各個層面間的不平等關係，甚至相矛盾的現象。這裡便會涉及各層面間各種不同的整合方式與機制，因而也產生各種不同的人類學理論。

㈢比較的觀點

所謂的比較觀點，不只是指不同社會文化間的直接比較，更是指由全人類社會文化的角度來看個別的研究個案，以突顯出其獨特的性質。是以，人類學家在從事研究時，即使研究過程沒有進行實際的比較，若是具有全人類社會文化的圖像在心中，甚至只是擁有他自己所屬文化的觀點，自然會流露出比較的視野。❸這也是為何人類學家在訓練過程中，往往必須習知各文化區具代表性的民族誌，以建構全人類社會文化的整體圖像，培養比較的視野。

㈣反省及挑戰自己的文化及已有理論知識的文化偏見，達到創新目的

雖然，任何知識的發展都需要創新，但在社會人文學科中，人類學的反思性 (reflexity) 可說是主宰了學科知識的進展。很少有學科像

---

❸ 如 Robert Hertz 的 *Death and the Right Hand* (1960)，全書並沒有從事任何的實際「比較」，但是讀者可以很清楚地感受到：作者對東南亞二次葬俗的描述，即奠定在與西歐葬禮的比較觀點之上。

人類學這樣，因為接觸到不同文化而產生對於自己文化的反省，乃至於對已有知識背後文化偏見的挑戰，特別是對於一般性原則的理論知識背後所隱含西歐文化的民俗模式或資本主義文化的假定。事實上，文化差異性本身更隱含了人類創造能力上的可能極限，而使人類學家得以面對知識的邊界。這使得人類學相對於社會學乃至於其他社會人文學科，更能積極地突破現有知識理論的限制而產生創新。這點，將會在本書後面各章中，特別強調而進一步說明。

上述四點使得人類學與社會學在知識論上有所差別，因而可稱之為人類學的觀點與視野。這也是接下來的三章所要探討的：從人類學的觀點與視野，如何探討「社會」與「文化」？其方法論又有何獨特性？不過，在進一步討論人類學的「社會」概念前，先談社會科學興起的歷史背景。

第二節　社會科學興起的背景

在西歐，社會科學於十五世紀之後的逐漸萌芽，涉及了當時的歷史背景與社會問題：資本主義逐漸興起的同時，原中世紀以來的封建秩序衰敗沒落。但是，資本主義經濟主宰的新社會秩序尚未有效建立，因而產生失序的社會問題。❹對此，西方思想家面對的問題是，舊秩序已經瓦解，新秩序卻仍未建立，該如何建立新秩序？也因此，「社會

---

❹ 有關西歐資本主義興起與中世紀封建時代的沒落，其間的時代界線與原因，至今仍有各種不同的解釋。例如，法國年鑑學派一向主張資本主義的興起時間點，並不如一般概念所認為是在十五世紀封建社會沒落之後的事，而是在十三世紀（甚至更早）城市及工藝階級出現時，便已開始。正是這新的發展侵蝕了舊秩序。參見 Marc Bloch (1961) 及 Le Goff (1980)。

秩序如何可能」乃成為當時社會思想家的主要關懷。如霍布斯 (Thomas Hobbes)、洛克 (John Locke) 等，都企圖面對這些問題。霍布斯的討論，即強調每個獨立自主、追求自己利益的個體如何透過社會契約論，建立超越個人自然狀態的社會權力與秩序，以解決反社會傾向的個體之自然的生物需求。因此，人民（特別是新興的中產階級）的權利，不再是由上帝或統治者所給予，即使是王公貴族也必須對於任何個人的財產權利、個人安全、理性的公共討論等加以尊重，而這社會權力與秩序是絕對的。相對地，洛克卻假定自然狀態是所有的人完全有行動的自由，可以任意處置他們的財產和生命。自然狀態有自然法律管制。而自然法就是理性，是上帝的法律。唯自然法雖賦予人某些權利，但也加之於人某些義務；就如同社會秩序與權力是由社會成員，經社會契約所建立，來維持大家的利益。一旦社會無法保障人們的自然法權利，也等於社會契約被破壞毀棄，人們有權重建社會秩序，因而帶來革命的潛在可能性。

但與異文化廣泛接觸的新經驗、建立新社會秩序的新問題以及自然法的新思潮等，還不足以建立社會科學。當時，自然科學與社會科學根本沒有分離。笛卡兒就特別注意到意識及精神生活與物質世界及人的身體的明顯分辨，使他在人類學知識的發展上有其獨特的貢獻。社會科學要能夠發展成為一系統知識，還是得等到西歐啟蒙運動。

十八世紀的啟蒙運動，帶來了理性、經驗論、科學、普遍主義等主要的觀念，才使當時的人具備足夠的能力，來想像社會世界，建構知識系統 (Hamilton 1992: 21–22)[5]，也造成當時西歐人的世界觀開始

[5] 啟蒙運動所帶來的觀念改變，約略而言，可舉出下列幾點：理性、經驗論、科學、普遍主義、進步、個人主義、容忍差異、自由、承認人性的普同性、世俗化 (Hamilton 1992: 21–22)。

產生變化，脫離中世紀宗教信仰與教會權威的束縛，確定個人有追求自我利益的獨立自主性，並得以面對新的現象，追求新的可能與發展，而成為傳統與現代的分界點。

然而，啟蒙運動也促成科學及工藝技術的進一步發展與運用。機器生產取代了勞力，也使資本主義經濟體系由商業資本主義發展為工業資本主義，因而帶來新的社會現象與問題。例如階級與現代國家的興起及國家間的競爭，使得啟蒙運動推展到極端的普遍主義之後，漸為浪漫主義 (Romanticism) 所取代。浪漫主義重視各國各自所擁有的價值與精神，具有強烈特殊主義與國族主義政治立場。在語言上的轉變如：法文由啟蒙時期為西歐知識界的普遍通用語文，成為法國文化的代表。德國的赫德 (Johann G. von Herder) 便成了這新思潮的代表性人物。早期思想家接觸到異文化所產生類似文化相對論的觀點，如蒙田 (Michel de Montaigne) 與盧梭 (Jean-Jacques Rousseau) 的「高貴野蠻人」，乃至西歐人因地理大發現接觸到美洲印地安人而挑戰他們原有的自然人性等 (Todorov 1984)，也產生了新的意義。至少，社會可以有不同複雜程度的不平等關係，來建立及維持社會秩序。這時，康德完成了他在近代哲學上的重大成就：超越經驗論與理性論爭論，強調對世界的認識是由人所創造的知識世界來接近。之後，黑格爾延續了康德對理性與知識的討論，但將重點由個人轉移至集體，使得方法論上的集體主義 (methodological collectivism) 得以出現，❻奠定了研究社會的根本基礎 (Eriksen & Nielsen 2001: 14)，並在十九世紀的社會演化論上，發揮了必要的作用。

---

❻ 不同於康德以個人無盡的求知過程為哲學的出發點，黑格爾更著重個人知的獲得是經由與他人的溝通而來，由知的過程所創造的世界基本上是集體性的。是以，個人並非知識的原因，而是知識的結果 (Eriksen & Nielsen 2001: 14)。

前一章已經提到：十九世紀生物演化論的發展，使進步及有機體類比的觀念影響到當時西歐人對於社會的想像。不過，更重要的是資本主義工業社會的急速發展及其全球性擴張，帶來更多的社會問題待瞭解與解決，使「社會」的探討得以快速發展，也有了更多元的不同切入點。例如，亞當史密斯 (Adam Smith) 雖然假定同情心是正義和一切美德的來源，是行為是非的依據，進而認定公共利益和私人利益可以保持和諧。這些假定被用到工商業上，不僅強調分工的利益，更主張放任政策及工商業無限制的競爭。因為愈多的競爭會導致愈多的生產、交換與累積，使個人的私利產生社會最大的利益。這點，更因「看不見的手」的市場機制將價格與價值結合並提供收益與利潤，使財富累積有可能，也使個人利益生產出對社會整體可能的最大幸福。而他有關個人與社會之關係的核心問題，乃奠定現代經濟學基礎。這類不同的切入點陸續發展出後來不同的知識範疇與學科。但與人類學、社會學最有關係的，還是在於由社會構成來回答社會秩序如何可能的問題上。例如，梅恩 (Henry S. Maine) 在 1861 年出版的《古代法律》(*Ancient Law*)(Maine 1861) 一書中，便提出：所有的社會之構成，均建立在血緣和地緣的基礎之上。血緣及地緣組織乃建立及維持了社會秩序。這個論點，至今一直影響到清治時代臺灣漢人如何建立移墾社會的討論上。❼

不過，十九世紀的社會思想家有關社會的討論，多半還是為了瞭解西歐社會本身的問題，而不是為了瞭解他者的社會，故還難以建立現代人類學的知識。雖然如此，對現代人類學的發展而言，啟蒙時期的思想家如聖西門 (Henri de Saint-Simon) 及孔德 (Auguste Comte) 等人，仍有其重要性——他們都直接影響了涂爾幹的思想與理論，而後

❼ 參見王崧興 (1981)，陳其南 (1987)，施添福 (2001) 等。

者對於現代人類學的社會概念與理論有著深遠的影響。

第三節　社會的理論

對於現代科學人類學知識的建立，最早產生深遠影響者，莫過於涂爾幹的社會理論。故本節由涂爾幹談起。

一、涂爾幹❽

在涂爾幹龐大而複雜的理論中，對現代人類學知識影響最深遠的，便是他提出的「社會」是一「社會事實」(social fact) 的概念。這不僅涉及社會有如自成一格 (*sui generis*) 的真實 (reality)，還涉及社會事實本身的概念。這概念更影響日後人類學各個分支如何去證明其有獨立存在的價值。

他這裡所說的社會事實，有三層意義。第一，社會事實自成一格而有其獨特的性質。這是因為社會現象是其他現象所沒有的，並且自成一個系統而不能化約為其他現象來瞭解或解釋。以群眾運動為例，人一旦參與了運動，便失去獨立自主的思考、判斷力，因此，群眾運動無法化約為運動的個體來解釋。第二，社會事實必須由社會現象本身來解釋，而非由其他現象來解釋。以土地為例，在以採集狩獵為主要生計方式的群體中，土地被視為屬於自然的一部分，不屬於一特定群體。在農業社會中，土地是經濟生活不可或缺的生產要素之一，屬於家族或氏族乃至於聚落等社會單位的。但是，在工商業經濟活動中，

---

❽ 學界有關涂爾幹理論與思想等的介紹或討論，已不勝枚舉，在此不予列舉。不過，Hatch (1973) 一書中的第四章，因與筆者的看法最接近，故特別提及，以供有興趣的讀者進一步參考。

土地則是一種商品。這些差別必須置於採集狩獵社會、農業社會、工商社會的社會脈絡或性質來瞭解。換言之，它必須由社會現象本身來解釋。又如，在人類學討論中，「家」可以成為獨立的研究對象 (Fortes 1949; Goody 1958)。因夫妻組成家庭而有了子女，形成核心家庭；子女生育下一代，成為擴展家庭；子女成家、分家，或是原來的夫妻過世了，又回到核心家庭，如此形成一個週期性的循環現象。若要討論家庭的特殊形式時，就必須由這現象的發展階段來解釋。因此，家庭的週期性自成一個結構、系統。第三，社會變遷的動力也必須要由社會本身、現象內部因素（如人口）來解釋。涂爾幹最常討論的是從原始社會到工業社會的發展，因為人口的增加造成社會內部的分工，最後導致社會性質的改變。這是從社會本身去討論。簡言之，涂爾幹的社會事實是討論社會有如自成一格的真實、有其獨特的系統、不能化約為個人心理等其他非社會現象因素來解釋。這樣的貢獻在於確立研究的對象不能化約為個人、心理等其他非社會的研究對象。因此，社會學、人類學才有其獨特的研究對象與課題，而發展出其自成一格的系統知識。

當然，早期人類學並未清楚分辨這些層面。不過，涂爾幹在其他層面的研究對人類學的影響更大；尤其是社會的再現 (the representation of society) 或集體表徵 (collective representation)。他強調：宗教往往就是一定範圍之社會的集體表徵或再現，宗教因而代表社會本身。更重要的是，宗教代表社會的道德秩序，將社會成員聯繫在一起，代表社會的集體意識 (collective consciousness)，這使得所有社會成員可以整合在一起。而他這種屬於一般所說的社會決定論，不僅論述上隱含著許多如神聖對比於世俗、集體對比於個人、觀念對比於物質、象徵對比於具體等二元對立的概念，也涉及群體活動（特別是儀式）背後的心靈 (mind) 能力及感情 (sentiment) 的基礎，更涉及象徵分類及知識與社會的關係等，使得社會與象徵之間有著複雜的辯證關係。不過，涂爾幹理論最早產生廣泛影響的，卻是他的有機體社會論。

在史賓賽有機體論的影響下，涂爾幹不僅把社會看成生物有機體一樣，有其明確的土地界線與範圍，社會制度更有如有機體的器官一樣，具有滿足社會基本需要的功能。他強調：所有制度必須整合以有效運作。因此，社會是整合的。若制度之間彼此不能配合，便產生失序、反功能，因而導致社會的破壞、沒落、解體。也因為著重社會的整體性與整合性，故強調：社會的獨特性在於社會生活裡的政治、經濟、宗教、親屬等不同層面的共同特性，使得社會可以整合在一起。例如，在氏族社會裡，系譜的階序關係影響到社會的各種層面。系譜關係因血緣而來，位置愈接近祖先則權力愈大，也愈能決定該群體的主要活動，包括財產的繼承與控制，祭祖活動的主導性等等。這便是人類學結構功能論裡的繼嗣原則，社會生活的各個層面都跟此原則結合在一起，最後可以成為整個社會整合的機制與特性（參見第五章第二節有關非洲繼嗣理論部分）。

最後，在研究方法論上，涂爾幹受到實證論科學觀的影響，提出「社會事實」的觀念，強調社會像可觀察的客觀存在物一樣，可以客觀地加以研究。為了突顯涂爾幹的社會概念，我們以牟斯及他的學生在愛斯基摩的研究為例來說明 (Mauss & Beuchat 1979)：

分佈在北美洲東北部格林蘭 (Greenland) 西北海岸，居住於史密斯海峽 (Smith Strait) 到哈得遜灣 (Hudson Bay) 西海岸一帶的愛斯基摩人，其社會生活可區分為夏天、冬天兩個季節。在將近永晝的夏日，所有家庭分散至各地捕魚、打獵，蒐集自用糧食、儲備

冬天所需的存糧，狩獵馴鹿、牛、鮭魚、海豹、海狗、海象等。這時的社會，是由住在帳棚裡的核心家庭所組成。到了幾乎永夜的冬季，分散在各地的核心家庭集中一地，數家共居於固定的木造長屋裡，有時甚至整個聚落都住在一個長屋中。每一個核心家庭各自居住在一個隔間中，以燈為其象徵。長屋中央即為舉行儀式所在地。長屋所在地，往往會選擇溫度高、稍微有陽光的地方，海面尚未完全冰封，必要時還可以捕魚、獵海豹。長屋的領袖由個人能力來決定，通常是最會打獵、最富有、法力最強的巫師。所有儀式（包括婚禮）都是在冬天舉行。所以，長屋本身便是再現整個社會而為其集體表徵。

冬夏兩種截然不同的生活方式，影響到愛斯基摩人社會生活的其他方面，特別是律法、親屬制度、財產乃至於認識世界的分類系統等。例如，在親屬制度與稱謂上，核心家庭的成員有個別的稱謂，如父母、子女、伯叔、姑姑、母舅、阿姨及他們的子女。但核心家庭之外同氏族同輩分的男人或女人，均使用同一個稱謂。前一類稱謂主要用於夏天，後一類主要用於冬天。而除了夏天各種獵獲物及用品外，其他所有的東西（如土地、長屋、冬天的獵物等）均屬於聚落所有。此外，他們更以冬夏來分類周遭的人與物。如夏天的鳥對比於冬天的鳥、夏天的孩子對比於冬天的孩子、夏天的東西對比於冬天的東西等。因此，冬與夏的區分，構成他們認識周遭世界的分類與觀念系統。這種社會生活節奏，不僅不同於其他自然環境的民族，也不同於處於類似環境的北美印地安人，如夸求圖人 (Kwakiutl)，因而突顯了他們社會的特色。❾

雖然，在這個研究之中，牟斯的立場並不與涂爾幹相同，甚至顛倒了社會與象徵的關係。❿但從涂爾幹的觀點來看，社會是由核心家庭所組成，長屋制度則將所有的家整合在一起。愛斯基摩人冬天集中住在長屋中，目的是在舉行各種宗教活動。因此，某個角度而言，是宗教而不是長屋，再現了整個社會。⓫

涂爾幹社會理論的限制不僅是由客觀論傾向所造成的，更主要來自於他的理論假定了社會如同生物有機體一般，是靜態的同質性整體。但這樣的基本假定，除了較孤立而未受資本主義經濟影響地區之外，往往與實際的狀況不符。尤其在資本主義經濟及殖民主義統治影響下，社會變遷及混合狀態反而是一種常態。特別是在 1950 年代末期以後，由於人類學所研究的主要對象，通常是受全球性資本主義經濟影響下的複雜社會，更突顯涂爾幹理論的限制。因此，研究文明社會為主的韋伯理論得以脫穎而出。韋伯方法論上的詮釋取向，也彌補了涂爾幹客觀論傾向的限制。

❾ 筆者對於 Mauss & Beuchat (1979) 一書所做的摘要。以下的例案均是，不再另加說明。但為了與引用文字區別，特以分隔線加以區隔。

❿ 在本節「四、象徵理論」部分，將會進一步說明「社會」與「象徵」的關係。

⓫ 雖然這個例子也包含了愛斯基摩人因夏冬之分而衍生的主觀文化分類系統，不過，涂爾幹的理論較強調客觀的研究，不太強調被研究者的主觀觀點。一直要到 1980 年代以後，被研究者的觀點才隨著牟斯理論的再興而重新被定位，「文化分類」的問題才受到重視。這將在下一章進一步說明。

二、韋伯[12]

韋伯對社會的看法，是由社會制度和社會行為的切入來掌握，但特別注重制度與行為的文化意義。是以，即使他強調「行動」是分析的基本單位，但這行動不會只是單純的行為，而是有意義的行為模式。因此，行動勢必與觀念、態度、價值等整體的型態結合，突顯其「精神」(spirit 或 *Geist*)。更因為行動是在制度中發生，他不僅注重有意義的行動或行動者本身的動機及行為上的意義，更注意到人跟人的關係；他注意的是個體、人跟人的互動、個人和制度的「能動性」(agency)。儘管很多的作用與意義不是個人所能意識到的，但他的制度研究仍以人為中心。所以，他比較強調行動者而非制度的功能。例如，他在回答「為什麼資本主義興起會發生在西方？」的問題時，是由基督新教倫理來切入。因這涉及新教倫理裡天職 (calling) 的觀念，使得西方人在倫理上，做任何事情都必須盡力去做，以實踐上帝要他們做的事情，導致宗教的非理性概念產生理性科層組織的結果，也涉及現代化理論討論的成就動機。要達到西方的現代性，所有人必須有很高的成就動機。因此，他非常在意行動者、制度本身的意義。

韋伯不認為「社會」是外於人存在的實體，他強調社會是有如人群一般地結構，著重人跟人之間的互動。比如，他最著名的討論便是權威的分類。「權威」概念重視人跟人的關係與互動過程，使得人可以支配他人而產生影響。因此，這個概念不僅強調行動者，也強調互動。不過，權威的產生不只是人跟人互動的結果，同時也跟不同的制度結

[12] 正如涂爾幹的例子，有關韋伯理論與思想的介紹與討論，實在是不勝枚舉，故在此不特別列舉。但 James L. Peacock (1981) 的短文，與筆者的看法最近，故特別提及，以供參考。

合在一起。因此，韋伯將權威分成三類 (Weber 1978: 212–301)：傳統性權威 （尤其是父權權威，如氏族社會裡的父權）、克理斯瑪（charisma，靠個人魅力吸引跟隨者）、因制度上的地位而來的法律上的權威（如科層組織中不同地位而有的不同程度的權威）。傳統權威及法律上的權威均與傳統及現代制度直接關連，克理斯瑪式權威則往往出現於未制度化的情境中；一旦制度化後，它將轉成另兩種的權威。是以，韋伯探討權威的目的仍是要瞭解制度和行為背後的意義。

然而，制度與行為的意義並不見得為當事人所意識到。在這情形下，如何知道其意義呢？這便涉及了韋伯的 *Verstehen*（understanding，瞭解）觀念，必須由主觀的觀點來理解制度及行為的意義。例如，從現代理性的角度來看，傳統中國的科層組織是非常腐敗而無效率的。因為它強調關係，不避諱人情，更難免賄賂的產生。但是，蕭公權 (Hsiao 1960) 和瞿同祖 (Ch'u 1971) 的研究卻持相反的看法：中國社會原本就強調人情；人跟人的權利義務關係是由內而外依不同程度的親疏遠近關係而來，愈親近者，關係愈緊密而有更多的責任義務必須回報，反之亦是。這便涉及梁漱溟 (1963) 所說的（儒家）倫理本位或費孝通 (1948) 所說的差序格局。因此，整個制度的有效運作實是建立在關係上。進一步說，這種差序格局、由內而外倫理本位的中國人主觀觀點，並不是把每個人都看成一樣平等的個體（這是現代科層理性的假定），而是隨著關係的遠近而給予不同的輕重地位。這種理解完全否定了客觀論對於中國文官制度的解釋，涉及對制度及行為的意義如何從主觀論的觀點來瞭解的立場。這便是韋伯所說的 *Verstehen* 或「瞭解」(understanding)。⓭

⓭ 不過，在韋伯的理論中，他的「瞭解」其實並非來自被研究者意識到的主觀觀點，而是以「神入」及「分析」方式來建構行為者活動背後的邏輯，以此

不過，既然這意義是指被研究者的主觀觀點，但又不見得為當地人所意識到，研究者到底是如何掌握到？這便涉及韋伯的理論中另一個重要的概念——「理念型模式」(ideal type)，而且往往是在歷史過程中，透過不同社會的比較所建構的。例如，有關西方資本主義興起與新教倫理的關係，實際上是建立在他比較了古代猶太教、中國宗教、印度宗教，乃至伊斯蘭教後，⓮所建構幫助我們瞭解新教倫理與資本主義關係的模式。因此，他的討論是建立在理想的模式上作比較，才能突顯歷史與文化的特色。所以，他已不太重視社會的整體性、制度的功能，強調的是行動者和制度的意義、人和人之間的互動，以及行動背後的觀念、態度與價值。甚至，他在處理基督新教倫理時，不僅不將其發展視為社會經濟力量的反應，反而看成是神學的獨自解決之道，使得文化有獨立於社會之勢 (Peacock 1981: 124)。也因此，相對於涂爾幹社會理論的客觀論，韋伯不僅奠定了主觀論立場，更突顯了「文化」的重要性，將之提升於「社會整體」之上。他的社會理論，可由葛茲 (Clifford Geertz) 的個案研究來具體理解 (Geertz 1963)：

位於印尼爪哇東中部的 Modjokuto 及巴厘島西南部的 Tabanan，其經濟狀態均屬羅斯托 (W. W. Rostow)⓯所說的前經濟起飛

來抓住行動者的觀點 (Peacock 1981: 124)。但相對於客觀論的客觀立場，他的理論觀點，經人類學家處理之後，還是被用來突顯被研究者的主觀觀點。

⓮ 韋伯並沒有寫過一本分析伊斯蘭教的書，不過，由他的著作中，還是多少可以瞭解他對於伊斯蘭教的看法，請參閱 Bryan Turner (1974)。

⓯ 羅斯托在他有名而影響當時經濟發展深遠的著作《經濟發展史觀》(*The Stages of Economic Growth*)(Rostow 1960) 中，認為任何一個社會都在經濟發展的五個階段中：傳統性社會、前經濟起飛期、起飛期、成熟期、大眾化高

(pre-take-off) 時期。前者是個都市化的市鎮，族群、階級、宗教相互連結而形成複雜的組合。就階層而言，包括了由貴族及受過教育的士紳、從事商業的生意人、一般百姓及經營店鋪與企業的華人等。生意人以個人身分從事人與人間直接交易的流動性商業，大都是信仰改革的現代伊斯蘭教信徒，在當地居於社會「間隙」(interstitial) 位置；既沒有親屬或地域群體來支持，也與當地人沒有什麼歷史淵源或社會關係。因此，他們也較個人化而較不受傳統習俗的包袱與限制，而能創新地建立公司型式的企業，並再繼續投資。這群人構成該城經濟活動的主幹，更因其靈活富彈性的交易方式，使當地經濟呈現出「市集經濟」(*bazaar* economy) 的特性。⓰但他們往往缺少集體組織以募集游資為其繼續發展所必要的資金，更不能組成聯合經營之企業，使他們無法與組織性格濃厚的華人企業競爭。缺乏集體組織遂成為該城經濟起飛的絆腳石，其嚴重性更甚於資本短缺或知識技術不足。

相對之下，Tabanan 是個由貴族及鄉民組成的農村，傳統上即擁有各種社會組織，包括水利灌溉、宗教祭祀、親屬、居住或地域

度消費期。每個階段都有其特殊經濟條件與困難，待克服後，才能進入下一階段。

⓰ 在該書中，葛兹花費了許多篇幅談論 Modjokuto 城傳統的「市集經濟」特性：討價還價（而不是理性的簿記會計）；缺乏組織，是以個人為單位進行交易；貨品轉手頻率極高；包含了生產、交易、分配、消費的整個經濟過程，均可在富彈性的 *pasar* 傳統市集中完成；但又獨立於社會關係之外，即經濟社會學所談到的“disembeddedness”。這種經濟型態的好處在於資本、市場、動力都具備，但缺乏現代化經濟必要的有效率組織。

等稱為 *Seka* 的組織，[17]其間並不一定相互一致，充分突顯其多重的集體主義 (pluralistic collectivism)。農民對於貴族有服從領導的義務，而貴族對於農民則有照顧的責任。當貴族意圖從事經濟發展時，乃利用 *Seka* 組織，帶領農民建立集團性企業。不同於 Modjokuto，Tabanan 農村的發展困境在於利益均分與過多的社會聯繫之牽制，使現有企業無能於再投資行為，傳統貴族與農民間的互惠關係妨礙了 Tabanan 進一步的發展。

在這個研究中，葛茲不僅以制度、字或話語、意象及行為等象徵形式來證明當地人的觀點外，他更由組織的有效性及類型、發展動力、經濟變遷的意義，及都市化對於經濟成長的支持等，建構了兩個發展中民族經濟發展的理想模式，來說明由前經濟起飛期發展到經濟起飛期，可以因原社會組織的不同，而有不同的方式與途徑，使我們對於經濟變遷之於當地社會文化的意義，有更深一層的瞭解。Modjokuto 模式所呈現的其實是種「經濟人模式」(homo economicus pattern)，經濟現代化的目的是先產生民主的自由主義、個人的政治自由以及理性的獨立自主等，最終得到經濟的創新與動力。但 Tabanan 模式則是種「政治人模式」(homo politicus pattern)，經濟成功是增加政治權力的手段，故是政治動機支持了經濟創新，也使企業菁英與政治菁英合而為一。由此，我們得進一步理解葛茲所說的「瞭解」不僅是透過象徵形式及理

---

[17] “*Seka*”，亦即 “to be united”，是不同功能的社會組織，其構成與效力甚至近於法人團體。在當地社會，*Seka* 的功能包括：維持廟宇與執行慶典、住居單位、農業水利組織、親屬團體、志願性群體。但這些組織的範圍及成員並不一致，時而又交互重疊。

想型的建構來逼近當地人的經驗 (experience-near)，也是建構一種可以表達研究經驗的人類學知識。其研究結果，最後還挑戰了當時現代化理論以西歐的歷史過程為現代化唯一途徑之假定。

從這個個案研究中，可以看出帕森思 (Talcott Parsons) 對葛茲的影響，特別是在文化觀念的方面；⓲不過，此書踵步韋伯的《新教倫理與資本主義精神》，甚至可稱為人類學版的韋伯。在這個例子中，受伊斯蘭教義影響的商人，表現出不亞於清教徒之敬業與成就動機，而這個個案更使葛茲進而發展出類似另類現代性的討論 (Geertz 1962, 1963)⓳，質疑當時的現代化理論以歐美的發展過程作為現代化的唯一進程，實為西方文化的偏見。

由這個「人類學版的韋伯研究」中，可見韋伯的社會理論不僅可以比涂爾幹更容易突顯被研究者的觀點，而有助於瞭解被研究社會的複雜性，更有助於剔除社會理論中的資本主義文化偏見。雖然如此，韋伯的研究往往關注於歷史的過程裡，而且是透過理念型模式的建構來突顯整個行動者、制度的意義。他雖然強調以主觀論來對抗客觀論，但如同前面所說，他的主觀論著重於研究者的詮釋與瞭解，而非著重於被研究者的主觀觀點。因此，由他的社會理論衍生而來的研究，如葛茲的詮釋人類學，往往還不足以充分呈現人類學所強調的被研究者的觀點。更大的問題，是他的理論詮釋者雖可賦予被研究者主觀觀念的重要性，卻往往導致一種將非西方社會的「落後」或者「低度發展」

⓲ 關於葛茲的文化觀念，將在第三章〈文化的概念與理論〉中深入探討。

⓳ 有關另類現代性的討論，參閱 Knauft (2002)。不過，葛茲當時的重點，其實是現代性的另一種可能 (an alternative to modernity)，而不是後來所討論的地方化、多重化、當地文化調節過後的另類現代性 (alternative modernities)。

歸因於當地文化不夠「理性化」的缺陷。馬克思主義人類學正可以彌補這點缺陷。

三、馬克思

㈠馬克思主義者的社會圖像

相對於涂爾幹及韋伯，馬克思理論被用到人類學的研究，不僅相對較晚，過程更充滿曲折。又因研究者對於馬克思理論理解上的不同，而發展出許多不同的派別。不過，馬克思理論有一個基本假定：將勞動力所生產的價值分為使用價值與交換價值，而突顯勞動的二重性。此外，他的理論蘊含一個基本的社會圖像 (Friedman 1974: 445)。由下圖一，我們可以較容易地呈現在他理論影響下的社會概念。

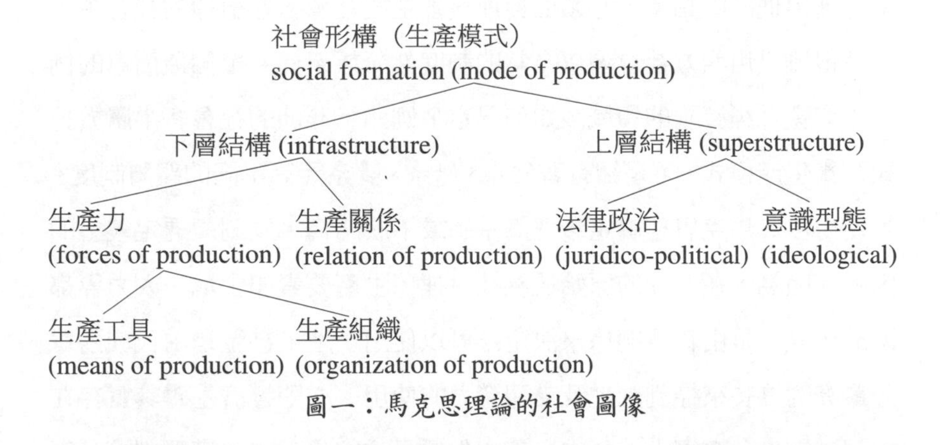

圖一：馬克思理論的社會圖像

從圖中，我們可以清楚瞭解馬克思的社會概念是由上層結構和下層結構所構成，結構之間的關係是動態的。因此，他是使用「社會形構」(social formation) 這個概念來指涉「社會」，此取徑既不同於涂爾幹的社會實體論，也不同於韋伯的行動制度論或微觀行動論。在人類學的研究中，往往會更強調上下層結構各有其相對的自主性，著重討論兩層結構間的辯證關係，而不是僵化的下層結構「決定」上層結構。⓴其次，受到法國馬克思論者阿圖塞 (Louis Althusser) 的影響 (Althusser 1979, Althusser & Balibar 1979)，馬克思主義人類學者（尤其是結構馬克思論者，如葛德利爾 [Maurice Godelier]）更區分了決定性 (determination) 與支配性 (domination)(Godelier 1972)。

㈡結構馬克思論

1.基本概念

當人類學者試圖應用馬克思主義於民族誌研究時，首先即遭遇概念適用性的問題。由於馬克思認為西歐是人類社會發展的最複雜階段，對西歐社會的瞭解可以解釋所有的社會型態，因此，他的理論往往對於十九世紀末期的西歐資本主義社會具有很強的解釋力。可是，人類學在應用他的觀點時，必須面對前資本主義社會。在這樣的社會中，往往很難沿用西方社會習以為常的制度性分類架構。舉個最簡單的例子：究竟「經濟」的領域該如何界定？例如，非洲的社會多半屬於狩獵採集生產模式，可是卻有著父系、母系、雙系等等不同的親屬制度。若使用古典馬克思理論定義經濟基礎或下層結構，立刻遭遇定義上的困難。因為，在非洲的原始氏族社會裡，生產要素如土地、人力等都屬於氏族，是由親屬關係來決定誰可以使用土地，甚至是由氏族內輩分最高的族長來控制土地及支配勞力的使用。亦即經濟基礎其實存在於親屬制度。事實上，資本主義文化偏見往往將下層結構限制於「經濟」，但對於非資本主義的社會而言，支配性的制度經常具有經濟的功能，如非洲的親屬、古代希臘的政治、印度的宗教等。而「支配性」

⓴ 例如，李維史陀在其著名的神話學討論中，非常強調上層結構與下層結構一樣有其自主性；因神話本身有其一套內在邏輯，故神話學有其獨立的地位 (Lévi-Strauss 1966)。

與「決定性」兩個概念的解釋便帶入功能的觀點。亦即，很多支配性的制度並非所謂的經濟制度，可能是親屬制度、宗教制度、政治制度等；但這些制度在該社會中極為重要乃至具有支配所有其他制度的性質，因此也具有現代經濟制度的功能。因此，經濟制度、經濟基礎的「決定性」仍在，但是可能由其他支配性的制度所執行；這些支配性的制度，便具有經濟功能。

在馬克思主義人類學者當中，以法國的結構馬克思論者，特別注重「社會形構」、「上層結構」、「下層結構」、「決定性」、「支配性」等概念的區辨。他們大都熱中於原始社會或鄉民社會的研究，目的不只是要證明馬克思理論或概念可用於前資本主義社會而有其普遍性，也試圖突顯被研究社會的特色，故特別重視前資本主義社會「再生產」或「繁衍」(re-production) 的問題。這不只涉及生產活動的目的到底是社會的延續 (Meillassoux 1972) 或商品的再生產，[21]更涉及了「階級」的進一步定義。如：在非洲社會中，進行社會繁衍時，年長者因掌控聘金而控制了女人的生殖力及男人的勞動力 (Meillassoux 1978a, 1978b)。因此，「性別」及「年齡」是否可以視為馬克思理論中的階級？為了考慮人類各種生產模式，結構馬克思論者固然承認「階級」可以是因掌握生產工具而占有社會生產體系中一定位置的群體，也可以因是否占有他人勞動力而產生剝削關係而來。更重要的是，結構馬克思主義者視「階級」為複數，認為不可能提供一個能普遍適用於所有生產模式的定義 (Terray 1975: 87)。尤其，在一個社會中，生產模式往往並不孤立存在，而是新舊生產模式共存 (ibid.: 90–91)。這裡就涉及了另一個重要的理論概念——「連結表現」(articulation)。

---

[21] 商品的再生產，正是左翼或激進政治經濟學者較為偏重的部分，將於稍後討論。

馬克思理論的 articulation 概念，㉒同時著重「連結」和「表現」的意涵。亦即，在歷史發展過程中，大部分的人類社會不會只具有一種生產模式，往往是好幾種生產模式結合在一起。幾種生產模式之間自然存在著不平等關係。尤其是當代的非西方社會，在資本主義經濟全球性發展的影響下，很可能是家中的一部分人口留在農村從事生計導向的農業生產，另一部分人則到城市投入工業生產部門。而且，在都市生產的人往往只能得到自己生存所需的直接工資，而無法得到包括繁衍下一代所需的間接工資，因而，家庭的再生產必須依賴留鄉者的生計經濟收入來維持 (Meillassoux 1981)。這使「家」作為親屬單位與連結表現機制，連結了兩種不同的生產模式，也連結了城市與農村，使得其社會範圍有了新的界定。

2.案例研究

上述借用馬克思理論的概念所界定的「社會」，可以法國結構馬克思論者德黑 (Emmanuel Terray) 研究的非洲象牙海岸為例來具體說明 (Terray 1974)：

Gyaman 的 Abron 王國，位於西非迦納西北部與象牙海岸間。過去的研究認為這個王國的產生是因為長距離的貿易而來，王國的形成是為了維持整個貿易的社會秩序；但是，從馬克思理論的角度來研究這個王國時，我們會發現這個社會裡有兩個主要的生產模式；一般農民生產自給自足的「以親屬為基礎的生產模式」(kin-based mode of production)，以及真正造成王國興起的奴隸生產模式：國王俘虜大量奴隸開採金礦，以補充農民不願意從事的危險採礦工作。採礦所得的黃金，被國王用以從事軍火交易、補

㉒ 對於 articulation 概念的界定與解釋，古典的討論可參閱 Foster-Carter (1978)。

充戰備、在戰爭中擄獲俘虜為奴，繼續採礦並購買奢侈品，以表徵身分地位。作為王國的子民，農民被王室提供的奢侈品所吸引，加入軍隊、俘虜奴隸，支撐了奴隸生產模式與王國的形成。因此，這個王國是由親屬與奴隸兩種不同生產模式結合而形成，兩種生產模式的連結更界定了這王國的社會範圍。

「生產模式」概念用於解釋社會形構，也可以用以理解本章第三節所提到的愛斯基摩狩獵採集社會。但是，這種解釋取向會面臨一個問題：什麼樣的社會單位或者生產模式單位，才是一個適宜的分析單位？例如，在同一個盆地裡，不同的人群以相異的生產方式生活在不同的高度上。這幾種生產模式是一個社會單位？還是幾個社會單位？這是馬克思理論研究上經常遭遇的問題。因此，馬克思理論運用到人類學的研究上，雖剔除了以資本主義社會所界定的經濟制度來決定經濟範疇的文化偏見，卻無法解決研究單位的問題。類似的問題，也出現在馬克思主義人類學的另一派別：美國人類學原有的物質論傳統與馬克思理論結合後所發展出的政治經濟學研究。㉓

㈢政治經濟學

下一章會提到：鮑亞士在美國建立人類學時，是以德國的唯心論的文化概念來發展。但這類文化概念往往將人類學導向非科學的人文學方向，因而引起他的一些學生之不滿，特別是懷德 (Leslie A. White) 和史都華 (Julian H. Steward)。他們分別提出以技術可產生能量來解釋

㉓ 古典的政治經濟學實包含資本主義經濟學及馬克思經濟學。二次戰後，馬克思理論在不同的國家往往有著不同的發展。其中包括馬克思理論與資本主義經濟學的結合。但本書所指的政治經濟學，則限於一般所說的左翼或激進政治經濟學。

文化進步的文化學 (culturology)，以及將文化視為適應環境手段之文化生態學 (cultural ecology)。這兩位學者，建立了美國人類學中物質論的學術傳統。史都華的學生沃爾夫 (Eric R. Wolf) 及敏茲 (Sidney W. Mintz)，在中南美洲從事田野調查工作時，面對當地農民普羅化，及美國本身作為資本主義經濟推手在當地所造成的剝削現象，使他們將文化生態學的研究傳統與馬克思理論結合，發展出美國人類學之中的政治經濟學。他們的解釋，類似於法蘭克 (Andre G. Frank) 在 1960 年代由拉丁美洲的研究而發展出的依賴理論，以及華勒思坦 (Immanuel Wallerstein) 的世界體系理論，因而匯聚形成一支獨特的學術研究傳統。在這個理論學派下，人類學所討論的個別文化之特殊傳統，被放置入世界性資本主義發展的歷史過程之中，而被視為經濟體系分工結構下的產物。沃爾夫的《歐洲與沒有歷史的人》(*Europe and the People without History*) 一書中，便提到不少著名的例子 (Wolf 1982)：

美國中部大平原上的印地安人原本是農耕的民族，為了提供食物給在美洲獵取與收購獸皮的獵人與貿易商，必須獵殺大平原的水牛，而由農耕轉變為騎馬打獵的民族。這種文化與生計型態的改變，便是因為資本主義發展使得北美洲成為全世界獸皮的主要來源，而影響了這整個區域的發展，範圍廣及平原印地安人、西北海岸、加拿大、阿拉斯加等。因此，人類學強調的文化獨特性，乃是世界性資本主義經濟體系分工發展的結果，是以，文化是經濟結構下的產物，甚至只是適應的手段。

沃爾夫的理論討論，其實非常類似依賴理論裡的大都會中心 (metropolis)／衛星城 (satellite)，或世界體系理論中的中心 (core)／邊

陲 (periphery)／半邊陲 (semi-periphery) 等經濟結構，透過市場機制對文化產生塑造作用一樣，不再視地方文化為阻礙或有利於經濟發展的要素，而認為各地的經濟，甚至文化狀態，均為世界經濟結構下的必然產物。由此，他們得以剔除現代化理論中，將經濟的低度發展狀態歸因為當地人文化的偏見。

然而，政治經濟學的研究，正如結構馬克思理論一樣，雖能剔除西歐資本主義文化的某部分偏見，並解釋文化變遷的動力，卻也和結構馬克思主義人類學一樣，往往無法確定所研究社會的單位或範圍。因為，它可以小到一個家計經濟的家庭單位 (Meillassoux 1972)，也可大到整個世界經濟體系 (Wolf 1982)。這個研究上的困境，直到在 1980 年代之後的文化馬克思理論以被研究者的文化觀點來界定研究單位，才有所突破。但此時的研究重點已轉移到意識型態層面或文化的概念上，而不再集中關注生產模式。「文化」之所以能界定社會的範疇，可由下一段象徵理論的社會觀來瞭解。

四、象徵理論

人類學的象徵理論，可以進一步由其對於社會的不同觀點來區分。在這段中，將舉三個不同的立場來說明。

(一)牟　斯

牟斯繼承了涂爾幹的理論傳統，進一步發展出象徵論。這個取向，基本上是來自涂爾幹的有機體社會概念，只是顛倒了社會與象徵間的關係：不再強調象徵、集體表徵，甚至宗教作為社會的再現，而是著重享有共同分類系統與認識世界方式的人，構成一個社會群體。是以，象徵符號是最普遍、為人群所共享的心智狀態與力量，更是作為群體意識的最深層機制，它自身表達了群體的存在。故對牟斯而言，社會生活是象徵關係的世界。[24]

回到前述愛斯基摩人的例子。按照涂爾幹的社會理論，長屋是集體表徵或社會的再現。可是，牟斯卻強調：即使自然環境不同，卻可以擁有共同的生活方式。[25]愛斯基摩人因為共享相同的集體心智以及認識世界之分類系統，如夏冬之別的人、鳥、小孩、物等等，使他們對於世界有相近的理解，也產生共同的行為及社會生活。因此，牟斯的論證剛好顛倒了涂爾幹的論點：自然環境的運作需要人去理解，而這個理解過程建立了分類系統，分類系統更影響到社會的所有成員。是以，社會的界定是指擁有共同集體心智和分類系統的一群人。

牟斯所發展的象徵論，於 1970 年代末期以後，在人類學理論的發展上產生深遠的影響，在下一章中，將有更深入的討論。[26]

㈡特納 (Victor Turner)

在人類學的象徵理論發展上，特納具有不可忽視的重要地位。相對於牟斯，特納由中非洲尚比亞 (Zambia) 恩登布 (Ndembu) 社會研究，發展出截然不同的象徵理論，對宗教與儀式的研究產生巨大的影響。

相較於同質而孤立的愛斯基摩人社會，中非洲的恩登布社會久經殖民統治，當局引進的許多西方制度，與地方原有的傳統產生大量衝突。從涂爾幹強調整體與穩定的社會理論觀點來看，這個社會已經瀕

---

[24] 對於牟斯的象徵理論，李維史陀的《馬歇爾・牟斯作品導論》(*Introduction to the Work of Marcel Mauss*) 最能闡明牟斯的貢獻。李維史陀在書中提到：「牟斯一直思考的是，發展出一象徵論的社會學理論之可能性，他所需要的顯然是社會的象徵起源」(Lévi-Strauss 1987: 21)。

[25] 反之，自然環境相似的北美印地安夸求圖人，卻有著不同的生活方式。

[26] 有關牟斯理論在 1970 年代末期以後的影響，可參閱 James & Allen (1998) 及 Allen (2000) 等，中文著作可參閱黃應貴 (1992)。

臨瓦解。但是，在特納從事田野工作時，每天晚上都聽見鼓聲，然後周圍的人突然消失不見。後來特納才發現：他們都前往隱密的地點去舉行儀式了。透過儀式，充滿衝突的人群得以重新整合。而儀式不只是在特定的歷史情境與社會脈絡中進行，儀式實踐本身更是一社會過程：它既在社會衝突或變遷的脈絡中發揮作用，也產生社會本質上的改變。㉗由此，特納透過儀式的研究，發展出儀式的象徵機制如何整合人群的象徵理論。

特納的理論也被應用到臺灣，使我們對於賽夏族有新的認識（鄭依憶 2004）：

位於臺灣中北部苗栗縣南庄鄉、獅潭鄉與五峰鄉的原住民，屬於臺灣南島民族的賽夏族。由於在歷史發展過程中不斷與其他更強勢而工藝技術更進步的民族接觸，如早期的「矮人」、泰雅人、客家人、日本人、閩南人等等，不斷學習更「進步」的文化，也不斷受到欺侮與剝削，最後成為今日的弱勢少數民族。如今，賽夏人不再以賽夏語作為日常溝通語言，北部的賽夏人講泰雅語，而南部賽夏人則講客家話。大部分的族人均已散居臺灣各處。即使是在日據時期所劃定賽夏族的主要分佈地，目前漢人及泰雅人所占的比例，也已超過賽夏人本身。雖然如此，在舉行年度的矮靈祭時，分散各地的賽夏人都會盡量趕回來參加。大部分的儀式過程僅有賽夏人能參與，使得儀式具有明顯的排他與凝聚內部人群的整合功能，使所有的賽夏人得到文化與族群的認同。在儀式的最後一段，則開放邀請外來者參與舞蹈及共享食物，與外來者整合。

㉗ 關於特納的象徵理論，在本書第三章〈文化的概念與理論〉，以及第十一章〈宗教、儀式與社會〉，將有更深入的討論。

唯有在舉行矮靈祭的時間，我們才看到賽夏人的族群與社會之具像存在。然而，這個儀式之所以能夠透過其象徵機制整合所有賽夏族的參與者，主要是他們擁有共同的信仰與觀念，才能產生儀式上的象徵機制來超越現實上存在的各種矛盾。

這個個案研究把特納的理論推到一個極端，使得「社會是一套觀念，而不是一群人的集合」(A society is really a set of concepts, not an aggregate of people)㉘。當然，特納的象徵理論內容其實很複雜，甚至涉及象徵的心理及生理基礎（何翠萍 1992），而與「文化」概念較有關，因已非本節主要的討論範圍，將在下一章中進一步討論。

㈢伊凡普理查 (E. E. Evans-Pritchard)

不同於牟斯與特納，伊凡普理查的主智論 (intellectualism)㉙，不僅延續弗雷澤 (James Frazer) 及李維布律爾 (Lucien Lévy-Bruhl) 對於思考原則的探討，更關注每個社會如何透過關鍵性象徵 (key symbol) 來理解周遭的世界，而使獨特的關鍵性象徵成為該社會文化的特色。㉚像努爾 (Nuer) 社會和阿桑地 (Azande) 社會 (Evans-Pritchard 1956, 1937)，其成員之所以可以整合，是因為他們擁有共同的思考方式或文

㉘ 此句引言雖是筆者的看法，但並非筆者所創，唯一時未能查出出處，顧誌之。

㉙ 簡單來說，主智論特別著重在與思考方式有關之問題的討論上，早先的弗雷澤、李維布律爾、及後來的結構論大師李維史陀，均是這種研究傾向的代表人物。

㉚ 雖然，「關鍵性象徵」的概念並非由伊凡普理查自己提出，而是歐特納 (Ortner 1973) 所提出的，但伊凡普理查已有效地使用了這概念而以文化慣性替代。事實上，這概念還包含了思考方式在內。見文中的討論。

化邏輯，以理解周圍的世界並產生共同的行為。例如，在努爾社會裡，「牛」是極重要的財產、象徵，甚至認同的來源。當地人對牛的分類非常細緻，也往往透過牛的象徵與隱喻，來瞭解自然現象與社會行為，牛乃成為該社會的關鍵性象徵。同樣地，在阿桑地社會中，當地人頻繁地舉行巫術或神諭，舉凡社會生活中各類大小瑣細事情，均求助於巫術或神諭。在《阿桑地的巫術、神諭與魔法》(*Witchcraft, Oracles and Magic among the Azande*)(Evans-Pritchard 1937) 一書中，主題即為當地人如何證明巫術與神諭有效性的思考方式，以及其對於因果觀念的獨特看法。因此，牛和巫術（與神諭）便成了這兩個社會的「文化慣性」(cultural idioms)[31]——不僅是生活中最關注的問題，當地人也藉以理解周遭環境並做出反應，更由此透露出當地文化的思考特性。[32] 對伊凡普理查而言，人群之所以能一起經營社會生活而構成一個社會，主要是因為他們有共同的關注問題與思考方式。

---

[31] 這裡所說的文化慣性，是指某一制度或風俗習慣，滲透到該社會的其他社會文化層面，而成為整合該社會的主要機制，並為表現該社會文化特性的關鍵性象徵所在，有其表現的意義。

[32] 在《阿桑地的巫術、神諭與魔法》一書中，伊凡普理查反駁當時普遍認為原始人「非理性」的看法。他試圖證明：原始民族擁有類似西方理性的思考方式，只是基本前提不同而已。例如，一個人靠著房柱休息，房子突然倒塌，納涼的休息者也被壓死。阿桑地人會認為：這是因為這個倒楣鬼橫遭巫術祟害。若依據科學的觀點，這種想法是很幼稚的歸因方式，因為柱子倒塌很明顯的是源於蟲蛀。但是，當地人真正關心的問題是：為什麼是這個人、在這個時候被壓死，而不是柱子倒塌的原因。這是哲學討論上探討「理性」的著名非西方個案。本書第三章〈文化的概念與理論〉與第十二章〈思考模式〉，將再觸及這個問題。

㈣小 結

上述三種不同的象徵理論取向，不僅反映了不同的界定「社會」方式，更表現出人類學企圖呈現出被研究者的主觀觀點，而非研究者的觀點，以突顯出個別社會文化的特性。而且，透過各種象徵層面來界定社會的範圍，可避免涂爾幹的有機體社會觀所假定社會有明確的範圍與人群之限制。

從以上三支象徵理論，可以看出不同學者試圖呈現社會文化特性的特殊主義立場。如中非洲被長期殖民而充滿明顯文化衝突與混合的恩登布社會，特納的象徵理論不僅突顯出該社會的特性，更試圖剔除宗教儀式只是消極地再現社會，而不是積極地塑造社會的文化偏見。但即使如此，這些象徵論所界定的社會，仍無法與群體及界線概念脫節，而難用於瞭解當代流動性強及界線模糊的後現代社會，乃至於前資本主義「社會」。這只有待「社會性」概念來突破。

五、社會性

前述象徵理論對於社會的探討，雖有助於我們超越涂爾幹以來有機體論社會觀的限制，但顯然仍無法有效用來瞭解後現代社會。尤其從 1970 年代末期以來，幾乎所有的人類社會因為新自由主義經濟全球化發展導致人、物、資金、資訊等的流動性快速增加，使得社會文化的流動與混合成了最主要的共同特色。在社會內部愈來愈異質化的同時，社會之間的差異反而愈來愈少，社會的範圍愈來愈不易界定。也因此，在人類學的研究上，也愈來愈以人與人的互動關係為主要的研究分析單位與對象。韋伯與西美爾 (Georg Simmel) 的互動論、關係論重新受到重視；在人類學中，更發展出「社會性」的概念來取代原具有整體、客觀、整合意涵，且有清楚邊界與範圍的「社會」。㉝但是這類強調流動性與混合性特質的「社會性」概念，並不只存在於當代後工業或後資本主義的社會，很多原始社會裡也存在，包括大洋洲、亞馬遜河流域等均是。尤其亞馬遜文化區的研究，更具有挑戰性：

南美北部亞馬遜河流域 (Amazonia)，大多是流動性高而沒有清楚邊界的平等社會。既缺少世系群或法人團體之類的組織，也缺乏擁有土地的團體與權威結構，或政治與社會結構等，使得過去的民族誌研究一直難以掌握其社會文化特性。直到晚近歐弗琳 (Joanna Overing) 等人帶入情緒的研究後，才有所改善。他們認為 (Overing & Passes 2000)：亞馬遜地區土著社會的文化特性，應以「社會性」概念來理解。因為，該地區並不依賴角色、身分、社會結構或社會之權利為中心 (rights-centered) 的道德系統來構成其群體，而是依人之間的互動、互為主體之自我間的關係來運作，以融洽的歡樂 (conviviality) 來表現。當地人強調好的生活品質，或如何與他人高興地生活而以美德為中心 (virtue-centered) 的倫理，不僅強調友情與快樂，也強調生活實踐與技巧上的藝術品味。就此而言，美學與感情的舒適愉悅 (affective comfort) 一直是他們日常生活實踐上的焦點。

由歐弗琳等人的研究，我們得以超越西方思想上各種二元對立的觀念，如公民社會與家庭、社會與個人、理性與情緒、心靈與肉體、主觀與客觀、藝術與工作等等。這裡所強調感情的舒適愉悅，主要是指日常生活中使人受益的美德與情緒條件，像愛、照顧、陪伴、慷慨及共享的精神等。但我們也不可忽略反社會傾向的憤

㉝ 有關社會性概念的內容與爭論，請參閱 Strathern (1988) 以及 Ingold (1990) 等。

怒、恨、貪心、嫉妒等負面情緒 (negative emotions)。正因這類反社會情感的存在所造成的限制，促使當地人必須去實踐正面的美德。對亞馬遜人而言，愛與憤怒是同一社會政治體的兩面。歡樂既涉及宇宙觀及社群間與部落間的關係，而社會生活中由生命、繁殖力、創造力而來的所有力量也都有源自其社會之外，而具有危險、暴力、乃至同類相食的潛在破壞性力量。只是，這些破壞力量經過人的意志 、 企圖 、 以及技巧而可轉換為有益的生產 (generative) 力量。

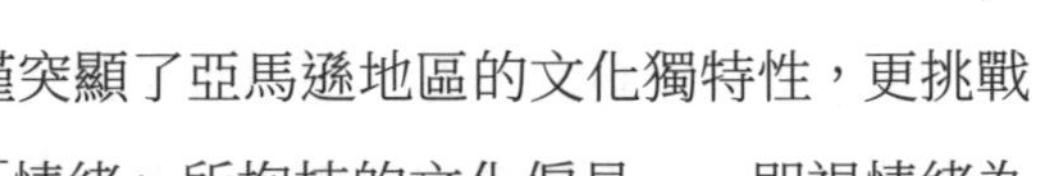

是以，「社會性」概念，不僅突顯了亞馬遜地區的文化獨特性，更挑戰了過去西歐知識傳統中對「情緒」所抱持的文化偏見——即視情緒為非理性的類別，不足以用來瞭解及解釋社會的形成，更不可能作為維持社會秩序的機制。事實上，人類學家應用「社會性」概念來理解亞馬遜及美拉尼西亞地區的結果，也挑戰了一般觀念中認為流動性、混合性是後工業社會的專屬特性，而不見於「靜態同質」的部落社會。進一步來說，儘管亞馬遜與大洋洲的美拉尼西亞是最常使用社會性概念來討論的文化區，但其內在的動力及機制可能非常不同。[34]而這類差別，也只有由對其文化的深層瞭解才可掌握。這不僅說明了我們所要瞭解的社會特性，已無法與其文化分離，更說明了為何 1970 年代末

[34] 正文所舉的例子，可以突顯「情緒」作為亞馬遜地區社會形成的動力及維持秩序的機制。而另一個經常以「社會性」概念來解釋的美拉尼西亞地區，則以「交換」為社會形成動力與維持秩序的機制 (Strathern 1988)。亞馬遜地區同樣也有交換行為，但當地人卻把交換視為喜歡某人的陪伴、共享愛與親善的活動 (Ales 2000)，因而不同於美拉尼西亞地區以交換建構人觀、親屬、性別、政治關係的交換之意義。

期以後，「社會」與「文化」的概念愈來愈難以分辨，甚至有以「文化」取代「社會」的趨勢。

第四節　結　語

在這一章的討論中，我們發現：正如社會學一樣，涂爾幹、韋伯、馬克思依然是人類學知識理論發展的三個主要泉源。但人類學家在使用這些理論時，更重視如何突顯被研究社會的特色及當地人的觀點。也因此才會有牟斯、伊凡普理查、特納等人類學家，分別結合涂爾幹理論與不同的知識傳統，發展出不同取向的象徵理論。同樣地，人類學家提出「社會性」概念挑戰涂爾幹以來的有機體社會觀之限制，也正是要突顯某類社會界線不清楚而充滿著流動性、混合性的特色，並強調當地人的主觀文化意義。因此，隨著人類學理論的發展，我們對於不同文化區的社會特性更能清楚地分辨與掌握。如：愛斯基摩人充滿夏冬對比節奏的社會，中非洲依靠儀式整合文化混雜、內部衝突的被殖民社會，非洲以親屬生產模式為基礎的氏族社會，東南亞多重文明結合的複雜社會，美拉尼西亞以交換為社會形成動力及維持社會秩序之機制的社會，亞馬遜地區以情緒為形成動力及維持秩序之機制的社會等等。

另一方面，我們也發現：這些社會理論的發展過程，不斷地剔除西歐資本主義文化的偏見。葛茲的研究讓我們反省現代化理論預設了西歐的歷史進程為現代化的唯一道路；而結構馬克思理論讓我們反省到經濟制度或基礎不應限於資本主義經濟體系下的經濟範疇與觀念；政治經濟學則讓我們意識到全球政經結構對於地方文化的形塑作用，以及現代化理論將「低度發展」歸因於當地文化的謬誤。象徵論則讓我們挑戰西歐視宗教儀式只是消極反映社會，而不是積極塑造社會的偏見。亞馬遜地區以情緒為社會形成的動力及維持社會秩序的機制，更挑戰了西歐知識傳統視情緒為非理性而不足以作為解釋社會形構的動力。故人類學的社會理論之發展，不僅與各文化區的民族誌相互結合來有效呈現其社會文化特色，其發展過程，也正突顯了人類學知識特性：反省及挑戰已有理論中的文化偏見。

第三章　文化的概念與理論❶

人類學文化理論的發展過程，相對於上一章的社會理論，它更積極於尋求新的文化概念，以便更有效地呈現被研究社會的文化特色，同時企圖剔除既有理論裡的文化偏見，特別是資本主義文化的偏見。本章將會提到：韋伯影響下的詮釋人類學、施耐德 (David Schneider) 的象徵論、文化生態學、主智論、特納的儀式象徵論、李維史陀的結構論、文化馬克思論、政治經濟學文化觀、薩林斯的文化結構論、與布爾迪厄的實踐論等等。

第一節　文化與文明

要談「文化」之前，先將它與另一最容易混淆的「文明」，做個簡單的區辨。事實上，在西歐歷史發展的過程之中，「文化」(culture) 概念的衍生與「文明」(civilization) 概念的演變關係密切。而且，在不同的民族國家知識傳統中，也賦予「文化」不同的意義。例如，法國直到十九世紀末仍是西方文化的重心，加上啟蒙以降的理性主義傳統，使得他們認為「文明」這個概念代表西方文化發展的頂點、極致，蘊含進步的概念及理性與科學為普世性的假設。而「文化」則代表由不

❶ 本章多參考 Kuper (1999) 一書，但往往有不同的定位與重點。有興趣的讀者可自行參考。

同民族構成，具有不同歷史、語言、發展過程的特殊文化。只有在當時的法國文化，兩個概念才得以重合。但是，在德國的知識傳統中，「文明」是指物質層面的發展，如科技發明等，「文化」是意義、思想、觀念、價值、象徵，代表社會最重要的精神與本質，甚至是國家的核心與基礎。只有透過「文化」才能整合物質文明。在英國，則較重視「文化」而非「文明」，因為「文化」是生活的整體、生活的方式。一個社會裡可能有幾個不同的文化。例如，不同階級有著不同的生活方式，像是看不同的報紙，這多少也說明階級意識在英國特別發達。後來的法蘭克福學派，以及義大利的馬克思論者都有類似的看法，但其實是工業革命的生活方式影響到其他地方的結果 (Kuper 1999: Ch. 1)。正因為這些差別，本章關於文化理論的討論，並不完全以理論派別或時間先後為依據，也考慮到不同地區的不同發展趨勢。❷

第二節　美國人類學的文化概念與理論

一、鮑亞士的遺產

雖然，「文化」的概念在十八、十九世紀時，在西歐各國有不同的意義，但鮑亞士在奠定美國人類學的研究基礎時，便是將德國的文化概念帶入而為其主要的主題與切入點，使得美國人類學的文化概念從一開始就充滿著觀念、價值、象徵等浪漫主義的唯心論觀點。❸

❷ 限於筆者的語言能力，本章仍以英語學界為主，並透過英譯作品，論及一部分法國人類學的成果。

❸ 有關鮑亞士的研究或討論，也是不勝枚舉。而 George W. Stocking 的相關研究，更是這方面的權威，請讀者自行參閱，或可參考林開世 (1992) 的介紹性

在鮑亞士的文化概念中，特別強調文化的幾個要素：歷史性 (historicity)（強調每個文化在歷史過程的發展）❹、多元性 (plurality)（文化是複數的）、行為上的決定性（文化在生活上會影響人的行為，並由行為來具體呈現文化）、文化是整合而相對的（各個文化要素在歷史過程中整合為一整體，故每個文化都不一樣而產生文化相對論）。這使鮑亞士和他所對抗的單線演化論❺陣營，有著基本的差別。最重要地，在解釋人類差異上，他將「文化」與體質或生物性因素區分開來，並且特別著重前者的解釋力。這已足以挑戰當時西方社會普遍認為種族的優劣是天生的、生物性的看法。

鮑亞士雖然將德國唯心論的文化觀點帶入，而使得美國人類學一開始便關心「文化」而非「社會」，但他本身並未發展出有體系的文化理論。他只是強調各個文化要素如何在歷史過程中構成一文化的整體，就像傳播論探討文化要素如何構成一整體一樣。反而是他的學生們不得不去面對文化如何整合的問題。例如，潘乃德 (Ruth Benedict) 的《文化模式》(*Patterns of Culture*)(1934) 一書，便試圖用集體的人格 (collective personality) 作為該文化的整合模式；因此，祖尼 (Zuni) 印

論文。這應是最突出的中文相關著作。

❹ 鮑亞士的文化概念所具有的歷史性，使他的研究強調文化是透過歷史過程來討論文化為何及如何被建構出來，正可避免文化有清楚界線或異己之分辨所造成的限制與困難。此優點晚近已被一些人類學家進一步發展成為所謂的「新鮑亞士主義」(neo-Boasianism)。唯它還在發展中，故本書並未特別加以討論。請參閱 Bashkow (2004)、Bunzl (2004)、Handler (2004)、Orta (2004) 等。

❺ 這裡所說的單線演化論，主要是指十九世紀社會演化論者認為人類社會文化的演變，均會經過野蠻到文明的普遍性發展階段而來，故能由其發展階段而分辨出文化的高下。如史賓賽、泰勒、摩爾根等均是。

地安人是太陽神型 (Apollonian)、夸求圖印地安人則是酒神型 (Dionysian)、新幾內亞的多布 (Dobu) 人則是誇大妄想型 (Paranoid)，這些都是集體的人格特性。社會裡的人不同程度內都蘊含這樣的人格形式。不過，鮑亞士的學生們，如潘乃德、夏皮爾 (Edward Sapir)、米德等，在發展理論的過程，並沒有特定的理論概念和方法，往往只是透過個人的直覺和感情來從事研究。雖然如此，鮑亞士蘊含著矛盾與未解的文化概念，使他的學生們由不同的取徑試圖回答他所留下來的問題，也奠定了二十世紀美國人類學的基本走向。

美國人類學文化理論建構的問題，一直到帕森思發展「一般行為理論」時受到挑戰。帕森思認為，個人的行動至少受到三個體系的影響：社會體系、文化體系、心理體系。而文化體系本身必須有其自主性，或是用涂爾幹的話來說，文化本身是一「社會事實」，它必須用文化來解釋而不能化約為其他因素來解釋，文化才可能成為一個獨立的課題。換言之，人類學家必須證明文化有其獨立自主性，而不能由其他因素，如社會或心理體系來解釋，這個學科才有其存在的理由。為了面對他的挑戰，當時的克魯伯 (Alfred L. Kroeber) 和克羅孔 (Clyde Kluckhohn) 編寫了《文化》(*Culture*) 一書 (Kroeber & Kluckhohn 1952)，收集當時所有的文化定義，最後仍然認為文化的本質是觀念、價值、象徵等，更強調文化是變異性的、相對性的，而不是事先決定的或永久性的。這本百科全書式的著作，承繼了鮑亞士文化相對論的觀點，但卻仍未建立有體系的文化理論，也未能面對人類學所受到的挑戰：人類學要成為獨立的學科，必須證明其研究對象是獨一無二的、不能被取代的。人類學理論體系化的問題，一直到帕森思的兩個學生：葛茲和施耐德才得到回答。

二、葛茲的詮釋人類學

葛茲原本學文學，二戰期間從軍，退伍後，在米德的鼓勵下，進入哈佛的社會關係學系 (Department of Social Relations)，當時該系由帕森思主導。葛茲受業於帕森思門下，結合社會學、心理學，並深受韋伯的影響，逐漸發展出他自己的文化理論。

受到韋伯的影響，葛茲早期認為最能呈現文化特性的是宗教，宗教是文化的基型 (epitome of culture)，他主要的研究便是從宗教著手。但是，他的研究對象：印尼爪哇的市鎮 Modjokuto，並不是一個同質性的社會，而是同時包含了以穆斯林為主的商人階級，接受殖民文化的上層官僚；平民大眾則是混合印度教、伊斯蘭教與原本南島民族的傳統信仰。換言之，當他要用宗教的角度去處理當地的文化時，面對的困難是這個社會的異質性。同時，印尼在現代化、世俗化的過程中，宗教力量也愈來愈薄弱。加上現代國家意識型態具有的支配性，使葛茲後來的發展，強調文化必須表現在意識型態乃至於一般常識，即一般平民在日常生活中所用的一套知識觀念層面上。

不過，早期的葛茲受到帕森思影響，認為「社會」和「文化」在觀念上屬於不同層次，兩者不一定一致，這正好呈現社會轉變的特性 (Geertz 1973a)。他認為：必須將文化（宗教）放在社會、政治、經濟過程來瞭解，也強調社會、文化、心理有各自獨立的生活領域。在這個時期，葛茲的名言是「文化有如意義之網」。不過，後來受到美國思想家如藍格 (Susanne K. Langer)、柏克 (Kenneth Burke)、萊爾 (Gilbert Ryle) 等人的影響，葛茲對於「文化」的看法也產生轉變，不再將其視為象徵與意義，而是「文化有如文本」(culture as text)。這使他與韋伯正式告別，成為美國人類學理論本土化的一個重要轉折。這個理論立場清楚表現在《地方知識》(*Local Knowledge: Further Essays in Interpretive Anthropology*) (Geertz 1983) 這本書中，而巴厘島的鬥雞更是有名的具體例子 (Geertz 1973b)：

在印尼爪哇東邊的巴厘島上，經常看到男人們抱著公雞在賭博，神情極為投入專注，彷彿著魔一般。如何去理解這樣的場景？在葛茲看來，這隻公雞代表飼養牠的主人。因為每個男人在飼養公雞時，投注了極高的自我認同在其中，因而鬥雞其實象徵著男人的自戀。飼主在公雞養成到可以互鬥的程度之後，到處去挑釁、尋求相同地位的人舉行鬥雞，並找許多親友來支持、下注自己的一方。因而，鬥雞不僅是男人的公共自我，也因為是在身分地位相同的飼主之間進行，更象徵彼此身分地位的尖銳競爭。在鬥雞過程裡的血腥與暴力，更反映了人性的黑暗面：嫉妒、羨慕、粗暴 (brutality) 等心理欲望，深蘊於該民族的內在暴力傾向。蘇哈托軍事政變推翻蘇卡諾政權時的暴力與動盪，便是該黑暗面的表現。

這篇在 1972 年發表的〈深層遊戲〉("Deep Play")，已經呈現了葛茲晚期的理論立場：文化行為是一個文本，人類學家的工作就是去詮釋它。而且，是多層面的詮釋 (interpretation)，而不是解釋 (explanation)。❻這樣的探討方式當然有其問題：它的可靠性如何？詮釋好壞的標準何在？甚至，「詮釋」經常是由具有大都會世界觀的 (cosmopolitan) 社會科學家所建構，而不是來自報導人。但葛茲確實使「文化」的定義更加精巧化，建立其自身的詮釋系統，並使文化成為

❻ 在科學觀念裡，「解釋」是分析事件的因果關係，「詮釋」是去說明多層面現象的意義。葛茲的立場，自然是主張「詮釋」而非「解釋」。

人性定義的基本要素與歷史的主宰力量。❼如此一來，葛茲的文化理論不僅使得「文化」的獨立自主性逐漸浮現，也使我們對當地社會文化的人性黑暗面有著更深一層的理解，更能剔除由「解釋」取向而產生的單一真理之限制。

三、施耐德的文化論

不過，真正面對帕森思的挑戰而建立有體系的「文化」理論者為施耐德。施耐德認為，文化有如一套象徵的系統，獨立於可觀察到的行為系統之外。由於象徵與被象徵的對象之間，並沒有必然的內在關係，因此，象徵系統不僅是獨立自主的，而且不落實於真實世界。象徵是專斷的 (arbitrary)，而其指涉是文化的建構。因此，人類學家的工作，就像語言學家探討語言一樣，是探討概念之間的關係。這樣的論點便具體呈現在他有名的《美國的親屬：一個文化的解說》(*American Kinship: A Cultural Account*) 這本精巧的小書中 (Schneider 1968)：

在這本書中，他不僅使用了結構論的分析方式，更重要的是，他意圖瞭解中產階級美國人對親屬的看法：誰是親屬、親屬的範圍、親屬之間的權利義務。秉持著象徵論的立場，他是透過觀念而非實際行為以證明美國人有清楚的親屬觀念：親屬是由天生而來的血緣，與婚姻而來的姻緣所構成。前者是來自於對自然的觀念，而後者是來自於對文化的觀念。這兩類又分別涉及自然秩序和法律（或文化）秩序。如母親 (mother) 和岳母或婆婆 (mother-in-law)

---

❼ 如：「暴力」在每個文化都有其普遍性，但並非在每個文化中都被突顯出來。在葛茲看來，蘇哈托推翻蘇卡諾時的暴力，正說明歷史過程中「文化」的決定性。

> 的不同，不只是類別的不同，其後面更隱含自然與文化兩種秩序之別。
>
> 施耐德要說明的是，美國人的親屬觀念是建立在自然與文化對立的思考上。這樣的思考也呈現在親屬以外的其他層面，❽國籍就是一個例子。「美國人」的定義，除了出生在美國本土（天生的觀念）外，也可經過法律程序宣誓為美國人（法律或文化的觀念）。換言之，整個文化象徵的背後有一套基本的文化邏輯。比如，美國親屬最重要的象徵是性交和愛，只有透過二者才能將自然與文化、自然秩序與法律秩序結合在一起。這個結合，便表現在美國的「家」。因為，家是由因婚姻而結合的夫妻和因血緣而產生的親子所組成。

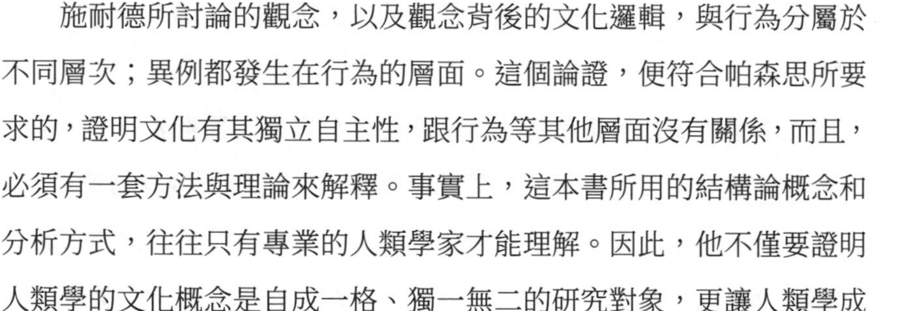

施耐德所討論的觀念，以及觀念背後的文化邏輯，與行為分屬於不同層次；異例都發生在行為的層面。這個論證，便符合帕森思所要求的，證明文化有其獨立自主性，跟行為等其他層面沒有關係，而且，必須有一套方法與理論來解釋。事實上，這本書所用的結構論概念和分析方式，往往只有專業的人類學家才能理解。因此，他不僅要證明人類學的文化概念是自成一格、獨一無二的研究對象，更讓人類學成了一種專業的學術研究。他自己更成為客觀的主觀論之典型代表——研究對象是主觀上的觀念，但分析方法與理論卻是客觀的。❾他的學

❽ 發表《美國的親屬》之後，翌年，施耐德在一篇文章中，延續了《美國的親屬》之討論方式，以自然與文化對立的邏輯討論了國籍及宗教的現象(Schneider 1969)。

❾ 結構論強調潛意識的深層結構是客觀存在的，雖然是被研究者的主觀觀念，

生更在許多其他研究領域中證明其理論的可行性。這個發展，確實也使我們對於美國充滿自然與文化對立的文化邏輯有著更深一層的瞭解。更重要的是，他進而證明了人類學的親屬概念，基本上就是西歐文化的俗民模式 (folk model)，並不是普遍有效的科學概念 (Schneider 1984)。這個理論上的反省與批判，使他的文化理論在人類學界產生廣泛的影響。這點可參閱第五章〈親屬、社會與文化〉的討論。

四、物質論與文化生態學

雖然施耐德的理論影響深遠，但也引起一些爭議。至少，並非所有的象徵都沒有客觀的真實，大部分的象徵還是有的。就如同他所討論的親屬並不只是存在於觀念上，而還是有其實質的行為表現。這便涉及了德國唯心論傳統的文化觀念所造成的限制。

鮑亞士的某些學生，特別是懷德和史都華，不滿於唯心論傳統，而開啟了美國人類學的物質論。懷德 (White 1949, 1975) 所提出的文化學，主要的分析方式是用技術來解釋：一個文化有更好的生產方式和工具，往往能產生更多的能量，而使得文化有更進一步的發展。這是很典型的工具論。不過這種工具論的發展影響比較小，而是史都華影響比較大。他與懷德雖都反對鮑亞士所建立的唯心論文化傳統，但卻採取不同的作法。

史都華發展出一個論點 (Steward 1955, 1977)：文化是群體適應環境的手段，所謂的環境，包括自然的以及文化的意涵在內。根據這個論點，他發展出兩個核心觀念：文化核心 (cultural core) 和次要特質 (secondary feature)。文化核心是由與生計活動和經濟資源安排最直接

卻可以被客觀地研究，而且其分析方式是每個人都可以操作的，故可用在任何一個文化的分析上。

有關的特質所組成，包括社會、政治、宗教儀式。而跟生計和經濟資源安排沒有密切關係的則是次要特質，往往是由純粹的文化／歷史因素所決定，如隨機的創新或傳播之文化特質、乃至制度。

將物質論的文化理論發揮最淋漓盡致的研究，是後來文化生態學的代表性人物芮帕波特 (Roy A. Rappaport) 在新幾內亞的岑巴甲 (Tsembaga) 民族中所做的研究 (Rappaport 1967)：

居住於新幾內亞中東部俾斯麥山區的岑巴甲人，是生活在山谷、叢林裡的孤立民族，人數不多。生計上，男人從事刀耕火耨，女人則養豬。他們並不擅長打獵，蛋白質的來源主要是豢養的豬隻。他們能使用的土地有固定範圍，除男人必須從事農業耕作外，女人也必須種植餵養豬的作物。當豬隻增加時，很可能越過圍籬，侵犯到別人的家與田地，造成爭執。原本家與家之間的衝突，最後演變為聚落間的問題。聚落間的衝突發生而導致戰爭時，解決之道為舉行 *kaiko* 儀式。在儀式中，一次所殺的豬往往多至數百頭。除了祭祀祖先外，豬肉將分配給戰爭時的聯盟。儀式結束之後，社會又恢復原來穩定平衡的狀態。若有人生病時，也有類似奉獻祖先的殺豬儀式。在岑巴甲社會裡，*kaiko* 儀式是一文化核心，因為這是原生計方式下使資源能夠維持平衡的重要機制。所以，文化核心不一定是直接的生產活動。❿

事實上，在 1960 年代，新幾內亞是人類學家的天堂，跟當今的亞

❿ 芮帕波特的研究，不僅造成史都華文化生態學中有關文化核心及次要特質的分辨變得模糊，他還探討了儀式特殊溝通模式之傳播信息 (Rappaport 1979)，奠定後來儀式的語意分析基礎。

馬遜區域或中國大陸的少數民族一樣，還未深受資本主義經濟影響。在這樣的條件之下，我們才能看到當地人如何以特殊的儀式來適應環境、維持社會的穩定與平衡。這是美國人類學從鮑亞士以降的唯心論傳統之外，所發展出的唯物論傳統，對於文化有其不同的看法，更是後來美國人類學中的政治經濟學的前身，發展出他們對於馬克思理論的特殊詮釋。不過，文化生態學在 1960 年代之所以能盛極一時，不只是它能有效地呈現出這些當時還相當孤立的社會在文化上的特色，更重要的是，它強調維持生態體系平衡與社會穩定的觀點，挑戰了西歐自資本主義經濟體系興起以來所發展出的人定勝天及視能不斷占用自然資源為進步的觀念，有意識地反省人類文明進步的困境。

第三節　歐洲人類學的文化概念與理論

在美國人類學界建構文化理論的同時，歐洲（特別是英法）人類學雖然著重於「社會」的概念，但「文化」理論也開始萌芽，尤其涂爾幹的社會理論本身便蘊含牟斯所發展的社會之象徵起源論。不過，牟斯的理論一直到 1970 年代末期、1980 年代初期，才真正受到重視而產生較廣泛而深遠的影響，引發有關人觀、空間、時間等基本文化分類概念的進一步探討。在二十世紀前半葉，英法人類學的文化理論，是以主智論及特納的象徵論較為突出。

一、伊凡普理查的主智論

主智論主要討論人類的思考原則，以伊凡普理查集大成。他延續了弗雷澤在《金枝》(*The Golden Bough*) 中關於兩種感應巫術 (sympathetic magic)，即同感巫術 (homeopathic magic) 與接觸巫術

(contagious magic) 其後之思考方式的討論，以及李維布律爾有關原始人前邏輯 (pre-logic) 思考方式背後的「互滲律」(law of participation) 的討論，以非洲阿桑地人的個案研究 (Evans-Pritchard 1937)，來檢討原始人的思考方式是否不合邏輯而與現代西方人不同：

阿桑地人分佈於中非洲蘇丹南部，介於尼羅河及剛果河之間的地區，他們對於個人的各種不幸都是以巫術 (witchcraft) 來解釋。在這個社會中，巫術本身更是自成一格的信仰系統，不可化約為心理的解釋。當地人不但可以舉出具體物證來證明巫術確有其事，也深諳巫術操作中可能作假的部分。存在巫術體系背後的，是其神祕的因果觀念。它之所以神祕，是因為這因果觀念是可與事件的時間系列無關而外在於事件之外，更可以是由結果來推論，有時如預言一般將未來與現在的時間合一，更明顯的特色是常以類比來說明因果等。然而，當地人只有遭遇到不幸或某些特殊類別的事務時，才會使用這些特別的因果觀念。就如同上一章提到的，當地人並不懷疑房柱倒塌是蟲蛀所造成，但他們關心的不是房柱為何倒塌，而是為何是「此時此地此人」被倒塌的柱子壓死？由此，伊凡普理查論證：所謂的「原始人」，在一般思考邏輯上是和現代人一樣的，只是他們要解答不同的問題時，會使用不同的前提來推論，甚至產生不同的因果觀念。而這些與西方社會不同的前提與因果觀念，則來自其文化上的關懷。因為所關懷的巫術及其背後相關的觀念與信仰，在當地文化中是普遍而關鍵性的，使得巫術成了這「文化的慣性」(cultural idiom)。

透過伊凡普理查所建立的架構，不僅能讓我們深入瞭解到當地人的思考方式，並掌握其文化特性，更以「實質理性」挑戰自十五、十六世紀隨資本主義經濟興起以來，在西方社會一直占支配地位的形式理性。不過，當時的人類學界並沒有對他的理論立即產生廣泛回應，反而是被哲學家文區 (Peter Winch) 應用到文化相對論及人文色彩濃厚的社會科學之建構，以對抗經驗論科學觀下的社會科學，產生了較大的迴響 。它引發了一連串有關理性與文化相對論的爭辯 (Wilson 1970; Finnegan & Horton 1973; Hollis & Lukes 1982; Overing 1985b; Ulin 1984)，至今仍產生影響。

二、特納的象徵論

相對於主智論，特納的象徵論在當時人類學界產生較大的影響。他強調儀式的象徵機制可以將人們凝結成一社會群體。但儀式的象徵機制為何能夠產生這種作用？這便是他的文化理論要點所在。

為了進一步瞭解儀式象徵機制如何運作，特納不僅細緻地建構了儀式的象徵、價值、目的 (telic)，以及角色等四層結構，強調儀式的意義必須由這四層結構共同產生，他更進一步建構了儀式象徵結構本身所含有的三個層次：一個是當地人都意識到而給予解釋的層次，它也可由（儀式中的）參照符號所表現的秩序來瞭解。其次是實際運作的層次，具有當地人並不全然意識到的潛藏秩序 (latent order)。第三是當地人完全沒有意識到的，被隱藏的秩序 (hidden order)，而與該社群共享的基本及初期經驗有關。如此，也隱含了三個解釋儀式象徵的不同架構：一是當地人的解釋，一是儀式脈絡中的意義，另一則是社會文化整體中的意義。後兩者往往是人類學家想要瞭解的。他更系統地討論了象徵本身的各種類別與性質 ；包括宰制性象徵 (dominant symbol) 與工具性象徵 (instrument symbol) 之別，並突顯前者往往是濃縮了多重乃至於兩極相反意義在內。如此，我們不僅可以知道儀式象徵如何產生效果，更可以進一步瞭解儀式象徵機制如何可以超越社會內部的各種矛盾、乃至於與外在大社會結合。⓫儀式象徵與外在社會結合的例子，可以特納的學生在安地斯山的朝聖儀式研究為例(Sallnow 1981, 1987)：

朝聖儀式，盛行於南美祕魯安地斯山庫斯科 (Cusco) 地區的印地安人之間。儀式過程中有一「交融」(communitas) 的階段，即跟現實的日常生活脫離關係，進入失序的狀態，儀式舉行完才又回復原本的社會秩序。安地斯山的朝聖地點往往在山坡上，是幾個聚落的邊界，屬於聚落間政治的三不管地帶。在朝聖儀式舉行之時，朝聖者離開日常生活、脫離原本聚落的社會秩序，進入交融的階段，並從四面八方集中到朝聖地。因此，朝聖地固然是聚落政治的邊緣地帶，卻是超越聚落的更大宗教區域之中心。透過朝聖儀式，不同聚落乃至地區的人得以結合，形成了另外一個更大而整合的社會單位。

如第二章所提到的，特納的理論透過儀式過程的分析，解釋了儀式如何整合了一個混和、流動乃至衝突的社會，因而突顯了長期被殖民社會的特性。他更試圖剔除宗教儀式只是消極地再現而不是積極地塑造社會的西歐文化偏見，挑戰了當時西歐文化往往視宗教儀式為一

⓫ 上述有關特納的文化理論，主要依據他的著作 (1967a, 1968, 1969; Turner & Turner 1978) 等而來。有關他的理論介紹已有許多專著，在此不一一列舉。但有一篇短文 (Shorter 1972)，非常簡要而清楚，並與筆者的觀點類似，故特別提及。

種非理性的制度性活動、是不符合現代性而充滿迷信的傳統遺留、應以理性的法律政治制度來調解社會內部衝突等觀點，使儀式成了人類學研究中最常見的主題之一。⑫正如葛拉克曼所說，特納理論中所強調的轉變儀式 (ritual of transition) 成了原始社會與現代社會分辨的一個關鍵點。轉變儀式中，交融階段的失序狀態下所爆發的創造力，在現代社會中往往表現為制度化的文藝活動 (Gluckman 1962)。因此，他的理論後來不僅導致經驗人類學的探討 (Turner & Bruner 1986) 而與狄爾泰 (Wilhelm Dilthey)、杜威 (John Dewey) 等人的理論對話，更引發人類學與文學的對話 (Ashley 1990)。是以，我們可以說他的文化理論是奠定在儀式象徵的研究上。但最關鍵的問題一直是儀式裡面的象徵，到底具有什麼樣的基礎與性質而可以產生上述的作用？雖然，他在晚年試圖由生物人的認定與人腦的研究尋找答案，但未竟其功。⑬這個問題必須回到李維史陀的結構論來回答。

三、李維史陀的結構論⑭

以最簡單的方式來說，李維史陀認為以往的人類學只處理表象層次，如說出來的話語、或是做出來的行為，都只是現象的表面。他認為：人類學家要研究的並不是表象的層次，而是表象之下的結構，好比語言背後的文法結構。因為文法結構已經存在，且成為同一套語言

⑫ 本書第十一章〈宗教、儀式與社會〉將對「儀式」此主題有更深入的討論。

⑬ 他的理論發展過程，與研究新幾內亞 Iatmul 人 Naven 儀式的 Gregory Bateson 相當類似，參見 Bateson (1958, 1972, 1979) 等。

⑭ 有關李維史陀的介紹，已有許多著作，在此不再一一列舉。唯筆者認為 Leach (1974) 的小書，是一本相當有用的著作，也已有很好的中文譯本（黃道琳 1976）。

使用者的共同溝通基礎。同樣的，人類學家在研究社會或社會的某種現象時，必須瞭解行為背後類似文法的深層結構，它往往連當事人都沒有意識到。對李維史陀來說，深層結構必歸結於人類思考的方式或原則。

李維史陀的關懷可以由他如何解答特納意圖解決但未竟其功的問題來瞭解：象徵是在什麼樣的基礎上產生社會整合的作用？在李維史陀早期的文章中，便討論到象徵的有效性問題 (Lévi-Strauss 1967)：

他試圖由南美宗教巫術的文本分析中，指出巫術治療孕婦難產的有效原因，在於巫術的實踐過程，是建立在象徵與被象徵物間的「相應的」(homologous) 關係。此種關係，經巫師重整為有秩序而可理解的形式。但其效力仍是建立在人（思考上）的「歸納特性」(inductive property)，使生活中各層次具有相應性，而達到由隱喻來改變這世界的目的。他進一步認為，不唯人類思考的歸納特性是普同的，將「相應的」關係理出秩序以達到改變病人狀態的目的，也是普遍的治療手段。在這個層次上，巫術與現代社會的心理分析，效力是相等的。

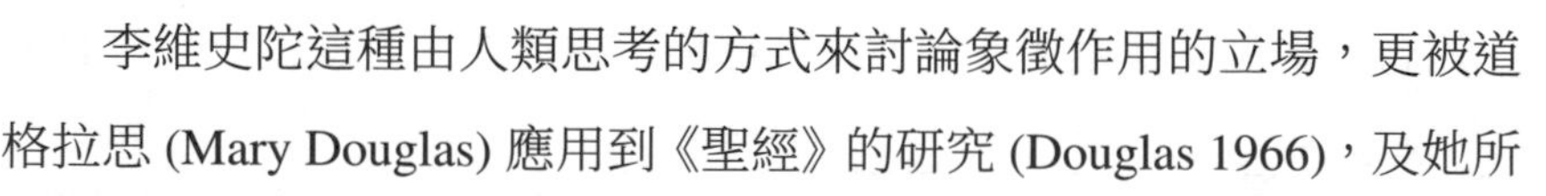

李維史陀這種由人類思考的方式來討論象徵作用的立場，更被道格拉思 (Mary Douglas) 應用到《聖經》的研究 (Douglas 1966)，及她所研究的中非洲雷雷 (Lele) 族上 (Douglas 1975)：

位在中非薩伊的雷雷族，有許多與動物有關的生殖儀式。其中又以穿山甲特別重要，甚至有以穿山甲為核心，追求生殖能力與祈求獵獲動物的儀式。這是因為穿山甲在當地人觀念裡，是難以被分類的動物。當地人認為：牠有魚鱗，卻生活在陸地上。牠跟人類一樣一次僅產一胎，而不像其他動物一產多胎。當人接近時，牠往往縮成球形而不是逃走，又與一般動物不同。

穿山甲之難以被分類，正如同當地的多胞胎父母會被認為是違反人一胎的常態而是不尋常的人，由於無法用單一的行為模式加以區分，便被歸類為不尋常的類別。也因為這種難以歸類的特性，穿山甲在當地文化中被賦予了調解人、精靈、動物的力量，並與水一樣象徵了帶來生命的生殖力，因而成為儀式上的重要動物；就如同雙、多胞胎的父母，往往被認為有特殊能力而擔負起巫師的職務。

換言之，一個對象無法用概念上的分類來收編時，往往被賦予強大的象徵力量。這樣的象徵力量可能是正面或負面的，可能具有神聖性、也可能具有邪惡與污染的性質。如中國文化裡的「龍」，因其不可分類，而具有最強的象徵力量。

道格拉思的研究案例，說明了李維史陀的理論：人類的文化現象，或人類活動之下的深層原則，乃來自人的思考。因此，人類學應該探討人有哪些基本而普遍的思考方式或原則。不過，李維史陀之所以能夠在人類學知識建構上產生革命，不只在於提出心靈思考原則作為最終解釋，更在於他想改變過去人類學理論的解釋方式與層次。譬如，社會秩序如何可能？過去的人類學都是從社會如何構成開始談起。但是，李維史陀採取不同看法：當人類有婚姻規定便是社會秩序的開始，讓人類有別於動物；婚姻規定本身的存在便證明了社會秩序的存在(Lévi-Strauss 1969)。由此，他賦予婚姻、親屬非常不同的意義。因為，婚姻規定必須建立在可婚與不可婚的社會分類上，而可婚／不可婚的分類基礎卻是建立在人類的二元對立思考原則上。從這個角度而言，人類社會也因為婚姻規定方式不同，而建立兩種不同社會類別的社會秩序。一種是基本結構 (elementary structure) 的社會，主要是只有交換婚的原始社會，以交換婚方式來進行社會的繁衍。亦即，從一個可婚群體娶了一個女人，必須由自己所屬而不可婚的群體中還給對方另一個女人，這是人類早期社會存在的普遍現象，故這種基本結構也是一種原初的結構。⓯相對而言，現代社會就不具有婚姻交換規則的限制，自由婚占了大多數；但是卻受另外一種交換規則的限制：商品交換。這類社會，他稱之為複雜結構 (complex structure) 的社會。但李維史陀所要強調的是：不管是在原始社會、複雜社會或是現代社會，社會類型的歧異表象之下都存在著交換結構，該結構再現並繁衍了社會。並且，交換結構往往存在於當地人的深層意識之中，超越了日常可意識、感知到的層次，更是建立在人的二元對立思考原則上。

由上面的討論，我們多少已可以發現李維史陀的理論並不是建立在經驗論的「換喻的」(metonymic) 或「統合構造的」(syntagmatic) 方式，即指其推論是由現象層面的資料歸納而建立抽象原則而來；相反地，他的論證方式是透過許多不同層面的隱喻、對比方式而成的「隱喻的」(metaphoric) 或「屈折體系的」(paradigmatic) 模式。當他試圖由婚姻規則回答社會秩序之所以可能，主要是由婚姻規定、社會分類、

⓯ 當然，這個現象有各種變形，有的是必須馬上回報，亦即，結婚時對方也同時有人結婚，即所謂的直接交換婚；但也有更複雜的形式，如到下一代才回報，或經過第三個群體回報等等。但無論婚姻交換發展到怎樣複雜的形式，這類社會都說明最基本的人類社會秩序是來自婚姻規則，最基本的人類社會雛形就是具有這種交換婚的社會。

社會類別、交換、思考原則等幾個不同層次間共有的隱喻、對比關係來論證的，而不是由這幾個層次歸納證明其間的因果關係。這樣的探討方式不僅因不符經驗論科學觀的論證方式，因而一開始不容易被學界所接受，也很難用於解釋、探討人類學家所習慣研究的地方社會。

雖然如此，李維史陀的結構論不僅挑戰了西歐視原始人為幼稚無知、不合邏輯的觀點，更正面地透過原始人的研究找出人類共同思考原則之基本模式。在《野性的思維》(*The Savage Mind*) 一書中，他甚至還證明原始人的分類，如有關植物或動物的民族植物學或民族動物學分類、乃至於愛斯基摩人對雪的分類等，比現代科學的分類更有效 (Lévi-Strauss 1966)。而他的許多概念，早已成為人類學知識中的一部分，更影響到親屬研究之外的許多領域，特別是神話、藝術 (Lévi-Strauss 1983) 等等層面上。事實上，他的結構論還影響到人文學、乃至於哲學思潮，而成為有史以來最有影響力的人類學家。在史堅納 (Quentin Skinner) 所編的《人文科學大理論的重返》(*The Return of Grand Theory in the Human Sciences*)(Skinner 1985) 一書所提到的九個重要人文科學理論中，李維史陀的結構論也列為其中之一。

李維史陀的理論被人類學家吸收後，不僅被應用到具體的研究上，也直接影響到後來人類學理論的發展，結構馬克思論便是其中之一。

第四節　結構馬克思論與政治經濟學下的文化觀

從二十世紀初到 1960 年代末期的人類學理論發展，均與研究對象的性質有關，如北美西北海岸、西伯利亞、新幾內亞、亞馬遜河等地區，均是比較孤立、同質性的社會，從二十世紀開始才受到資本主義市場經濟的衝擊。可是，在1950、1960年代，如葛茲所研究的印尼爪哇社會，數百年來早已經深受多重文明影響。當時，大多數人類學理論均無法解釋社會文化變遷。事實上，地球上所有的民族均已被不同程度地納入世界性資本主義經濟體系裡，也受到現代國家統治。面對研究對象的改變，如何發展出有效的理論以解釋變遷？物質論取向的結構馬克思論和政治經濟學，即為1960年代處理文化變遷最突出的理論。

一、結構（文化）馬克思論的意識型態

第二章討論社會理論時，已略為說明了人類學中的結構馬克思論。它除了強調生產模式與社會形構外，也強調上層結構和下層結構各有其相對自主性，以及其間的辯證關係。甚至，在上層結構裡，包括了神話、法律、藝術等，都有其相對自主性。這是結構馬克思論在李維史陀結構論的影響之下，對馬克思理論的新詮釋。但結構馬克思論的重點，還是在生產模式或下層結構對於社會形構的解釋上，與文化有關的上層結構依然不是其主要興趣所在。因此，即使其研究成果剔除了以資本主義社會所界定的經濟制度來決定經濟範疇的文化偏見，卻仍無法解決其社會單位的問題。最後是從被研究者的文化觀點來界定，才得以突破這個難題。⑯

在馬克思理論中，與「文化」最有關的概念，是「意識型態」。在古典馬克思理論裡，意識型態最重要的作用在於合法化、神祕化、甚

---

⑯ 對於這個問題，薩林斯 (Marshall Sahlins) 以不同的方式回答：他認為馬克思主義的內在困難是既認為社會或生產是特定歷史的產物，卻又把一般性的生產過程或關係視為具有決定性的動力，因而造成理論上的矛盾。只有像哈伯瑪斯 (Jürgen Habermas) 那樣，介入可調解一般生產過程與特定歷史式的生產方式之文化傳統，方可解決 (Sahlins 1976: 160–161)。

至是「錯誤地再現」(misrepresent) 生產關係，用以合法化統治者的地位，或者錯誤地再現資本家和工人階級之間的剝削關係。結構馬克思主義將意識型態發展成具有文化意義的理論概念時，雖然延續了它的基本命題，但更強調意識型態是可為任何階級或群體所支配使用，因而，人成為意識型態的主體，而非受到操縱宰制的被動客體。布洛克 (Maurice Bloch) 針對馬達加斯加島梅里納 (Merina) 人的割禮研究，即為此派理論的典型代表 (Bloch 1986)：

這本書主要討論一個存在長達一、二百年的梅里納男性成年禮割禮儀式。梅里納人分佈於馬達加斯加島的中部，原本有一個王國。在十八世紀時，國家為了對抗以法國為首的殖民勢力和基督宗教，將原本在個別家戶舉行的割禮提升為全國性的儀式，使得成年禮成為效忠王室與團結全國民眾的儀式。但法國征服、統治馬達加斯加島與基督宗教進入之後，割禮又回歸為家戶各自舉行的儀式。1971 年，馬達加斯加獨立成現代國家之後，農民將割禮擴大舉行，成為整個地區鄉民參與的儀式，並成為農民對抗國家統治與剝削的工具。這個研究說明：成年禮中的割禮功能不停地改變：團結王國臣民、效忠國王、農民對抗統治者等等，但儀式的象徵結構，從 1800 至 1971 這一百多年來都沒有改變，由此可見儀式象徵結構所隱含意識型態的延續性。但在儀式的歷史發展過程中，我們看到所謂的意識型態不但可被統治者運用，甚至到了第三個階段，也可以被農民運用。更重要的是，為什麼在不同階段中，割禮儀式均可以產生作用？這便涉及儀式中不變的象徵結構。而且，該象徵結構是用暴力 (violence) 來打破原來的分類而產生力量；好似在人的思考裡，不能用分類馴服的東西往往變得強而有力一樣。[17]

因此，這個由意識型態發展而來的文化理論，不僅強調意識型態的工具性而突顯了人的主體性，使意識型態此概念有更大的彈性與解釋力，更提出梅里納割禮的象徵力量是源於以暴力打破固有的分類，而深化了對於儀式象徵的解釋。因此，這個研究不僅剔除了馬克思理論基於西歐經驗而將意識型態僵化為僅由統治者或資本家所能操控的偏見，更使馬克思論能與「文化」的討論銜接在一起，因而有文化馬克思論之稱。這個理論探討方式的優點，即在於一方面能說明社會的改變是來自於外力，如殖民主義的擴張；但是，改變過程之中卻有一些較不變的部分，有其特殊的文化基礎，使得該文化的延續得以集中在這個儀式上。如此，這個由結構馬克思理論裡的意識型態討論所發展出來的文化理論，反而更可解釋一個文化的改變與持續。不過，這類後來稱之為文化馬克思論主要是在歐洲發展；在與法蘭克福學派結合之後，更為突顯。在美國人類學中，原有的物質論傳統，使得馬克思理論之發展反而呈現不同的面貌。

二、政治經濟學的文化觀

前面已經提到，美國人類學雖一開始是建立在德國唯心論的文化概念上，但鮑亞士的學生很早就發展出物質論的文化理論來加以修正。而且在 1960 年代，物質論全盛時期，進一步發展出當時有名的文化生態學。然而，正如前述，這理論的代表，芮帕波特的岑巴甲研究所示，其生態體系一旦在世界資本主義的侵蝕下，就難以維持其平衡，因而突顯了這類理論有其社會性質的假定與限制。這種困境在 1960 年代末

[17] 這個論點，在布洛克後來的著作中有進一步的發展，見 Bloch (1992)。

期開始益加明顯。由於美國原本就是世界性資本主義市場經濟的代理人，使得這些問題對美國人類學界有更實際的意義。對於在中南美洲從事研究的史都華及其學生，這個問題更是迫切。因為，當美國成為全球最大資本主義經濟勢力時，最主要受害者之一便是拉丁美洲。也因此，法蘭克 (Frank 1967) 便在 1960 年代由拉丁美洲的研究發展出依賴理論，強調美國的經濟發展，很大一部分來自於對於拉丁美洲的剝削關係，不僅是該地區的資源被美國所搜刮而成為其主要的原料來源，也成為美國的主要商品銷售對象；也因此，與美國關係愈緊密時，拉丁美洲往往更為窮困。相反地，拉丁美洲最富有的時候，反而是美國參加二次大戰的期間。彼時，美國沒有餘力顧及拉丁美洲，使得該地區更有發展的空間。

這個理論，加上研究對象是拉丁美洲的農民，使史都華的學生質疑起:他們的研究對象還可以稱之為自給自足於封閉小社群的農民嗎?例如，敏茲所研究的加勒比海農民，大多數是種甘蔗的蔗農，受雇於西方資本家開設的大莊園，工作與生活性質更接近於工人，而非農民 (Mintz 1979)。這使得研究者意識到：必須注意鄉民社會的性質與改變。當時，鄉民研究最主要的解釋方式，便是結合華勒思坦 (Immanuel Wallerstein) 的世界體系理論。在這個取向下，學者傾向認為人類學所強調的文化特殊性是世界經濟體系發展的結果，是資本主義體系之結構所造成的。這可見於敏茲的研究 (Mintz 1985)：

在這個研究中，敏茲不僅視加勒比海從事蔗糖生產的大莊園為早熟的資本主義工廠，更探討糖在近代世界史上的地位，特別是糖在英國社會的意義轉變。在 1650 年以前，糖被當作藥品、調味品之類的稀有物品來使用。而在 1650 年到 1750 年間，糖逐漸成為貴族的奢侈品、裝飾品等。到了1850年以後，糖成為大眾化的必要食品，其食用量不斷增加。這除了因殖民地母國與加勒比海殖民地連結後降低了糖的價格外，主要是用糖製成的各種食物，準備起來既省時，熱量又高，適合勞工階級，也節省了外出工作婦女烹煮食物的時間，形同釋放了女性勞動力。因而，糖的需求快速增加。飲食方式與內容的改變，更突顯了階級間的差別。

為了能繼續提供廉價的糖來滿足全世界工人的需要，除了資本家說服國會制定有利的政策外，也由非洲輸入奴隸及引入其他地方的契約勞工，以廉價的勞動力投入大莊園從事熱帶栽培業，來增加交換價值。由此，我們不僅可以發現糖之所以成為一般工人日常生活重要必需品、乃至於改變當代人的飲食消費文化，實與世界性工業資本主義經濟的全球性發展與分工、生產模式與消費模式之結合、以及殖民母國與殖民地連結過程有關。這過程不僅隱含了政治性、象徵性及結構性的力量與權力，更分別由糖的內部文化與外部社會經濟意義，探討英國近代的社會性質之轉變：由以身分為基礎的階級性中世紀社會，轉變為社會民主的資本主義工業社會。

正如沃爾夫的學生 (Schneider & Schneider 1976: 228) 研究西西里島時所說的，「文化並不決定一個社會在世界體系中的位置，而是反映這個社會在過去的世界體系中所扮演過的各種角色」。而糖的價值與意義的改變，正好說明政治經濟學的探討取向。不僅呈現了社會文化的變遷動力、價值意義的改變，與資本主義經濟體系內的結構與分工的關係，更促使我們思考：文化自主性的假定是否成立？

雖然如此，一如馬克思主義將「文化」視為「意識型態」容易招致工具論的批評一般，政治經濟學的文化理論也帶有很強的工具論色彩。此學派的侷限，可藉由文化結構論的挑戰而突顯。

第五節　文化結構論與實踐論

相對於人類學的其他文化理論，政治經濟學視「文化」為適應工具，而幾乎否定了「文化」的重要性。這種文化理論讓人只看到經濟結構、但看不到人。然而，人類學所談的文化差異性乃是表現在人的活動上。但政治經濟學的文化觀念，卻使人的主體性消失而看不到人的主動性與創造性。該如何面對這個問題？原本受業於懷德的薩林斯 (Marshall Sahlins)，便是提出突破性理論的重要人物。

一、薩林斯的文化結構論

薩林斯注意到：美國人類學中物質論的發展所產生的普遍主義預設，和唯心論傳統的特殊主義產生立場上的矛盾，也涉及人類學研究對象是屬於客觀存在的真實，或屬於主觀上的觀念等客觀論與主觀論的爭辯。尤其是鮑亞士以來的文化理論，均傾向於強調被研究者的觀點，而與物質論（即後來的政治經濟學）發展逐漸強調普遍主義與客觀解釋，產生了根本的歧異。[18]面對這樣的分歧，薩林斯 (Sahlins 1960a) 乃首先對他老師的演化論、新演化論，提出新的看法：演化可

---

[18] 這類問題發生在許多人類學家身上。如薩林斯的老師懷德，就被薩林斯認為既是客觀論也是主觀論者 (Sahlins 1976: 104)。即使施耐德研究美國親屬概念時，其分析理論與方法是客觀性的，但仍是透過被研究者的主觀觀點來分析。他要解釋的仍是被研究者的觀點和視野。

以分為一般性的演化和特殊性的演化；從長遠來看，所有人類的演化有其一般的趨勢；可是，在特殊的人文或物質環境，則有獨特的發展，必須從文化的角度去看。因此，他想要用一般性的演化和特殊性的演化來結合美國人類學的物質論和文化論衝突。

到了 1976 年，薩林斯的《文化與實踐理性》(*Culture and Practical Reason*)(Sahlins 1976)，提到世界人類學一直在兩個模式中擺盪：普遍主義和特殊主義、客觀論和主觀論。而人類學理論發展的問題，正是追求普遍原則和追求文化差異性間的矛盾。他希望找到調解兩者的可能。除了先前提到他將演化區分為一般性演化和特殊演化，也把現代社會和原始社會的分辨建立在不同的基礎之上。他認為這兩類社會的分辨在於象徵體系特殊傾向的差別，或因客觀媒介及動態性潛能的不同，產生不同性質的象徵系統，而且表現在不同的領域或制度中。因為，原始社會的象徵系統主要是建立在親屬關係上，而現代社會往往是透過物質生產（商品）的經濟過程來建立其象徵體系。然而，在這個討論中，他也面對一個困難，到底該如何解釋原始社會演變為現代社會的變遷動力？跟物質論傳統中的結構馬克思論或政治經濟學的解釋有何不同？尤其是他所研究的大洋洲社會，不僅有領袖靠著個人能力產生的平權社會，也有權力世襲的酋長制或是王國，兩者之間還有其他不同型態。即使是新幾內亞依據個人能力建立權威的社會，其間也有差別。對他而言，平權社會如何演變成酋長、王國的階序社會，就如同原始社會如何演變為複雜的社會，是同樣必須解答的問題。

前面提到，物質論取向下的結構馬克思論或政治經濟學，往往是從西方資本主義經濟的世界性發展來解釋文化變遷。但這樣的論證往往導致「文化」是次要因素的結論。因此，如何提出不同的說法而可提升「文化」的地位？薩林斯在他 1981 年所出版的《歷史的隱喻與神話的真實》(*Historical Metaphors and Mythical Realities*)(Sahlins 1981)，即嘗試發展不同的文化理論：他未否定資本主義世界市場經濟作為各個地區文化發展的動力，但他更強調：資本主義真正能產生動力，並非是其本身直接產生作用，而是涉及當地人如何去理解這個資本主義經濟市場本身。他們的理解才能產生他們的實踐，因而有不同反應方式的產生。夏威夷人對於代表資本主義力量的英國庫克船長 (Captain Cook) 之造訪的反應，便是他所提供的一個典型的例子。[19]

在這個例子中，透過原有的宇宙觀，當地人把庫克船長當成帶來自然繁衍的生育之神。庫克船長也帶入他船上的資本主義商品，由於商品不再由貴族所壟斷改變了原社會類別間的關係，最後乃改變了原有的社會結構。於是，行動者與結構、外力與內在文化傳統、客觀條件與主觀文化認識等等，均成了相互界定、辯證的關係。這個事件說明了外來資本主義帶來的殖民力量在當地如何被認識、反應，而這個反應又如何透過內部實踐的過程去改變原本的社會。由此，薩林斯要說明的是：資本主義世界經濟並非在每個地方都造成同樣的反應，有時甚至不產生反應。只有被當地人理解、實踐之後，才可能產生各種不同結果。[20]換言之，薩林斯承認外在政治經濟條件的影響力，但更著重於當地人原有世界觀所帶來的理解與反應，並意圖用這樣的方式來調解物質論和觀念論之間的衝突。同時，也賦予了「人」作為「行

[19] 有關這研究個案的詳細內容，請參閱第十四章第三節的描述。

[20] 以清代的鴉片戰爭為例。一開始，清廷並不接受英國的貿易請求，認為中英貿易關係仍屬天朝與小國間的朝貢關係，因而埋下鴉片戰爭爆發的種子(Chun 1984; Sahlins 2000)。因此，鴉片戰爭的起因並不只是表面上的貿易問題，而是資本主義世界觀和中國世界觀之間的衝突。

動者」的一定位置，而有了改變社會結構的主動性。在第十四章將會較仔細討論庫克船長造訪夏威夷的例子中，地位比較低的平民、甚至是女人，也在這個過程裡改變了社會原有的結構。如此一來，薩林斯不僅可解決觀念論和物質論之間的衝突，也同時解決客觀論／主觀論、文化的延續／變遷、內在因素／外在因素、結構／行動者、全球化／地方化等等各種二元對立的概念，建立了文化結構論的理論。類似的企圖也見於布爾迪厄 (Pierre Bourdieu) 的實踐論。

二、布爾迪厄的實踐論

相對於薩林斯，布爾迪厄並不強調特殊事件，而是強調日常生活 (Bourdieu 1977, 1990a)。㉑他用心理學的基模（scheme 或 schema）概念，說明文化的薰陶過程是不知不覺地使個人行為有一定的模式，而且表現在日常生活裡最為明顯。因此，不同的文化往往塑造出不同的「慣習」(habitus)，使其成員的行為有其特有的趨勢和方式，彷彿天生自然，以致當事人無法意識到。

就某個角度而言，布爾迪厄雖跟薩林斯一樣，強調外在的結構提供了一個人活動的條件，但他更重視日常生活裡所習得的一套慣習或方式來實踐，成了他所說的「結構化的結構」(structured structures)。這套無意識的慣習，在特定的結構條件與實踐過程中又繁衍乃至改變了原有的基模，而形成了新的行為傾向，他稱之為「結構中的結構」

㉑ 關於布爾迪厄理論的介紹與評論著作，已不勝枚舉，在此不一一列舉。唯 Calhoun 等人的討論 (Calhoun, LiPuma & Postone 1993) 與筆者的觀點較為類似，故特別提及，敬請自行參考。又，布爾迪厄到底算是人類學家或是社會學家，還是兩者皆是？應該不是那麼重要的問題。至少，他在阿爾及利亞從事過嚴格定義下的田野調查工作。

(structuring structures)。他結合了李維史陀的結構論與涂爾幹理論傳統所發展出來的實踐觀念，幾乎是用「慣習」取代了原來人類學家慣用的文化概念。而且，這慣習作為「一般發生基模」(general generative schemes) 所構成的體系，它既是持久的、也是可轉換的，更同時是客觀與主觀的、以及「互為主體的」(intersubjective)。此外，布爾迪厄更強調在這個過程中，每個人在日常生活中由於扮演不同角色而擁有不同選擇機會，因而也產生很多操縱策略，使得人並非只是結構下的產物，而有其主動性，甚至改變了基模、行為傾向、乃至結構本身。因此，每個人在社會文化結構裡有因其不同的位置與角色而有不同的操控，對於其文化與結構可以有不同的解釋。如：法國的工人階級表現的是中產階級的品味，甚至於自我認同也傾向中產階級 (Bourdieu 1984)。這使布爾迪厄的理論又有海德格 (Martin Heidegger) 到梅洛龐蒂 (Maurice Merleau-Ponty) 現象學的關懷。在古典馬克思理論中如「階級」這樣的結構性概念，經他的妙手回春而得到活化。[22]不過，布爾迪厄雖強調日常生活與實踐的過程，卻不限於個人如何無意識地繁衍慣習，而使他有明顯不同於薩林斯的著重點：強調人如何認識外力而再創造。但就深層的心理結構而言，布爾迪厄的實踐論實較薩林斯的文化結構論更結構化。但兩者都希望把人的主體性帶回結構馬克思論和政治經濟學領域。

在人類學中，布爾迪厄最有名的研究之一，是他早期在阿爾及利亞有關柏柏爾 (Berber) 人的田野調查 (Bourdieu 1990b)：

---

[22] 布爾迪厄也擴大了「資本」(capital) 的概念，使之不限於僵硬定義下的經濟資本，而將之延伸到象徵資本 (symbolic capital)、文化資本 (cultural capital)、社會資本 (social capital)，使我們得以分析新自由主義經濟下的資本形式。見隨後的討論。

分佈在北非阿爾及利亞沙漠中的柏柏爾人，平常住的房子通常都向著東邊的太陽，其下半部是牲畜的圈欄，上面才是人的活動空間。在他們的空間象徵系統裡，向陽的家屋前半部主要是男人的活動空間，而被賦予比較高的地位。但是，這只是男人的解釋。因為，主要在家屋後半部活動的女人，則認為屋內後半部往往比被牆擋住的前半部更先照到太陽。所以，在女性的解讀中，整個象徵結構被顛倒過來。由此，布爾迪厄強調每個文化雖各有其嚴謹的象徵系統，可是，人因不同角色而有其不同的操弄與解釋；因此，象徵意義不是固定的，必須透過人的主體性來瞭解。

柏柏爾人的研究也突顯了布爾迪厄之所以以「慣習」取代「文化」的理由。在這個個案中，我們可以發現文化象徵體系，正如語法結構一樣，在語用上是「不確定性」(indeterminacy) 而有其彈性及操縱的空間；較深層而非當地人意識到的，反而是日常生活行為背後屬於心理層次的基模所塑造的行為傾向上。

布爾迪厄在學術上的影響力，顯然遠超過人類學界所關懷的實踐理論。他對所有的人文及社會科學均有廣泛的影響力，這當然不只是因為他以實踐論解決了當時社會科學理論所面對的許多內在對立，如物質論／觀念論、客觀論／主觀論、結構／行為、社會／個人、社會／文化分類或語言、科學／真實等，而是結合了馬克思論與現象學的傳統（特別是海德格與梅洛龐蒂）研究權力，重新詮釋馬克思論，使其理論得以有效地被用來研究分析當代西方社會。其中，文化資本、社會資本及象徵資本等不同形式的資本概念便是有名而影響深遠的例子 (Bourdieu 1977, Bourdieu & Turner 2005)，更使用「場域」(field) 的概念來反省地分析社會生活本身。㉓在人類學的研究上，他以柏柏爾人的民族誌證明「工作」與時間、空間等共同構成人類社會生活節奏的基本分類 (Bourdieu 1990a: 200–270)，說明「工作」的分類概念，是與康德所提的人、空間、時間、物、數字、因果等分類概念是一樣的基本與重要。因而引起日後有關「工作」（非限於資本主義社會的勞力）的系列研究。㉔

1980 至 1990 年代，是薩林斯的文化結構論與布爾迪厄的實踐論最活躍的時代。1990 之後至今，仍有著不亞於其他任何理論的影響力，使其支配性已超過二十年而未息。這一方面得歸功於他們均具有很強的綜合能力：能夠在一個理論中，同時解決了 1980 年代以來的許多二元對立的爭論，如客觀論／主觀論、文化的延續／變遷、內在因素／外在因素、結構／行動者、全球化／地方化、社會／個人、社會／文化分類或語言、科學／真實等。另一方面，為了解決上述各種二元對立的爭辯，他們的理論因帶入人的主體性與實踐，而往往超越並挑戰了西歐科學知識體系中所充滿的二元對立之思考方式。雖說這種思考方式可能是所有人類的普遍思考原則之一，但卻是在資本主義經濟

㉓ 在布爾迪厄的概念裡，社會生活是由許多不同的「場域」所構成，每個場域都是半獨立的活動範圍，有其累積的制度歷史與行動的邏輯，更有自己的資本形式與權力。也因資本和權力在不同場域又可以相互轉換，使得每個場域又都與其他場域發生關係而構成一整體。布爾迪厄以場域的概念所做的反省式研究，最有名的例子便是關於學術界及文學藝術上的分析 (Bourdieu 1988, 1993)。

㉔ 當然，並不是目前在人類學中有關「工作」的研究，均發軔於布爾迪厄。他的興趣不在此特定研究主題上，而是在人類整個知識體系及理論上，給予「工作」比馬克思所賦予的「勞動」更基本而重要的位置。

體系興起的過程，隨現代科學文化的發展而突顯為西歐資本主義文化的特色之一。他們的理論卻能讓我們反省這樣的思考偏見，而有所創新與突破。當然，相對之下，薩林斯理論的影響力似乎更侷限於人類學界，主要是他的理論有意對個別文化能有更深入的理解，突顯了人類學知識體系相對於其他學科，更在意於被研究者主觀的文化觀念之特色。不過，無論如何，他們兩人的理論能持續影響那麼久的另一個主要原因，是 1990 年代以後，一直沒有新的大理論出現，使得他們的理論得以繼續占有主導地位。

第六節　沒有大理論的時代

在 1970 年代結構馬克思理論和政治經濟學主導的時代之後，1980 年代以來的文化結構論和實踐論成為世界人類學研究的主流。[25] 事實上，在 1980 年代文化結構論及實踐論發展的同時，與後現代主義或後結構論發展密切相關的後現代人類學也開始發展。相對之下，後現代人類學比文化結構論及實踐論更積極解決結構馬克思論及政治經濟學所忽略的主體性問題，以及試圖進一步瞭解新自由主義經濟全球化發展所導致社會文化流動與混合的普遍現象。然而，在人類學中，後現代取向的前驅者是——葛茲。

一、後現代人類學的挑戰

葛茲會成為後現代人類學的先驅，是來自其將「文化視為文本」，由人類學家解讀其意義的理論立場。事實上，這個取向發展到後來，

---

[25] Ortner (1984) 的文章中提到人類學最近的發展是以實踐論涵蓋文化結構論及實踐論。

便視「人類學家有如作家」。[26]正好，由後現代理論衍生而來的後現代人類學認為「文化」並沒有本體論的基礎，只是人類學家的解釋而已；人類學家所看到的文化只是再現和建構，未能真正面對文化的本質；後現代理論家甚至否定文化有本質存在。後現代人類學進一步發展葛茲的論點，認為我們從來就不知道文化的真實，我們所知的都是被人類學家所再現過的。因此，在後現代人類學之中，民族誌不再視為文化存在的證據，轉而強調民族誌書寫本身，即文化如何被人類學家書寫出來，而不是文化的真實內容。所以，這一批後現代人類學研究往往被稱之為新民族誌或書寫文化。[27]

雖然，後現代人類學者還是強調文化經驗差異性的重要，但在新民族誌中，往往只看到人類學家的差異，而非「文化差異」本身。他們也強調人類學知識生產過程的多聲的 (multivocal) 及不平等權力關係，以及強調民族誌知識是由研究者和被研究者共同創造出來而互為主體的 (intersubjective)。可是，後現代人類學民族誌，最後突出的還是後現代人類學家：讀者只看到人類學家本身，報導人仍然隱形於文字之後。由於後現代人類學者強調文化沒有本質、多義、本體不可知，加上多聲的訴求，因而鼓勵各種不同的解釋，以突顯了文化內部的差異性，而非文化內部的共同性。[28]

---

[26] 這句話是他晚期著作 (Geertz 1988) 的副標題。該書獲得 1989 年文學評論獎。

[27] 新民族誌或書寫文化，以 Marcus & Fischer (1986) 及 Clifford & Marcus (1986) 編寫的兩書最具代表性。而他們更早的民族誌，如 Rabinow (1977)、Dumont (1978)、Crapanzano (1980)、Dwyer (1982) 等，更是這類民族誌的典型。有關後現代人類學研究的中文介紹，可參閱黃道琳 (1986)。

[28] 對比之下，1960 至 1970 年代的人類學，經常強調文化的共同性。如前面所舉的例子中，施耐德認為所有美國人對於親屬有一套共同的看法 (Schneider

後現代人類學的取徑儘管新穎，也彌補了先前理論忽視文化內部差異的缺失，卻也產生某些危機。首先，即民族誌「再現」的問題。由於強調文化的內部差異，關注同一社會裡不同成員的不同觀點，並強調不同觀點所隱含的不平等權力關係。[29]但也產生了一個危機：人類學家再現的幾乎只是權力，而不再是文化差異。第二個問題是：後現代人類學既認為文化沒有本質，民族誌就不再有客觀的標準，當然就沒有是非好壞跟判斷的基準。這不僅否定由民族誌比較來掌握文化獨特性的可能性，而造成比較的不可能，更推翻人類學原有的知識系統和權威，卻也造成了另一種權威和階序。而且，這種新權威跟階序因沒有標準而更顯專斷。最後，後現代人類學對人類學最嚴重的影響還是對民族誌知識累積的傷害。而且，這傷害也命定了這個革命無法完成。最主要是由於本體論上的質疑，使得年輕一代後現代人類學家從事田野工作時充滿內在的不確定感以及認識論上的憂鬱症 (Kuper 1999: 223)，最後的結果是再也寫不出民族誌，即使是如芮賓諾 (Paul Rabinow)(1977)、杜門 (Jean-Paul Dumont)(1978)、克拉帕匝諾 (Vincent Crapanzano)(1980)、杜艾雅 (Kevin Dwyer)(1982) 等後現代人類學的代表性民族誌，再也不復見。這自然影響人類學知識累積與發展的可能性。這種種缺陷，再加上人類學界本身對於後現代人類學的嚴厲批判，[30]導致了 1980 年代末期後現代人類學的衰落命運。

後現代人類學的主要發展領域是在美國文化人類學，在英、法乃

1968)。

[29] 例如，在一個社會之中，某人的觀點被大多數人接受，並不是因它更符合真理，而是因為他掌握更大的權力。

[30] 對後現代人類學的嚴肅批評，可見於 Strathern (1987)、Sangren (1988)、Roth (1989)、Spencer (1989) 等。

至歐陸並沒有產生太大的衝擊。不過，即使其發展已逐漸沒落，反而跟文化研究結合在一起形成另一個新的文化風潮 (Bonnell & Hunt 1999)。事實上，這些不同的發展多少也反映了不同的社會文化條件 (Kuper 1999: 226–247)。美國是族群與文化的大熔爐，鮑亞士的使命便是用「文化」的概念來挑戰種族主義，這是他之所以能夠建立人類學的社會條件。1960 年代末期的學生運動和社會運動，對種族主義造成進一步的衝擊。到了 1970 年代末期以後，因新自由主義的全球化擴展，在美國的各種「文化」與「種族」觀念愈來愈混雜而模糊不清，進而提供後現代人類學發展的條件與困境。例如，美國社會會強調印地安人的文化遺產，後現代論者在道德上必須支持。可是，這跟後現代主義假定文化沒有本質是相矛盾的。因此，後現代人類學在美國的發展漸產生實踐上的困境、同時也是該社會情境的反映。最後，後現代人類學逐漸和文化研究合流。甚至，後現代人類學的代表人之一馬庫斯 (George Marcus)，便認為人類學是文化研究的一支，以避免被批評他們缺乏長期的田野工作。

相對之下，文化研究在英國的發展，又非常不同。文化既被看成整體的生活方式（見本章第一節「文化與文明」的討論），他們要解決的是高級文化 (high culture)、大眾文化 (mass culture)、流行文化 (popular culture) 之間的衝突。而英國文化研究是支持大眾文化來挑戰主流文化的支配性。這樣的視野與問題正也反映英國社會階級分明的條件。為了批判主流社會，英國的文化研究幾乎都是文化馬克思論者。而美國後現代人類學，對於當代因新自由主義全球化發展所導致社會文化流動與混合的普遍現象上，有較積極的貢獻，唯這方面的成果往往被文化研究所吸納。

二、分類概念與千禧年民族誌書寫

在後現代人類學沒落後，從1990年以後至今，整個世界人類學已看不到真正具有主導性的新理論派別。然而，文化理論發展至今的累積結果，導致研究分析愈來愈細緻和深入。對此，1970年代末期重新被重視的牟斯之象徵理論，更有推波助瀾之功。雖然，牟斯在有生之年並沒有完成他的「社會的象徵起源論」，但已足以使人類學家反省既有理論中所具有的西歐資本主義文化的偏見。比如，他質疑西歐近現代的人觀所強調個人的獨立自主性是否普遍存在時 (Mauss 1979a)，不僅引起人類學家去發現其他文化不同的人觀，如大洋洲有名的「可分割的人觀」 (dividual personhood) 或南亞 「可滲透的人」 (permeable person)，更使人類學家反省已有的理論背後所假定的各種分類概念。牟斯延續涂爾幹理論中有關基本分類概念的探討，引起人類學界的廣泛迴響，並產生許多讓人深思的成果。[31]然而，要瞭解個別文化的基本分類系統，往往要求研究者必須對被研究者有相較於之前更深入的理解與更細緻的民族誌資料；它更常與布爾迪厄的實踐論結合而注意到日常生活中的活動細節，故筆者暫時稱之為「文化實踐論」。因此，相對於後現代人類學的發展，人類學民族誌反而有更多層次而豐富的發展。這點，更因歷史化的時間深度要求，及全球化的空間廣度要求而益加突顯。

在歷史化及全球化的要求下又要保持人類學的特色，人類學家不

---

[31] Alfred Gell 由新幾內亞 Nmeda 人的空間觀念是建立在聽覺而非視覺的例子，挑戰了西歐自十五世紀以來的科學文化建立於視覺基礎上所造成的文化偏見 (Gell 1995)。同樣，隨資本主義興起而主宰全世界的現代線型時間，再也不是瞭解其他文化的必然時間概念。

僅要強調社會文化的深層內在因素，還要與外在政治經濟的結構力量或條件連結，自然不能只限制在一個聚落，而必須關照到更大的社會文化脈絡，甚至是世界體系中的一環。更重要而困難的是要如何將這些不同層次、不同領域的理解整個整合起來。在這趨勢下，一個成功的人類學研究往往要累積好幾代的研究成果，以幾卷書的數量，才能精細而清楚地說明。可馬洛夫夫婦 (Comaroffs) 關於南非的研究，便是典型的例子。這個研究包含 1991 年出版的第一卷、1997 年出版的第二卷和尚未出版的第三卷 (Comaroffs 1991, 1997)：

這兩卷書處理的主要課題，是南非被英國殖民的過程，以及當地人如何理解與實踐此過程，並建立他們自己的現代社會。當中，至少可以區分出三種不同的殖民力量：殖民政府、商人、教會。這三種力量在殖民母國代表三種不同的社會階級。殖民政府代表的是英國上層的統治階級，商人代表的是資本家或中產階級，教會代表的是英國另一種反資本主義的中產階級；這三種殖民力量都是來自英國的殖民母國。亦即，我們所說的殖民主義只是個非常籠統的詞彙，事實上卻是很複雜的多重社會力量，往往跟殖民母國的社會結構相結合，並在殖民地產生不同乃至衝突的影響。至少，這些殖民力量帶進南非當地的知識與權力也都不同。例如，殖民政府執行殖民統治而帶來的知識，跟教會在當地所建立的教會系統所教化的內容，與商人（企業家）所代表的經濟結構所產生的作用，是非常不同的，因而存在著不同的權力關係。亦即，殖民政府透過殖民統治、商人透過市場交易、教會透過傳教，所建立的不平等關係不僅非常複雜，性質也不同。這不僅涉及了意識型態，更涉及不同時期支配與被支配間的不同關係。

由上，作者們進一步質疑過去有關殖民主義的研究，往往以傳統與現代文明、殖民者與被殖民者、殖民母國與殖民地、白人與黑人等二元對立與矛盾來濃縮殖民地實際上是模糊而流動性的關係與實踐。作者進一步透過殖民地被殖民者日常生活的實踐，特別是有關轉宗、現代農業技術的改革、貨幣與價值的多元化、衣服與家（屋）的轉變、傳統與現代醫療的結合、公民權與種族身分的矛盾等有關現代性的文明化過程，突顯當地人如何在傳統文化與外來現代文明的辯證中建立各種不同的混和文化與新世界（秩序），產生寧靜革命。

因此，這兩本書處理了非常複雜的歷史過程，不僅有其多層次、多面向的細緻民族誌，更在理論上創意地區辨了意識型態與霸權 (hegemony)、「辯證法」(dialectics) 與「辯證術」(dialogics) 等重要概念，並修正了辯證法本體論上的決定性而賦以與社會力相互轉換的性質，使其在理論上也有其獨特的貢獻。

在這幾卷書中，除了深層的心理層面以外，幾乎使用了所有的社會文化理論概念。但是，他們的研究並非只是建立在個人研究之上而已，而是累積了從夏伯拉 (Isaac Schapera)、拉發棠 (Jean S. La Fontaine)、到第三代可馬洛夫夫婦的努力。㉜這個研究個案本身橫跨了七十年的研究史，不僅反映了整個世界人類學累積發展的結果，更有效地突顯了這個地區文化歷史發展的特色，使得今日這種細緻而多因素、多層次而多面向的研究典範，在這一系列的民族誌裡發揮到了極致。

㉜ 事實上，夏伯拉從 1920 年代便開始蒐集南非的材料，累積了一千多個當地人在法院的訴訟例子，這是一般人類學家很難做到的。

當前人類學文化分析的趨勢愈來愈細緻，而又面對深入廣泛的民族誌書寫需求，自然也愈不易發展出大而有效的理論來主導。但另一方面，這也是新的發展契機。因人類學知識的另一個特性，原就在於其整體性的掌握。目前的發展，雖使得文化的各個面向不斷被切割而有著比以往更深入的理解，只是無法有效整合出一個新的文化圖像，自然無法發展出新的文化概念與理論。若是有足夠綜合能力的人，能夠從當代愈來愈紛擾的文化現象中，找出關鍵點，以架構出錯綜複雜圖像的經緯，新的理論架構與視野便可期待。尤其面對當代新自由主義全球性擴展下的新現象與新經驗及新問題，更需有新的知識來面對不可。因此，當前雖是個沒有大理論的時代，但細緻分析到極致之後，就可能有新的綜合概念與理論的出現。故它也是充滿希望的時代。

第七節　結　語

從上述人類學文化理論的發展過程中，我們發現：它一方面尋求新的文化概念與理論，以便更有效地呈現被研究社會的文化特色，另一方面又企圖剔除已有理論裡的文化偏見，特別是資本主義文化的偏見。如：早期的文化生態學或主智論，均突顯出像岑巴甲或阿桑地這類較孤立原始社會整體的文化特性；特納的象徵論強調如何由儀式的象徵機制來整合並塑造文化混雜而又充滿內部衝突的社會，正可突顯中非洲經長期被殖民統治的恩登布社會特色。受韋伯主觀論及帕森思行為理論影響的葛茲詮釋人類學，正可突顯印尼爪哇這種早經多種文明洗禮的複雜社會。深受帕森思行為理論及李維史陀結構論影響的施耐德文化論，面對種族大熔爐的美國社會，便能有效地去蕪存菁。布爾迪厄的「慣習」概念，不僅帶入心理層次的基模到日常社會生活的研究分析中，來取代傳統的文化概念，更結合了馬克思理論與海德格的現象學而活化了傳統馬克思論，使實踐論成為有效分析當代西方社會的理論之一。至於那些文化特色建立在與殖民國家長期互動之歷史過程的社會，如馬達加斯加的梅里納人、加勒比海蔗農、夏威夷土著等，則需要長時限的歷史研究，如結構馬克思理論或政治經濟學，乃至薩林斯的文化結構論等，得以有效呈現其特色。

這些理論的提出，多少也剔除了已有理論中所隱含的文化偏見。主智論及結構論挑戰了西歐文化視原始文化為無知而不合邏輯的看法；文化生態學則挑戰了西歐自資本主義經濟興起以來所發展出人定勝天及視能不斷占用自然資源為一種進步的觀念。施耐德則質疑了人類學親屬概念其實只是西歐的民俗模式；布洛克挑戰馬克思理論中的意識型態只由支配者所操縱的觀點，實是西歐社會的特殊現象。而薩林斯的文化結構論與布爾迪厄的實踐論，均帶入人的主體性而超越了主宰西歐科學文化的二元對立思考方式。至於牟斯的分類概念研究，更是廣泛地激起人類學家對於已有分類概念（特別是人觀、空間、時間、物及因果等）上的西歐文化偏見之反省。這些貢獻，正好也再次突顯了人類學知識上強調被研究者的觀點，及其反省與挑戰研究者文化及已有理論知識的文化偏見之特性。即使在後現代人類學的挑戰之後，世界人類學界雖已沒有具支配性的大理論，但在民族誌分析上，細緻、多因素、多層次及多面向的研究成了主要趨勢。這意味著細緻分析到極致之後，就可能有新的綜合概念與理論的出現。尤其是可以面對新自由主義全球擴展下的新現象、新經驗，及新問題的新知識與理論。

上述特色，將在第五章之後，在各個分支領域研究討論中呈現。下一章，先討論人類學獨特的研究方法：田野工作。

第四章　田野工作的理論與實踐[1]

異文化的長期田野工作，之所以成為人類學家的成年禮，在於它不只是一種收集資料的方法，更具有認識論上的意義，以培養工作者具備人類學家應有的能力與視野。這包括剔除研究者自身文化的偏見，具備被研究者的觀點、比較的觀點、整體的全貌觀、前瞻性的批判性等。也因此，隨著人類學理論的發展，不同的理論對於田野工作的定位、意義，及收集資料的方向與內容等，都有所不同。故田野工作是與人類學理論知識不可分的。事實上，除了理論之外，個人的自我實踐、民族誌知識、乃至於個人的文化背景等，均會影響其成效與結果。而田野工作所造成研究者與被研究者間的不平等關係，也只能由長久而深入的田野工作本身的反省與實踐中，才能尋求解決之道。

前面幾章有關人類學社會文化理論發展的概述，除了隱含歷史的發展過程中理論間的辯證關係外，更有意指出：被研究社會文化的特色，往往促成新的文化概念與理論的產生。一個有效的文化概念與理論，也往往能剔除已有的理論概念中所隱含的文化偏見。不過，理論之所以成為人類學知識體系的一部分，除了源於對社會文化的共同關懷外，也涉及了生產知識方法上的共同基礎。這便是一般所說的人類學「田野工作」。但不同的人類學理論，對於該「方法」的看法與實踐

[1] 本章主要是依據筆者已出版的論文（黃應貴 1994）修改而來。該文並被收錄於黃瑞祺、羅曉南 (2005) 一書中。

是否真的有共識存在？這將是本章主要討論的重點。

第一節　人類學的田野工作

以參與觀察為主的田野工作，經由哈登 (Alfred C. Haddon) 及芮佛斯 (William H. R. Rivers) 等劍橋學派學者在 1898 年的托瑞斯海峽 (Torres Strait) 調查以來的努力而逐漸發展。到馬凌諾斯基之時，則更具體「證明」長期田野工作的科學性及效用，使得田野工作不但在兩次世界大戰期間，逐漸成為人類學家資料收集的主要方法，更成為人類學家的成年禮 (Stocking 1983)。

一、人類學田野工作的特色

田野工作之所以能夠使一位初學者成為一位專業人類學家，自然不只因它是「科學的」收集資料方法，更重要的是它具有認識論上的意義，可以培養其工作者具備人類學家應有的能力與視野。首先，它使工作者能藉由異文化的親身經歷，體會文化差異所造成的文化震撼 (cultural shock)，以去除可能有的文化偏見。也因此，人類學家的第一個工作，多半會選擇一個異文化作為其研究對象，即使是研究自己的文化，也會盡可能選擇一個與研究者本身的成長經驗完全不同的對象。比如，臺灣人類學家王崧興先生是在農村長大的，他的第一個田野地點——龜山島，便是以打魚為主的漁村（王崧興 1967）。

其次，經由參與觀察的過程，田野工作很容易讓研究者接觸並瞭解到被研究者的觀點。即使研究者對於現象的解釋，不一定視被研究者的觀點為最終的原因 (final cause)，但至少它是不可少的一個層面。這也往往是人類學明顯區別於其他社會科學解釋的出發點之一。

第三，由前兩者所產生的比較觀點。人類學裡所說的比較觀點是複雜而有不同類型的。❷第一種是透過各種不同類型的社會或現象，尋求更具普遍性與真實的性質與解釋。如牟斯與博蘭尼 (Karl Polanyi) 對於交換的討論，即是由各種社會類型中，尋求其普遍性的原則 (Mauss 1990 [1950]; Polanyi, Arensberg & Pearson 1957)。第二種如弗提斯 (Meyer Fortes) 所說的，是由一個深入的個案研究中，建構出類似韋伯提出的理念型 (ideal type) 典範 (paradigm)，有助於其他研究在瞭解、比較與解釋上之用。最古典的例子便是伊凡普理查的《努爾人的親屬與婚姻》(*Kinship and Marriage among the Nuer*)(Evans-Pritchard 1951) 一書中關於努爾人觀念上的世系群體系之研究。第三種是由個案研究所具有的批判性策略 (critical device) 產生比較的觀點與意義。馬凌諾斯基便是此中好手，他以初步蘭島 (Trobriand Island) 人的文化特殊性來批判當時西方所認為的普遍性原理，如「經濟人」(Homo economicus) 的假設、「弒父戀母情結」(Oedipus complex)，而產生比較的觀點。第四種是表面上不進行任何比較，但民族誌的鋪陳即已隱含研究者自己的文化背景與被研究者之間的對話，而產生比較的觀點。古典的例子便是賀茲 (Robert Hertz) 的《死亡與右手》(*Death and the Right Hand*)(Hertz 1960)。他雖只描述婆羅洲土著的二次葬習俗，思考上卻明顯在與西歐的葬禮做對比。不過，不論比較觀點是屬於上述的哪一類別，其基本的出發點仍是經由異文化的體驗、瞭解被研究者獨特的觀點之後，才會產生文化差異 (cultural difference) 或文化變異 (cultural diversity) 的認識與比較的視野。事實上，一個文化的特殊性，也只有經由上述四類之一的比較過程才有可能確立。

---

❷ 有關比較方法的歷史發展與討論，請參閱 Kuper (1980)、Holy (1987)、Gregor & Tuzin (2001)、Gingrich & Fox (2002) 等。

第四，長期而深入的田野工作可以培養整體的全貌觀。這不只是因為工作者可以瞭解到社會文化的各個層面，如政治、宗教、親屬、經濟等，實如功能論所強調的相互關連並構成一整體，更涉及牟斯所說「整體」(totality) 的觀念，而牽涉不同層面之間如何透過某種特定行為（如交換）整合一起的看法；它往往超越行動者個人所能意識到的層次。更因為田野工作是全面性的，幾乎各種客觀性、主觀性的層面，都難逃工作者的經驗，即使田野工作者並不完全意識到這些，有些更是許多年後才體會其意義。因此，即使李維史陀本身是個理性主義者，他也承認田野工作者可觸及非理性的經驗層面（包括感情、感官等）(Lévi-Strauss 1976: 8)。但不論潛意識層面或非理性的經驗層面，正如馬凌諾斯基所強調的，人類學家最終要處理的仍是看不見的真實 (invisible realities) 與習慣的意義 (meanings of custom)(Kuper 1980: 17)。也因此，李維史陀雖認為被研究者是他們自己社會的觀察者與理論家，但人類學家所要研究的，卻是超越個人意識的「潛意識類別」(unconscious categories)(ibid.: 7)。

第五，田野工作可以培養一種具有前瞻性的批判性視野。誠如李維史陀所說，「從人類學家的職業生涯開始，田野研究便是懷疑的母親與褓姆。而懷疑正是優越的哲學態度。這種人類學的質疑不只包括知道人是一無所知的，更包括堅決地探討人因其無知而認為他所知道的，以打倒或否定人們隨出生而來所培養的觀念與習慣，並代之以最能反駁前述的觀念與習慣。」(ibid.: 26) 事實上，人類學的奠基者，如馬凌諾斯基或鮑亞士，也都能從與「原始民族」的接觸過程中，瞭解到這些民族的特點，去批判反駁當時流行的「經濟人」觀念或「種族優越論」等，代之以更具文化相對論的觀點。這類具有前瞻性的批判性視野，不只說明了因田野工作得以接觸並整體性地深入瞭解異文化而有的比較觀點，使工作者能剔除已有的文化觀念所造成的偏見，也說明了人類學本身所具有的探索性特色。

由上可知，以參與觀察為主的田野工作，不只是人類學家從事民族誌資料收集的主要方法，也是培養人類學家應有的能力與視野的歷程，而具有其認識論上的意義。但以參與觀察為主的田野工作，本身並非絕對客觀的中性研究方法，更無法單獨產生認識論上的意義而必須與其他條件配合。比如，芮德非爾得 (Robert Redfield) 在 1920 年代於墨西哥的德波特蘭 (Tepoztlán) 從事以參與觀察為主的田野工作後，發現這是個同質性很高、孤立、高度統合、互相合作的社會 (Redfield 1941)。但相隔十七年後，另一個人類學家劉易士 (Oscar Lewis) 在同一個地方同樣以參與觀察為主的田野工作，卻發現這是個缺乏合作、充滿緊張不安、互不信任的分裂社會 (Lewis 1951)。他們都認為其間的差別，並非因十七年的時間所帶來的變遷，而是每個人都只看到了現象的某個層面。由此可見，參與觀察為主的田野工作本身並非絕對客觀的中性研究方法，而必須以其他條件為基礎。

事實上，畢梯 (John Beattie) 在 1964 年出版的《異文化：社會人類學的目的、方法與成就》(*Other Cultures: Aims, Methods, and Achievements in Social Anthropology*) 中就說得很清楚，人類學家在做田野工作及研究時，正常情況下，必須先瞭解當時的人類學理論，以及研究地區與可作為比較研究的其他地區之民族誌知識 (Beattie 1964a: 78–79)。因此，田野工作本身不可能與研究者的人類學理論與民族誌知識分離，而人類學家更因其理論傾向的不同，而對人類學的性質與目的有不同的看法，也賦予田野工作不同的位置。

二、人類學理論、民族誌知識，與田野工作

以功能論為例，除了追求人類學的科學性而認為參與觀察是一種客觀的科學方法外，最常見的共同點是一方面強調每個社會有其獨特的行為規範，一方面又注重每個社會的不同制度在實際上獨有的相互關係。由此，再進而探討人類社會文化的普同原則。因此，田野工作特別重要；即使關鍵性報導人 (key informant) 能提供理想規範的描述與說明，但一般人實際的活動更重要，因後者可能與前者相矛盾。象徵論者往往具有詮釋學的人文傾向，除了由一般人的活動瞭解一般的社會文化現象外，特別重視當地人對宇宙觀的系統性解釋，以之為現象解釋上的最終原因。因此，在象徵論者的民族誌中，往往會突顯出幾位深諳當地信仰體系，且能系統性表述的報導人；如穆秋訥 (Muchona) 於特納有關恩登布儀式之象徵研究 (Turner 1967b)，或者歐勾特美尼 (Ogotemmeli) 對於戈里奧樂 (Marcel Griaule) 有關多恭 (Dogon) 人思考模式 (Clifford 1988a)。❸但對於結構主義者如李維史陀，目的在於追尋人類社會文化現象背後所具有的人類普遍性心靈，往往並不在意民族誌資料是如何得來，甚至不是很重視田野工作本身。事實上，他一生都沒有做過合乎英國社會人類學要求的長期深入田野工作。

關於田野工作的型態，也因理論而有差異。在 1970 年代盛極一時的結構馬克思理論，如梅拉索 (Claude Meillassoux) 及德黑等，均認為馬克思的理論可以用以解釋各種歷史上存在過的人類社會，而不僅能

❸ 關鍵性報導人在功能論與象徵論中有不同的重要性。象徵論高度依賴關鍵性報導人，而功能論則有些保留與懷疑。馬凌諾斯基便曾經在《南海舡人》中質疑過關鍵性報導人的地位。

說明資本主義社會，因為馬克思主義是處理現象背後之深層結構的一般性理論，該結構是客觀地存在而可被客觀地研究的。這一派的學者，在民族誌的收集上，往往著重於不同種類乃至橫跨不同研究尺度（由國家到地方）的文獻資料，其田野工作是在短時間內，以工作隊的方式來進行，而不是由個別人類學家單獨從事長期而深入的田野工作。因此，「參與觀察」自然不是其田野工作中最主要的方法。另一方面，對於 1980 年代以來的實踐論者而言，他們一方面承認人類社會文化現象的獨特性，重視人的主體性，另一方面也不否認外在客觀環境或條件的作用，而尋求超越主觀與客觀、結構與行動主體等之對立的研究探討方式。其研究不但重新強調以參與觀察為主的田野工作，更強調如何經由田野方法摸索出探討人類社會文化現象的可能新知識；這往往必須依賴較以往更細膩且更具知識論批判能力的田野工作。包括研究者與被研究者的互動過程，均成為其資料收集的對象之一。

從前面的討論，我們可以發現：隨著人類學理論的發展，田野工作有其不同的位置與意義。在早期功能論時代，人類學被視為科學，而視研究對象為客觀存在的客體，田野工作有如自然科學裡的實驗而被視為一種科學的方法，人類學家往往自視為研究對象之外的外來觀察者。但到今日，人類學已不再徘徊於科學與人文學之間而尋求如何超越客觀論與主觀論的對立。這不但強調其研究對象是「人」本身，更注意到研究對象應包括研究者與被研究者之間互為主體的關係，以及研究者自我的角色等。因此，田野工作本身也被視為研究者的自省與實踐，而不只是民族誌資料的收集方式與培養人類學能力與視野的歷程。不過，也正因為有這樣的演變發展，我們可以說，不管個人的理論傾向如何不同，只要從事田野工作，人類學家都必須在客觀與主觀、科學與人文學、普遍主義與特殊主義之間，找到自身的立足點

(Salamone 1979)。

前面也已經提到，人類學的田野工作，不但與研究者的理論傾向與自我實踐不可分離，也與他／她已有的民族誌知識不可分。已有的民族誌往往會呈現每個地區社會文化的特色而引導研究者研究主題的選擇，如非洲的世系群 (lineage)、美拉尼西亞的交換 (exchange)、印度的卡斯特 (caste)、東南亞的文化精巧化 (cultural elaboration)、愛斯基摩人的適應等 (Fardon 1990a: 26)。這類民族誌知識也是用來交叉參照 (cross-reference)，以支持及證明田野工作者所收集資料的信度與效度。這類知識也協助田野工作者田野地點的選擇，以及引導創造或改變文化區之意象，以達到民族誌上的創新，而能更深入瞭解研究地區的社會文化現象。這類知識甚至影響田野工作者選擇以什麼方式進入田野。比如，非洲的田野工作者，往往比其他地區更須依賴當地人親屬的聯繫來從事田野工作 (ibid.: 28)。

三、研究者文化背景的影響

除了人類學者意識到的個人理論傾向與自我實踐，以及民族誌知識會決定其賦予田野工作的位置與意義，因而影響資料收集的方向與內容外，研究者的文化背景也往往無意識地影響了其對被研究者的瞭解。這在人類學知識建構上，是一個重要的難題。而如何剔除已有的人類學知識乃至於研究者的文化偏見，一直是人類學發展上的重要轉折。人類學史上有個有名的例子，即李安宅對於北美祖尼印地安人所做的研究 (Li 1968)：

1935 年，李安宅住在美國西南新墨西哥州祖尼族印地安人的一個家庭，達三個月之久。這個經驗，使他對於美國人類學家關於祖

尼族的解釋感到好奇與困惑。美國人類學家，像史蒂文生(Matilda C. Stevenson)、布潔爾(Ruth L. Bunzel)、潘乃德等，均認為祖尼人在宗教上是極端重視形式而不具有個人的感情。而李安宅卻注意到：在外在形式主義的表面下，祖尼人存在著尊敬與真摯的感情。美國學者強調祖尼人傾向規避擔任領袖，李安宅卻看到祖尼人是以謙卑的方式取得領導地位。當美國人類學家以為祖尼人的小孩不受父母懲罰而自主獨立時，李安宅卻注意到：管教小孩是所有成人的集體責任，而不是個別家戶或父母的責任。美國學者不在意祖尼女人相對自主獨立，不受男人的宰制，卻讓在父系取向的中國社會長大的李安宅大吃一驚。李安宅所注意的，正好呈現出中國人所強調的或相悖的，因而突顯出中國人的觀點。由此，李安宅認為「觀察者很容易受自己文化背景的影響，而錯誤地以自己文化的邏輯來取代當地人的邏輯」。❹

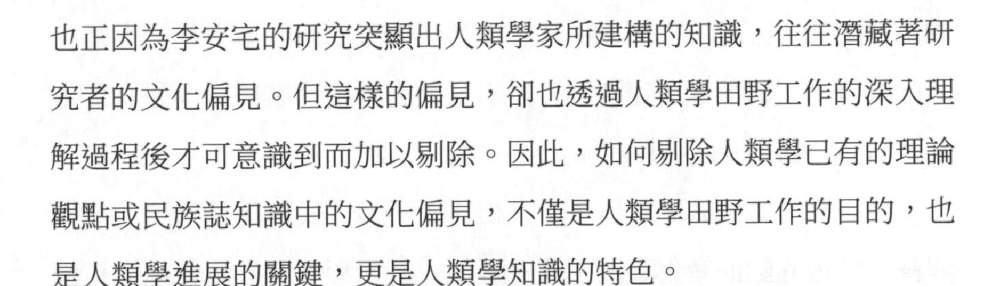

也正因為李安宅的研究突顯出人類學家所建構的知識，往往潛藏著研究者的文化偏見。但這樣的偏見，卻也透過人類學田野工作的深入理解過程後才可意識到而加以剔除。因此，如何剔除人類學已有的理論觀點或民族誌知識中的文化偏見，不僅是人類學田野工作的目的，也是人類學進展的關鍵，更是人類學知識的特色。

❹ Keesing 父子曾在其合寫的《文化人類學新論》中，給予李安宅論文精簡的描述 (Roger M. & Felix M. Keesing 1971: 370)，但卻是放在應用人類學的部分，與筆者的立場非常不同。筆者也不完全同意 Manners & Kaplan 只是將其視為方法論的問題而已 (Manners & Kaplan 1968)，如本章所述，它更涉及人類學知識建構的認識論問題。

四、研究者與被研究者的關係

上述雖強調田野工作與研究者的理論、自我實踐、民族誌知識，乃至於研究者的文化背景等不可分離，但要達到培養工作者具備人類學家應有的能力與視野，則更依賴長期而深入的田野工作之實踐。而這種全面性的田野工作強調多面與深入，不但費時費力，❺往往更須賴研究者與被研究者之間建立一種 「誓約式的」 (covenantal) 關係 (May 1980: 367–368)。所謂誓約式的關係，其重點在於雙方有類似誓言上的交換，以塑造雙方的未來。這種誓約式的關係承認一方（研究者）對於另一方有虧欠，而鼓勵一種截然不同於「功利主義者的普遍性善心」(the generalized benevolence of the utilitarians) 之德行，這德行強調的是感恩、忠實、奉獻與關懷，與買賣的契約關係截然不同。後者是外在的且可以隨時解約，其關係往往隨時間而消退。但誓約式的關係卻是來自施與受，是存在於人內心、隨時間的增加而滋長，甚至成為歷史的一部分，而無意中形塑當事者未來的自我感覺乃至命運。因此，誓約式的關係所包含的，並不是把對方當作客體，而是當作人 (Cassell & Wax 1980: 261)。

也正因為誓約式的關係是以人相待，不但在民族誌的資料收集與解釋上，因互動而產生互為主體的關係，使人類學家吸收當地文化而有所內化，也使被研究者因這種接觸與關係而使其對人類學的研究與觀點更易有所瞭解，而有人類學化的傾向。這也提供被研究者未來因能吸收人類學研究成果而使其文化有所開展的可能性，甚至挑戰人類學的觀點而改變人類學的研究文化 (Richer 1988)。❻

---

❺ 在英國人類學的傳統中，對於修讀博士論文的研究生，往往被要求至少要有十八個月連續性的田野工作時間。

儘管如此，田野工作本身還是建立在殖民者／被殖民者或統治者／被統治者、優勢者／劣勢者等不平等關係的基礎上，而這也正是田野工作與人類學自 1970 年代以來所受到的嚴苛批評。

第二節　人類學家與被研究者之間的不平等關係

一、人類學與殖民主義

在人類學的發展過程中，最常涉及的問題之一，便是它與殖民主義的平行發展而被視為「殖民主義之子」所帶來的困擾 (Asad 1975a)。事實上，人類學家往往是殖民政府政策的主要批評者，很少會有像阿薩德 (Talal Asad) 所批評的人類學家或東方研究學者一般，去強調被研究者的某些特質（如非洲政治體系中統治地位被接受的方式，與伊斯蘭教國家對於百姓的壓迫特性），以合法化殖民政府的統治。主要還是在於殖民情境以及殖民母國本身的意識型態，有意無意間影響了人類學家對研究主題的選擇，而避開最敏感卻與被研究者最有切身關係的研究主題。比如，二次大戰之前，歐美人類學家幾乎很少對殖民情境或體系本身從事足夠的必要研究，反而都是在殖民體系下，探討更小單位的社會文化問題，因而避開讓殖民政府難堪的研究課題，自然也忽略了研究主題對被研究者之適切性 (relevance) 以及人類學家對被研究者在道德上應有的「承諾」(commitment)(James 1975)。另一方面，人類學研究成果的「客體化」(objectification) 方式[7]，往往使得被

[6] 筆者並不完全同意 Richer 論文的論點，但卻接受其所提被研究者「人類學化」的問題及其意義。

研究者難以接近人類學知識。除了研究成果是以研究者母語出版，以及大量的專業術語妨礙被研究者的理解，相關知識是否有足夠的累積，更決定了當地人瞭解人類學家研究成果的能力。這種差距往往加強了殖民統治與被殖民統治者之間的不平等關係 (Forster 1975)。

上述與殖民主義有關的問題，在日後人類學的發展歷史中，逐漸被面對。比如，當馬凌諾斯基試圖在功能論的架構下分析殖民情境下的文化變遷，以解決人類學家研究主題之適切性及涉及問題而不得其功時 (Asad 1975c)，結構馬克思理論及政治經濟學理論所開展出的研究方向，使殖民主義或殖民史 (colonial history) 早已成為當前人類學研究的重要課題之一。為解決適切性及涉及問題而發展出的行動人類學 (action anthropology) 或應用人類學 (applied anthropology)，早已使一部分人類學家直接投入實際問題的處理中。不過，直接投身解決實際問題的經驗，也使人類學家意識到：在應用問題的處理上，人類學家和其他人一樣，並不具備更多專業知識。反之，只注意行動的問題，往往使人類學家陷於經驗論的困境而又限制了人類學知識繼續發展之可能，因而導致人類學本身的消失 (Lewis 1968)。事實上，古典人類學研究的成果有其知識上的獨特價值與貢獻，不只是其強調比較、整體的視野及田野工作經驗使它能特別重視到被研究者的觀點，更因它往往能由被研究文化的獨特性，反思人類社會文化的一般性，而使其具有相當強的批判性與原創性。前述人類學與殖民主義關係的反省，就是來自於人類學知識本身所具有的批判性。而研究異文化的人類學家更往往是其母文化的主要批評者。

相對之下，上述相關的問題中，最困難的反而是如何讓被研究者也能享用人類學的知識，以縮短或緩和殖民政府和被殖民者之間因知

❼ 指被具體呈現的方式，如文字或非文字的出版、標本圖像的製作等等。

識的掌握能力不同所加深的不平等關係。對此，海姆斯 (Dell Hymes) 提出解決之道：幫助被研究者瞭解人類學家所做的研究，甚至尋求幫助當地人參與人類學的研究工作 (Hymes 1974: 54)。但事實上，海姆斯的方法很難做到。這不完全是人類學家願不願意的問題，更涉及被研究者是否已累積足夠瞭解人類學研究的相關知識。因此，埋下下一波在 1980 年代以來有關人類學民族誌的構成及其所隱含的權力關係之檢討。

二、民族誌書寫隱含的不平等權力關係

在 1970 年代末期到 1980 年代末期發展的實驗性新民族誌或書寫文化，對於傳統人類學以參與觀察為主的田野工作以及民族誌如何說服人等問題，提出兩個最主要的質疑 (Clifford 1986, 1988b)。第一個問題是關於人類學民族誌的權威性，第二個問題則涉及人類學家與被研究者之間的不平等關係。對於前者，後現代人類學家強調民族誌是透過人類學家的寫作，將真實 (reality) 再現。因此，民族誌裡的描述並不等於民族誌的事實本身。更何況，在實際的情境中，民族誌的事實往往有許多具競爭性的不同說法、規則及再現方式。讀者看到民族誌所呈現的系統與一致性，往往是經過人類學家從事資料收集到寫作過程，不斷地從事主觀上與客觀上的調整與平衡所產生的。因此，民族誌所呈現的，不只是部分的真理 (partial truths)，更是人類學家與被研究者互為主體 (inter-subjective) 所共同塑造出來的，它自然也是「多聲的」 (polyvocal)。也因此，似乎沒有什麼理由將民族誌的權威只單獨地給予人類學家，就如同人類學家不應是民族誌的唯一作者。

至於第二個問題，不只是在指涉人類學家與報導人或被研究者之間的不平等關係，更主要的還是在於人類學的權威性，使其觀點往往

被用於實際偶發性事務的處理，乃至成為制度中具有限制作用的因素，而使人類學學科的知識建構有如一種社會過程。比如，日本殖民政府統治臺灣時，日本人類學者先是為了卑南族、排灣族、魯凱族是一個族或三個族而爭論不休。最後決定分成三個族，因而建立了現在大家習以為常的三個族群與文化。這使得前面談到殖民主義時，提及殖民政府與被研究者因吸收人類學知識能力上的不同而加深兩者之間的不平等關係之問題，更形嚴重。

面對上述的問題，人類學近來的發展，均意識到超越客觀主義與主觀主義對立的重要性 (Bourdieu 1990a)，而既是科學也是人文學的學科性質 (Mintz 1989: 794)，更使人類學家傾向認為民族誌是人類學家與被研究者互為主體所共同塑造出來的，它自然也是「多聲的」。但民族誌絕對不只是被研究者所提供的資料而已，當人類學家再現民族誌事實時，本身就是一種創造，不同的再現方式便隱含了人類學家所建構的理論架構。民族誌的優劣，往往決定於這再現的理論架構是否能更有效地呈現被研究社會文化的特色，既能交叉參照其他地區的民族誌而突顯研究對象的文化特性，又能涵蓋更多的層面，也能涉及當地社會文化的基本核心觀念。因此，民族誌不只是某個社會文化最有效的再現與詮釋者，亦能提供其他社會文化新的瞭解——雖然，這樣的瞭解並非不變的通則。如陶西格 (Michael Taussig) 以班哲明 (Walter Benjamin) 的「辯證性想像」(dialectical imagery) 及「模仿」(mimesis) 的概念，來書寫哥倫比亞、祕魯、厄瓜多爾邊境一帶印地安人在白人殖民時期所創造的互動歷史經驗，不僅突顯了當地魔幻寫實主義的文化特色，而且挑戰了西歐哲學傳統之中，認為知識是由單一思想家獨立思考而產生的偏見，更釐清及建構出人類學知識是如何由研究者與被研究者互動的社會過程共同創造出來的，就如同當地殖民歷史經驗是由當地印地安人與白人互動過程所共同創造的一樣。使這本民族誌成為歷史人類學在薩林斯有關庫克船長的研究之後，最具創意的研究典範。不過，本書的成功之處，並不在於研究者與被研究者的共同創造，而在於：陶西格以精巧的論述以及特殊的文類，有效展現當地人被殖民的歷史心理經驗，而具有極大的感染力。這本民族誌的成功，毫無疑問，是陶西格獨一無二的貢獻。❽

另一方面，民族誌的權威並不是簡單地來自作者或報導人的聲音，而是來自他們與社會秩序的結合。換言之，作者或聲音本身不會自動授與權威，而是經由學術生產的社會條件與讀者的調節而來 (Fardon 1990a: 12; Ulin 1991: 80–81)。也因此，正如許多人類學家所說的，人類學民族誌不能只視為孤立的文本 (text) 而必須置於脈絡 (context) 中，使得民族誌的特殊再現能與豐富的文化、乃至歷史知識等相結合 (Strathern 1987; Sangren 1988; Spencer 1989; Polier & Roseberry 1989)。但最能呈現此種視野的民族誌，往往是產生於人類學家長期而深入的田野工作。而人類學古典的民族誌，也正呈現與證明田野工作的這種力量。也因此，我們看到人類學經過實驗民族誌與書寫文化所引起的爭辯之後，重新落實並回到田野工作中，去尋找知識上新的可能。

三、人類學家與被研究者的不平等關係

針對人類學家與報導人或被研究者的不平等關係，應可區辨兩個層面：一為研究者與被研究者之間的私人關係；另一為兩者所隱含的不同人群類別之間的社會關係。雖然，這兩個層面均含有不平等的關係，但正如敏茲 (Mintz 1989: 794) 所說的，第一個層面的私人關係差異性極大，有很強的情緒性質在內，既難推測也難估其輕重。事實上，

❽ 參見本書第十四章〈文化與歷史〉，有更仔細而深入的討論。

在芮賓諾的實驗性民族誌中，我們就可以清楚看到他與不同的報導人之間的不同關係，甚至有報導人在知性上是可與作者平起平坐的朋友(Rabinow 1977)。但對於第二個層面的問題，人類學至今仍未能提出較有效的解決方法，唯一能做的即在於海姆斯所提的：去幫助被研究者瞭解人類學的研究與知識，以縮短其間掌握及應用人類學知識能力的差距，並緩和依此而來所產生的不平等關係。但要達到這個目標，人類學家最容易著手之處，仍在於經由長期而深入的田野工作，建立彼此之間的誓約式關係，使被研究者有更大的可能「人類學化」，而有助於其未來文化的開展。

此外，隨著全球化的急速發展，導致許多原是人類學家所研究的主要地區之資本主義化，當地原住民隨其社會被納入主流社會後，不僅已有他們自己的學者研究他們自己的社會文化而產生解釋權之爭，有更多參與主流社會活動的人，向人類學者要求回報。加上少數不曾在原住民地區做過長期田野工作的人類學家，在不理解當地一般人的需求下，一味應聲附和而使問題更加嚴重。面對這種新的情境，人類學者鑑於上述誓約式關係的虧欠心理，除了盡量遵守人類學的倫理原則外，往往因難以滿足回報的要求而退卻。事實上，這類問題也只有透過長期的田野工作，才可能分辨哪些真的是當地大多數人的期望，哪些只是少數人使用主流社會的思考來爭取私利。如此，才有可能提供人類學者對當地人最適切的服務。下面以筆者的實際經驗來進一步說明：

筆者從 1978 年開始在臺灣中部南投縣信義鄉最靠近玉山的東埔社布農族聚落從事田野工作，至今已近三十個年頭。除了最初在當地住了一年時間外，以後每年（其間除了五年在國外進修及近

五年因行政工作而未能前往外）幾乎都回該聚落繼續較短期的田野工作。因此，與當地布農人已建立了達三代的關係。2000年回到東埔社時，有一天去拜訪某一家的男主人，恭喜他的小兒子滿月。正好碰到一位筆者未曾謀面的當地人——當筆者開始此地的田野工作時，他已在國軍部隊擔任常備軍官。這位熟習主流社會思考的人，由軍中退伍後，無法在當地從事農業生活，挫折之餘便經常酗酒。當他知道筆者的職業時，便質問筆者為何沒有回報當地人？而男主人聽了之後，就把他趕出去，並告訴筆者，「不要聽他的，他根本就不是布農人」。從血緣及身分而言，這位退伍軍官當然是布農人。但從當地布農人的觀點，一個沒有盡其社會義務者，並不被認為是這群體的成員。而他幾十年都在外地，不曾盡過當地布農人的義務，故許多人並不把他當作布農人。事實上，在當地大部分布農人已與筆者有較深厚的交情，對筆者的工作也有某種程度的理解、甚至興趣——研究者也只有有深刻的研究成果，才可能吸引當地人的興趣。他們想聽聽筆者對於他們生活上遭遇到的問題之看法或意見，也願意保持長久的緊密關係，而不是功利主義式立即回報的想法，更無意物化他們與筆者之間的關係。而且，他們所期望筆者所給的意見，也隨時間有所不同。在1970年代，他們正開始接受資本主義市場經濟，很希望從筆者這裡知道有關市場經濟相關的知識。到了1980年代，他們比較想知道如何向政府爭取各項補助乃至對抗。而目前，他們最有興趣的是如何去研究他們自己的文化與歷史等。這些轉變，不僅反映了他們的環境與需求的改變，也隱含了他們對筆者研究工作的理解程度。基本上，這是建立在雙方累積性的互動過程而產生的結果。

在這個例子中，我們可以發現什麼才是真正當地大部分人的觀點與意見，它與少數熟悉主流社會的菁英分子之想法並不盡相同。當然，無可否認，作為一個人類學者，對當地人我們一直是有所虧欠，也應該有所回饋。但就筆者而言，目前最能回報而又能被當地人接受的方式，便是訓練他們如何去研究自己的社會與文化。這跟十五年前他們想知道如何爭取政府補助乃至對抗，或二十五年前想瞭解市場經濟如何運作，已經有了明顯的不同。如果我們未能理解他們真正的期望與需要，僅以功利方式回報，其實往往只是加速當地社會文化的商業化與功利主義，甚至文化的物化，更難以吸引當地人對研究者的興趣與瞭解。但要解決這些問題，往往更需要人類學家對當地有深刻的見解，而這需要有長久而深入的田野工作經驗不可。

事實上，上面的討論也已充分表現出：人類學家和被研究者之間的不平等關係，也是隨著人類學理論的發展及其背後的政經環境而有不同的著重。1960 年代，隨著美國作為資本主義全球性擴張所產生的現代化理論的最主要代理人影響下，為達到改善被研究者的生活而有所謂的「應用人類學」或「發展人類學」，研究者與被研究者之間有著類似家父長與被扶助者的關係。但到了 1970 年代，在政治經濟學反省資本主義的關懷下，人類學被抨擊為「殖民主義之子」，研究者乃變成協助被統治者對抗統治者，參與社會運動成了人類學者的風氣。到 1980 年代，在後現代主義影響下，研究者與被研究者成了平行的知識創造者，關懷的是民族誌書寫的權威，與解釋權掌握在誰之手的問題。換言之，研究者與被研究者之間存在著不平等的關係。但是，若放回理論發展的歷史與時代中，則很容易可以看到這「不平等關係」實有許多不同的性質與意義，而某些性質的突顯往往與當時的人類學理論及政治經濟乃至文化環境有關。當地人所需要的到底是什麼？這只有回到研究者的深刻理解與長期而深入的田野工作中，才可能避免短線操作或自以為是的回報，確定當地人真正的需要，給予有意義的協助，來緩和其間的不平等關係，甚而達到雙贏的局面。

第三節　結　語

由上面的討論，我們可以瞭解到：人類學家的田野工作，並不純粹是收集資料的方法，而是訓練人類學家的視野與能力的過程，它具有認識論上的意義。也因此，隨著人類學理論的發展，不同的理論對於田野工作的定位、意義、乃至於收集資料的方向與內容等，都有所不同。故田野工作是與人類學理論知識不可分的。事實上，除了理論之外，個人的自我實踐、民族誌知識、乃至於文化背景等，均會影響田野工作的成效與結果。但對它的理解，卻也只能由長久而深入的田野工作本身的反省與實踐中，才有可能有深一層的突破。

另一方面，因田野工作而與被研究者所產生的不平等關係，是一種錯綜複雜的問題。直到今日，有許多問題仍待進一步釐清與克服。同時，隨著學科的發展，我們也發現「不平等關係」其實有著許多不同的性質與意義。而某些性質的突顯往往與當時的人類學理論及政治經濟乃至文化環境有關，就如同當地人不同時期對筆者的期望不同一樣。這也是為何發登 (Richard Fardon) 會對人類學家與被研究者因田野工作所產生所謂「平等」關係之理想的「平等」概念產生質疑 (Fardon 1990b)。雖然如此，正如前面的討論，這類問題的解決，終究必須回到長期的田野工作本身。環顧臺灣的學術界與人文界，田野工作早已成為一種時髦與濫用的情形下，有些少數人類學家從事田野工作有如觀光訪問，往往只有在節日慶典時才現身，使得前述優勢者／劣勢者之類的不平等關係更加惡化。再加上少數原住民菁英及人類學家，在不理解當地人的需要下，任意要求人類學家的回報，而使人類學家卻步。這情形不只對田野工作及當地人不利，更妨礙人類學本身的發展。為避免以及緩和人類學家與被研究者之間不平等關係的惡化，當務之急恐怕只有鼓勵回歸到長期而深入的田野工作，做出有深刻理解的研究成果，進而尋求解決之道。自然，這樣的田野工作更需要足夠的人類學理論與民族誌知識為其基礎。

第五章　親屬、社會與文化

親屬研究是人類學最為獨特的一個分支，為其他社會科學所無。但也因其複雜歧異，使入門者倍感困難。親屬研究的發展本身，正體現了前述人類學理論進步的動力：一方面，「親屬」研究涉及了「親屬」與其他社會制度（如政治、經濟、宗教等），乃至於與「社會」和「文化」之間關係的轉變。同時，其理論發展又與被研究對象的社會文化特性有關。親屬研究與理論的發展過程，更不斷試圖剔除原有理論知識中的西歐資本主義文化的限制。當今的親屬研究，雖經過一段時期的質疑與沉寂，不但再興，而且在概念上具有更大的彈性來呈現不同社會文化的特色，並企圖保持親屬作為一個獨特的研究領域，有其獨特的性質。

前四章是關於人類學知識的一般性概述，從本章開始，將進一步討論具體的人類活動。不過，究竟討論哪些具體活動？這便涉及二十世紀初，心理學與社會學等社會科學家所爭辯的問題：到底有哪些社會制度可算是最基本而普遍存在於所有人類社會之中的？在當時，許多社會科學家均認為所有的制度都是為了滿足人類的基本欲望。比如，社會學家孫末楠 (William G. Sumner) 與科勒 (Albert G. Keller) 認為人類有飢餓、愛、空虛、恐懼、性愛、以及對於超自然的恐懼等基本的欲求，因而有經濟與政府、家庭、美學與知識表達及娛樂、宗教等的制度或體系 (Sumner & Keller 1927)。賀茲樂 (Joyce O. Hertzler) 則進而細分成經濟與工業、婚姻與家庭、政治、宗教、倫理、教育、科學、傳播、美學與表演、健康與娛樂等 (Hertzler 1961)。這種分類在當時爭辯不休。最後，當時最沒有爭議的四個普遍存在的制度是親屬、政治、經濟、宗教，這也成為英國社會人類學的四個主要分支，也有其最具體而系統的研究成果。即使如此，本書還是從四個分支之中的親屬開始談起。

第一節　為什麼從親屬開始談起？

一、現象層次的細緻分辨

福斯 (Robin Fox) 說過：親屬對於人類學，就如同邏輯對於哲學，或素描對於繪畫一樣，是這學科的基本素養 (Fox 1967: 10)。這可由兩點進一步來說明。第一，人類學對在分辨許多社會文化現象時，是由親屬研究的基礎出發。例如，人類學將親屬稱謂分成直接稱謂 (address term) 與間接稱謂 (reference term)，前者是當事人實際面對親人時如何稱呼，而後者是當事人與第三者談及時所指稱的稱謂，❶如此一來，便可分辨出實際上的與理想上的層次。有了這分基本理解，我們便會發現：在實際研究上，現象往往更為複雜。因為，直接與間接稱謂本身均又涉及理想和實際上的分辨，如筆者在東埔社從事田野工作時所遇到的例子：

在臺灣最高峰玉山下的東埔村觀光區，筆者認識一個布農青年。

❶ 比如，筆者見到筆者父親時，會直稱他爸爸，但與朋友談及時，則稱「父親」。

由於他的父母長期在都市工作，從小便由祖父母扶養長大。雖然這個青年很清楚在直接與間接稱謂上都應該稱其祖父母為 *dama-holasi*（祖父）及 *tzina-holasi*（祖母），但在實際生活與祖父母交談時，都直稱他們為 *dama*（父親）及 *tzina*（母親），只有在間接稱謂上才以祖父母稱呼他們。反之，與第三者談及他的父母時，他會以 *dama* 及 *tzina* 稱之，但在實際生活上與父母交談時，反而直稱其名而非 *dama* 及 *tzina* 的親屬稱謂。這是因為是祖父母在履行父母應盡的親屬義務，而父母反而沒有。按照布農人過去傳統習俗，是按當事人後天是否履行親屬的義務來確定其親屬關係，而不是依先天的血緣關係而來。這點也突顯了布農文化強調實踐的特色。

上面的例子，已經涉及了直接與間接稱謂都有其觀念上與實際上的差別，使得系譜上的一個親屬位置可以產生四個實際的不同稱謂。這讓我們對於現象不僅因人是否直接互動而分成兩種不同層次的類別，更因理想與實際的分別而進而又分成兩種不同的類別，使得現象的不同層次得以分辨。這便是親屬研究對於人類學的直接貢獻。

又如，在親屬研究中，有類別 (category) 和團體 (group) 之分。「類別」是一種文化的分類，當地人不見得會意識到其成員身分的存在，只有在特定的情境中才會產生作用，故平常並不構成具有活動力的團體。最明顯的例子就是傳統臺灣社會中同姓不婚的規定——同屬一個姓氏的人平常並不確定彼此的親屬關係，但當同姓者論及婚嫁時，雙方家庭就會顧慮其可能有的血緣關係。「團體」則是由身分明確的成員所構成，不僅團體與成員間或成員間有其明確的權利義務關係，而且由具體的活動來維持其存在。比如世系群，成員必須有系譜上的血緣關係外，還必須實際參加祭祖等活動。這區別同樣讓我們對於群體現象本身有更細緻而不同的分辨。

另外，在親屬研究中更有兩種模式的討論：機械模式 (mechanical model) 和統計模式 (statistic model)。此兩種模式可以用下列例子來說明。以兩個臺灣傳統漢人聚落為例：一個是單姓村，另一個是多姓村。兩個聚落都有聚落外婚的現象。由於傳統漢人有清楚的同姓不婚習俗，單姓村的聚落外婚涉及同姓不婚的禁忌。因此，聚落外婚在結構上是必然的，而當地人均行聚落外婚是一種具有觀念上優先考慮的趨勢，其所呈現的規範是一種具有社會結構意義的機械模式。然而，在多姓村的例子中，外婚只是統計上的結果，背後並沒有禁忌的限制，也沒有觀念上的優先選擇性，更不涉及社會結構的原則。因此，雖然都呈現聚落外婚的現象，其意義是非常不同的。這也讓我們對於社會趨勢的現象進一步分辨出是否背後具有結構性限制的問題。

以上舉了三個例子，已顯示出親屬研究所產生的分析概念，可將很多社會文化現象進行更細緻而清楚的分辨，並由分辨的基礎使研究者得對於表面的現象有更深一層的瞭解。因此，親屬研究是人類學裡非常重要的一個分支。以至於艾利克森 (Thomas H. Eriksen) 在《小地方，大問題》(*Small Places, Large Issues*) 一書中，提到幾乎早期的人類學研究，一開始都會先進行親屬調查，而該領域一直到 1960 年代末期都還是人類學的主要研究課題 (Eriksen 2001)。而且，人類學家進入田野收集資料時，也都是從收集系譜開始。若說親屬是人類學學科獨有的「技藝」，一點都不為過。

二、有效反映整個人類學理論知識的發展——以系譜為例

在所有的人類學次領域當中，親屬研究最能呈現學科理論知識的發展。不只是因為人類學主要的理論都可見於親屬研究上，重要而有創新的人類學家，也往往會在這個領域上表達他的理論觀點，使得親屬現象的主要課題就足以呈現不同理論的立場。以系譜為例，即隨著不同的理論而有不同的畫法。

繼嗣理論的系譜是由單系（例中為父系）祖先往下追溯，排除嫁出者而加入嫁入者，構成依據共同的祖先而來的親屬群體〔見圖二(Kessing 1975: 29)〕：

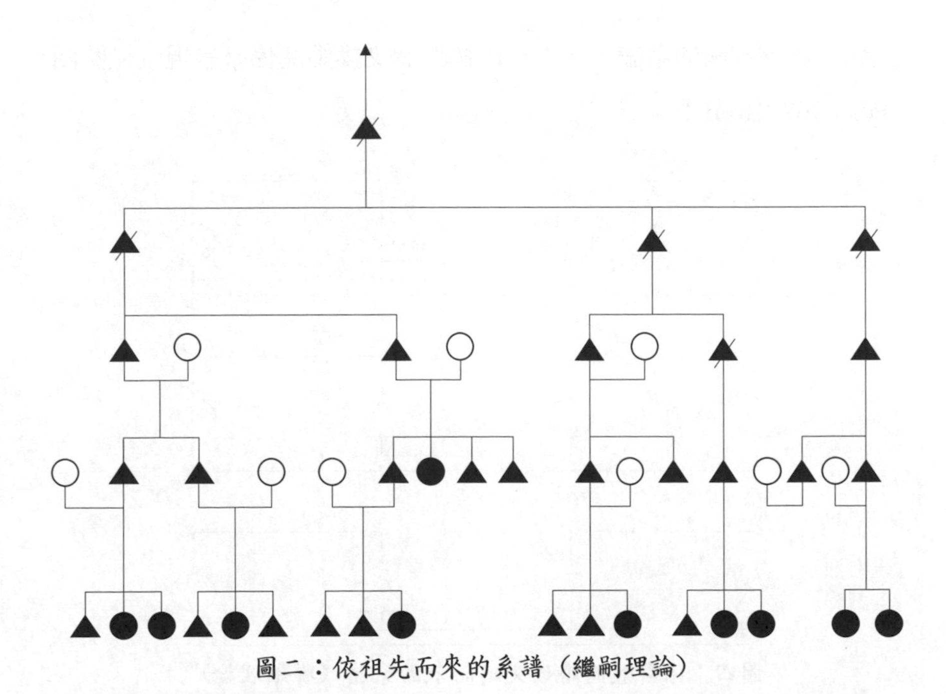

圖二：依祖先而來的系譜（繼嗣理論）

相反的，親類 (kindred) 的討論，以自我為中心往上追溯，包含男女兩

邊所有可追溯的親屬在內〔見圖三 (Fox 1967: 165)〕：

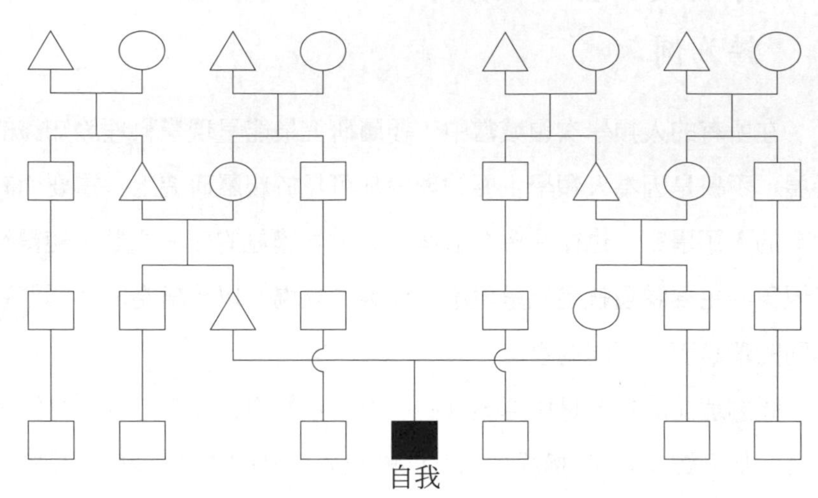

圖三：包含兩邊祖先所構成的親類系譜（方形為不分男女性別者）

又如，聯姻理論的系譜，往往以兩個群體交換婚關係來呈現〔見圖四 (Fox 1967: 181)〕：

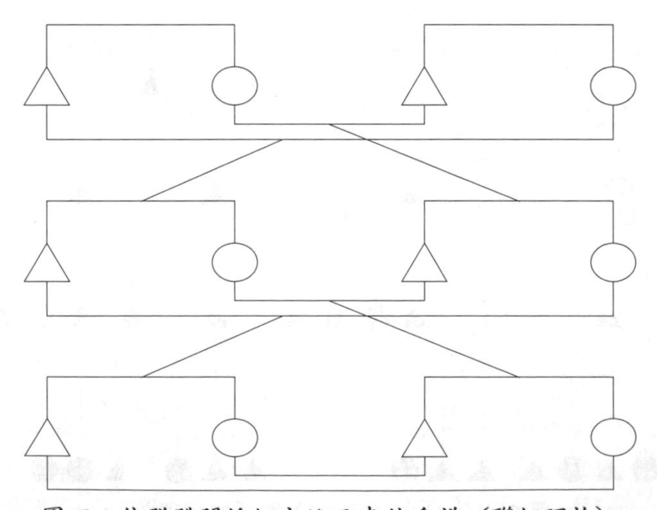

圖四：依群體間婚姻交換而來的系譜（聯姻理論）

而葛茲的文化理論所要呈現巴厘人的親從子名制，是以後輩的名字為中心來指涉長輩的親屬位置，來描繪其系譜〔見圖五 (Geertz & Geertz 1964: Chart I)〕：

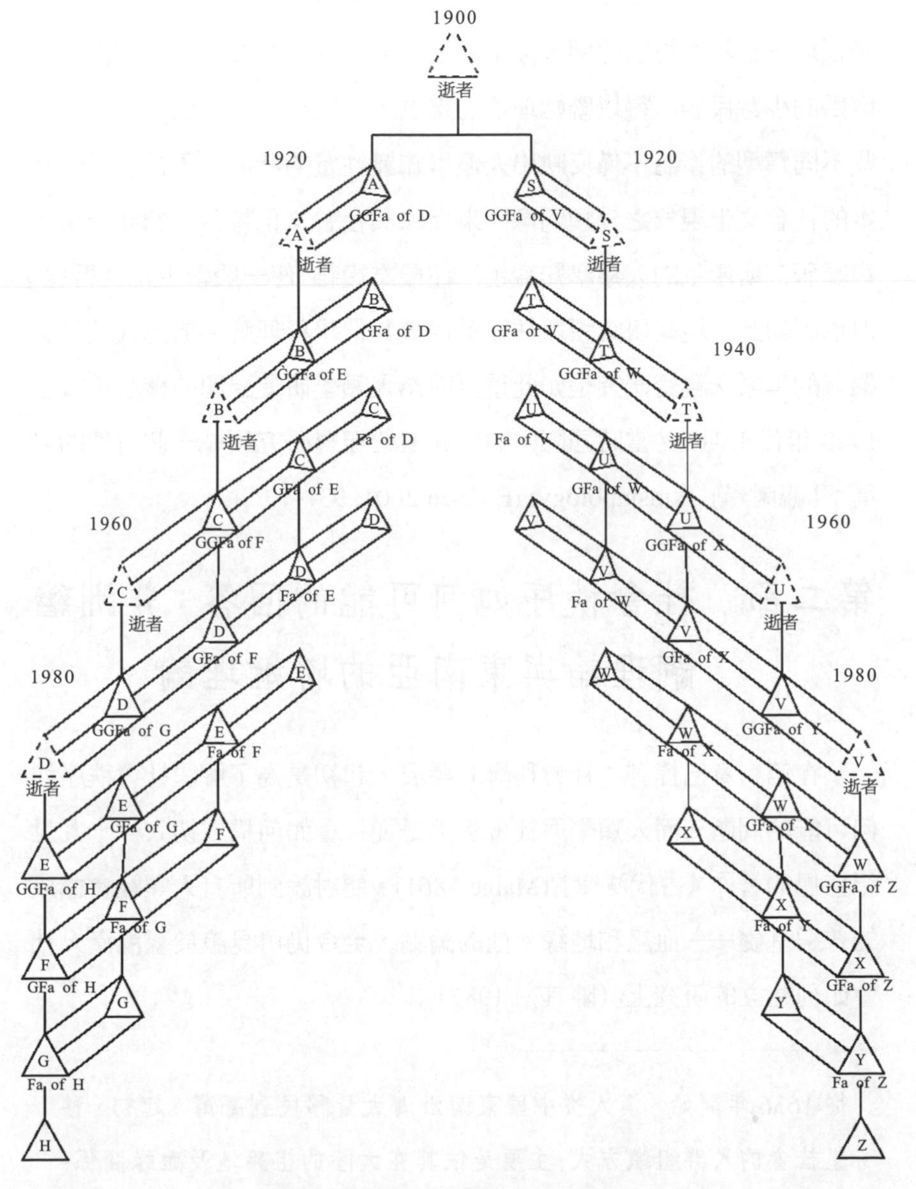

圖五：依親從子名制而來的系譜

事實上，由這些不同的系譜中，我們不僅可以看到不同的理論立場如何畫出不同的系譜，而這些不同的系譜也正是要有效地呈現被研究文化的不同特色。比如，漢人社會強調父系血緣的族譜，必須以祖先為中心的繼嗣理論畫法才能呈現，而臺灣蘭嶼達悟族的親從子名制，就必須以子孫為主導的詮釋人類學畫法才能表達。至於中國西南流行交換婚的少數民族，得以聯姻理論的畫法，才能突顯其特色。因此，這些不同類型的系譜不僅反映出人類學知識性質的發展，更提供了最基本的社會文化現象之分類圖像，來反映其社會文化特色。如此一來，親屬研究所產生的人類學知識也往往最為複雜，使一般學生視為畏途。但也因如此，親屬研究領域往往難以被其他學科理解，成為人類學家獨有的專業。親屬研究是如此重要而為人類學研究課題的核心，故在1940 年代末期時，當時國際人類學界還給親屬研究領域一個特殊的名稱：「親屬學」(kinshipology) (Eriksen 2001: 93)。

第二節　社會秩序如何可能的回答：非洲繼嗣理論與東南亞的聯姻理論

在第二章已提到：社會科學的發展，起初是為了解決社會秩序如何可能的問題。而人類學與社會學都是從社會如何構成切入。十九世紀梅恩的著作《古代法律》(Maine 1861)，便討論到所有人類社會構成的普遍基礎——血緣和地緣。他的論點，至今仍可見證於臺灣漢人社會如何建立的研究上（陳其南 1987）：

從 1636 年開始，漢人從中國東南沿海大量移民到臺灣。起初，移墾社會的人群組織方式，主要是依其在大陸的祖籍地及血緣關係。

久而久之，漢移民在臺灣逐漸形成依地緣而來的地域組織，如祭祀圈，及依血緣而來的宗族或氏族組織。到了1860年左右，原先的宗族或氏族組織開始以開臺祖（來臺最早的祖先）為祭拜對象，而不再以唐山祖（還臺前居於大陸的早期祖先）為祭拜對象，因而開始以臺灣為其祖居地而認同臺灣，產生了所謂的土著化現象。

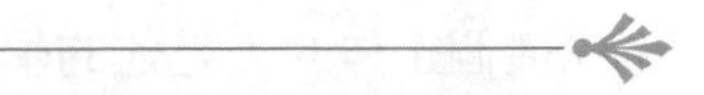

這個研究，不僅用臺灣的例子支持了血緣與地緣如何成為社會構成原則的可能性，更突顯了社會構成原則與親屬組織之間的緊密關係。這種社會結構與親屬組織間的緊密而又交錯重疊的關係，更隱含了人類學親屬研究的奠定者摩爾根在兩本主要著作——《人類家庭的血親與姻親體系》(*Systems of Consanguinity and Affinity of the Human Family*) (Morgan 1871) 及《古代社會》(*Ancient Society*) (Morgan 1877)——所發展出來的兩種不同親屬研究路徑：前者集中在由親屬稱謂來研究親屬結構本身，後者則著重於社會結構及社會脈絡中的親屬。前者主要在美國發展，而後者在英國發展。不同國家的親屬理論之差別，更清楚表現在美國的克魯伯 (Alfred L. Kroeber) 與英國的芮佛斯 (William H. R. Rivers) 有關親屬稱謂是心理的還是社會的爭辯上。

克魯伯認為：親屬稱謂並不反映社會制度，而是人際間的心理表現，是人與人相處的態度 (Kroeber 1968 [1909])。但芮佛斯認為：稱謂是社會的分類，它不僅包括我群／他群的分辨，更是社會關係的重要指標，共同構成其社會體系 (Rivers 1971 [1910])。雖然，這兩個研究路徑有明顯不同，但都承認親屬研究之於瞭解人類社會的重要性。即使研究興趣在於社會結構而非親屬本身的結構功能論大師芮克里夫布朗 (Alfred R. Radcliffe-Brown)，也承認親屬研究的關鍵地位，他本身更影響了繼嗣理論的形成與發展。他最先給予社會結構兩種不同卻相輔相成的抽象定義，即社會群體的形式與社會關係的網絡，並指出這兩類社會結構背後都有一共同的結構原則，成為各種不同社會功能的制度之組成及運作的主要依據，並將整個社會整合起來。此即結構功能論的主要觀點 (Radcliffe-Brown 1952)。只是，他的抽象概念骨架必須由充分的民族誌血肉補足後，才得以對人類學產生實際上的影響力。完成這個工作的，是他的學生弗提斯。

一、非洲的繼嗣理論

弗提斯在有關非洲塔倫西 (Tallensi) 人的研究中指出，這個氏族社會雖然沒有西方的正式政治制度來維繫社會秩序，但卻有完整的父系世系群或氏族組織控制了整個社會 (Fortes 1945, 1949)：

從組織形式來看，這個包含了由最低層次到最高層次世系群之階序性親屬組織，是以「分支原則」(segmentation)❷來維持體系內不同層次之世系群間的對立與聯結，以維持整個體系的平衡與穩定。尤其透過宗教儀式的舉行，它可以反映及整合整個人群組織。而祖先神話及祖先祭拜儀式 (ancestor cult)，更表達了組織體系背後的父系繼嗣原則。因此，與宗教儀式的緊密關係，使親屬具有了道德的道理 (moral axiom)。親屬組織更因為趨於與特定地方的聯繫而有地方化的趨勢，使得該體系所代表的社會結構與空間關係不可分，更突顯了該組織體系的重要性。加上世系群或氏族是婚姻的單位，使得親屬組織也是控制社會繁衍的單位。由此，弗

❷ 所謂分支原則是一種社會組織的原則，常存於單系繼嗣團體。在這群體中，群體內部同等級次單位間是對立競爭的，但與較高一級的單位對抗時，這些次單位又團結一致對外，有如一個單位。

提斯認為，在塔倫西這個地方，親屬是其「文化的慣性」(idiom of culture)，並有了政治法律 (politico-jural) 的權力。因此，世系群或氏族組織的領導者，往往是當地社會政治、宗教上的領導者。

另一方面，從社會關係來看，父母與孩子的聯繫，特別是父子關係，更是整個社會組織體系的核心，就如同「孝順」是這社會最複雜也是最核心的心理情感。雖然，弗提斯從不否認母方親屬關係，但只有父子關係不只是心理的，也是宗教的，更有著道德的前提與義務。換言之，不管是在經濟合作或財產移轉上，以及法律與儀式習慣上等等，親子關係（特別是父子關係）有其道德基礎。事實上，當地塔倫西人是以父母為祖先精靈之儀式關係來瞭解親子的聯繫。因此，儘管母子關係有著不同於道德的情感基礎，但父子關係的道德基礎更被重視。簡言之，孝順與父子關係均表達該社會的社會結構是根植於父系繼嗣原則。而這樣的原則也可表現於家之中的人際關係，乃至於氏族以外的人際關係上。綜合上述，像塔倫西這種高度精巧化的親屬體系，在於它功能上具有主要的社會機制，本質上是這社會基本道德道理的具體實踐。

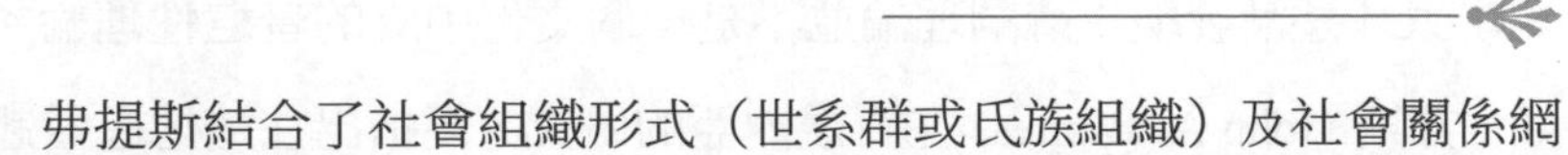

弗提斯結合了社會組織形式（世系群或氏族組織）及社會關係網絡，而找出共同的父系繼嗣原則為其社會結構原則之所在，樹立了一個繼嗣理論的研究典範。當然，他的模式因有其基本的假定而有所限制。比如，他假定了社會的平衡穩定，經濟上缺少經濟分化、缺少資源的現代所有權觀念、缺少資本累積、缺少技術的進步、缺少經濟利益等經濟條件。他也假定了系譜、儀式與地方組織等在結構上的相互構成與功能上相互呼應與互補等等。但正好能突顯出非洲大部分沒有現代正式政治制度來維持社會秩序地區的氏族社會之特色。這使得繼嗣理論在非洲地區的研究上大放異彩，不僅主導了整個非洲的人類學研究，更影響到其他文化區的研究，使得繼嗣理論背後的結構功能論隨之成了世界人類學界的顯學。比如，有關臺灣南島民族與漢人社會的研究，便深受此潮流的影響，以至於在 1960、1970 年代，討論臺灣原住民是父系、母系還是血族型 (cognatic)（馬淵東一 1986，石磊 1976），甚至有人提出「非單系」（王崧興 1986），正反映當時學術氛圍與該理論的支配性。而漢人研究更是如此，例如，弗里德曼 (Maurice Freedman) 的討論 (Freedman 1958) 更是影響整個中國研究而成了支配性的研究模式。不過，弗里德曼所關心的是：繼嗣理論用於解釋非洲等無現代國家的社會非常成功，但中國早就存在著國家，為何宗族（氏族）組織還是那麼發達？在這個問題意識的引導下，1960 到 1970 年代，以邊疆社會性質或水利灌溉組織等支持因素來解釋中國華南地區宗族組織發達的研究大量出現（Freedman 1966; Potter 1970; Pasternak 1972; Ahern 1973; 莊英章 1977），這類研究趨勢正是這個理論影響下的產品。

不過，也正因為繼嗣理論被廣泛應用到其他文化區的研究上，人類學家才逐漸發現：繼嗣理論並不是一個文化中立的普遍性理論。例如，邦斯 (John A. Barnes) 在新幾內亞的研究，便指出在這地區看起來似乎有類似非洲的世系群或氏族組織，但是同一「氏族」的成員資格並非由血緣關係界定，因而開始質疑繼嗣理論可以應用到其他文化區的問題 (Barnes 1962)。史翠山 (Andrew Strathern) 更把問題提升到另一層次，而從當地人的文化觀點出發，指出氏族成員並非依血緣關係而來，而是以是否食用祖先土地上的作物來界定 (Strathern 1973)。這也突顯出新幾內亞當地的親屬觀念，與非洲的繼嗣理論基於血緣而來的親屬觀念，有著根本上的差別。同樣的反省，也可見於研究漢人社會的人類學家對於弗里德曼宗族理論的檢討。例如，莊英章、陳其南 (1982)、陳奕麟 (1984) 的質疑，以及陳其南 (1985) 進一步想要用「房」或陳奕麟 (Chun 1996) 進一步想要用「氣」，乃至於林瑋嬪 (2001) 想用「好命」的概念來解釋中國人的親屬觀念等。不過，早在 1950 年代初期，繼嗣理論就已面對奠基於東南亞民族誌的聯姻理論之挑戰。

二、東南亞的聯姻理論

第三章已經提過：李維史陀的結構論視婚姻禁忌為文化的開始，使人與動物有所區分。他不僅將婚姻視為社會秩序的基礎，更進而將婚姻視為有如馬克思《資本論》中的勞力概念一樣重要，因而成為瞭解基本親屬結構社會的關鍵機制，以相對於階級在複雜親屬結構社會中的地位。他所說的基本親屬結構，是指有嚴格禁婚法則及規定婚的社會，往往透過交換婚的方式保障了社會的繁衍。但在複雜親屬結構的現代社會，往往只有禁婚法則，而沒有規定婚，由階級因素決定婚姻選擇對象。因此，基本親屬結構社會的社會秩序往往是建立在親屬基礎上，而複雜親屬結構社會的社會秩序則是建立在階級之上 (Lévi-Strauss 1969)。不過，李維史陀的聯姻理論，在發表之時，並沒有足夠完整的民族誌血肉來支持。一直到李區 (Edmund Leach) 在東南亞緬甸的民族誌研究成果發表後，聯姻理論才得以產生廣大的影響力。

李區的《上緬甸諸政治體系：克欽社會結構之研究》(*Political Systems of Highland Burma: A Study of Kachin Social Structure*)(Leach 1954) 一書是涉及了許多理論與民族誌問題，它更直接涉及了聯姻理論：

在上緬甸地區有很多民族，也產生許多民族接觸甚至融合的現象。在這整個地區，有兩個最重要的社會分類：給妻者(*mayu*)和娶妻者(*dama*)。給妻者的社會地位比娶妻者高，它不但給出女人，更因娶妻者作為接受女人的一方，還必須回報大量財產，使給妻者得以此累積財富。同時，這個地區原本就另有貴族和平民的分類；透過給妻者和娶妻者的婚姻交換，階級的不平等關係愈來愈尖銳而複雜。因為，大家都想要娶地位更高的女人，聘金的負擔也愈來愈重，而貴族的財富也愈來愈集中，權力也愈大。因此，整個婚姻機制運作的結果，使得貴族制度發展到最後形成像Shan由貴族統治的中央集權社會。但這種專制獨裁的社會發展到極端便導致革命，發展為另一極端型態的平等社會(*gumlao*)。然後，透過婚姻交換過程，又開始累積財產，並形成階級性社會。但，大部分社會的政治型態介於極端集權與平等兩者之間的型態(*gumsa*)。這個研究顯示出：這整個地區的社會不僅是不斷地在集權與平等社會中流動，更指出其變動過程是透過婚姻制度而來，特別是交換婚。而婚姻交換更成為整個地區社會擺盪於中央集權及平等之間的主要機制。也因交換婚的支配性而使給妻者／娶妻者社會分類形塑了親屬體系的面貌。這不僅提供了聯姻理論的具體民族誌例子，更挑戰了繼嗣理論的血緣基礎，而產生繼嗣理論與聯姻理論的爭辯。

李區的研究，固然以民族誌支持了李維史陀的聯姻理論及結構論，更重要的是，他挑戰了「親屬」是建立在血緣基礎上的假定與前提。雖然，當時他並沒有直接質疑血緣的基礎之假定本身，卻已開始動搖原親屬研究不言而喻的「客觀」普遍基礎。事實上，他的研究便直接引起兩個理論爭辯：一個是李區民族誌中並沒有具體資料說明交換婚在實際的社會中如何維持？尤其是父方交表婚的隔代交換情形如何能維持而不導致崩潰？這引起荷曼思 (George C. Homans) 及施耐德從感情的原因來回答 (Homans & Schneider 1955)， 因而導致倪丹 (Rodney Needham) 等人的反駁，認為他們根本就誤解了李維史陀結構論下的親屬理論 (Needham 1960a; Korn 1973)。另一方面，李區 (Leach 1961a) 基於東南亞民族誌而來的聯姻理論立場， 更直接挑戰了弗提斯 (Fortes 1970a, 1970b) 基於非洲民族誌而來的繼嗣理論之普遍性，而引起另一個爭辯的戰場。再加上施耐德由美國親屬研究所發展出來的另一套由當地人對於親屬的觀念而來的文化理論，使得人類學的親屬研究，由最核心而最有成就的領域，一下子成了最讓人眼花撩亂而困惑不已的研究主題。正如施耐德所說，這真是一團糟的局面 (Schneider 1965)。但也襯托出 1950 年代末、1960 年代初有關「什麼是親屬？」爭辯的重要性及意義。

第三節　什麼是親屬？

在這場關於親屬性質的辯論中，人類學家分為兩大陣營：客觀論與主觀論。前者強調親屬有其普同的生物性基礎，後者強調親屬是由當地人的主觀定義來界定。前者可以葛爾納 (Ernest Gellner) 為代表，後者可以倪丹、邦斯、畢梯、施耐德為代表。

一、葛爾納的論點

葛爾納強調：親屬作為一「科學」研究的對象，我們必須先釐清

其生理的 (physical) 性質，如此我們才能基於這個普同的與生物的基礎，以建構一不具模糊意義的「概念語言」(ideal language)(Gellner 1957, 1960, 1963)。再依據這個概念語言客觀地研究親屬；不管我們的目的是探求一般原則或某特定親屬體系的特質。同時，葛爾納也承認：「社會親屬體系並不等同於生物親屬的真實 (reality)，相反地，前者是系統性地補加、省略以及扭曲後者」(Gellner 1960: 192)。他認為「生理模式的元素在本質上是簡單且普同的；但加於其上的社會模式卻是高度分化與複雜的。……正是這普同且簡單的物質基礎 (substrate) 的存在，使正確地描述繼嗣體系與有意義地比較它們成為可能」(ibid.: 193)。基於以上的基本概念，葛爾納批評人類學家忽略了生理特性的關聯 (the relevance of the physical proper)。

二、反對葛爾納的人類學者

在另一方面，一些人類學家如倪丹、邦斯、畢梯與施耐德加入這場爭論中來反駁葛爾納。他們認為他誤解了人類學家的職務——人類學家並非否認親屬的生理基礎，而是關注親屬的社會層面。對這些人類學家而言，理解親屬並不必然透過生理的基礎。這兩派間所處的立場似乎是非常不同並且相互排斥，以至於難以彼此妥協。儘管如此，我們仍必須強調，即使是在反對葛爾納觀點的人類學家陣營中，對於「什麼是親屬」仍存有不同的概念與看法。

㈠倪丹的論點

首先，倪丹提出「親屬」有三個基本特質：⑴親屬的特性是社會的秩序，而非生物的；⑵除了婚姻之外，親屬還與其他許多社會生活領域相關；⑶親屬有其自身的邏輯 (Needham 1960b)。從他對「親屬」的定性，我們可以發現倪丹類似結構功能論的觀點：主張親屬有其獨立自主不可化約的邏輯、必須在其特定社會脈絡中被研究。但僅憑這三個特質，無法說明「親屬」在社會中的位置。「親屬」可以像弗提斯所研究的塔倫西民族一樣，屬於文化慣性所在而具有整合及支配性的制度；但也可能像西歐近現代文化中的「親屬」，只是被宰制的次要制度。倪丹沒有回答這個問題，這已涉及他逐漸明顯的懷疑論立場。像他曾質疑起理解親屬之真實 (reality) 的可能性 (Needham 1971, 1974)。他甚至說：「在社會事實的比較上，『親屬』著實是一誤導性的詞彙與一錯誤的標準。它既不指涉一可區辨的現象種類或理論類型，也不承認特定能力與權威的一般原則」(Needham 1971: cviii)。這不僅顯露出他的論點在這場爭論中的不夠明確；也因他的模糊與彈性而最後導致他趨於為懷疑論者。❸

㈡邦斯的論點

雖然邦斯在這場爭辯中，反駁葛爾納的客觀論立場，似乎與倪丹等站在同一陣營，但他的觀點卻與倪丹的觀點有基本的不同 (Barnes 1961, 1964)。這可以由他對系譜上某特定位置的概念區辨看出。邦斯將一個系譜上的「父親」位置，區分出三種不同層次的意義：「社會文化所認定名義上的父親」(pater)，「文化所認定生殖上的父親」(genitor) 與「生物學意義上的生殖父親」(genetic father)。❹藉著這個

---

❸ 最能呈現倪丹懷疑論立場的，是他在 1972 年所出版的 *Belief, Language, and Experience* (Needham 1972)。他從維根斯坦的語言哲學觀點出發，認為：既然人類對事物的瞭解都是透過語言中介，信仰的「真實」遂無法觸及。

❹ Pater 在拉丁文中是「父親」的意思。在人類學之中，pater 指的是被社會所承認的父親，對比於 genitor，指的是被承認的生物性的父親，但是在許多文化之中，生物性的父親並不等於實際的精子提供者，而是被文化所承認的 genitor。(例如：初步蘭島的人認為女人懷孕是由女方亞氏族祖先精靈進入

區分，他指出生物學本身亦具有其文化的層面，並強調人類學的關注對象主要是名義上的父親與文化所認定的生殖父親。❺不過，只要生物的因素具有社會的影響，邦斯並不排除它。他認為社會事實與生物事實兩者並非彼此互斥的範疇 (Barnes 1964: 297)。❻如此，我們便能夠理解為何他較傾向李維史陀對親屬的結構分析，認為文化與自然的連結提供了親屬根本且普同的性質；而非採弗提斯與墨達克 (George P. Murdock) 的路徑，將文化與自然作區分 (Barnes 1971)。

㈢畢梯的論點

一如倪丹及邦斯，畢梯認為人類學有其特定的研究對象。不過，他特別強調：「親屬是某些特定社會中用以談論及思考某種政治、法律、經濟等關係的慣性 (idiom)」(Beattie 1964b: 102)。而且，「當我們聲稱某種社會關係是『親屬』關係時，這個指稱本身不代表其實質內容。但對社會人類學家而言，親屬關係的重點在於：它必須是政治、法律、經濟、儀式以外的某些東西」(ibid.)。畢梯認為親屬不僅不可化約為其他制度，更與其他社會制度密切相連，以體現其功能。再者，在一特定社會中，親屬體系的運作也依賴其信仰與文化價值。

其子宮而來。）因此，邦斯引進了第三個詞彙：genetic father，指的是生物事實上明確提供精子的人。請參閱 Barnard & Spencer (1996: 311–312)。

❺ 葛爾納曾提到：「父親」包含了兩個部分：社會性與體質上的父親 (the socially-physical father)，以及體質上的父親 (the physical-physical father)，這個定義和邦斯的 genitor 與 genetic father 是很相近的。然而，他們對於親屬之生物面向的著重，卻有所不同。

❻ 「在一些不尋常的情況中，genitor 能被建立並且可能與社會相關聯」(Barnes 1964: 295)。「這種 genitor 的認定有時與社會相關，有時則否。而其在社會生活與其物質環境間的偶然性連結，不只適用於親屬」(ibid.)。

畢梯的論點，看起來與倪丹沒有太大差別。他視親屬為「文化慣性」(cultural idiom)，不僅整合所有其他社會文化層面，更用來表現這文化的特性。因而使他強調了人類行為之「表達」("expressive") 層面的重要性 (Beattie 1966)。而人類行為的表達層面常與被研究者的主觀觀點相關，有著不同的表達方式，及可供研究者不同理解的切入點。所以，畢梯在爭辯中的論點，似乎已顯現他的主觀論與相對論。至少，他在文章中指出了他自己的立場：「物質世界的知識與概念世界的知識一樣，是人類心靈的建構；一組運作的假設使經驗具有意義。自由意志（人類可作決定的事實）是人類經驗的直接事實，然而它必須被界定或限定。無可爭議的，我們藉著放置一組（客觀的）終極的、本體論上的 (ontological) 有效度模式，來理解外在世界」(Beattie 1964b: 103)。以這點來看，畢梯的看法較接近施耐德的主觀主義立場，而不像邦斯仍承認著生物性的親屬事實。只是，在研究方法上，畢梯並不像倪丹一樣走入極端的相對主義。

㈣施耐德的論點

雖然象徵論者施耐德也強調親屬是作為「象徵」與「慣性」(Schneider 1964: 180)，但他不同意畢梯認為親屬是沒有實質內容的看法。對他來說，「若我們接受一親屬關係能藉由一經濟關係來象徵，而一經濟關係可以親屬的慣性來表達；那麼立刻顯而易見地，這對任何事（政治、經濟、儀式、宗教、巫術、法律等）都是真的」(ibid.)。也就是說，每件事物皆有其象徵的或慣性的 (idiomatic) 層面。而從他稍後的作品 (Schneider 1967, 1968, 1972, 1984) 中，我們知道這些象徵與意義是互相連結並相互結合表現的，它們是行為的符碼。故親屬象徵地界定了一概念以說明一特定符碼所控制的行為。可是，他認為親屬的意義與象徵是一種主觀的 (emic) 觀點，傾向否定了界定普同客觀

(etic) 概念的可能性。對他而言，過去人類學家的親屬概念，均強調於「親屬」作為一純粹的分析範疇，是不可化約的社會事實。但實際上，任何親屬概念都存在於「文化」中，由文化所界定 (Schneider 1972: 59)。甚至如葛爾納、邦斯等人，認為親屬有其生物學基礎，實是屬於歐洲文化的民俗分類 (Schneider 1984)。

另一方面，正如李維史陀一樣，施耐德強調文化體系的內部結構是由兩相互補的對立元素所組成的。只是，不同於邦斯認為文化與自然的連結提供了親屬的基本普同性質，施耐德更強調「文化」本身的結構性。舉例來說，美國親屬的象徵：愛，是由兩個要素所組成，即自然秩序與法律秩序。前者從自然而來；後者則從文化而來。而這個結構同時能存在於國籍與宗教的領域 (Schneider 1969)。也就是說，親屬、國籍與宗教觀念是一相同結構原則在不同領域的特定體現。這個論點與李維史陀的結構論十分類似。施耐德的理論取向是基於主智論或理性主義的假定，即假設有一普同的思考原則的存在。藉由這個假定，我們才能夠理解其他文化。從這點看來，施耐德是將主觀的親屬觀念間關係看成邏輯符號間關係，因而承認從（客觀的）形式邏輯理解主觀觀點的可能性。這也是為什麼歐弗琳批評他採「形式性隱喻」(formal metaphor) 的原因 (Overing 1985a)。

三、親屬性質辯論在知識論立場上的定位

以上的討論可能使不熟悉親屬理論的讀者如墜五里霧中，但其辯論本身卻展現了人類學知識光譜上的幾個定位性座標：主觀論／客觀論、普同論／相對論。基於這些概念，我們可以由兩個座標軸為基礎，建構出人類學理論的「宇宙」(universe)。縱軸是基於研究對象的性質而來，因而有承認研究對象客觀存在的「客觀論」，以及認為研究對象

存在於主觀觀念之「主觀論」的兩個極端。橫軸則是關於研究的方法論：「普同論」（客觀論）端點，假設了任何對象及任何研究者都可以採用的普遍性理論架構與方法，「相對論」觀點，認為研究架構、策略、方法會隨不同研究對象及研究者而異。

以下的座標圖是以親屬理論為示例。縱軸座標零點起於客觀論，認為「親屬」完全是一種自然或生物的兩性關係而來的現象。愈往主觀論端點移動，「親屬」的性質也隨之轉變：具有特定功能的社會制度、屬於獨特範疇的行為、有意義的象徵或符號。隨著縱軸的變化，「親屬」的性質由客觀漸趨於主觀。橫軸則由另一組對立觀點所組成：客觀論（普同論）與相對論。❼其方法論的操作，可以由像墨達克所使用的統計分析方法，到強調「親屬」在不同的社會如何「被理解」的相對方式。在以下的座標圖中，上述幾位人類學家的理論立場，可以被定位出來：

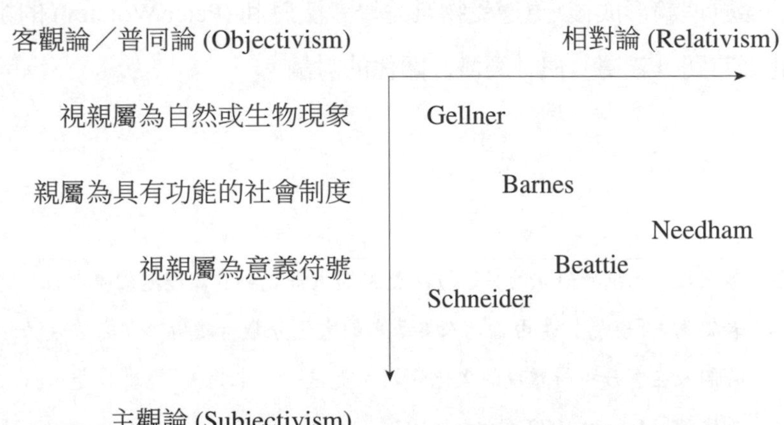

圖六：人類學親屬宇宙理論座標圖 (The Universe of Kinship Studies)

❼ 對主觀論、客觀論與相對論的界定，筆者採自 Bernstein 的用法 (Bernstein 1983: 8–15)。

以上建構的「親屬宇宙」(universe of kinship studies)，事實上足以容納所有學者的立場。❽正由於這個座標系統是如此廣大，而親屬理論又是如此分歧，不只人類學者本身容易感到迷惑，「親屬」作為一研究主題，更容易被解構，或者導致另一個極端反應的出現。李區在斯里蘭卡的研究便是最好的例子 (Leach 1961b)。

在該研究中，李區試圖透過土地所有權來證明「親屬」的存在。但是，這個研究有兩個相反的意義：一方面他似乎要告訴我們：親屬性質是由土地所有權所決定，反而導致了親屬的解構。但另一方面，這個研究也因為將「親屬」落實到土地所有權上，而開啟了物質論親屬研究的可能性。前述倪丹的懷疑論，甚至施耐德的宣稱，可作為第一個意義的註腳。❾同時，物質取向論的親屬研究，也開始興起。

事實上，在人類學的親屬研究發展的過程中，物質論取向一直時隱時現。不僅馬克思理論曾深受摩爾根的《古代社會》影響，弗提斯的繼嗣理論形成後，更遭受物質論學者沃思利 (Peter Worsley) 的挑戰，此即有關「親屬」與「經濟」關係的討論。

---

❽ 舉例來說，親屬研究的另一方向是強調宇宙觀與意識型態的重要性。這派學者認為，「親屬」是由當地人更基本的文化分類所建構，研究方法必須聚焦於個人在實踐中所體現的文化分類。更進一步來說，「親屬」是由「文化」所建構 (Meggitt 1972, Crocker 1979, Overing 1985a)。若要在座標圖上畫出這個取向，則是位於右下角。縱軸和施耐德相同，橫軸則由更往相對論的一端趨近。

❾ 採取主觀論、象徵論立場的施耐德，曾經表示：「親屬並不是一個主題，因它從來就不曾存在於我們已知的任何文化」(Schneider 1972: 59)。

第四節 親屬與經濟

一、沃思利對繼嗣理論的挑戰

當弗提斯所發展出來的繼嗣理論成為人類學親屬研究的主導性理論時，沃思利 (Worsley 1956) 卻將弗提斯的塔倫西民族誌資料重新分析，認為「親屬」是建立在「經濟」的基礎之上，因而對繼嗣理論認為親屬關係是奠定於血緣基礎的假定有所挑戰。但這個發展有其時代的背景。雖然繼嗣理論能有效呈現缺乏現代國家統治制度的非洲氏族社會的特色，但卻沒有辦法說明為何非洲的原始社會在親屬制度上，會存在著那麼多的變異性？即便是在繼嗣理論最發達的非洲，親屬因素也不是在每個民族中都具有普遍的支配性。[10]尤其在二次世界大戰之後，直到 1970 年代初期，許多社會科學家相信經濟因素比親屬因素更重要。比如，現代化理論的學者大多認為核心家庭是工業化的產物。換言之，經濟因素可決定親屬組織。在這種情境下，沃思利重新分析了弗提斯所研究的塔倫西民族誌，並提出與原作者相反的意見：親屬關係的特殊形式主要是由經濟與歷史力量所決定。這裡實際上已涉及雙方對於親屬與經濟關係的不同看法。

從弗提斯主要的民族誌及理論作品 (Fortes 1945, 1949, 1969, 1970a)，我們可以發現他對於親屬與經濟的關係有三個主要的論點：第一，正如同經濟與宗教，「親屬」本身是不可化約的。換言之，這三個制度都是獨立自主的。其次，親屬關係本質上是道德關係。因此，

[10] 著名的例子如 Hadza 社會 (Woodburn 1979, 1982)，Ik 社會 (Turnbull 1972)，Tonga 社會 (van Velsen 1964) 等。

上述三個制度雖是自主的，親屬卻因道德的性質而在家庭、經濟、教育等關係系統具有「統一性的控制力」(unifying control)，使親屬關係得以包含其他的關係。也正因為親屬的這種統一性的道德功能，使弗提斯有了第三個論點，親屬關係與親屬制度構成社會結構。對他而言，「親屬作為一價值體系，是獨一無二的，……無論就特殊活動上或社會結構整體而言，親屬是首要原則 (master principle)」(Fortes 1949: 340)。

對比之下，沃思利不僅反對上述弗提斯的觀點，更提出不同的看法。他說：「正如我們所看到的，親屬形式的關係本質上是來自農業、財產繼承等。當這些關係改變，親屬關係也改變。它遠不是基本的，而是次要的。」(Worsley 1956: 62) 對於他而言，經濟因素提供所有親屬關係與制度的基本機制 (underlying mechanism)，卻被弗提斯狹隘的形式主義之經濟觀點所忽略。此外，弗提斯的結構功能論取向，使他把社會變遷看成結構原則下的循環過程，特別是在繼嗣原則下的機械式分裂與整合之循環。這造成他忽略了外來力量經歷史過程所造成的累積性變遷，而把分支原則在氏族內部不同層次所造成對外團結、對內對抗競爭的現象當成結構性循環變動的動力。因此，毫不意外地，弗提斯忽略了現代經濟對於原始社會的衝擊。

然而，從弗提斯 (Fortes 1969: 220–1) 對於沃思利的回應來看，兩者幾乎沒有交集而各說各話，[11]使得這個爭論難以進一步發展，直到布洛克才賦予該爭論新的意義 (Bloch 1973)。布洛克檢驗梅里納人、

[11] 對於弗提斯與沃思利的爭辯，薩林斯儘管傾向同意物質論的立場，卻不認為沃思利本身是對的。他認為：是結構功能論本身的理論缺陷提供馬克思主義成功批評的機會。由於結構功能論分離了社會形式 (social form) 與結構原則 (structural principle) 而無法將這兩者緊密的連結，以至於留下可提出不同解釋的空間 (Sahlins 1976: 14–16)。

恩登登里 (Ndendenli) 人以及普伊里亞 (Pul Eliya) 人的民族誌資料，發現當地人在短期內，均趨向於以理性經濟關係來得到最大的經濟利益。但在親屬間的互動過程中，往往忽略上述的短期利益而代之以長期的延後回報利益。因此，他認為親屬關係「長期而言是可依賴而可用的，而其可依賴性來自道德」(Bloch 1973: 79)。正是這個可依賴性提供人們安全網，得以短期地追求最大利潤，也使他們得以同時處置個人利益及人為的親屬關係 (ibid.)。換言之，親屬關係的道德性，使人們得以適應長期的社會變遷。同時，人們又可以集中在操控短期的理性經濟聯繫，以追求最大利潤 (ibid.: 86)。如此一來，布洛克不僅整合了弗提斯及沃思利的不同立場而使其互補，更突顯出弗提斯所預設親屬所具有的道德「本質」。

二、馬克思主義下的親屬研究

嚴格定義下的物質論親屬研究，仍屬於馬克思主義人類學的一支。德黑在《馬克思主義與原始社會》(*Marxism and "Primitive" Societies*)(Terray 1972) 一書中，重新解釋曾經影響馬克思的《古代社會》而奠定這方面的研究：

> 這本書可分為兩個部分。第一個部分是想證明摩爾根不僅是結構論者，更是馬克思論的先驅者。因此，《古代社會》一書是一種結構馬克思的分析研究。甚至書中已有了「連結表現」(articulation) 的概念。亦即，一個社會往往不只有一個生產模式，而是幾個生產模式連結作用。也只有在這個基礎之上，結構馬克思理論才能解釋原始社會為什麼有那麼多不同的親屬制度。如此，他更突顯了經濟作為社會變遷的最後原因 (final cause)。其次，在第二部分

中，他重新討論梅拉索的象牙海岸古羅 (Guro) 族民族誌。雖然梅拉索早期並不是馬克思論者，也未用馬克思理論來討論，但是，他的民族誌非常符合結構馬克思論的論點。古羅人的社會雖然有著分支結構體系，卻有兩種不同的生產模式。依據當地勞力的合作關係，可分為世系群生產模式和以村落為整體單位的生產模式。親屬關係雖然真實化了生產關係，但生產關係也改變了親屬本身。特殊的親屬關係仍是由生產關係所創造。

在原始社會中，親屬就如同資本主義生產模式社會中的階級，具有「全面性決定」(superdetermination) 的功能而連結了生產模式的三個層次（經濟基礎、政治法律的上層結構，以及意識型態的上層結構）之結構性因果關係。下層結構與上層結構的關係因生產模式而異。在原始社會中，上層結構與下層結構的相對整合不同於資本主義社會中的相對獨立。不同生產模式之間如何連結？關鍵點往往是在物質條件與生產關係的再生產。

德黑的這本書不僅提出了「連結表現」的概念，更重要的是提出親屬制度具有「全面性決定」的重要性，而扮演了經濟角色的觀點。換言之，親屬可以具有現代政治經濟制度的經濟決定性。正如第二章提到結構馬克思理論的一個主要的貢獻一樣，德黑或結構馬克思理論的親屬研究主要成果之一，便是剔除了以現代西歐的經濟制度來界定經濟活動的文化偏見。不過，結構馬克思理論後續的親屬研究，主要的焦點都集中在「階級」的定義上——討論原始社會中的年齡、乃至性別是否是一種階級。[12]

[12] 以年齡是否是階級的討論為例，德黑 (Terray 1975)、古迪 (Goody 1976)、梅

然而，不論用生產模式或連結表現的概念，結構馬克思論者還是無法回答一個問題：為何原始社會在類似的生產力下，竟有如此多變異的親屬體系？是以，物質論的親屬研究，逐漸轉向關注於不同歷史條件下「親屬」與「經濟」的關係上。而麥克法蘭 (Alan Macfarlane) 及古迪 (Jack Goody) 的研究 (Macfarlane 1978; Goody 1983)，允為其中代表。

三、「親屬」與「經濟」的關係

麥克法蘭在《英國個人主義的起源：家庭、財產與社會轉變》(*The Origins of English Individualism: The Family, Property and Social Transition*) 一書中，重新檢討現代化理論認為核心家庭是工業化的結果 (Macfarlane 1978)。他檢驗教會的出生紀錄，證明英國在工業化之前，核心家庭已經是普遍的家庭形式，核心家庭甚至提供了英國現代化、工業化的基礎。但為什麼英國在中世紀結束之後，十五、十六世紀之前就出現以核心家庭為主的社會？這便是古迪在《歐洲家庭與婚姻的發展》(*The Development of the Family and Marriage in Europe*) 這

拉索 (Meillassoux 1978) 等人類學者，都探討了為何氏族組織的長老具有絕對的權力問題。而這往往涉及在原始社會生產力的條件限制下，勞力有其決定性與重要性。而婦女更提供了必要的勞力與潛在的勞力（指其繁衍的子嗣)。也因此，年輕人結婚時必須花費很高的聘金，但這通常超過個人所能提供，因而必須得到長老的支持，導致年輕人必須服從長老。最後，長老控制了聘金、婚姻、勞力。也因此，這類說明將原始社會裡的年齡視為一種階級。換言之，在原始社會中，生產力涉及了勞力，而子嗣是勞力的主要來源，但子嗣是婚姻的結果，故誰控制了婚姻，便控制了社會繁衍與勞力來源。因此，在原始社會中有關生產的討論，仍離不開社會繁衍的問題。

本書中 (Goody 1983) 想要進一步回答的問題：

中世紀的歐洲，是教會支配社會秩序的時代。教會規定信徒結婚之後，即使配偶死亡也不可再婚、不能娶妾、禁止離婚、不能收養、禁止表兄弟姊妹結婚等等，主張精神勝於物質而鼓勵將財產捐給教會。更因為禁止收養，所以無子嗣者的財產也只能捐給教會。因此，中世紀末，教會已成為最大的財主、地主，也發展成所有人結婚必須在教會裡舉行儀式的習慣。這些是教會改變與操弄的結果。本來，婚姻屬於氏族之事，但經過教會的中介，婚姻成為個人之事，只要當事人同意就可以結婚，這也提供了西歐核心家庭發展的基礎。因此，親屬不像在原始社會具有支配性與決定性而成為全面性決定的制度。尤其是教會建立的財產繼承制度與婚姻儀式等，使教會成為最大財產擁有者而形成資本的累積。等到現代國家興起之後，國家取代了教會以支持資本主義經濟，而核心家庭的發展使個人更容易流入市場成為勞工，提供工業資本主義經濟發展的必要條件。因此，正如中世紀的教會，國家及資本主義經濟體系控制及利用親屬關係，得到其在社會上的支配性。是以，在西歐，親屬雖然不如在原始社會一般具有全面的支配性，但是，親屬成為政治組織、宗教組織與經濟制度應用來建立其支配性的重要機制。

上述古迪的研究，雖能呈現不同歷史時代或社會脈絡中，親屬與其他社會制度間的關係，但往往無法進一步討論親屬本身，而是用其他因素證明親屬的存在。換言之，這是在討論社會脈絡中的親屬，而不是親屬本身。這就回到前述李區試圖用土地所有權來證明親屬存在的問題上，但也涉及人類學在成立之初就把自己設定為一種科學，因而一直想透過具體的現象（土地、財產繼承、系譜等）來討論。但是，正如李區的例子最後所隱含的，這樣的方式，反而證明親屬根本就沒有本質。因此，親屬研究愈來愈走向懷疑論、乃至解構論的道路上去。這在施耐德的研究上最為明顯。

第五節　親屬是文化的建構與實踐

一、施耐德的解構與清水昭俊的重構

前面已經提到過，施耐德曾藉由探討美國人的親屬觀念發展出他有名的文化理論，以回應帕森思的挑戰，建立了獨特的專業人類學知識，而使人類學在美國成為一門專業學科。但是，施耐德雖然在立場上屬於客觀的主觀論，但終究是以被研究者的觀點為其研究的出發點，仍有很強的文化相對論色彩。他在 1970 年代時，便已展現了他的懷疑論立場，而質疑親屬根本就不存在於任何已知的文化中。1980 年代以來，後現代或後結構論興起，開始質疑我們現在所熟悉的分類概念（特別是本章一開始便已提到所謂普遍存在的政治、經濟、宗教、親屬等四個正式制度或分類），根本就是西歐從十五、十六世紀以來，隨資本主義經濟興起而產生的文化分類概念，並不能用於其他時期或其他地區的文化之研究上。在這環境下，施耐德將其懷疑論發揮到極致，而出版了有名的《親屬研究的評論》(*A Critique of the Study of Kinship*) 一書 (Schneider 1984)：

雖然這本書的論證及民族誌材料很複雜，但觀點卻非常簡單清楚。

他先由他過去有關位於密克羅尼西亞西部的雅浦 (Yap) 之親屬研究，指出過去在繼嗣概念的影響下，將當地人的"*tabinau*"觀念解釋為父系世系群，而把"*citamangen-fak*"解釋為父子關係，並視"*genung*"為外婚而分散的母系氏族。但實際上，在當地人的觀念中，"*tabinau*"是指屬於同一土地的人，而且通常是女性在土地上工作，因而並非所謂的父系世系群。人的身分地位或社會關係，不是一出生就確定的，而是實踐（「做」，doing）出來的。也因此，當地人許多觀念都是多義的，必須由脈絡中來瞭解。施耐德進一步強調：過去的親屬理論都假定生物的生殖 (procreation) 是為親屬的基本性質，但這是西歐民俗模式對親屬的看法。在人類學已有的研究成果中，從來就沒有證明其他民族也有同樣的文化假定。大部分親屬理論所研究討論的，大都是社會或歷史脈絡中的親屬關係，而無法證明親屬的獨立自主性。所以，人類學的親屬概念是沒有意義的，尤其是用在泛文化的比較研究上。因這完全是用西歐的觀點來界定親屬，包括自然／文化等二元對立等。

施耐德的著作解構了親屬研究，對該研究領域造成非常大的衝擊。親屬研究正式從人類學的核心地位變為邊陲，一直到 1990 年代中期以後才有所改善。施耐德的立場，在 1991 年首先受到日本人類學家清水昭俊的挑戰 (Shimizu 1991)：

清水昭俊用日本及雅浦的例子，反駁西方人類學家對於以往親屬理論的批評。對他而言，施耐德的解構基本上是一種種族中心主義。因為，只根據西歐的親屬觀念不是普遍有效便宣稱親屬不存在，實來自西方的思考方式。⓭反之，在日本文化之中的「家」

可以讓完全沒有血緣或姻緣關係的人，經過象徵過程成為家的成員，並繼承財產。這樣的單位並非建立在西方的生殖概念之上。

在清水昭俊看來，每一個文化都有其獨特機制來轉換個人的認同或身分，以建立親屬關係。換言之，親屬的認定或建構是一長久的轉變 (becoming) 過程，包含因生殖而來的親屬、建構的親屬、以及意識型態的親屬等三個概念層次。親屬的不同民俗界定往往突顯不同層次的親屬概念，而且通常是被脈絡所限制。以日本的「家」為例，它有一套不同於血緣關係的親屬象徵系統，使一個人即便不具有血緣關係，也可以經由該象徵機制而轉變為這一家的成員。由此，清水建構了一個親屬模式，以供人類學家從事比較的民俗親屬觀念分析。

清水不僅挑戰了施耐德對於親屬研究的解構觀點，更認為不能因為「親屬」在西歐不重要，就宣稱「親屬」不存在。在很多非西方社會裡，親屬仍具有重要的功能、價值、甚至情感作用。清水的挑戰，更因李維史陀所提的「家社會」概念，被有效用於東南亞的研究而有了進一步的發展。

二、家社會 (house society) 的研究

當李維史陀提出「家社會」的概念時 (Lévi-Strauss 1983, 1984)，

⑬ 以筆者的立場而言，人類學理論既主要出自於西方社會，不可避免地蘊含著西方的思考方式。如結構主義所強調的二元對立思考原則，或理則學上最基本的假設：思考三律。人類學的研究對象則經常反身挑戰這些假設。參見第十二章第一節「主智論與思考方式」。

他的靈感來源是中世紀西歐貴族的「家」，那是擁有物質與非物質性財富的法人團體，由家名及其物品的傳承而持續，其名號由真實的或想像的世系傳遞下去。而且，其延續是以親屬或婚姻的語言表示。但它既不是繼嗣體系也不是聯姻體系可以說明，而是經由個人在家中實踐父系與母系的結果。在實踐中，共同居住與「親嗣關係」(filiation)⓮的辯證構成其共同的特徵。而「家」本身更具像地呈現其內在的二元性與外在的統一性。由此，我們可以發現姻親與親屬都不是社會的自然聯繫，而是文化產物的幻象。李維史陀更注意到北美夸求圖印地安人和日本社會中「家」的相關例子，因而發展出「家社會」概念，將之視為介於基本親屬結構與複雜親屬結構之間的特殊社會類型。而且，這樣的社會必須由其日常生活觀察親屬的運作與實踐。

和先前的親屬研究不同，以往是透過財產或名分的繼承來證明親屬的存在，而「家社會」理論的重要性便是注意到日常生活中親屬的實踐與運作。喀仕騰 (Janet Carsten) 在馬來西亞的研究 (Carsten 1995, 1997)，正好結合了清水視親屬為長久轉變的過程與李維史陀「家社會」的概念，為親屬研究帶來新的轉機：

在馬來西亞北部接近泰國邊界的蘭卡威 (Langkawi) 島嶼，當地人認為：受孕是由父親的種子跟母親的血混合而來。胚胎在母親的子宮裡，靠母親的血餵養而成長，一直到六個月之後，胎兒才開始有靈魂而成為人。出生之後，切斷臍帶，新生兒遂具有當地人稱為 *semangat* 的生命靈力或本質，有了獨立的身體和認同。但因為才剛出生，很容易受到外來精靈的攻擊而失去生命力。孩童在成長的過程中，由母乳哺育、食用家中灶上所煮的米飯而逐漸成

⓮ 親嗣關係是指因血緣而來的關係，特別是父母與子女的關係。

長。這些食物轉化成為人體的血，使得同一家內攝取同類食物的兄弟姊妹，體內均具有同樣的物質 (substance)，因此有共同性質與情緒的連繫。基於這樣的觀念，當地人極不認同「在別家吃飯」這種行為，這意味著原有的共享親密物質分散到他家。當地人若在家中過世，在觀念上，咸信死者的血與家中食物混合。因此，在下葬之前，家人不會煮食。直到葬禮結束後，重新洗刷家中地板，才可以回復正常生活。

蘭卡威人的親屬或個人認同是在過程中逐漸形成。兄弟姊妹因為出生於同胞，以及共居共食而共享相同物質，非常相似。下一代獨立成家之後，分食分居，人體組成也因此有所差別。雖然，這並不意味著同胞之間就沒有個體分別性，但因為同屬一家，共同的認同會在家內被強調出來。反之，若一個家內有了收養的成員，其成為家人的過程就如同組成新家的夫妻，經由共居共食成長的過程而成為家人或親人，甚至比同胞但被別家收養的手足更為親近。這些親屬觀念的界定，均涉及當地的人觀。

在當地人對「人」的觀念之中，人固然有其生命力，但家、米飯、床等物體也都有其生命力。家如同女性的身體，用以容納人，就如同嬰兒是被容納在母親的身體裡一樣。人與家的關係就如同胎兒與母親的關係。家的成員是由家內灶上烹煮的食物所餵養，就像胎兒在母親的子宮中是由母親的血所餵養一樣。因此，我們看到母奶、血、米飯之間的轉換關係，以及餵食、吃及共居界定當地人親屬觀念的重要性。事實上，這個例子是透過當地人的人觀、空間、物等文化分類概念與實踐，來界定親屬。而且，親屬的界定是經由長久的轉變過程而來 (process of becoming)。這個創新的研究，跳出過去傳統人類學親屬研究在西方民俗模式的宰制下，認為親屬是依生殖而來的普遍性假定之文化偏見，得以更具彈性的方式來探討親屬，有助於進一步理解大洋洲、東南亞、乃至其他文化區的親屬特性。

這個 1990 年代中葉企圖由更細緻的文化分類概念及實際運作過程來界定「親屬」的研究，正好與人類學在後現代解構衝擊之後，重新結合布爾迪厄的實踐論與牟斯有關文化分類的象徵研究之新發展，不謀而合，因而帶出親屬研究的再興現象。這可見於 1995 年以來的相關重要著作 (Carsten & Hugh-Jones 1995; Holy 1996; Carsten 2000; Joyce & Gillespie 2000; Schweitzer 2000; Faubion 2001; Franklin & McKinnon 2001; Stone 2001; Carsten 2004; Strathern 2005)。

三、重新理解西方親屬觀念

親屬研究的新發展，不只是幫助我們去理解非西方社會的親屬概念，也幫助我們重新理解西方親屬觀念本身。例如，葳士敦 (Kath Weston) 所研究的西雅圖同性戀家庭，無法自己生育小孩，但可以領養小孩建立家庭，而且在法律上也被承認。實際上，他們是透過餵養的過程來建立及維持親屬關係，以及持續的工作來維持家；親屬的建立更是一轉變 (becoming) 的過程，必須花更多的精力在日常生活裡去建立親屬關係 (Weston 1991)。另一個是喀仕騰在《親屬之後》(*After Kinship*) 一書中所舉的研究 (Carsten 2004)：從小被收養的蘇格蘭人，起初想要瞭解自己的生父母是誰，但最後都認為撫養他們成長的人才是真正的親人。因此，西方親屬是建立在生殖的預設也不完全正確。

這也幫助我們瞭解現代西方的親屬觀念，並進而理解當代西方社會。像當代的西歐，由於生產科技的發展，代理孕母或者借用精子已時有所聞 (Edwards et al. 1993)，嚴格定義上的生物性雙親開始模糊。在英國，便產生法律上的爭辯：由代理孕母生產的小孩是屬於誰的小孩？事實上，代理孕母往往不認為是她們的小孩，因為成長過程並不是她們撫養的。親屬研究的新發展，正是回應於西方科技發展所產生的新親屬形式。

四、親屬成為國家的隱喻

在二十世紀民族國家的建國運動與發展過程中，「親屬」反而被突顯出來，成為最重要的隱喻，而具有其政治經濟學的意義。以下分別以三個國家舉例說明。

在土耳其建國運動中，凱末爾 (Mustafa Kemal) 被塑造為土耳其人的父親，使他同時成為家、國家、宗教的領袖。但這個過程也同時突顯了兩性的不平等，破壞了原建立民族國家人人平等的民主企圖 (Delaney 1995)。對比之下，在巴勒斯坦建國的過程中，反而突顯出了共同的「英雄的母親」形象。巴勒斯坦原是父權社會，在其建國過程中，大部分壯年男性都遠赴國外工作，以軍占領區的年輕人成為叛亂建國活動的主力，母親、妻子、姊妹則承擔了掩護及安慰被捕者家屬的工作，使巴勒斯坦的建國活動建立在以女性為中心的家庭基礎上，也使原有的父權家庭被「英雄的母親」所取代 (Jean-Klein 2000)。另外，前南斯拉夫的波希尼亞或科索沃的種族衝突，更是透過親屬的隱喻產生實際的力量，使原本的鄰居轉瞬間成為陌生人，即可以被屠殺的對象，使隱喻成為真實 (Bringa 1995)。這已涉及了親屬在現代社會中的政治力量。因此，由「親屬」的角度，也許我們可以對安德生

(Benedict Anderson) 所提出的問題給予不一樣的回答：為何現代國家可以對其公民產生極端的情緒訴求？為什麼人們會為其國家效死 (Anderson 1991 [1983])？這裡已涉及「親屬」的獨特性及其轉化及創造的可能性等問題。

由前面的討論，我們可以發現：1990 年代以來親屬研究的新發展，趨向於視親屬為文化的建構與實踐。正如喀仕騰的研究，親屬必須建立在其人觀、空間、物等文化分類與實踐上 (Carsten 1995, 1997)。這便產生了一個基本問題，也是 1950 年代末以來親屬研究所爭辯的重要主題——親屬是否仍具有傳統親屬研究所預設的獨立自主性？若是沒有，親屬研究勢必被其他的研究取代。

五、透過物質與人觀 (personhood) 概念來理解親屬

在這個問題上，喀仕騰認為我們可以由構成親屬的要素——物質 (substance) 這個概念來瞭解及掌握親屬的獨特性 (Carsten 2004)。她認為這個最早由施耐德所提出瞭解親屬的關鍵性概念 (Schneider 1968)，若與史翠珊有關美拉尼西亞「可分割的人」(partible person)(Strathern 1988)、布思碧 (Cecilia Busby) 有關印度「可滲透的人」(permeable person)(Busby 1997) 及馬來西亞蘭卡威人的例子比較，我們會發現：美國人視物質就像人的身體一樣，有具體而持久的不變性質，但許多文化區的人觀所呈現的身體物質，呈現出幾種性質：流動性、滲透性、以及易變性 (mutability) 與轉換性 (transformability)。而且往往是透過人的實踐，如餵養、共居一屋、在土裡種植作物等行為過程產生轉換。由這裡，我們可以看到親屬因為「物質」本身意義的多層次 (如身體、本質、與形式相對的內容、流動性與易變性的差異程度)，而有其模糊、曖昧與隱藏差異等特性，而得以開展新的可能。是以，它可有效

呈現轉化 (conversion)、轉換 (transformation) 以及不同層面 (domains) 間的流動過程，使我們有一個分析概念可以表現易變性 (mutability) 及相關性 (relationality) 的特性，來結合各種要素而混和一起。這使得人觀與生殖、繁衍、以及親屬關係得以結合，而重新概念化親屬研究的假定。如此一來，親屬研究的領域仍可保留其獨特性，但又容易與其他領域結合，擴展親屬研究的範圍。這樣的研究方向，不僅可避免傳統親屬研究所隱含西方親屬的民俗模式所假定的生殖與血緣基礎之偏見，更可避免西方哲學觀念中視「物質」為具體而固定看法的限制。

第六節　結　語

這一章的討論相當複雜，牽涉了親屬研究的基本定位、理論轉變、與其他社會制度的關係以及當代的親屬議題。在前面的討論中，簡略地回顧了人類學的親屬研究進展：從傳統的繼嗣理論、聯姻理論、物質論及象徵論、乃至近來視親屬為文化的建構與實踐的發展；其主要的問題意識，由最早試圖回答「社會秩序如何可能」的問題，逐漸轉變為不同類型社會的構成原則與機制為何，到其親屬組織或體系的基礎為何，到親屬概念如何被其文化所建構與實踐。這樣的轉變，實涉及親屬與社會的關係，轉變為親屬與經濟的關係，乃至於探討親屬與文化的關係。

另一方面，親屬研究的理論發展，往往又與被研究社會的社會文化特性有關。如：非洲氏族社會固然是繼嗣理論的大本營，聯姻理論更與東南亞的婚姻交換不可分。物質論關注於非洲前資本主義社會的親屬組織如何控制生產要素，象徵論常見於親屬已經成為獨立類別的現代社會之中。而視親屬為文化建構與實踐，更常見於強調親屬認定是透過長久持續的建構過程而來的東南亞家社會、大洋洲與亞馬遜地區的「社會性」社會等。

隨著親屬研究與理論的發展過程，人類學也不斷試圖剔除原有理論知識中的西歐資本主義文化的限制與偏見。繼嗣理論挑戰西歐文化認為維持社會秩序的正式制度僅限於政治法律的偏見；聯姻理論試圖剔除西歐親屬的民俗理論中的血緣偏見。物質論（特別是結構馬克思論）剔除西歐資本主義文化將經濟活動界定在經濟制度上的偏見。晚近視親屬為文化建構與實踐的發展，更是試圖剔除西歐親屬的民俗模式中，有關生殖與血緣的假定所造成親屬的認定是天生命定而非過程的限制，以及物質為具體固定之偏見與限制。這些努力的結果，不僅使親屬概念具有更大的彈性來呈現不同社會文化的特色，更企圖保持親屬作為一個獨特的研究領域，有其獨特的性質。

下一章，將談到與親屬研究高度相關的一個次領域：性別。對比於「親屬」一向作為人類學的核心理論，「性別」此課題的發展相對較晚。但自 1980 年代以來，這個領域卻因為新議題的開展，呈現出蓬勃的生命力。這一章對於親屬理論的背景說明，當有助於瞭解人類學性別研究興起的背景，以及左右其理論進展的主要辯論。

第六章　性別人類學研究

在人類學知識的形成初期，性別研究只是學科的邊緣問題。一直到 1960 年代末期至 1970 年代初期，在西方世界學生運動及社會運動要求改革種族歧視、男女不平等與剝削等問題的推動下，加上馬克思理論的廣泛被接受，造成了女性研究及女性人類學 (anthropology of women) 的興起。1980 年代，女性人類學所假定的普遍性女性本質 (universal essence in womanness) 遭到挑戰，性別人類學取而代之。時至今日，性別議題結合了人觀、國族主義、展演理論、實踐理論，更結合地區文化特性，蔚然成為當代人類學最活潑，也最具開創性的新領域之一。

第一節　傳統人類學對於性別課題的探討

不同於親屬研究一開始就是人類學的基本素養，「性別」此課題在結構功能論主宰的傳統人類學時代，並不是人類學主要關懷的課題。不過，有一個例外，那就是米德的《三個原始部落的性別與氣質》(*Sex and Temperament in Three Primitive Societies*)(Mead 1935)：

米德寫作這本書之時，一般對於男／女氣質的看法，往往受西方民俗觀念影響，認為女性是溫柔的、男性是強壯的。但這並不是

普遍性的原則。因為，男女性別的氣質往往是由文化所塑造的。這本書便著墨於新幾內亞三個鄰近部落男／女氣質的討論。

阿拉佩什 (Arapesh) 人是住在山區，靠種植芋頭維生的和平民族。男女氣質都文靜、和平、感情豐富。即使是男人，也跟女人一樣從事家務與生產活動、照顧小孩，氣質很像西方社會的女性。第二個民族，則是新幾內亞河畔有名的獵頭和食人民族蒙杜古馬 (Mundugumor)，盛行多妻制，男人多半以姊妹交換婚甚至暴力搶婚方式獲得配偶。夫妻關係緊張尖銳，兒子經常目睹母親被父親虐待，而使得父親和兒子之間也感情不睦；甚至可能因為父親跟兒子競爭同樣一位女人，而產生很大的仇恨。在這個文化中成長的女性也具有男性氣質：粗魯、嫉妒、自私、侵略性高；夫妻關係緊張。以西方觀點來看，這個民族的氣質是非常男性化的。第三個民族，是靠湖邊的德昌布里 (Tchambuli)，他們的生活環境優美，風景如畫，魚產量豐富，不需要花費很多時間從事生產。因此，該社會投注大量時間在宗教儀式上。表面上，男人是一家之主，卻因為專注心力於宗教儀式，女人遂成為家的主要生產者，比男人還主動。因此，這個社會裡的男女氣質剛好跟西方社會相反：男性溫和退縮，女性則積極進取。

米德的研究，透過新幾內亞三個地理位置上非常接近的民族，呈現出男女氣質跟西方社會的差異。最後，她要證明的是：男女氣質並非自然的生理現象，乃是社會文化的產物、是由文化所塑造的。

米德的研究，在當時既新穎又具有挑戰性，但並沒有引發後續的

相關研究。因此，有關性別議題的探討未能進一步發展，直到 1960 年代末期，情勢才有所改變。在此之前，米德的《三個原始部落的性別與氣質》一直是這主題的經典。

第二節　女性研究與女性人類學的興起與發展

一、恩格斯理論影響下性別研究的關懷

1960 年代末期到 1970 年代初期，西方的社會改革聲浪風起雲湧。不只出於對越戰的抗議，也是對種族不平等及男女不平等問題的指責，特別是女性被剝削的問題正式浮上檯面。這樣的運動，剛好結合當時開始在西方學術界被接受的馬克思理論，尤其是恩格斯的古典著作《家庭、私有制與國家的起源》(*The Origin of the Family, Private Property, and the State*)(Engels 1972)，使與性別有關的女性研究得以快速發展。因此，在社會條件和學術發展的結合下，性別歧視和性別剝削便成為新的重要研究課題，進而發展為女性研究 (Women's Studies) 或女性人類學 (anthropology of women)。而薩克思 (Karen Sacks) 的研究便是當時的典型代表 (Sacks 1975)：

這篇文章討論恩格斯的《家庭、私有制與國家的起源》，認為他最大的貢獻是指出人類早期的原始社會，財產是屬於群體的（原始共產制），是為了使用而生產。而且，男女均能夠擁有生產資源與工具，因此，男女是平等的。可是，隨著生產工具的發達，生產有了剩餘，因此產生為了交換而生產的現象，也產生了新的社會

生活單位：「家」，以及私有財產制度。這使得女性的勞動領域開始限制於「家」的範圍之內，勞動目的也限縮為「家」的繁衍。男性掌控了財產所有權，更進一步使得女性成為男性宰制下的被剝削者，性別不平等關係便由此產生。為了繼續保障財產私有制，以及財產擁有者的權力宰制，「階級」逐漸在社會中形成，階級之間的利益衝突也由此產生。國家便是為了解決階級之間的衝突而產生。這是恩格斯這本書的主要論點。

薩克思使用四個非洲民族來證明恩格斯的推論：穆布提 (Mbuti) 是一個打獵採集社會，位於剛果，也就是現在非洲中西部的薩伊；拉畢度 (Lovedu) 是一個農耕社會，彭多 (Pondo) 是一個農業與游牧的社會，這兩個社會位於南非，接近莫三比克；干達 (Ganda) 是一個農業的階級社會，位於烏干達境內。透過這四個族群的比較研究，作者發現女性權力以及與男人的關係，從第一個民族到第四個民族，依序逐漸沒落。最主要的關鍵，在於女性勞動是否被視為社會性的勞動，還是只是家內的服務？在光譜上，性別權力最不平等的端點干達社會中，女性只從事家裡面的工作，公共活動完全由男人或其先生所壟斷。這種男人工作社會化 (socializing)、女人工作家內化 (domesticating) 的分工趨勢，在工業資本主義社會中造成了兩性同工不同酬的現象，更加深男女不平等的關係。由此，作者修正恩格斯的論點，強調「家」作為制度性的機制，分辨了公眾（社會）／家庭，使得男女工作有了分類上的差別，也使得男女不平等的關係得以一直延續下去。

這篇文章，代表了當時在馬克思理論影響下，對於性別關係不平等的關懷與研究。可是，這個研究也突顯當時人類學研究的缺陷。在結構功能論所主導的傳統民族誌裡，女性的活動很少被描述，遑論探討女性被剝削的現象。❶這種性別偏見，一方面是 1920 至 1950 年代的人類學理論架構本身就忽略了女性的活動，另一方面是當時占學院主導地位的男性人類學家，因其男性身分而無法參與或理解體會，以至於忽略性別方面的民族誌資料。因而，當時的民族誌作品，往往具有雙重的性別偏見 (Ardener 1972; Milton 1979)。1960 年代之後性別主題的發展，反而挑戰了民族誌中所蘊含的男性偏見。也因此，在 1960 年代末期與 1970 年代初期所謂的女性研究，乃吸引很多女性人類學家加入，逐漸發展出不同於上述薩克思的馬克思理論解釋。

二、歐特納 (Sherry B. Ortner) 及羅紗多 (Michelle Z. Rosaldo) 的普遍性象徵結構

當愈來愈多的女性加入人類學的研究後，有關女性活動的民族誌資料累積愈來愈多，她們發現女性不平等是文化上相當普遍的現象，並對薩克思等馬克思論者的解釋提出不同的看法。這可見於《女性、文化與社會》 (*Woman, Culture and Society*)(Rosaldo & Lamphere 1974) 一書中。其中，羅紗多 (Michelle Z. Rosaldo) 和歐特納的文章最具代表性 (Rosaldo 1974; Ortner 1984)。羅紗多在文章中提到：

她同意前述米德的看法，認為男性與女性的關係基本上是文化所建構的。但，她認為這種不平等的男女關係是普遍性的，就如同公眾／家庭的分辨也是普遍性的。為什麼女性只會從事家庭生活

❶ 即使當時女性人類學家所蒐集的資料，觀點上也往往與男性人類學家類似，缺少女性活動。

而居於弱勢的地位？她認為這是基於女性從事生殖與養育活動有關，因而不得不和家庭結合在一起。那麼要如何克服這種不平等的關係？最重要的是如何讓男性／女性的分辨和公眾／家庭的分辨鬆綁，才有可能避免男／女性別的分工，所導致與公眾／家庭對比的結合而產生男／女的不平等關係。

歐特納的文章，則將羅紗多的論點進一步發展。她認為前述的男／女對比，不只是等於公眾／家庭的對比，也等同於文化／自然的對比，因此也使得這本書無形中提出 「男性：女性：：公眾：家庭：：文化：自然」的象徵結構。而且，在這象徵結構中，男性、公眾、文化的象徵間，就如同女性、家庭、自然的象徵間，是可互換的。同時，前者是優於後者。正是這種文化象徵結構導致女性地位低於男性，而這樣的象徵結構卻又是所有文化都普遍存在的現象。這個建立在新的民族誌研究成果所發展出來的新解釋，一時成了女性人類學研究中的最主要的課題與假設， 也帶來後續的發展 (MacCormack & Strathern 1980; Ortner & Whitehead 1981)。

三、對於上述普遍性象徵結構之挑戰

然而，在累積了更多深入的民族誌研究之後，羅紗多及歐特納的論點開始被質疑。這可見於《自然、文化與兩性》(*Nature, Culture and Gender*) 一書 (MacCormack & Strathern 1980)。在書中，哈理絲 (Olivia Harris) 由南美玻利維亞萊彌士 (Laymis) 人的研究提出反駁 (Harris 1980)：

位於玻利維亞西南部安地斯山高地的萊彌士人，並不將男女視為

對立的。在象徵上，男女如何組成一個家，比男女對立更重要。其次，這個文化更強調男女創造與轉變自然為文化。亦即，自然與文化也不是對立的，關鍵反而是在人為的創造和改變。至於男女差異的形成，也是在當地人生命過程中逐漸發展出來，每個階段都不同。例如，新生兒在剛出生時，沒有明顯性別區辨，性別的區分是在成長過程中逐漸分明的。最後，該文化中的男女象徵觀念本身是多義的，因此，可以因為用於社會文化中的不同活動而有不同的關係；並不是同質的結構，而是因應活動、脈絡與行動者而有不同的意義。

事實上，這個問題更涉及了在個別的社會裡，男女對立的象徵是否重要？辜妲爾 (Jane C. Goodale) 所研究的新幾內亞高隆 (Kaulong) 人，便提供了另一個民族誌例子 (Goodale 1980)：

位於新幾內亞東邊新不列顛西南部的高隆人，在其人觀中，雖不能說沒有男女之別，但正如他們並不以性別來分工一樣，男女之別並不是他們的主要關懷。他們更關心如何由自我認同的繁衍達到不朽，以及由生產及貿易等社會活動達到自我發展。前者經由婚姻或性交而來；後者必須在空地生產或住地從事貿易、建立聯盟與擴張網絡。由於單身的貿易伴侶往往較少行為上的限制，因此，他們是透過個人在不同地域所從事的活動來塑造自我認同：未婚者在空地及居住空間所從事的生產工作、儀式和交換，均屬於文化的範疇；性行為及生殖必須在森林進行，和動物或精靈等非人一樣，是屬於自然的範疇。因此，當地人不僅是以單身／已婚來對應文化／自然，更將空間上的空地與森林視為重要的區辨。

由上面所舉的兩個例子，我們可以發現：相對於萊彌士人之男／女象徵隨其不同情境而有不同的連結與意義，高隆人的例子幾乎忽略男／女象徵本身。這兩個例子，實足以讓我們質疑歐特納及羅紗多所提出的性別象徵結構之普遍性。而史翠珊 (Marilyn Strathern) 在新幾內亞哈根 (Hagen) 的研究，更進一步挑戰了歐特納與羅紗多的論點 (Strathern 1980)：

哈根人位處於新幾內亞中部高地。在其文化中，男／女、文化／自然、公眾／家庭、栽培的／野生的等等二元對立概念，在實際生活中存在著很多的變異性。而且，這種二元對立概念並不是系統性地被組合，而是依不同的情境而重組。男／女有時候等同於文化／自然之辨，可是，在某些情境中卻是相反的。

歐特納以象徵論、結構論的方式來處理二元對立的象徵秩序時，隱含這些結構之間存在著「相應一致性」(homology)。但對於哈根人而言，這種象徵秩序並不是本質性的。家庭的象徵不一定要與公眾的對應成一對，而可能是與外來的或野生的對應成一對，而且並不等於文化與自然的二分。因此，史翠珊隱隱批評這種「相應一致性」的象徵秩序是西方的觀念。換言之，這類「男性：女性：：公眾：家庭：：文化：自然」的普遍性文化象徵結構是建立在西方文化的基礎之上。特別是「相應一致性」(homology) 的觀念，可能僅存在於西方的文化中。

史翠珊的批評，實源自對當地民族誌的深入理解，以及整體的象徵系統之探討，如此才能夠質疑歐特納和羅紗多提出的普遍性象徵結構其實並不存在。但這樣的取徑，無法解釋歐特納與羅紗多一開始想要解釋的：為什麼在很多社會裡，女性與男性是不平等的、是被剝削的關係？

四、馬克思主義女性人類學的挑戰

對於歐特納與羅紗多的普遍性男女對立之象徵結構最主要的挑戰，還是來自馬克思理論。李蔻科 (Eleanor Leacock) 奠基於恩格斯理論所做的反駁，便為其中代表 (Leacock 1978)。她認為：要反駁歐特納和羅紗多所提男女不平等是文化上的普遍現象，就是去證明人類社會一開始就是平等的：

李蔻科探討原始的平權社會。她發現：女人不僅是獨立的，也參與公眾群體活動，同時也是生產物的分配控制者。即使無法明確證明男女是平等的，至少可以證明男女是互補而不相屬。她更進一步討論：因為生產工具發達有了剩餘，乃產生為了交換而生產的情況，使得產品不再可為生產者所控制。又因為創造出新的經濟單位（家）與聯繫，使得男女分工專業化，也使得女人的工作成為家的附屬而不再是公眾的。男人屬於公眾活動，女人因工作而附屬於家，而有所謂公眾／家庭分辨的出現。這個過程並不是簡單、自動或快速的。事實上，許多平權社會的原始民族之轉變過程，更是直接受到資本主義經濟的貿易與殖民主義的影響。即使如此，我們還是可以看到在這影響過程裡，剛開始的時候，女性原有的優勢或權力，甚至有著形式（制度）化的過程加以保障。但是，這個形式化過程反而在受到資本主義經濟影響之後遭到破

> 壞，女性的獨立地位因而也被逐漸解消。更重要的是，人類學家之所以會認為女性處於被壓迫的弱勢地位是一種文化上的普遍現象，忽略原始社會男女平等的事實，往往是因為他們在從事民族誌分析時，忽略這些社會的不平等傳統其實是已受到資本主義與殖民主義影響的結果。

類似的批評，更具體表現在西爾伯布拉特 (Irene Silverblatt) 的研究上 (Silverblatt 1987)：

> 祕魯安地斯山區的印地安人，在還沒有被印加帝國統治之前，傳統的宇宙觀裡的兩性象徵是階序、互補性的隱喻，可以同時象徵不平等關係和互補性關係。等到印加帝國統治這個地區之後，統治者便操縱兩性意象本身的曖昧性，刻意突顯其階序性，以支持、合法化其對印地安人的統治，也合理化政權的支配性。換言之，兩性象徵成為統治階級合法化階級關係和不平等關係的實踐形式。西班牙統治的時代，一方面破壞了印地安女性取得社會物質資源的傳統生活，另一方面又侵蝕政治宗教制度中的性別地位。例如，透過富含階序意味的天主教傳入，使得殖民統治過程中的印地安女性遭受到比在印加帝國時期更深的階級性歧視。西班牙殖民統治比印加帝國更積極破壞女性原有的權力，而造成性別歧視與對女性的剝削；但這樣的剝削，也導致了印地安女性透過宗教實踐來對抗殖民統治——她們藉由實行巫術、崇拜天主教反對的偶像，與異端信仰，反叛殖民統治。

這個研究，不僅突顯了國家意識型態的建立，及統治者如何利用兩性

象徵來合法化其統治，更突顯了當地女性也利用類似的象徵來對抗統治者的剝削。從而具體呈現了過去女性人類學研究的盲點——忽略被研究對象早已經納入更大政治經濟體系裡的嚴重性。這個研究也突顯出過去女性人類學研究的侷限，使性別研究有了明顯的轉變：它不僅是由整個社會的象徵體系運作來瞭解，同時，必須與更大的政治經濟體系或條件相結合。但如此一來，讀者已逐漸不清楚女性研究或女性人類學的研究，與其他人類學研究有何不同？其研究上獨特的課題與焦點或問題意識為何？此時，史翠珊在馬凌諾斯基演講上的討論，將此研究領域推到了一個轉捩點 (Strathern 1981)。

第三節　性別人類學的代興

一、解構女性人類學

史翠珊在她的文章中提出一個問題：女性人類學到底是在研究什麼？是性別嗎？她試圖說明：在女性人類學、人類學的女性研究背後，有幾個習焉不察的稻草人假設：

女性人類學的幾個「稻草人假設」在於：第一，女人是適合研究的類別。第二，女性人類學家反而可以剔除男性的習慣性偏見。第三，女性人類學家對其他女性的狀況有其敏感性的洞識。因此，在這三個假定之上，女性人類學可以成為人類學的一個分支。但這三個假定都建立在一個共同的基礎上：存在著普遍性的女性本質 (universal essence in womanness)。可是，史翠珊認為：根本上沒有普遍性的女性本質可作為這個分支的研究對象之基礎，更違論清楚的研究對象。她用哈根 (Hagen) 和威魯 (Wiru) 兩個例子來說明，女性性質 (womanness) 是不同文化透過不同方式去建構的，所以根本沒有普遍性的女性本質。

以哈根為例，透過有名的儀式性交換 (*Moka*)，我們發現豬、貝殼、錢是主要的交換物，由女人所生產，而由男人控制其交換。交換的伙伴是經由締結婚姻而來的姻親或母方的親屬。因此，交換本身可以確定因婚姻而締結的氏族聯盟關係，從而具有政治上的意義。這種群體間的關係，固然突顯女人的中介角色及其女性的性質，但更重要的是，交換過程所建構的女性性質，是建立在女性與男性的對立與相對性，故性別是男女交叉互補而成的，兩者是不能替代的。在儀式的交換過程裡，可以看到男人回報給孩子母親的豬，本身代表著母親氏族傳遞給小孩的物質 (substance)。因此，其象徵機制是一種「換喻的」(metonymic)——被象徵體與象徵間，有部分的成分是相同的。

在威魯文化裡，交換並不透過儀式而進行。是男方送給女方稱為 skin-payment 的豬肉，以償付小孩身體物質的代價；其贈與對象是扮演母親角色的女人，因此，可能是小孩的生母或繼母。由此可以看到，在威魯文化中，母親的角色和女人的個體是分開的。更重要的是，女性性質本身是「自行賦以意義」(self-signifying)，其本身就可以單獨成為象徵，不像哈根社會是建立在男、女的不同及兩者的對立和互補關係上。在威魯社會，母親作為孩子的生產者，其價值表現在母親本身的生產活動上。因此，回報她的禮物是標記母親本身，以及母親角色的社會關係之轉變。所以，禮物本身所創造出來的是已經存在的關係，亦即，禮物交換本身，是承認及「標記」女人已經作的。故這個象徵化過程是「隱喻的」(metaphoric)。

由上，史翠珊要強調的是：所謂的性別或者女性性質，是由文化的邏輯來建構。哈根和威魯兩個社會所呈現的象徵機制是非常不同的，其象徵化過程的性質也是不同的。若要能夠瞭解這整個象徵化過程，還涉及人觀及個體性等知識的分析，也往往必須與當地人對於性別關係、生殖、撫養等觀念，以及這些觀念在整個社會的象徵系統裡的關係來瞭解。換言之，女性性質本身是文化建構的，並沒有普遍性的女性性質存在，因而不可能成為獨立研究課題，甚至被化約為其他的概念來瞭解。因此，她認為根本不存在著所謂的女性研究或女性人類學。

這篇在 1981 年發表的文章 ，解構了從 1960 年代末期到 1980 年代中期蓬勃發展的女性研究。此後，女性研究及女性人類學的名詞逐漸被性別研究 (gender study) 或性別人類學所取代 。新興的性別人類學，除了不再使用「女性人類學」這個詞彙之外，也反省了過去女性研究的偏見——過度偏重女性部分，而未能放在整體社會文化脈絡來瞭解性別建構，並將其重新安置於社會文化脈絡及整個象徵體系中。《性別與親屬 ： 趨於結合的分析論文》 (*Gender and Kinship: Essays Toward a Unified Analysis*) ， 便是這股趨勢下的代表作 (Collier & Yanagisako 1987)。其中，布洛克 (Bloch 1987a) 的研究便是一個典型的代表：

分佈於馬達加斯加島中部的梅里納人，其文化中至少存在著三種不同的性別意象。第一是每天互動中的兩性不平等關係；第二是有如超越個別生命而永恆存在的繼嗣象徵體，往往忽視或否定兩性的差別；第三是被視為非繼嗣性而屬於生物性親屬牽絡的女性象徵。它往往被認為是低下的、髒的、分裂的。這三個性別意象屬於不同的社會類別，彼此矛盾但又相互依賴。更重要的是，作為意識型態，這些意象都是社會過程中的一部分。因此，布洛克強調兩性建構的複雜性，及性別作為社會過程的組織原則。

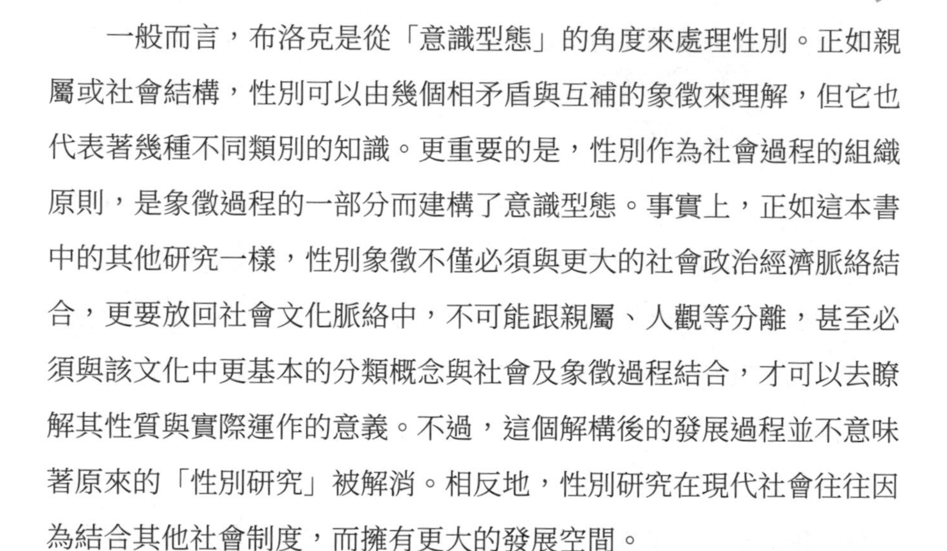

一般而言，布洛克是從「意識型態」的角度來處理性別。正如親屬或社會結構，性別可以由幾個相矛盾與互補的象徵來理解，但它也代表著幾種不同類別的知識。更重要的是，性別作為社會過程的組織原則，是象徵過程的一部分而建構了意識型態。事實上，正如這本書中的其他研究一樣，性別象徵不僅必須與更大的社會政治經濟脈絡結合，更要放回社會文化脈絡中，不可能跟親屬、人觀等分離，甚至必須與該文化中更基本的分類概念與社會及象徵過程結合，才可以去瞭解其性質與實際運作的意義。不過，這個解構後的發展過程並不意味著原來的「性別研究」被解消。相反地，性別研究在現代社會往往因為結合其他社會制度，而擁有更大的發展空間。

「性別」自然與親屬有關，但性別研究的新發展，更與國族主義及族群問題結合，以重新回答上一章提到過的安德生問題：為何現代國家可以使其公民產生極端強烈的情緒訴求？為什麼人們會為其國家而死？這可見於下述幾個例子。

二、性別與國族主義

第一個例子，是上一章已提過的有關土耳其現代國家建立過程的研究 (Delaney 1995)：

被尊為「國父」的凱末爾，在 1923 年建立土耳其共和國。但在其建立現代民族國家的過程中，最大的問題是如何避免泛伊斯蘭主義的阻礙。於是，他決定使用土耳其人「家」的意象來塑造他們的國家。凱末爾被稱為 *Atatürk*，即土耳其人的父親 (Father of the Turk)，或簡稱為 *Ata*，父親或祖先之意。這使他成為這個民族象徵上的親生父親，以及國家的父親。祖國 (motherland) 被稱為 *Anavatan*，而公民為 *Vatandas*，意即祖國的成員 (fellow of the motherland)。「家」成為溝通和建構國家認同的中心意象，也使一般人願意為了祖國而對抗鄂圖曼帝國的統治。凱末爾能成功地動員一般老百姓加入獨立建國運動，主要是他應用了原來文化中的親屬意象與觀念，「自然化」(naturalize) 所有成員為一個自然單位。亦即，他把「親屬」與「家」的概念擴展到整個國家。但也正是因為家或親屬的意象與觀念擴大到整個國家，兩性間的不平等階序關係也隨之自然化，使得原本家裡面的男性家長得以代女性發言，也使得女性因國家公民圖像反而突顯兩性的不平等。因此，土耳其在獨立之初，雖然採用瑞士法律，在 1920 年代便賦予女性公民權，但家內不平等關係的自然化，反而破壞了原建立民族國家的民主企圖。

Delaney 不僅證明第三章〈文化的概念與理論〉及第五章〈親屬、

社會與文化〉所提過：施耐德強調親屬、國籍、宗教背後有共同的象徵基礎；作者更進而指出：土耳其文化的生殖理論中對於「性別」的定義，提供了親屬、國家、宗教三者整合的不同方式。例如，土耳其人認為父親提供種子而產生下一代，這不同於美國親屬觀念中，小孩是由男女共同合作所創造。由於土耳其文化的生殖觀念強調父親是子嗣的製造者，因此，凱末爾得以在土耳其民族獨立建國的過程中，有效地扮演了父親的形象，一方面使得「親屬」與「家」的觀念與意象擴展到整個民族，又同時成為家、國家、宗教的領袖。

這個研究不僅涉及前一章所談的：親屬隱喻如何被擴大運用到現代國家的建立過程，更涉及親屬與性別的觀念如何自然化親屬象徵，使之得以擴大與涵蓋整個國家的成員。這不只是使用隱喻方式讓親屬觀念象徵整個國家，而是在實際上也產生作用。不過，親屬概念和意象如何可以產生自然化的力量，力量又來自何處？這可以以第二個例子來說明。

第二個例子，也是在上一章提過有關巴勒斯坦建國的例子(Jean-Klein 2000)：

從 1989 到 1990 年，作者在巴勒斯坦的以色列占領區進行巴勒斯坦建國運動的人類學研究。巴勒斯坦原本是父權社會，其認同是來自於父親，母親只是給小孩子身體。然而，自從以色列占領約旦河西岸之後，大部分家庭的父親都到其他地區或國家去賺錢，以維持家庭的生計。即使是留鄉的男人或家長，不是忙於農事，便是經營雜貨店或小生意。因此，占領區的家庭往往只剩下女人和小孩。在整個建國的過程中，年輕人從十幾歲開始便參與反對以色列軍事占領的反抗運動，年輕男人不斷地被捕入獄，而他們的母親、姊妹、妻子，則承當了掩護工作。甚至，在男人入獄之後，這些女性四處宣揚孩子、先生或兄弟的英勇行為，也安慰被捕者的女性家人。所以，在長久建國過程中，占領區的家逐漸轉變成以母親、姊妹為中心。巴勒斯坦的建國活動，便是建立在以女性為中心的家之基礎上。甚至，不少父親從外地回來，才發現原本的父權家庭結構已經轉變，英雄的母親成為家庭的重心。

原本，巴勒斯坦文化的自我認定是以個體為主，但是，在建國過程中，逐漸發展出集體性的認同。因為，年輕一代在成長過程中，甚至到參與反抗活動，都受到很多人的支持和掩護，他們自己也認同與其他人是不可分的，因而產生集體認同的現象。

作者在這個研究中要說明的是：親屬與性別在現代國家建立的過程中之所以可以產生力量，是在實際日常生活中呈現，並不只是純粹象徵性的。但是，這並未真正回答傳統的親屬與性別意象與觀念被擴大運用到國家時，其「自然化」的力量從何產生。這不只是運作於日常生活中，而是個人的親屬變成為「國家層級親屬」(national kinship) 的集體認同產生作用的結果。這可見於第三個研究案例。

第三個例子是有關塞普魯斯的研究，針對前面的親屬、性別和國族主義的關係，有進一步的討論 (Bryant 2002)：

「親屬」不只是象徵，而是具有自然化國家成為如同親屬單位的力量。但是，作者強調：這樣的力量，其性質已經不同於原本的

親屬，而是經過轉換而來。如何轉換？作者試圖以塞普魯斯的研究個案來回答。

塞普魯斯位於地中海靠近土耳其一帶，由希臘後裔和土耳其後裔所組成。該研究的重點，便是兩者後裔如何建立其不同的國族主義。他指出，希臘裔和土耳其裔的「國家層級親屬」(national kinship) 之想像是建立在對土地、人的共同物質 (substance) 上。一方面，希臘裔是以精靈或靈魂的觀念，來理解塞普魯斯如何成為一個國家。在該族裔的觀念中，「國」的建立正如「家」一樣，是建立在人和土地的精靈之純潔上。他們也竭力證明自己是希臘祖先精靈在這片土地上的真正後代。與之相對地，土耳其裔是用「血」的觀念，認為塞普魯斯是用血征服土地而來。這兩者的差別雖是源自各自的親屬觀念，但他們用在建立國家層級親屬時，是透過歷史論述 (historical discourse) 的重要轉換過程來論證。希臘裔人民討論歷史時，往往是追溯其系譜上的來源，以發現並證明其歷史的延續性。反之，土耳其裔人民的歷史論述，則著重於證明歷史的偶然性，以及強調征服的過程。因此，兩種不同性質的歷史論述，反而突顯兩種不同性質的國族主義。

可馬洛夫 (John Comaroff) 曾提出兩種國族主義：ethno-nationalism 與 Euro-nationalism。前者承認國族有其本質性的存在，後者則認為國族乃是建構出來的類型。本質性的論點，往往會將過去的歷史視為可繼承的物質。強調國族主義是一建構過程的，會特別關注歷史過程或同質化過程的年代學。因此，歷史論述使得原親屬概念被轉化為國家層級親屬，而產生國族主義的力量。但歷史論述之所以具有這樣的力量，仍是源自他們對「可繼承性物質」的思考方式而來。換言之，在國族主義的建構過程中，每個民族都可以使用具有自然化力量的特殊文化方式來轉換原有的親屬關係，也使其歷史論述成為一種具有文化理由 (cultural reason) 的形式。

上述這幾個例子可以讓我們清楚看到，「性別」正如上一章所討論的「親屬」一樣，在現代社會中，無法維持如早期為一獨立分支的獨立自主之性質與範圍，而必須跟更多其他現象結合在一起，甚至必須深入文化的深層，以及更廣泛地結合政治經濟結構，才能看出其角色與意義。這也正如第三章有關人類學文化理論發展中談到的，分析得愈深入、更多因素加入，使得分析的現象愈來愈複雜。因此，如何找到新的綜合性研究切入點，勢必是未來的發展所必須面對的。性別研究即具有作為新綜合性切入點的潛力。晚近性別研究的新發展——從展演 (performance) 的理論角度切入——更具體說明了研究上的突破與新方向。

第四節　展演理論下的性別研究

雖然，在 1980 年代以來，性別早已成為學術界的顯學而超越學科的界線，各家理論學派不斷推陳出新。這其中，對人類學最有影響力的則是從展演角度切入所開展的研究，因其往往挑戰了過去對於被研究對象社會文化特性的瞭解而有所突破，以至備受注意。如摩爾 (Henrietta L. Moore) 所帶領的研究，最具有代表性 (Moore, Sanders & Kaarre 1999)。

一、展演理論的挑戰

摩爾所帶領的性別研究，最主要的成果可見於她與她的學生合編的《玩火的人：東非與南非的性別、生殖力與轉換》(*Those Who Play with Fire: Gender, Fertility & Transformation in East & Southern Africa*)一書 (Moore, Sanders & Kaare 1999)。這本書主要的成就與貢獻，正如她在導論中所說 (Moore 1999)：突顯出性別是關鍵性的結構性原則，更是象徵體系與宇宙觀的基本隱喻。這就如同在東非及南非，性與進食是廣泛性的聯想，而生殖及母體的象徵概念與日常生活行為及安排家內工作、維生、維持社會關係等交織在一起；或者如同火的象徵一樣，是人成長過程不同階段之轉換的宰制性基本隱喻。這些重要的隱喻均意涵著生命。如：小孩是混合男女之流體或物質而來；母體及煮食意象本身就象徵著生命；打獵更標記著男人對於生命的賦予。然而，過去的人類學非洲研究，往往過於突顯父系繼嗣或父權意識型態的重要性。這是因為過去的研究是以西方二元對立的性別分類來瞭解非洲，使得西方性別分類強調兩性的界線、截然不同性，及其間的階序性關係，或各自類別的獨立自主性，而阻礙了我們瞭解非洲的性別建構本身其實是一種己身有如同一單位內的細分（即雌雄同體），母體就包含了兩性及兩種生產，因此，兩性必須關連地被瞭解 (relationally understood)。換言之，過去將非洲文化的性別建構視為個別而有界線的分類，其實是錯誤的。實際上，非洲文化的性別分類不僅不是固定或封閉的，而是隨其生命成長過程的日常生活與儀式之實踐來建構。在這包含想像與實際的過程之中，隱喻的聯想從來不曾固定下來，更不可能終止。因此，摩爾強調：性別除了被文化所建構之外，更必須被展演，以向文化成員傳達自身。她更進一步強調：「展演」的觀念開展了性別，使它依歷史變遷與跨文化的變異而有其建構與實存的關係。簡言之，透過「展演」，我們不僅可以知道「性別」在非洲社會歷史過程中，實扮演著過去不曾瞭解到的關鍵性結構原則的地位，甚至可以剔除西方文化假定「性／別」必定是相互排除而獨立的個別分類之偏見。

這個突破性的研究成果，不僅讓我們深化了對於非洲民族誌的理解，能注意到「展演」的重要而開展與過去不同的視野 (Moore 1994; Ebron 2002)，也使「性別」有了類似「親屬」作為社會之結構原則的重要性。這個新發展，也逐漸影響到其他文化區的性別研究上，如亞馬遜地區 (Rival 1998a; McCallum 2001) 或南亞的研究 (Busby 2000) 等。

二、早期的展演理論

展演理論下的性別研究，其實有個很長的發展與改變過程，才產生今天的成就。1980 年代的早期展演理論，往往只從儀式的展演著手，來為女性發聲，含有較強的反宰制 (anti-hegemonic) 意識型態的抵抗 (resistance) 意義在內，往往較忽略其日常生活，而難對其社會文化特性的瞭解有所突破。這段時期的經典之作，當屬玻蒂 (Janice Boddy) 的《子宮與外來精靈：北蘇丹的女人、男人、以及 *Zar* 治病儀式》(*Wombs and Alien Spirits: Women, Men, and the Zar Cult in Northern Sudan*)(Boddy 1989)：

侯福利雅梯 (Hofriyati) 人生活在蘇丹北部，屬於阿拉伯語系，宗教信仰上多為伊斯蘭教徒。四千年來，一直受到城市、商業、伊斯蘭、乃至西方殖民與資本主義文化的影響，成為一異質性很強的民族與文化。當地人不僅很早就意識到外來強而有力者的干預，社會內部的男女不平等關係，更是其明顯的特色。

在十九世紀初期，當地女性常因生產上的困難而解釋為被精靈附身，必須參與稱為 *Zar* 的治病儀式。然而，作者透過深入而廣泛的儀式分析，揭露出日常生活中男女的互補與不平等關係，實隱含外來者與當地人間的關係。更重要的是，藉由 *Zar* 儀式裡的附身與展演，一種社會論述的形式 (form of social discourse) 或文本被製造出來。特別是附身時的精神恍惚 (trance) 及治療過程，建立了女人的自我。這個「自我」與日常生活中的自我不同，包含了非人的各種精靈成分，可以說是「非自我」(nonself)，並且是複數的「我們」(we)：一個人可以同時擁有多個附身的精靈，包括衣索比亞人、歐洲人、阿拉伯人、鄂圖曼帝國的行政官僚、軍官、醫師、流動小販、商人、奴隸、傭人、妓女，乃至於北蘇丹的巫師等等外來者。同時，這展演所產生的社會論述，基本上是「形而上的文化」(metacultural) 或反語言的 (anti-language)。它並不在於明顯表達階級意識，既非革命性的，也不是另類的宰制性意識型態。它只是一種「反宰制性意識型態」，從被壓迫者的觀點來預演被宰制的現實。不過，更重要的是 *Zar* 儀式展演所產生社會論述或文本，其實是一種美學的文類 (aesthetic genre)，一種諷刺的諷諭 (satirical allegory)。因為它常常由外來者的精靈呈現其他可能的不同自我 (other selves)，病人得以拉開與自己的距離來客體化 (objectivate) 自我，因而達到脫離己身文化脈絡的目的。尤其當地人一再參與 *Zar* 儀式的結果，可以累積自我的各種面向，使她們可以從單一的 (monological) 世界移到多元 (polyphonous) 世界。因而，該儀式提供一個途徑去打開自己的主體性，以產生反省的、批判的意識。是以，*Zar* 儀式的展演，不僅是打開個人的思考或打開人類的心靈來對抗文化建構的束縛，進而可能得到新的洞見、或更精巧的瞭解、或持續的成長，來深思如何越過障礙、乃至於適當的再生。經由這個儀式，不少人得以改變其視野、改變其身體的傾向、甚至獲得情緒的平衡等。

玻蒂的經典研究，呈現了「論述」(discourse) 或文本分析研究的優點，特別是附身精靈帶來外來知識的分析，提供了當事人反身自省、乃至於文化創新的可能性。但也因為作者沒有意識到展演無法與實踐理論分離 (Morris 1995: 571; Busby 2000: 12–13; McCallum 2001: 171)，過於重視儀式的論述文本，並忽略日常生活的實踐，使她無法對被研究文化的特性提出更具有挑戰性的理解與解釋，造成這類研究只停留在為被壓迫者發聲的貢獻上。

三、展演理論與實踐論的結合

上述展演理論的限制，因帶入日常生活實踐的探討而改觀。岑格 (Anna L. Tsing) 的《鑽石女王的領域：一個不在正路上之地方的邊陲性》 (*In the Realm of the Diamond Queen: Marginality in an Out-of-the-Way Place*) 便是一個典型的例子 (Tsing 1993)：

這個有關婆羅洲南部原住民梅拉塔斯 (Meratus) 人的研究，主要是從當地人的各種口傳故事、儀式中所唱的歌謠，以及日常生活中有關國家統治、區域族群性的形成、以及性別分化角度等切入，探討當地人在邊陲化過程中，如何建構他們的政治與文化邊陲性。這個研究涉及當地文化的兩個特性：邊陲性 (marginality) 及流動性 (mobility)。當地人一方面認識到他們與全國宰制性文化間的不協調關係，另一方面，他們卻培養出「離散」(dispersal) 有如一種獨立自主的形式，以及透過與邊陲性的協調而形成多線或替換性聯盟，來發展出文化認同的多樣及彈性。不過，流動或旅行不只是這個流動性社會 (fluid sociality) 的特色，更是有野心者得到知識、並與外力結合來建立其領導地位的方式。除此之外，在這個社會中，男人要建立其領導地位，還必須具備說故事的能力。因為，「論述」是重建政治隸屬及主體性的關鍵性技巧。事實上，在這個社會中，故事可以形塑政治、政治社群、以及政治表演者。這是因為故事涉及他們對於國家力量的想像。

其實，在這個地區的邊陲化過程中，不僅國家與當地人對於對方的想像不同，國家對於當地人的生活條件之理解也不同。對國家政府而言，這地區的森林價值不高，因是混合林而不是全具有商業價值的林木，而梅拉塔斯人更被國家視為邊陲化的「野人」。但對梅拉塔斯人而言，他們有意維持林木品種的多樣性及變異。這種對比，就如當地男女的不平等關係一樣，正呈現國家與地方文化間的不協調關係。我們也可以由書中許多女性個案研究（包括女巫），發現她們也都個別發展出不同對應方式來解決男女間的不平等關係，就如同解決外來宰制性國家文化與地方文化間的對立一樣。

岑格的研究，除了在展演及論述的主要分析外，還帶入了實踐理論的觀點，使得這原充滿後現代理論色彩，強調文化上流動與混和的性別研究，有了堅實的民族誌基礎，也突顯出梅拉塔斯人以移動或旅行為其關鍵象徵的文化特色、以及語言或說故事的重要性，更提供我們進一步瞭解東南亞民族在象徵上的語言交換之特性。❷此外，對於邊陲社會如何超越中心／邊陲對立的結構之研究，提供了一個重要的民族誌基礎。雖然，在有關邊陲性研究的理論貢獻上，它可能比不上後來有關匈牙利吉普賽人 (Stewart 1997)、採集及狩獵的民族 (Schweitzer et al. 2000)、乃至於許多被認為是邊緣人的民族 (Day et al. 1999) 等的研究，但對於東南亞這些原以刀耕火耨為主要生產方式而以女人為家之中心的民族之文化特性的瞭解上，❸卻有其一定而重要的貢獻。

岑格的研究雖因開始帶入實踐論而得以突顯被研究文化的特色，但還未能挑戰既有理論的資本主義文化偏見。這點，還必須等到本節一開始所提到摩爾所領導的研究，才有所突破。這種將展演與實踐理論結合來探討性別的問題，更清楚表現在布思碧的研究上 (Busby 2000)：

藉由在南印度 Kerela 地區所進行的村落田野調查，作者發現當地男人與女人的分辨，主要是從他們所做的，特別是工作，以及工作相關的其他生活活動，來突顯並加強性別的差別與認同。如男人捕魚、女人賣魚；男人主要活動在海上、女人在土地上；男人睡在海灘、女人睡在家裡等等。男人的特性是勇敢、魯莽，而女人則是聰明而善於以言詞說服人。是以，男女雙方的交換便變得很重要；他們強調男女是互補而平等的，男女也必須結合才能生產財富及生殖下一代並創造權力。這與過去南亞研究以卡斯特階序為其特色，並強調男包含 (encompass) 女的預設不同。實際上，這涉及卡斯特階序與性別的平行特性：在階序體系中，愈高階者，愈包含低階，男性也愈包含女性。但在愈低的階序地位中，男女

❷ 有關東南亞民族的象徵性語言交換，可參閱 Rosaldo (1980) 以來的討論。

❸ 有關東南亞民族的家以女人為不動中心的論點，請參考 Waterson (1990: 191, 197)。

則愈互補而平等。這必須由當地文化中性別及身體的關係來瞭解，而自然涉及當地的人觀：一方面，他們強調男女生理上有基本的不同。但另一方面，這生理上的成分，並不是固定不變的，而是流動性的。因而可相互影響、相互關連，乃至於附著其上而影響其性質。胎兒在子宮之中，即因父母物質的比重不同而成為不同的性別。父之物質（指精子或男人的血）多時，小孩便成為男性。母之物質（特別指母奶）多時，小孩即成為女性。由此，作者進一步認為：過去有關性別的研究，不是過分強調展演或文化建構，便是建立在身體構成的生物性上，而這兩者都不是不證自明的。

這個研究，實調節了「展演」及「身體構成」兩類研究取向。即使作者受到展演理論的影響，但和先前的展演研究有所不同，她突顯出日常生活中實際的展演，以彌補過去的展演研究過分侷限於論述 (discourse) 而導致性別反而是曖昧與「不確定性」(indeterminancy)。其次，藉由當地的人觀對於卡斯特階序與性別平行的解釋，作者正可在民族誌上說明印度或南亞社會文化的變異性。對她而言，只有結合卡斯特階序及人觀研究，才可能進一步理解印度的性別分辨與權力關係，進而全面地瞭解印度文化。

由布思碧的研究成果，我們可以知道：結合展演與實踐理論，可以對被研究文化有更深而不同的瞭解。事實上，這個研究的成就，還涉及了南亞人類學曾存在過的兩個相互競爭的模式：杜蒙 (Louis Dumont) 的純淨及非純淨之二元對立宇宙觀，及馬里歐特 (McKim Marriott) 透過當地人的人觀來瞭解的不同方式。最後，杜蒙的觀點主導了後來的印度研究。但布思碧不僅證明：馬里歐特的理論對於印度各地乃至南亞的地區差異性，有更大的解釋力，她更透過美拉尼西亞「可分割的人」(partible person) 的比較，以「可滲透的人」(permeable person) 突顯了印度或南亞文化相對於大洋洲南島文化的相似性及特殊性 (Busby 1997)。這種探討方式，與杜蒙最大的差異之一，在於布思碧是與美拉尼西亞人比較，但杜蒙是與西方比較的結果。這使杜蒙的學說很快就被當時的主流國際人類學界所接受。這背後是否涉及了西方文化中的東方論，實值得進一步思考。

第五節　結　語

由本章的討論，我們可以發現性別研究在人類學知識的形成初期，除了米德的《三個原始部落的性別與氣質》(Mead 1935) 特別突出之外，一直是人類學研究的邊緣問題。但從 1960 年代末期到 1970 年代初期，在學生運動及社會運動風起雲湧的背景下，配合馬克思理論的被接受，醞釀了女性研究及女性人類學的勃興。這個發展雖剔除了傳統人類學知識中的男性偏見，卻導向視女性的弱勢地位為普遍的現象，而且是由普同性的「男性：女性：：公眾：家庭：：文化：自然」象徵結構所造成。這樣的課題與假設，後來雖然遭遇更深入的民族誌研究駁斥，又受到馬克思理論的批判，但也使性別研究被置入更大的政治經濟體系、社會文化脈絡、整體象徵體系之中來瞭解。唯如此一來，也導致女性研究或女性人類學獨特的研究課題、焦點或問題意識反而日漸模糊。1980 年代初期，性別人類學代興，「性別研究」進入另一個重要的發展階段。

另一方面，在性別研究的發展過程中，也陸續剔除數項西方文化固有之偏見。米德的薩摩亞研究讓我們剔除西方文化視男女氣質為生理的自然現象之偏見。哈理絲、韋妲爾、史翠珊、以及馬克思主義女性人類學者挑戰普遍性象徵結構的假設，實剔除了西方自資本主義興起以來所發展出的男／女象徵對照於公眾／家庭象徵的文化偏見。史翠珊的新幾內亞哈根研究更剔除西方文化強調象徵結構的「相應一致性」觀念的偏見。非洲乃至南亞及亞馬遜地區，由展演切入的性別研究，更剔除了西方文化視兩性分類為相互排斥而個別獨立、甚至固定的偏見。

再興的性別人類學，否定了普遍性女性性質 (universal womanness) 的存在，及「女性人類學」作為獨立研究課題與領域的可能性，代之以「性別」主題。該主題又與文化中更基本的分類概念與社會及象徵過程結合，使其愈來愈與其他許多因素結合而愈顯複雜。在此同時，由展演角度切入研究性別，使得性別領域有了突破性的發展，特別是結合了展演與實踐理論的探討。這不僅讓我們注意到「展演」的重要性，而使性別研究具有類似親屬一樣重要地位之可能，也開始與文化區的特性結合，更透露出人類學知識一直在尋求新綜合性切入點的企圖。

第七章　政治與權力

這一章，討論人類學的另一個主要分支：政治人類學。儘管它不若親屬研究一般占據人類學理論發展的核心地位，卻最能夠直接回答學科的古典命題：「社會秩序如何可能？」探討這個分支在二十世紀的發展史，可以部分窺知人類學理論的演變，更可以反省對人性、權力、社會秩序的假定。本章將以「權力」的概念作為核心，略論政治人類學的發展。

本章將由「權力」的性質切入，呈現政治人類學的發展。這樣的切入角度，有別於過去一般政治人類學的討論主要以政體為軸心 (Fried 1967)，或討論「政治」與其他制度之間的關係 (Balandier 1970) 的作法，而比較接近葛雷德希爾 (John Gledhill) 的處理方式 (Gledhill 2000)。不過，葛雷德希爾的理論立場明顯受傅柯的影響，而筆者的選擇卻與傅柯無關。筆者以「權力」作為政治人類學核心議題的主要理由是：傳統政治人類學的作法，受限於西歐資本主義文化著重於制度層面，往往限制了對於前資本主義社會的理解。另一方面，透過對「權力」之不同性質的探討，可突顯出被研究文化的特色。因此，筆者選擇以「權力」作為切入角度。

雖然如此，人類學的政治研究，一開始還是探討「制度」層面。這就必須由結構功能論討論起。

第一節　結構功能論：組織性的功利主義式權力

相對於親屬研究，直接面對「社會秩序如何可能？」問題的政治人類學，其發展要晚得多，但仍比性別研究要早而成熟，因此，在英國被認為是人類學的四大分支之一。弗提斯和伊凡普理查合編的《非洲政治體系》(*African Political Systems*) 一書 (Fortes & Evans-Pritchard 1940)，更是被認為是政治人類學的開山之作。

這本書，一開始就清楚闡明他們所要討論的問題：缺乏現代國家政治制度的社會，如何維持社會秩序？由於他們所研究的非洲，主要是以氏族、世系群為支配性制度的社會。因此，這本書所要探討的是，具有政治功能的氏族或世系群，如何建立、維持社會秩序。也因此，芮克里夫布朗在為該書所寫的序中，重新界定「政治制度」，以便適用於非洲的氏族社會。他認為的政治制度主要是指在特定的土地所有權架構下，能夠使用武力 (physical force) 並有組織地實踐強制性權威的過程。這樣的定義，不僅可以用來討論制度化的現代政治組織，也可以用來討論氏族組織。

上述立場，更具體地表現在伊凡普理查的名著《努爾人：對尼羅河畔一個人群的生活方式和政治制度的描述》(*The Nuer: A Description of the Modes of Livelihood and Political Institutions of a Nilotic People*) 一書中 (Evans-Pritchard 1940)：

努爾人居住於蘇丹中南部的沼澤地區。每年的四月到十月是雨季，幾乎所有的田地都被淹沒。此時，他們就會集中居住在較為乾燥

的高地。每年十月到四月是乾季，他們到處游牧，也生產小米和玉米。這樣的生態體系，影響到整個社會的生活節奏。

在該社會中，有三種主要制度在建立與維持社會的秩序：政治制度（依土地而來的地緣組織）、世系群（依血緣而來的親屬組織）、年齡組織（依年齡而來的社會組織）。不過，這三種組織都受到世系群體系之構成的結構原則——分支 (segmentation) 原則的影響。這個原則使得親屬團體往往分成兩個對抗的部分，但他們又可以整合起來對抗另一個相對大小的部分，使得同一層次的世系群組織單位間，既是對立又是互補。而這個結構原則又影響其政治組織與年齡組織。因土地往往屬於世系群，使得世系群地方化而與政治組織重疊。同樣，年齡組織基本上是在對抗外力時結合起來，內鬥時又分開。所以，在世系群與氏族具支配性的非洲社會裡，該世系群結構原則影響了社會秩序維持的方式。這樣的社會，雖然沒有現代國家或西方觀念裡的正式政治組織，仍然可以透過世系群或氏族組織來建立及維持社會秩序。

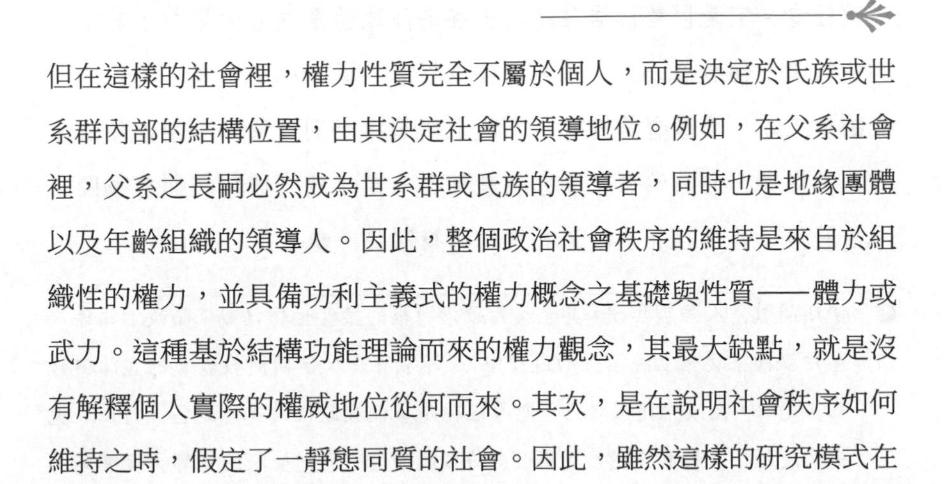

但在這樣的社會裡，權力性質完全不屬於個人，而是決定於氏族或世系群內部的結構位置，由其決定社會的領導地位。例如，在父系社會裡，父系之長嗣必然成為世系群或氏族的領導者，同時也是地緣團體以及年齡組織的領導人。因此，整個政治社會秩序的維持是來自於組織性的權力，並具備功利主義式的權力概念之基礎與性質——體力或武力。這種基於結構功能理論而來的權力觀念，其最大缺點，就是沒有解釋個人實際的權威地位從何而來。其次，是在說明社會秩序如何維持之時，假定了一靜態同質的社會。因此，雖然這樣的研究模式在

1930至1960年代的人類學理論中具有主導性，也剔除了西方現代觀念中的正式政治制度之偏見，但仍因上述限制而遭到批判。巴特 (Fredrik Barth) 的交易學派 (transaction school)，便針對其缺乏個人地位的侷限而提出批評。

第二節　交易學派：個人理性選擇的功利主義式權力

在人類學理論中，巴特是以提出「邊界」(boundary) 觀念來界定族群而聞名。在政治人類學領域中，他依據個人的理性選擇角度來瞭解社會文化現象，建立了交易學派，挑戰了結構功能論的主宰地位。他依據在巴基斯坦的斯瓦特巴坦人 (Swat Pathans) 之研究成果，寫出了經典之作：《斯瓦特巴坦人的政治過程：一個社會人類學研究的範例》(*Political Leadership among Swat Pathans*)(Barth 1959)：

斯瓦特巴坦位於巴基斯坦西北部，接近阿富汗地區，是個伊斯蘭教社會。它是以整個居住地的山谷為區域體系的最大單位，其下分成十三個地區 (areas)，再區分為村落、區 (ward)、家。從政治制度來看，領導者是酋長，宗教上的領導者則是聖人。兩個領域相互影響，而政治領袖和宗教領袖不一定一致，彼此之間往往關係緊張，甚至存在著輪流替換的結構關係。❶

❶ 伊斯蘭教僧人強調禁欲，甚至反對政治領袖的某些世俗活動；而政治領導人在建立國家與確立統治權的過程中，卻常有違反伊斯蘭教教義的言語與行為。是以，在政權建立之初，聖人往往是居住在政權的邊緣地區，行止表現出高度的宗教性和道德性，而吸引許多跟隨者。等到聖人的影響力發展到一

在斯瓦特巴坦的研究中，巴特強調：一個人要成為酋長，除了本身必須具有政治影響力之外，擁有土地也是先決條件。領導者藉由將氏族或世系群繼承而來的土地慷慨分給無地者，使其影響力從家逐漸擴及更大的社會政治單位——區、村落、地區、整個區域體系。而在土地稀缺的背景下，一般人都沒有土地，必須慎選並追隨有土地的人。因此，酋長也必須積極而非常慷慨地將土地分給沒有土地的人，以得到很高的聲譽和足夠的追隨者，才能成為政治上的領導人。同樣，聖人也是如此。聖人原本只居住在邊緣地區僧人修行的地方，特別是墳墓地帶，從事教義的宣揚，也因此擁有附近的土地。但隨著聖人的聲望逐漸增加，土地也擴展到附近的無主之地。更多追隨者也隨之而來，提供了宗教領導者成為政治領導者的契機。簡言之，無論是聖人或是酋長，要得到很多跟隨者，提供土地都是必要的條件。因此，「慷慨」成為這個社會裡的重要價值。

在這個研究裡，有幾點必須進一步說明，以突顯巴特的理論立場。第一，他對於「政治制度」的定義，與結構功能論沒有太大差異。可是他更強調一點：所有人，就如同市場上的個體，都在追求最大利益，而政治的本質就是利益上的衝突。衝突最後達到平衡，才使得社會秩序能夠建立、維持。❷第二，一個人之所以成為領導人，很重要的是

定的程度，往往開始建立都城，並進行世俗性的政治活動，甚至推翻原有的政治領導人，逐漸成為世俗性政治領袖。此時，另一個聖人便在新政權的邊緣出現，形成對該政治秩序的對抗。所以，幾乎所有的伊斯蘭教世界，都在酋長和聖人所代表的兩種秩序之間擺盪。參見 Gellner (1969, 1981)。

❷ 例如，在斯瓦特巴坦社會中，沒有土地的人為了生存，必須得到土地，但他

他的能力能對他人產生影響。這種對權力的界定類似韋伯對克理斯瑪式權威 (charisma) 的界定——依其個人特質和能力吸引跟隨者。因此，巴特的理論和結構功能論之組織性權力觀念的最大歧異，在於他帶入個人特質與影響能力的概念，來討論領導者的權力來源。第三，這本書還涉及普遍存在於伊斯蘭教世界的結構性權力：神聖／世俗間的擺盪。❸

另一方面，巴特在斯瓦特巴坦的研究，試圖由社會整體來回答社會秩序如何可能的問題，不僅延續了結構功能論的傳統，更剔除西方資本主義文化將社會秩序問題限於正式的政治、法律制度上的偏見。並且，他挑戰了結構功能論在解釋上過於靜態與忽略個人地位的侷限，帶入了個人的理性選擇觀點於其解釋之中，奠定了交易學派的研究取向。雖然，這樣的成就也造成了該研究的主要問題：假定了所有人都在追求個人最大的利益，這仍複製了市場經濟模型的基本預設。

第三節　上緬甸諸政治體制的挑戰

對於結構功能論組織性功利主義權力觀念的挑戰，除了上述巴特交易學派理性選擇的挑戰外，李區在克欽地區研究成果，《上緬甸諸政治體制：克欽社會結構之研究》提供了另一個重要的挑戰 (Leach 1954)：

李區這本名著，除了如本書第五章曾提到的，是聯姻理論的重要

們可以慎選以及依附慷慨的有地者。這種選擇過程在最後達到平衡，這個平衡便是社會秩序的建立。

❸ 雖然，這個問題在這個民族誌研究中並沒有被獨立討論，而是要等到 Gellner 的著作出版後，才釐清了這種性質的權力 (Gellner 1969, 1981)。

民族誌之外，也是經典的政治人類學著作。這整個地區有給妻者 (*mayu*) 與娶妻者 (*dama*) 的社會分類，前者比後者地位高，加上貴族與平民的區別，使得娶妻者若要娶地位較高的女子，就必須付出更高的聘金，造成有貴族身分的給妻者，得由婚姻機制來累積財富，並集中權力而有中央集權的階序化趨勢。因此，透過婚姻機制運作的結果，使得貴族制度發展到最後形成像 Shan 之類由貴族統治的中央集權社會。但這種專制獨裁的社會發展到極端便導致革命，而變為 *gumlao* 的平等社會。然後透過婚姻交換過程，又重新開始累積財產，往階級性社會發展。而大部分社會是介於中央集權與平等兩個極端之間的中介型態：*gumsa*。是以，整個地區透過婚姻機制的運作，產生三種政治體制：一種是最極端而由貴族統治的中央集權社會，即 "Shan" 政體。第二種是平等的 *gumlao* 社會。第三種是介於前兩種之間的 *gumsa* 社會。這三種政治制度都是流動而不斷轉變，使得社會不再是靜態的，因而挑戰了過去傳統結構功能論假定社會是穩定而平衡的看法。

另一方面，李區在這本書中所呈現社會秩序之所以能夠建立與維持，並不只限於結構功能論的組織性之功利主義式權力，還涉及因生產工具與主要資源的控制而產生的階級分類。這就涉及馬克思理論因階級關係或政治經濟結構而來的「結構性權力」(structural power)，❹是因對生產工具的控制而產生的不平等權力關係。此外，李區更注意到「象徵性權力」(symbolic power)，包

❹ 李區本身並沒有特地突顯這類與生產關係或政治經濟結構有關的權力，也未以「結構性權力」稱之。但書中確實提供了相關的資料，如頁 83 及頁 141 等。而結構性權力的分類與名稱，則借用 Wolf (1990) 的用法。見下一節。

> 括因象徵物而來的權力，以及透過儀式而合法化的權力。前者如國王擁有的玉璽，具有權威性的象徵，可以代表權威和社會地位；後者如國王的就職典禮。❺
>
> 不過，這本書在政治人類學的發展上之所以具有重要的挑戰性，不只是因為李區已指出後來政治人類學進一步討論的多種不同性質的權力，以及類似巴特認為政治活動是建立在個人選擇的假定上，更進一步指出政治活動背後的基本人性假定：爭取權力是（人類）普遍的動機（頁 10）。

正是因為所有的人都有想要得到權力的普遍性動機，才能使我們瞭解為什麼這種婚姻機制會繼續運作，而使階序關係得以延續。❻或者是說，透過婚姻機制所造成的不同政治制度，背後均涉及同樣的普遍人性，政治制度才有可能不斷累積與轉換。也只有在這樣的人性動機假定下，社會秩序才有可能。

這本書之所以會成為經典民族誌，除了挑戰了傳統結構功能論的組織性功利主義權力觀念，以及靜態平衡的社會假定外，還蘊含了幾項重要成就：試圖由社會整體來回答社會秩序如何可能的問題，延續了結構功能論的傳統而剔除西方資本主義文化將社會秩序限於正式的

---

❺ 李區在這書中雖也沒有使用「象徵性權力」這個詞彙，但他在討論 *hpaga* (wealth objects) 時，便說它是儀式象徵的，同時也是經濟的（頁 154）。見本章第五節。

❻ 亦即，透過婚姻以取得較高地位的人，都有著想得到更多權力的動機。否則，不需要付出大量聘金以爭取地位高的女子；此種婚姻策略造成貴族的權力與財富逐漸累積，最終導致了中央集權政體 (Shan) 的產生。

政治、法律制度上的偏見。另外，此書還證明了李維史陀的聯姻理論與結構論、以一個包含多種不同語言與文化的多種族地域取代同質性的社會為研究單位、強調「社會過程」、強調儀式中人的活動與儀式語言的不可分等，為後來人類學知識的發展，留下了獨特的貢獻。

第四節　結構性權力

一、對於李區《上緬甸諸政治體制》的政治經濟學批判

李區的經典研究，仍然引起不少批評，包括了結構論 (de Heusch 1981)、象徵論 (Ho 1997)、馬克思理論 (Friedman 1975; King 1981) 或政治經濟學 (Nugent 1982) 等等。在這些許多不同理論的批判中，雖都有其言之成理的論點，但在政治人類學知識發展上，產生較深遠影響的，則是從政治經濟學的結構性權力角度出發的批評 (Nugent 1982)：

Nugent 主要批評李區的研究沒有注意歷史脈絡及政治經濟條件。若納入歷史脈絡中，我們就會發現：整個緬甸北部山區在十九世紀上半葉時，大部分的社會是屬於中間型的 *gumsa* 社會，在下半世紀時則大部分是 *gumlao* 社會。換言之，在歷史過程裡，並非每個社會都是自行在 *gumlao* 社會到 Shan 社會之間擺盪，而是受到當時的趨勢所左右。*gumsa* 型態在十九世紀上半葉非常普遍的原因在於：中緬邊界長久以來都是貿易地區，尤其是鴉片貿易。所以，財富很容易藉由鴉片貿易而取得。這個區域的社會型態，介於極權社會與平權社會之間，彼此競爭非常激烈，使得整個地區

> 不斷有競爭、叛亂，最後往往導致貿易的中斷。每個社會都有著向中央集權社會發展的傾向，但是，每個集權社會的規模都很小，且為了控制鴉片而不斷產生戰爭。到了1873年左右，貿易中斷，導致整個區域的經濟崩潰，所依賴的鴉片貿易也垮掉，*gumlao* 社會又逐漸浮現。可是，到了十九世紀末葉，英國和南方的緬甸為了控制這個地區，想辦法扶植這個地區的社會，使之發展為英國及緬甸能夠行間接治理的貴族統治之中央集權社會。在這樣的過程中，也加強或導致原來 *gumsa* 社會間的激烈競爭最後形成像 Shan 一樣的中央集權社會。但到了1890年代以後，英國殖民政府已完全控制了這整個地區，不僅不再需要貴族政體，更禁止鴉片交易，也導致整個貿易無法再興。所以，1890以後，原來的 *gumsa* 及集權社會漸沒落，而為平權的 *gumlao* 社會所取代。

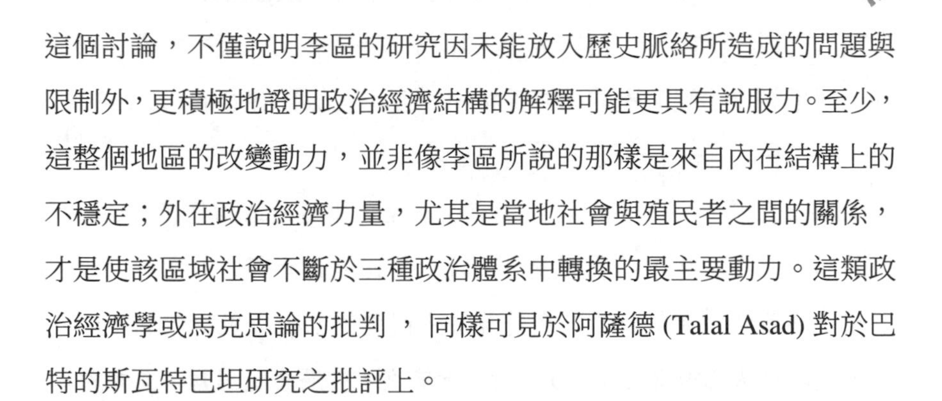

這個討論，不僅說明李區的研究因未能放入歷史脈絡所造成的問題與限制外，更積極地證明政治經濟結構的解釋可能更具有說服力。至少，這整個地區的改變動力，並非像李區所說的那樣是來自內在結構上的不穩定；外在政治經濟力量，尤其是當地社會與殖民者之間的關係，才是使該區域社會不斷於三種政治體系中轉換的最主要動力。這類政治經濟學或馬克思論的批判，同樣可見於阿薩德 (Talal Asad) 對於巴特的斯瓦特巴坦研究之批評上。

二、對於巴特《斯瓦特巴坦人的政治過程》的馬克思論批評

阿薩德對於巴特有關斯瓦特巴坦人的研究，以個人理性選擇的機制來進行政治過程的分析，很不以為然 (Asad 1972)❼：

巴特認為，斯瓦特巴坦人的政治或社會秩序是個人理性選擇的平衡結果。在1917年以前，這個地區其實是個群龍無首的政治體系，直到1917年才設立了中央集權的國家，其下進而分設地區、村落、區、家等不同層級的單位。但建立在職業分類上的卡斯特體系，以及奠基於土地繼承而來的世系群組織，一直有重要的影響力。通常作為地主的政治領導人，必須以他的名譽、親切及土地的控制來吸引跟隨者。而沒有土地的農民可以自己選擇、決定，甚至改變他們對於地主或領導者的忠誠度。因此，身兼領導人的地主彼此之間也在相互競爭依附者；依附者的個人選擇最終會決定哪位地主可以脫穎而出，成為地區的政治領袖。這個機制，也同樣運作於更高層級的政治體系。

但，阿薩德強調，並不是每個人都可以成為領導人，只有地主才有可能。因此，巴特的研究路徑根本就忽略了階級的存在。而且，土地是由世系群所控制，使得地主更限於控制生產工具（土地）的特殊群體。更重要的是，斯瓦特巴坦正位於印度、阿富汗、俄國之間，又是相對難以接近的高山地區，很難以正規的部隊來防守。英國為了維持其間接治理的殖民統治方式，必須加強並穩定這地區原有的政治體系，扶持當地原有的領導者，使得原本伊斯蘭世界中，擺盪於聖人與政治領袖之間的結構性震盪也降低。因此，阿薩德強調如何將研究置於更大的歷史社會脈絡，以突顯外

❼ 對於巴特斯瓦特巴坦研究的重要評論，除了Asad (1972)外，有名的還有Ahmed (1976)、Meeker (1980)、Lindholm (1982)等。除了Lindholm的討論，將會在本章後面進一步討論外，其餘因與筆者本章主要關懷較遠而省略。

在政治殖民力量與內在階級結構的重要性。

三、上層結構與下層結構辯證關係下的結構性權力

上述兩個例子，都由對過去研究路徑之缺陷的批評，突顯出結構性權力的存在與重要性。事實上，馬克思論或政治經濟學的研究者，往往能透過「結構性權力」的探討，重新解釋某種政治制度或體系的形成。例如，在本書第二章〈社會的概念與理論〉中的馬克思論，我們就引用了結構馬克思論者德黑 (Terray 1974) 有關非洲象牙海岸與迦納交界的王國之研究，說明非洲在西方資本主義侵入之前許多王國的形成，往往是建立在親屬為依據的生產模式與奴隸生產模式的「連結表現」，來超越過去以長距離貿易來解釋王國形成的限制。而葛德利爾 (Maurice Godelier) 有關印加帝國的研究 (Godelier 1977)，則是另一個有名的例子：

十五世紀中葉，印加帝國統治了整個安地斯山地區。當地印地安人原本的社會組織，是以世系群等親屬團體為基礎的印地安人地方村落——*ayllu*。*Ayllu* 的土地是屬於村落共有，定期分配給特定家庭使用，使用權不能轉手買賣。村落成員基於村民相互合作的道德規範，從事公共土地的勞動工作。共同勞動的所得，用來維持村落領袖、墓園、地方神靈有關活動之用。村長與一般平民之間，並不存在著明顯不平等的社會地位之別。

印加帝國統治之時，表面上並沒有造成地方社會根本的改變，而只是將村落一部分公有土地劃歸帝國所有，這部分土地的農業生

產屬於國家，其他土地仍照 *ayllu* 原來的使用與分配方式。帝國提供生產工具及種子，並讓當地人在從事國家土地上的生產工作時，宛如參與假日慶典一般穿著儀式服裝、載歌載舞。事實上，帝國將傳統形式的意識型態與儀式，挪借來從事經濟剝削與勞役，將原有對村落公有土地的服務轉移到國家，並否定了 *ayllu* 原有的獨立自主性，造成與地方傳統的許多矛盾與衝突。帝國更利用帝國土地的生產所得，建立了控制全國的行政體系、擴展殖民地與奴隸、成立鎮壓叛亂的軍隊、並推廣印加太陽之子的儀式至全國，進而衍生出類似亞細亞生產模式的帝國生產模式。

十七世紀初，西班牙征服印加帝國。殖民者接收了帝國轄內的廣大土地，並以印地安人原有對於村落領導人的依賴，建立他們對於西班牙主人的個人依賴；將原本的印地安村落組織，轉換為類似西歐封建形式的新剝削體系——*encomienda*。❽而且，這種依賴關係更披上了宗教的外衣，即天主教的皈依關係，進一步造成原村落上層結構與意識型態的改變，使得新的殖民生產模式取代了印加的亞細亞生產模式，更使當地印地安人村落無法繁衍，危及當地人的生存。

馬克思理論或是政治經濟學的「結構性權力」概念，雖然可以解釋歷史上政體的形成，但是，最能應用該理論的反而是現代社會，特別是解釋世界體系理論或依賴理論所討論的非核心國家與核心國家的不平等關係，如中南美洲等邊陲國家對核心國家的依賴，也包括臺灣

❽ *Encomienda*，或翻為「委託監管制」，意指王室將原住民村社分封給有功的殖民者，委託其「教化」轄內的印地安村社 *allyu*（陳品姮 2007: 30）。

對美國的依賴關係等。不過，這類由馬克思理論或政治經濟學對權力性質的解釋所發展出的依賴理論或世界體系理論，雖有其解釋上強大的說服力，卻由於強調正式政治與法律制度在維持社會秩序上的重要性，而延續了結構功能論所抨擊的文化偏見。對人類學家而言，這類研究有三個基本的問題待解決：第一，無法解釋在同樣的政治經濟條件之下，為何產生不同的政治體系？第二，無法解釋當地人為何願意被統治、被宰制？第三，無法突顯當地社會文化的特色，更無法由其文化特色的掌握，剔除已有政治權力理論中的西方資本主義文化偏見。這些問題，必須在政治人類學對權力性質的討論有所突破之後，才有可能。下一節要談的象徵性或文化性權力觀念，正是對這些批評的回答。

第五節　東南亞民族誌：象徵性或文化性權力

上述結構性權力觀念，雖不同於源自資本主義文化而來的功利主義式的權力概念，但基本上仍是西歐文化下的產物，因而難以突顯非西方地區的社會文化特色。但這個困境在政治人類學發展的過程中早已被注意到，研究成果也一直不斷在累積中。葛茲《尼加拉：十九世紀巴厘劇場國家》(*Negara: The Theatre State in Nineteenth-Century Bali*) 一書，就是以東南亞民族誌提出「象徵性權力」概念的經典著作 (Geertz 1980)。但在該書問世之前，人類學家已經注意到近似於「象徵性權力」的存在與運作。

在早期結構功能論宰制的時代，伊凡普理查 (Evans-Pritchard 1962 [1948]) 與葛拉克曼 (Gluckman 1963 [1952]) 都曾討論在非洲某些王國中，「象徵性弒君」的儀式展演意義。伊凡普理查強調：該儀式賦予國王神聖與神祕的地位，象徵著社會的永恆與統一，而使君王本身成為整個社會的代表。另一方面，當國家有災難時，透過儀式的弒君行為，王國得以再生，以維護社會或國家的利益。這種機制正可以彌補缺少中央集權行政組織的限制。而葛拉克曼則強調：該儀式可宣洩淨化統治者與被統治者的緊張關係與衝突，並重新確定國王、自然力量以及國家福祉間的關係，以維持階序與秩序。故他視這種儀式乃至實際的篡位，均是在既定社會秩序內的反叛。表面上，兩人均不直接討論權力性質，不過，他們的理論被後來的政治人類學研究者沿用。他們指出 (Kuper 1947; Beidelman 1966; Bloch 1987b)：國王本身除了作為王國的象徵，更透過儀式及權力的象徵力量，合法化了他們的權威，來維持階序並達到統治的目的。甚至，在庫帕 (Hilda Kuper) 有關史瓦濟 (Swazi) 的民族誌中 (Kuper 1947)，我們可以發現：當地人建構他們的人觀來解釋並提供儀式的神祕力量，實具有上述李區提到的「象徵性權力」性質，更與杜蒙透過印度的宇宙觀與觀念中的純淨與不純淨原則來解釋卡斯特階序制度 (Dumont 1970)，有著異曲同工之妙。

不過，上述研究，仍偏重於分析儀式象徵，而不是從當地社會文化特色的角度來思考。直到東南亞文化區研究累積了足夠成果，特別是安德生及艾靈頓 (Shelly Errington) 由研究印尼所提出當地人對權力的特殊概念「能」(potency)(Anderson 1972; Errington 1989)，以及譚拜亞 (Stanley J. Tambiah) 研究泰國所提出「星雲式向心政體」(galactic polity) 概念時 (Tambiah 1976, 1985a)，才能對於象徵性、文化性權力提供充分的民族誌資料，進一步與已有的權力觀念對話。關於「能」的概念或象徵性權力內涵，可見於葛茲的《尼加拉：十九世紀巴厘劇場國家》一書 (Geertz 1980)：

這本書所呈現的是十九世紀位於印尼爪哇東邊的巴厘島王國。這個王國一直沒有清楚的邊界，統治者不依靠抽稅維持王室與都城所需，而是依賴於都城周圍直接管轄土地的生產所得。在這個王國裡面，每個地方社會都是獨立的，並不向中央納稅。王國的人民是被國王所吸引而來，而不是被征服。但國王如何吸引人民？主要是透過華麗儀式的舉行與參與。

這本民族誌是描述一個國王過世後所舉行的葬禮儀式，其過程富麗堂皇，甚至有妃子陪葬。在整個儀式過程中，參與的人不只是順從王國，而且將國王視為模仿的對象。由此呈現當地權力的特點：政治上的領導人的行為舉止是當地人行為模仿的典範。亦即，國王對其他人的影響並非透過財產控制、政治制度強制或武力脅迫，而是藉由自身作為行為表現的典範，成為子民模仿的對象。其次，這個王國的政治秩序不是由上而下地藉由抽稅或武力等制度來維持，是由下而上地堆積上來，由臣民的模仿和順從而建立影響力。第三，也因為這種權力的性質是來自平民對國王的模仿，因此，權力是建立在當事人之間的關係。第四，權力是建立在華麗的意象上。這華麗的意象，不只是透過儀式的實踐而建立，更透過儀式實踐具體證明了權力的存在，並產生實際作用；它更是一種思考方式。也因此，皇宮的建築結構也是依此意象而來，而象徵其為宇宙的不動中心，就如同國王是國家人民的模仿對象與中心一樣。第五，儀式的運作過程不僅再現了權力，參與者更透過視覺而感知，進而模仿。因此，這樣的權力概念基本上是建立在感覺 (perception)，而有感官及情緒上的基礎。這使得政治成為

> 自然熱情 (natural passions) 的不斷展現，整個國家的秩序就是奠定在全國人民的熱情展現上。因此，這個國家秩序所呈現的並不只是社會秩序，而是宇宙秩序。
>
> 這樣的秩序，背後的權力性質跟前面所提過的組織性及個人理性選擇的功利主義式的權力概念、乃至於結構性權力，均有所不同，而是涉及整個東南亞地區對權力的特有概念——「能」(potency)，意指個人與生俱來的、對他人的潛在影響能力。由對東南亞文化上的象徵性、文化性權力的理解出發，葛茲進而挑戰西方自十六世紀以來，在功利主義權力觀念主宰下的國家政治理論，如馬基維利、霍布斯、馬克思、巴列圖等。

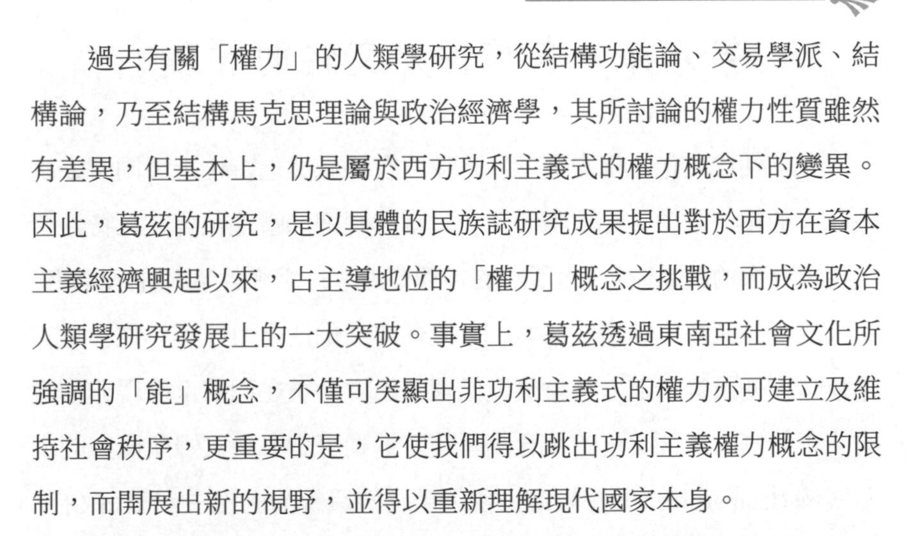

過去有關「權力」的人類學研究，從結構功能論、交易學派、結構論，乃至結構馬克思理論與政治經濟學，其所討論的權力性質雖然有差異，但基本上，仍是屬於西方功利主義式的權力概念下的變異。因此，葛茲的研究，是以具體的民族誌研究成果提出對於西方在資本主義經濟興起以來，占主導地位的「權力」概念之挑戰，而成為政治人類學研究發展上的一大突破。事實上，葛茲透過東南亞社會文化所強調的「能」概念，不僅可突顯出非功利主義式的權力亦可建立及維持社會秩序，更重要的是，它使我們得以跳出功利主義權力概念的限制，而開展出新的視野，並得以重新理解現代國家本身。

另一位政治學者安德生並沒有明顯地受到傅柯的影響，[9]但他在印尼的田野工作中，也曾面對當地「能」的權力概念，之後完成他有名而影響深遠的《想像的共同體：民族主義的起源與散佈》(下文簡稱

[9] 至少，他在書中並沒有引用過傅柯的著作。

為《想像的共同體》）(*Imagined Communities: Reflections on the Origin and Spread of Nationalism*)(Anderson 1991 [1983]) 一書，不僅說明了現代（民族）國家起源，以及二次大戰後為何現代國家在第三世界普遍浮現，更說明了現代國家如何能團結平常不曾互動的陌生人，使之共同為國犧牲生命的權力基礎。這種類似傅柯所強調無所不在卻又不同於功利主義的權力，雖與東南亞的「能」仍有所不同，但無可諱言的，「能」突破功利主義權力概念限制的貢獻，仍是使他能開展另類「權力」概念的重要基礎。更因為他原先有關「能」的研究能夠有效突顯該地區的文化特色，使得他在人類學理論原創性的貢獻上，早期的成就 (Anderson 1972) 並不亞於《想像的共同體》，儘管《想像的共同體》一書所產生的廣泛影響力，早已超過人類學界。

第六節　各種權力交錯的實踐

象徵性或文化性權力概念，是建立在區域文化特性上，同時去挑戰既有的權力概念。在實際研究上，當我們把地區性社會文化特性帶入現實社會的討論時，前面所說的各種權力——組織性功利主義權力、個人的理性選擇、結構性權力、象徵性或文化性權力等等，往往是交錯運作，使得實際地方社會或現代國家的權力，在理解上變得非常複雜。正如第三章〈文化的概念與理論〉提到可馬洛夫夫婦所研究的南非案例 (Comaroffs 1991, 1997)，便因英國殖民統治過程中，殖民政府、商人、教會都代表英國社會的不同階級：上層階級、商人階級、中產階級，因此，這些不同統治的能動性 (agency) 在南非統治過程中帶入不同性質的知識，建立不同性質的權力。再加上當地人對於各種知識與權力的不同理解之下，產生各種不同的反應過程與反抗，使得內外各種力量與主客觀立場糾結一起，導致整個殖民歷史過程的權力交錯變得非常地複雜。由於該書第三卷至今尚未出版，尚無法在此簡單說明，故筆者以個人較熟悉的東埔社布農人為例，說明「各種權力交錯的實踐」（黃應貴 1998）：

傳統東埔布農人間的不平等關係與社會秩序的建立與維持，是透過三種不同的交換方式而來——*isipawuvaif*、*isipasif* 及 *ishono*。這三種交換方式所建立的不平等關係，實隱含不同性質的權力。*isipawuvaif* 是屬於巴特所說的：人跟人之間追求個人最大利益的競爭性交換，由個人和個人之間的精靈 (*hanitu*) 的相對抗而來，建立的是功利主義式權力關係。*isipasif* 則是一種個人與群體間的交換，來自 *hanitu* 的共享，建立的權力關係是共享性的，普遍存在於東南亞社會。*ishono* 則是一種只有施而無回報之期望的交換，往往建立受恩者對於施恩者的模仿而來的不平等關係，雖具有類似東南亞「能」的概念，但很少人做得到而少發生實際的作用，其出現往往是例外。*isipawuvaif* 通常用於聚落外具有敵意的對象上，後兩者則用於聚落內或已有關係的人之間。不過，由於傳統布農人的人觀強調人生而能力不同，個人的成就與地位依其對社會的貢獻來決定，並且很早就發展出強者必須照顧弱者的人生觀。這些觀點的實踐，乃建立了他們的平等社會。共享性的 *isipasif* 交換方式乃為其社會特色。

日據時代，日本殖民統治以武力為後盾指派特定人士為頭目，以處理當地與殖民政府之間的關係，當地人稱這類事為 *seizin*——即日語的政治之意。換言之，對布農人而言，他們原本沒有「政治」的分類概念，直到日本殖民統治由外置入國家與地方間的不平等關係，「政治」此概念才被引入。由於國家力量屬於聚落外而有敵意的，當地布農人乃以 *isipawuvaif* 的交換觀念，建立這新的權力關係。這樣的理解，一直延續到戰後國民政府的統治。更因國民政府將新政治秩序擴展到經濟、文化等秩序的建立上，使得東埔社不僅被置入資本主義經濟的結構性權力，更被國家意識型態下的傅柯式權力所滲透，更加擴大及突顯 *seizin* 及 *isipawuvaif* 交換方式的使用範圍。另一方面，東埔社為了對抗各種外力對該聚落的負面影響，更強調共享性的 *isipasif* 在聚落內的運作；內外力量的頡頏，導致東埔社成為戰後與外力對抗最激烈的聚落之一。

1980 年代之後，隨著該聚落全面納入整個臺灣資本主義經濟體系，市場經濟機制及其背後的結構性權力更深入且有效地運作於當地，東埔社所屬的整個陳有蘭溪流域逐漸形成為一個由漢人主宰的區域性經濟體系。東埔社布農人乃透過 *ishono* 交換方式，發展出對抗外來經濟剝削的新宗教運動，更在基督長老教會的支持下，整合中部布農人，形成宗教性的區域體系，重建其文化與族群認同。在這歷史過程的各種抗爭中，東埔社布農人都是以「強者必須照顧弱者」的意理來合理化其行為，也重塑並加強了文化中原有的權力觀念及其背後的人觀。

由上面的簡述，我們可以發現：東埔社布農人在被納入現代國家統治及資本主義經濟體系的過程中，以各種不同交換方式背後所涉及的不同權力，對抗外來的功利主義式權力及結構性權力、乃至於傅柯式權力。而為了凝聚內部，聚落內仍然繼續使用乃至強調原有的共享性權力，但對外則使用競爭性的權力概念。由此並建構 “*seizin*” 或「政治」 的類別 。 但這些認識與反應 ， 卻是建立在他們原有的人觀和 *hanitu* 信仰上，因而加強了他們的文化認同。換言之，現在我們習以為常的「政治」領域，不僅在許多非西方社會是缺乏的，現代意義的「政治」，即使在西方，也是在十五、十六世紀資本主義興起過程中逐漸發展出來的。在許多非資本主義或前資本主義社會，社會秩序的建立是透過非功利主義式的權力運作而來，更是由文化所界定。也因此，正如東埔社的例子，這些社會被迫納入現代國家及世界性資本主義經濟體系的過程，充滿著各種性質的權力交錯運作，不僅呈現現象的複雜，也突顯了在地文化的特色及主體性之重要。特別是依據個人與群體關係而來的共享性權力，不僅突顯布農文化特色，更質疑並剔除資本主義文化因限於群體／個人之二元對立思考方式，往往將權力視為群體間或個人間關係，而忽略個人與群體間類似布農人共享性權力的關係。這種文化偏見也來自該文化對於政治活動，假定其是一種基於個人間或群體間關係而來的人性假定。這種有關權力之心理基礎的討論，也正是政治人類學的進一步發展。

第七節　權力的心理詮釋

一、斯瓦特巴坦政治過程的心理解釋

現代意義下的政治活動 ， 正如巴特所研究的斯瓦特巴坦 (Barth 1959)，是建立在每個人都理性選擇以追求個人最大利益的假定上，或如李區假定追逐權力是人類的普遍動機 (Leach 1959)。然而 ， 既然權力可以由文化所界定，而由政治活動所建立的社會秩序背後，可否建

立在不同的心理動機或人性假定上?林德厚姆 (Charles Lindholm) 重新研究巴特所研究過的民族，提供了不同的答案 (Lindholm 1982)：

林德厚姆重新研究位於巴基斯坦西北部、接近阿富汗地區的斯瓦特巴坦，其動機是他在巴基斯坦旅遊之時，當地的貴族對他倍加照顧，讓他任意使用自己的房子，其熱情真摯如生死之交。由於這跟巴特所描述的功利主義權力觀念下的人有著天壤之別，林德厚姆相當訝異，並決定以這個地區作為博士論文研究對象。

在研究過程中，林德厚姆發現巴特的描述是正確的。男人之間確實充滿競爭與敵意，原因是這個地區缺少土地，極度依賴氏族制度來保障土地權利，氏族的分支結構原則極為鮮明，對外均高度團結。但是，跟非洲不同的是，氏族內部的個人關係是高度競爭的。兄弟姊妹之間、父子之間存在著潛在的敵意。例如，初為人父者，固然欣喜於新生兒的降生，但當兒子漸漸長大之後，父子之間便開始產生緊張關係，父親擔心兒子懷抱著篡位企圖。在當地文化中，男子被培養成具有獨立自主與攻擊性的個性，這樣的特性更與社會結構相輔相成。在這個社會看不到信任、愛、親密關係，反而看到孤獨的個人。也因此，該社會賦予友情很高的價值，特別是與陌生人建立的友情。因為，陌生人不具有搶奪土地的動機。

此外，林德厚姆也注意到政治活動背後的普遍性情緒模式 (universal pattern of emotion) 之基礎，那是由愛與恨、統一與分離、群體與個人之間的辯證關係所構成。簡言之，由於當地社會過於強調個人的獨立自主，造成心理上偏向敵意與恐懼，也因此，為了心理平衡，在制度上發展成對陌生人的親切友情關係，以彌補原來的孤立與敵意。社會的運作與社會秩序的建立，不只是來自於人跟人之間追求最大利潤的互動，背後還有心理的趨力。

這個研究，提供了巴特之交易學派取向的另一個重要補充，同時，也開啟了透過心理機制來瞭解社會秩序建立的可能。這個可能性，藉由亞馬遜地區研究所累積的成果，而得以完成。

二、亞馬遜地區非理性心理機制下的權力

在亞馬遜地區的人類學研究，經常遭遇一個困境：當地的社會型態以平等社會為主，幾乎沒有依角色、身分、社會結構而來的社會組織，以組成社會團體，唯一確定的社會群體只有「家」。甚至在家裡，也是強調人跟人之間的互動及互為主體的自我關係來依附成群。因此，這樣的社會性質，通常使用「社會性」(sociality) 概念會比使用傳統的「社會」(society) 概念來理解更適切。如何理解組織鬆散社會的秩序？這可由歐弗琳 (Joanna Overing) 所領導的集體研究成果來回答 (Overing & Passes 2000)：

在第二章〈社會的概念與理論〉已經提到：位於南美北部最大河流——亞馬遜河流域的亞馬遜地區的原住民社會，大多屬於流動性大而沒有清楚邊界的平等社會，往往缺少世系群或法人團體之類的組織，也缺乏擁有土地的團體、權威結構，或政治與社會結構等。他們在道德上及價值上，均高度強調如何跟其他人高興地生活，強調友情、快樂、生活實踐與技巧上的藝術品味。日常生

> 活著重於美學和感情上的舒適。這樣的社會裡，人與人之間的關係洋溢著愛、照顧、陪伴、慷慨等情緒，而這類情緒往往構成社會秩序的基礎。一旦打破和諧與歡樂的關係，馬上產生反社會的情緒：憤怒、恨意，而導致社會秩序的破壞與群體的分裂。因此，愛與憤怒是社會政治體的兩面；理想化的友情與歡樂在實際運作上，便已經埋下它們自行破壞的種子。由於完全建立在人跟人之間的愛心、慷慨，往往不能持久。所以，社會發展到一個階段就會瓦解。因此，儘管亞馬遜地區和大洋洲的美拉尼西亞，其社會文化特性均適宜以「社會性」(sociality) 理解，但相對於美拉尼西亞以交換為支撐機制，亞馬遜地區的秩序是建立在情緒的機制之上。這並不表示亞馬遜地區沒有交換的行為，他們對交換的看法是一種陪伴、友情。因為，透過交換的過程可以跟別人接近、拜訪別人。所以，對當地人而言，交換本身意味著喜歡某個人的陪伴跟共享，是愛與親善的表現。

由上我們發現：亞馬遜地區透過心理機制來建立的社會秩序現象，遠比林德厚姆所研究的斯瓦特巴坦社會更為明顯，因為，斯瓦特巴坦仍有許多正式制度的存在，而亞馬遜地區的社會並不存在著明顯的制度性組織，使得每個社會從外表上看起來，都很容易形成與消失。但這反而突顯出亞馬遜地區社會文化的特性，並剔除西方資本主義文化所預設的偏見——非理性之心理因素，因其不確定性而難以作為社會秩序維持的機制。

當然，這並不表示：情緒作為社會秩序建立與維持的動力與機制，只可以在亞馬遜地區見到。只是在這個地區，因涉及其文化特性而特別突顯。即使在西方社會中，我們也可以看到這類的現象。至少，伊

里亞斯 (Norbert Elias) 認為西方社會從中世紀的黑暗時代到現代社會的發展，並不是像過去所認為的，是由資本主義興起與工業革命造成現代性與現代西方文明的形成。他強調：西方文明發展過程，最主要的是要克服人內心與生俱來的各種心理衝動，特別是暴力傾向與攻擊性。因此，需要建立餐桌禮儀，乃至後來的各種運動比賽制度，讓市民的暴力及攻擊性得到制度性的發洩而加以控制，使西方得臻於文明的境地。因此，對伊里亞斯而言，西方現代文明的開始，便在於建立各種制度，來克服這種心理的潛在本能 (Elias 1978, 1982)。這種對西方現代文化的文明化過程之解釋，實建立在佛洛伊德理論的基本假定——人天生具有暴力傾向與攻擊性等本能。這類研究，正如上述亞馬遜地區的研究，不僅讓我們看到社會秩序的非理性心理基礎，更讓我們得以剔除西方資本主義文化質疑非理性因素的不確定性而難以作為社會機制的偏見，得以面對至今未明的權力性質。

第八節　結　語

人類學政治研究的演變，呈現了從結構功能論、交易理論、結構論、馬克思論與政治經濟學、象徵論或文化論、文化實踐論、到非理性心理層面的解釋等理論發展。這個發展歷程，正突顯人類學理論對「權力」性質看法的改變：從組織性的功利主義權力、個人理性選擇下追求最大利益的功利主義權力、結構性權力、「能」、共享性權力、依非理性心理機制而產生的權力等。整個發展還涉及區域文化特性：非洲世系群的組織性氏族統治、斯瓦特巴坦因土地缺乏造成強烈的個人競爭性、大陸東南亞的交換婚、安地斯山地區的殖民統治、島嶼東南亞的「能」、布農人的人觀與共享、亞馬遜地區情緒的重要性等特性，正說明人類學的研究不只是解決前面所留下來的問題而已，新的發展更必須能夠有效地突顯被研究對象的文化特性。

另一方面，政治人類學的研究，也不斷地試圖剔除西方資本主義文化的偏見。結構功能論在非洲的研究固然剔除了西方將社會秩序限於正式政治或法律制度範圍的偏見，李區結構論乃至於巴特的交易理論，也都試圖證明政治權力是與宗教、社會不可分的整體，無法如現代西方社會一般，以自成一格的特殊領域看待。象徵性或文化性權力更直接挑戰了西方自資本主義興起以來居於主宰地位的功利主義權力概念。布農人的共享性權力則挑戰了個人與群體對立的思考方式。亞馬遜地區依心理機制而來的權力，更質疑了資本主義文化將非理性的心理因素視為極端不穩定與不可控制，因而難以作為社會機制的偏見，並開啟了從心理機制探討「權力」的新取徑。這些成果，有助於我們去理解當代新自由主義秩序下，國家被弱化後的新現象。不過，這也已涉及下一章的主題：「國族主義」與「族群」。

第八章　國族主義與族群

民族國家或國族主義與族群，是當代人類社會最普遍的熱門現象與問題，也是當代世界眾多爭端的來源，因而成為許多學科共同關懷的課題。然而，相對於政治人類學有關「權力」的研究，這兩個研究領域的進展與突破，一直有限。即使族群研究在1990年代因重新帶入「文化」的概念而有突破性的發展，但也導致族群與文化認同等混淆的問題。這都涉及這些研究課題往往與其他現象及問題密切連結而不可分的複雜性，更涉及這些課題在研究發展過程中，一直無法建立其在理論上具有涂爾幹所說的社會事實之不可化約的獨立自主性，以至於其研究結果愈來愈複雜而治絲益棼。但另一方面，當人類學家從事這類問題的探討時，與其他學科比較，則有其獨特的貢獻。

第一節　民族國家與國族主義

上一章由「權力」的性質來回答社會秩序如何建立的問題。政治人類學的理論發展，亦有助於我們瞭解當代社會的許多新現象，特別是本章主題：國族主義與族群問題。本節就從國族主義這個問題談起。

事實上，國族主義這個現象，從十八世紀以來就一直在發展。二次大戰之後風起雲湧的殖民地獨立運動，使得國族主義此現象更加突顯。雖然如此，社會科學的國族主義研究，卻一直晚到1983年，葛爾納出版了《國家與國族主義》(*Nations and Nationalism*)(Gellner 1983)，以及同一年安德生出版了《想像的共同體》之後，才有真正系統性以及理論性的探討，也使得這個問題很快地成為熱門的研究課題。

葛爾納在這本書中的主要論點是：國族主義其實是因應工業化或者工業資本主義的發展而來的結果：

國族主義是因為工業資本主義的發展或者工業化的發展，必須建立新的社會秩序所產生的一種現象。在這現象裡，有兩個基本的重點。第一，這種新的社會秩序背後社會組織的原則應該如何創新，以組成一個新的社會單位來取代舊的社會組織型態，而這個新的社會單位就是我們現在所說的民族國家（nations 或者 nation states）。第二，相對於社會組織層面，另一個重要的課題是：如何在意識型態的層面來合法化政權或者統治者的權力？也因此，為了新社會單位的民族國家能有效運作，就必須發展新的意識型態來取代舊的意識型態，而這個新的意識型態就是我們現在所說的國族主義。

葛爾納主要的研究，仍然是建立在歐洲歷史的發展跟西歐本身已有的政治理論，特別是我們前一章已提到：從十五、十六世紀以來居支配性的所謂功利主義的權力概念。所以，即使他提出了一個可以解釋西歐國族主義興起的解釋，卻仍難以用到其他地區民族國家浮現的解釋上，也沒有影響到其他社會科學研究。直到安德生的《想像的共同體》出版以後，國族主義此問題才得到廣泛的關注。

一、《想像的共同體》

對安德生而言，國家起源的問題，是馬克思理論的成功。可是，國族主義的興起，反而是馬克思理論的失敗：

他認為我們這個時代最普遍的合法化價值就是所謂「國家性」(nation-ness)，也就是說，民族國家本身便提供了當代許多現象存在的普遍理由或價值。因為當代所有的政權，或者是政治制度的建立，必須建立在這個基礎上。不過，他一開始也講的很清楚：無論是國家性或者是國族主義，都是特殊類別的文化創造物(cultural artifacts)。他甚至進一步說，國家是一個想像的政治社群，有它的主權以及它內在的限制。這裡所說的「想像」，是因為現代國家的人民不可能認識所有的國民，所以必須透過根植於國民心中的團結意象來連結彼此。然而，安德生也意識到，每個社會的想像有不同的風格 (style)。比如像印尼，便以親屬跟侍從關係 (clientship) 來結合人民。土耳其是以親屬（特別是父親的意象）及性別來建立他們的國家意象。

然而，現代國家之所以可以作為「想像的共同體」，其實是有條件的。在消極條件上，它在建立新的認識世界方式前，必須打破原有的文化體系、宗教社群與帝國紀年等等舊的認識世界之方式。這就像西歐現代國族主義或者是民族國家的建立，其實伴隨著世界觀的轉變——放棄拉丁文、放棄社會階序中以上層統治者為核心的信仰、放棄人的起源與世界起源一致的時間觀念。世界觀的轉變，固然有賴於文藝復興、啟蒙運動、宗教改革等思潮，逐漸改變了近代西歐人從中世紀以來所建立的對於世界的認識方式。雖然放棄舊的認識世界方式，但還不足以建立新的民族國家。認識世界的新方式，必須具備三個重要的條件：第一個就是印刷工業，特別是印刷資本主義，提供今日大家已習以為常的報紙，使「想像的共同體」之中所有的人，不需面對面直接互動，就可以得知遙遠所在的最新消息，而產生休戚與共的感覺。第二個條件是標準化的語言，使共同體成員間的溝通成為可能。也只有在這條件下，印刷工業才可能發揮效用。第三就是國家統一的教育體系。只有在這個條件之下，民族國家才能發展出、或者建構出他們新的認識世界方式。也只有在前面這些消極及積極的條件下，整個人類社會經過四波的民族國家的形成與發展。到今天，我們可以看到全世界各地都發生了所謂建立民族國家的普遍現象，甚至遍及偏遠的大洋洲小島。

這本書最成功的地方，如吳叡人所說，在於它結合了歷史社會學、政治學理論、馬克思理論以及人類學強調被研究者的觀點之文化觀念(吳叡人 1999)。雖然，在權力性質的理解上，此書並沒有超越先前東南亞民族誌奠基於當地特殊權力觀念「能」，進一步探討當地象徵性或文化性權力所累積的成就 (Anderson 1972; Tambiah 1976, 1985a; Geertz 1980; Errington 1989)。不過，安德生先前的印尼研究基礎，使他清楚意識到當地權力觀念與西方的宰制性功利主義式權力概念的不同，也影響到他特別注重現代國家在建國過程之中，對於象徵性或者是文化性權力的使用。[1]

[1] 當然，除了政治人類學研究上的發現外，傅柯也注意到了類似的現象與問題。他的研究便強調：西方民族國家的建立過程，主要是奠基於無所不在、

二、英國的例子

當然，現代國家的建立，並不是只奠基於想像的力量。以英國研究為例，要建立一個國家界線與文化界線一致的單位，必須經過非常長久的過程 (Corrigan & Sayer 1985)：

英國成為一個民族國家，是從1530年（甚至可溯及中世紀的尾聲，十二世紀）以來，逐漸發展而成。英國現代國家的形成，包括從中世紀的封建組織轉換而來的國王，以及作為統治者象徵的王權之形成與發展，也包括由王權轉換為國會權的發展過程。其次，是實際執行民族國家治理的中央政府跟文官制度的建立。第三，負責壓制的警察、監獄、國家武力等的建立與制度化。第四，經由立法過程來建立人民行為規範以及國家本身運作的規範。第五，透過一致的教育體系以及共識的控制，建立全國性最基本的生活標準。第六，關於財產、紀律方面的觀念、分類、法律，以及相關制度的改變，都與英國資本主義的發展相配合。

雖然資本主義是英國近現代國家建立的重要條件，但是，兩位作者並不認為英國國家的建立是以經濟為動力。他們強調：民族國家的權力是來自道德的規範、認識與評價。蘇格蘭人從十八世紀以來發展的道德哲學，尤其是亞當史密斯的理論，與國家的形成同步進行。國家的形式通常也因特殊的道德風氣而得以合法化及活潑化。所以，作者認為，現代國家的形成有如文化革命，國家

卻又看不見的權力基礎之上，這非常不同於西方政治理論所熟悉的權力概念，因而也產生了類似安德生《想像的共同體》一書的廣泛影響。

建構與文化工程，兩者密不可分。其建構的過程既是物質的、制度的，也是文化的。

這本書實際上補充了安德生的國家建構理論：現代國家的建立，是一個非常龐大的工程，並不只依賴於國家意象的建立。

但是，從人類學者的觀點來看，無論是葛爾納或是安德生，在理論上都有一些問題待克服。第一，他們對現代國家的看法，是依據歐洲的歷史發展經驗來討論，而充滿歐洲中心主義 (Eurocentrism) 的論點。雖然，安德生已注意到現代民族國家最早的發展並不是在西歐，而是在美洲新大陸，但是，就像一些人類學家的批評 (Segal & Handler 1992; Gladney 1998)：葛爾納與安德生仍然依據歐洲歷史中的現代國家為樣本，強調現代民族國家有清楚的界線 (boundedness) 與同質性。可是，在許多非西方社會的民族國家中，如美拉尼西亞，往往是多元的、多族群的，而由優勢族群所支配的 (Foster 1995)。少數民族的問題一直是其無法解決的困擾。事實上，這也是人類學對於現代國家研究所提出的獨一無二貢獻：剔除西歐認為現代民族國家是界線清楚而同質的偏見。其次，安德生雖一開始便強調被研究者的文化觀念，而注意到意象的建構是透過文化的風格，但是，他並未區辨不同的文化在建構、想像自己的國家或社群時有著如何不同的風格，因而未能進一步探討在不同文化或風格下，想像的共同體如何被建構。這反而是人類學研究最能提供的貢獻。卡普法勒 (Bruce Kapferer) 的研究便是一個典型的例子。

三、人類學研究的貢獻

卡普法勒在《人民的傳說，國家的神話：斯里蘭卡與澳洲的暴力，不寬容，與政治文化》(*Legends of People, Myths of State: Violence, Intolerance, and Political Culture in Sri Lanka and Australia*) 這本書中提出 (Kapferer 1988)：不同的文化會以不同的方式來建構國家意象。他用了斯里蘭卡和澳洲的例子來說明：

在斯里蘭卡的神話與傳奇裡，許多著名的建國英雄，如 Vijaya 及 Dutugemunu，都因為對國家造成威脅而被迫離開，之後返鄉再以暴力手段復興這個國家而成為英雄。因此，他們認為外來力量是強而有力的。而且，依其輪迴的信仰，過去與現在交織。同時，國家或社會是依階序來維持秩序的。當他們要建立一個國家時，就必須以暴力手段將外來強而有力的惡靈納入其佛教國家的階序中，就如 Suniyam 儀式將受惡靈影響的人重新納入其階序性的社會體系中一樣。他們便依據這樣的文化邏輯，來塑造並建立其現代國家。是以，在建國過程中，他們不但對於到中東工作賺錢回來而有助於經濟的年輕人，舉行類似神話傳奇裡的 Suniyam 儀式而給予某種階序地位，更對外來的少數民族坦米爾 (Tamil) 人，以同樣對付惡靈的暴力手段，將異族納入其民族國家的階序中。因此，從一開始到現在，他們對坦米爾人的處置方式都是非常暴力。這也說明本體論上的文化邏輯影響其對於外來異族的認識，並產生意識型態式的激情。

在澳洲的例子中，由於長期屬於英國的殖民地，即使有土著文化，但卻在澳洲社會中被長期邊緣化。澳洲的統治者主要是白人，加上流放的犯人，或是到澳洲冒險來尋求發展的失意人。這些人往往不遵守規範或秩序，我行我素，但是又非常強調義氣。一次大戰時，澳洲象徵性地派 Anzacs 這個地方的人參戰。這個部隊其實是非常強調個人主義而沒有秩序的。這些人在 Gallipoli 和土耳其人打仗，不幸全軍覆沒。但是，由於第一次世界大戰最後的結果是土耳其大敗，澳洲屬於戰勝國，所以，這群犧牲者代表的是無上的榮譽。因此，他們的犧牲以國家的節日方式來紀念。不過，這樣的節日並不是非常儀式性的，而是大家飲酒作樂、全國狂歡。如此便成為後來建立民族國家的主要象徵與對國家認同的對象。換言之，由於他們沒有文化傳統，所以這個事件便成為他們建立文化認同的基礎，因而建立了一個新的文化傳統而成為建立新國家的基礎。可是，Anzacs 的人就如同他們剛來到澳洲時一樣，充滿平等主義與個人主義的思想。因此，以這個地方的人來建立國家的意象，自然充滿著平等主義、以及平等主義背後的理性主義。是以，在國家建立的過程中，所建立的意識型態是承認個人獨立性、平等以及相互依賴，強調個人先於社會，社會是由個人所組成。這種平等主義與個人主義的意識型態，使得澳洲在歷經政治社會的轉變過程以及現代民族國家的建立過程，社會的分化愈來愈明顯而突顯出種族問題時，這種平等主義和個人主義仍然是整個國家意識型態的基礎，而這個基礎也合法化了白澳政策：他們要的是有同樣能力的伙伴成為澳洲公民。因此，當地的土著便因被認為「能力不足」，而不被賦予公民權。

由上兩個例子，卡普法勒進一步指出：現代民族國家的建構，是經由國族主義製造出國家文化為其成員膜拜的對象，而產生其力量。在國族主義與宗教信仰共同的作用下，國家文化經歷了一聖典化 (sacralization) 的過程，這聖典化的文化，一旦被塑造出來，便有如民族國家的本質，造成其統一的條件。由此，卡普法勒進而批評霍布斯班 (Eric J. Hobsbawm) 認為被創造出來的傳統是有別於日常生活的習慣或文化的看法 (Hobsbawm 1983)。對卡普法勒而言，這被創造出來的文化傳統與日常生活的習慣，其實都是由人所建構，無法與歷史分離，更源自共同的文化而有其共同的文化邏輯與本體論的基礎。而且，國族主義之所以如此強而有力，不只因為它是透過文化之本體論來運作的意識型態，更因它能夠激起情感。文化（邏輯）及其後的本體論必須透過人的活動才能存在。也因此，它的意義必須與歷史脈絡相銜接。最後，他的結論是：不同的文化（邏輯）或本體論，對於歷史、權力、國家、個體、人等等有不同的看法，因而建構的國族主義之形式、內容乃至方式均有所不同。

雖然，國族主義或民族國家發展為系統性知識，是從 1983 年葛爾納的《國家與國族主義》問世之後才開始，但到 2005 年為止，整個理論的發展並沒有太大的突破。安德生的《想像的共同體》至今仍是該研究領域中的主要經典。❷更嚴重的問題與質疑是 (Breuilly 1982; Hobsbawm 1990, 1992)：民族國家或國族主義是否是瞭解當代政治現象的適當概念？尤其在前蘇聯及東歐解體之後，我們發現許多研究實將民族國家（或國族主義）與文化認同及族群認同等概念混淆不清（黃應貴 1998: 119）。❸從 1983 年以來，我們所看到的民族國家的研究，

❷ Chatterjee (1986) 算是例外，但未能像安德生那樣產生影響，這多少與當代國家的性質，在新自由主義經濟的強力滲透影響下，早已產生變化的結果。見下一段第三點的說明。

一方面是愈來愈複雜，另一方面則是愈來愈混淆，以至於研究難以突破。會有這樣的結果，有幾點原因。

第一，民族國家或民族主義作為一個獨立的研究課題，在理論上從來未被視為是涂爾幹所說的社會事實。換言之，對於民族國家或國族主義的研究，從來沒有清楚界定研究主題的性質為何？自然就沒有弄清楚其研究對象為何？第二，國族主義或民族國家的研究從 1980 年代以來的發展，事實上是建立在新的權力觀念之上，尤其是由東南亞研究發展而來的「能」等象徵性或文化性權力概念，或是傅柯所說的在西歐民族國家建立過程所產生的無所不在卻又看不見的權力，這些都是民族國家或是國族主義研究發展背後的主要基礎。然而，目前為止，在權力性質的研究上仍未有新的突破。❹第三，自從 1970 年代末期，新自由主義秩序興起並全球化發展至今，全球資本流通加速，早已超越國界而非民族國家所能控制，現代國家與（工業）資本主義經濟相輔相成乃至於一體兩面的時代已經過去；國家力量式微，使原國家理論所具有的解釋力大受限制。國家是否是個有效的研究概念之質疑，再度浮出檯面。❺這問題在臺灣，更因國家並沒有得到國際承認

❸ 這點質疑，更因 Handler (1988) 的研究所呈現出魁北克爭取國家獨立的文化邏輯，是類似資本主義經濟背後的個人主義邏輯時，更加突顯。

❹ 雖然，近年來的亞馬遜地區人類學研究已透露了某種新的可能性。如 Taussig (1997)、Coronil (1997) 等試圖以拜物教之類有關國家巫術來探討權力的努力，在有關新的權力之探索上有其貢獻，但並沒有真正超越傅柯或東南亞的文化性或象徵性權力概念。

❺ 晚近有關新自由主義秩序的討論，特別是有關新自由主義秩序下的主權 (sovereignty)、治理 (governmentality)、公民權 (citizenship) 等的討論，雖還未能發展出有效的理論架構，但顯然已成為政治人類學研究的新方向。參見 Harvey (2005)、Ong & Collier (2005)、Sassen (2006)、Ong (2006) 等。

而更加嚴重；甚至得透過地方文化建構的過程重建國家的意象 (Lu 2002)，使得臺灣在這問題上有其獨特的現象與位置。第四，國族主義或是民族國家的研究，牽涉到的層面非常複雜，不只是具體的制度，還包括抽象的文化觀念，但又必須結合這些層面，❻往往更容易造成現象與解釋的混淆。類似的問題，也發生在族群研究上。

第二節　族群研究

一、根本賦予論與情境決定論的爭辯

關於族群研究，巴特在 1969 年出版的《族群與邊界：文化差異的社會組織》(*Ethnic Groups and Boundaries: The Social Organization of Culture Difference*)(Barth 1969a)，開啟了人類學裡關於族群（指 ethnic groups）或族群性 (ethnicity) 問題的討論。在這本書的導論中 (Barth 1969b)，巴特透過「族群邊界」的概念，來討論族群的範圍，及界定範圍的基礎。這篇有名的文章，帶出了日後人類學族群研究至今的幾個主要的共同論點 (Eriksen 2001: 262–267)：

1. 族群或族群性的發展是製造差別 (making difference) 的過程。所以，一開始一定是發生在非常相近的群體之間。對於差別很大的群體，族群性的界定不會造成困擾。
2. 族群性是相似群體的互動過程而產生出來的。
3. 族群性是相關團體之間的關係，而不是個人或群體的性質。

❻ 安德生《想像的共同體》一書之所以能夠成功，就是因為他能夠結合各種相關知識。

4.族群性不只是團體內部所承認的，也是團體以外的人所承認的。

5.族群性經由宗教、婚姻、語言、工作等來實踐。

6.為建立族群的傳統，一團體往往會據有某種歷史為其根據。

7.族群性是相對性的、也是情境的。因此，艾利克森 (Thomas H. Eriksen) 提到：族群認同往往是「分層的認同」(segmentary identities)。如同伊凡普理查在《努爾人》一書中，以及弗提斯在非洲塔蘭西人研究中所指出的分支結構，在不同的層次上有不同的連結與對抗關係。❼

8.族群性是相對的，也是過程的 (processual)，是社會過程中的一個層面。

不過，即使艾利克森綜合了自巴特以降的研究成果，有一個問題仍必須面對：「族群」或「族群性」真的是那麼確定嗎？這便回到巴特一開始所提的問題：界定族群邊界的基礎是什麼？這裡已涉及族群研究中兩個主要取向的爭辯：「根本賦予論」(primordialism) 和「情境決定論」(circumstantialism)。前者認為，族群性是天生的，就像親屬一樣。因此，族群團體就如親屬團體一樣，是天生自然的。但是，正如第五章有關親屬的討論，所謂「天生自然」，往往是文化所建構的。至於後者則認為，族群或是族群認同是易變的，會隨著政治經濟條件而變動。❽

❼ 例如，兄弟各「房」之間是對抗的，但是，在與叔叔那一「房」對抗時，兄弟又聯合起來，對抗叔叔；與親屬關係更遠的親戚對抗時，兄弟又可跟叔叔一房連結起來，成為一個一致對外的團體（參考第五章所提到的「非洲的繼嗣理論」）。

❽ Eriksen (1988) 在加勒比海的研究，便是一個典型的「情境決定論」範例：

這兩個取向，在爭辯過程中，也產生許多介於兩者之間的論點與立場。比如，原為根本賦予論的克易士 (Charles F. Keyes)，便修正為辯證的研究路徑 (dialectical approach)(Keyes 1981)；原為情境決定論的拿加塔 (Judith A. Nagata)，便提出折衷論點 (Nagata 1981) 等。事實上，基本的問題不再是哪一派的解釋比較正確，而是這兩派所討論的課題本身，是否有被清楚的界定。否則，兩個取向之間是否可能進行真正的對話，尚有很大的疑義。這個問題，在林納欽 (Jocelyn Linnekin) 與波易爾 (Lin Poyer) 的突破性研究中 (Linnekin & Poyer 1990b)，被突顯出來。

二、將文化的概念帶入族群研究

林納欽與波易爾在《大洋洲的文化認同與族群性》(*Cultural Identity and Ethnicity in the Pacific*) 一書的導論中，一開始便說明文化認同 (cultural identity) 與族群性 (ethnicity) 是不同的，群體認同 (group identity) 與文化差異 (cultural difference) 也是不同的 (Linnekin & Poyer 1990a)：

過去，有關族群或族群性的爭辯，主要還是在於釐清分類背後的認同基礎。例如，根本賦予論認為分類的基礎是天生自然有如血緣一般，可依附於地方、親屬、語言、宗教、習俗等等之上；情境決定論則歸之於社會政治條件的功能。但我們若由文化認同的象徵建構與發明的角度切入，就會發現：過去的族群研究，基本

遷移到千里達島的印度人，起初適應不甚成功，認同自己為有色人種。但是，後來因為經濟地位提高而晉升為中上階層之後，便認同自己是印度人，有別於有色人種。

上是立基於生物繼承與個體心理學，完全是西方群體認同的本土理論 (ethnotheory)，❾假定了每個人都是獨立自主的生物體。反觀大洋洲，當地族群的文化認同是建立在「共有的社會性人觀」(consocial personhood) 上，認為個體是由關係建構而成，與西方的獨立自主人觀有著根本上的不同。

林納欽與波易爾將族群性分為兩種型態：孟德爾型 (Mendelian model) 與拉馬克型 (Lamarckian model)。前者強調了族群性是由類似親屬的繼嗣所決定，是天生的；後者是經由行為的轉變過程 (process of becoming) 而來，是以實踐的結果建構其認同，更是大洋洲民族在族群性界定上所表現出來的特性。大洋洲的文化認同不僅可以自我轉換，而且往往是有多重認同，必須存續於社會關係中。這種奠基於大洋洲人觀而來的自我與族群認同，遂成為大洋洲民族誌在族群或族群性研究上的獨特貢獻。

不過隨著大洋洲逐漸被納入現代國家及世界性資本主義經濟體系中，當地人的文化也逐漸受到被置入的外來分類之影響，而漸漸地改變。即使如此，當地人還是試圖在傳統文化的基礎上進行文化復振運動，如有名的 *kastom*。雖然，這類運動往往把「傳統」

---

❾ “ethnotheory” 譯為「本土理論」，意指當地文化所建構出的一套知識體系，因而帶有很強的文化中心主義 (ethnocentrism) 在內。在人類學理論史上，施耐德 (Schneider 1984) 曾以此概念抨擊親屬研究亦為一種西方中心主義的 ethnotheory，而與清水昭俊展開一場辯論 (Shimizu 1991, Schneider & Shimizu 1992)。林納欽與波易爾使用這個詞彙，意指族群理論亦是西方中心主義的文化建構。

客體化而帶來其他問題。

林納欽及波易爾界定大洋洲民族的族群性為拉馬克型，以相對於一般族群理論所呈現的孟德爾型。但這兩種類型的命名與分類，均源於西方生物學的隱喻，也可以說是西方的本土理論。林納欽與波易爾更要強調的是：大洋洲地區強調實踐的文化特性，使其呈現出有別於其他民族的特殊族群認同傾向，讓我們知道：族群分類的基礎是依據文化而來。在阿士圖娣 (Rita Astuti) 的研究中，更清楚闡明了這一點。她的民族誌，討論了馬達加斯加島西部濱海的韋柔 (Vezo) 人群體認同如何建立 (Astuti 1995a)：

韋柔人的自我認同來源，是來自當下「所做的」(doing) 行為，而非源自歷史或由起源祖先所決定。換言之，「是韋柔人就是作為韋柔人」(to be Vezo is to act Vezo)；「韋柔人」是一種行為的結果，而不是一種存在的狀態。「作為韋柔人」的行為，是由學習而來的，但他們並不強調「過程」——相較於大洋洲民族強調「轉變的過程」與時間上的持續性，韋柔人更強調人與地的關係，以及突然轉變的行動——只要在韋柔人的土地上做韋柔人所做的事情，就是韋柔人。

韋柔人這種透過行動與地緣界定的認同 (geodetermined identity)，不僅可區辨他們與其他拉馬克型族群在行為規範上的不同，更突顯出他們轉換到不同的地方，就從事不同的行為與生活，而可以快速改換認同的特點。此處不僅涉及韋柔乃至整個南島民族都有的文化特性：「累積性人觀」(cumulative personhood)，更涉及他們強調在特定地方之行動的當下，以否定過去或歷史的決定性。如此一來，更彰顯「成為韋柔人」(“To be a Vezo”) 是個轉換的過程；非韋柔人透過時間可藉由行動變為韋柔人。因此，韋柔性 (Vezoness) 不是固定不變的，而是著重當下的外顯行動。故此，阿士圖娣認為韋柔人有如透明人，沒有內在的本質，相對於塔倫西人，其族群認同是建立於過去不變的歷史，兩個文化有根本的差異。

由此，阿士圖娣不僅進一步討論了：拉馬克型的文化認同，必須由當地人的本土理論 (Vezo’s ethnotheory) 來瞭解，讀者更可以在這個個案中，進一步看到韋柔的文化認同是如何由其人觀、空間、時間等所建構，將族群研究的最終目的回歸到文化本身的瞭解上。也因此，族群性與族群認同，在不同的文化裡，有著不同的文化方式來建構及表達。這可見於臺灣賽夏族的研究。

在鄭依憶的《儀式、社會與族群》(2004) 一書中，由賽夏族矮靈祭的討論，突顯出該族群如何以特殊的方式建構及表達他們的族群意識與族群認同：

臺灣北部苗栗縣靠山地區的賽夏族，從有歷史記憶以來，不斷歷經與強勢文化的互動——如神話傳說中的矮人文化、有歷史紀錄以來的泰雅文化、客家文化、日本文化、西方基督教文化、以及目前臺灣大社會漢人主流文化等。在這些互動過程中，他們學會了較高的生產技術，如水稻種植取代了原來以刀耕火耨方式所生產的小米，卻也使得土地與婦女不斷流失，成員不斷地分散到臺灣各地，甚至文化也深受異己群體的影響，如賽夏族的北群明顯

地泰雅族化、南群則是客家化，目前在語言、服飾、住屋及生活方式等各方面，已經很難跟泰雅族或是客家人分辨。因此，賽夏人如何構成一個群體而維持其文化認同，並解決其與異族之間的歷來衝突？這是此文化目前急於解決的主要問題。

透過矮靈祭的舉行過程，賽夏人將分散臺灣各地的成員召回原居地，共同出錢出力、遵守禁忌、共享祭儀成敗的福禍，使得賽夏人產生一體感而建構出「我群」意識。儀式分南北兩地舉行，但在儀式結構上，北群晚一天舉行而使得儀式中的送靈部分得以由南群銜接到北群而終結，使兩個群體得以整合在一起。迎靈之後的後半段儀式是歡迎所有的異族朋友、客人甚至陌生人一起參與。在這個階段，所有賽夏人都穿起他們的傳統服裝，使他們更易於異族分辨，又易於同族認同。另一方面，他們不但在儀式的第二階段邀請異族共舞，與異族打成一片，更用食物來宴請異族，使彼此和諧相處。在儀式的最後階段，伐榛木送靈之後，所有參加祭典的人，不分族群，共同享用主祭家族所準備的酒與糯米糕，達到融洽的最高境界，儀式隨之結束。

透過矮靈祭的執行過程，賽夏族不僅將分散各地的族人凝聚成為一個群體，同時，也透過儀式的象徵實踐過程，試圖解決其與異族之間的矛盾衝突。透過儀式，他們建構並表達了賽夏族的族群與文化認同。

不過，賽夏族的例子，也突顯了族群研究從 1969 年開始發展至今，一直沒有辦法有效克服的基本問題：到底族群性或族群認同，如何與文化認同、階級認同等等有效地釐清分辨？因此，艾利克森 (Eriksen 2001: 267) 強調族群問題本身跟很多非族群因素結合在一起。

所以，「族群」問題往往可以被化約為其他的問題，而產生混淆與困擾。例如，北愛爾蘭的衝突，究竟是族群問題、還是宗教問題？換言之，正如民族國家或國族主義一樣，我們至今仍無法證明族群本身是一社會事實 (John Comaroff 1992 [1987])。在這情形下，族群研究雖如民族國家或國族主義的研究一樣，一直是個熱門的研究領域或課題，但在 1990 年之後，在理論上，就沒有明顯的突破。

雖然如此，在族群研究領域，至少有兩個不同的努力方向在進行著。一個是讓族群問題與其他層面銜接，以突顯其實際上錯綜複雜的特性。另一個則是重新反省並試圖突破巴特由界線概念界定族群的限制。

三、族群研究的新方向

就第一個方向而言，阿士圖娣 (Astuti 1995b) 便進一步注意到：韋柔人的（拉馬克型）認同，除了上述依地點與作為而產生 (geodetermined)，還有一種是依繼嗣原則，依據死去的人而來的（孟德爾型）認同，直接說明了（族群）認同可能是複數的複雜現象。[10] 此外，詹明善 (Mark Jamieson) 在尼加拉瓜東部海岸的研究，除了說明大家都已知道族群性是因脈絡而異 (contextual) 及可協調妥協的 (negotiable) 性質外，更將不同的族群性與不同性質和週期的經濟活動相結合，討論不同的認同實際上如何被應用到經濟活動上，以達到社會生存與繁衍的目的 (Jamieson 2003)。這個研究，突顯了族群與其他因素不可分的複雜性，但也導致「認同」反而漸取代了族群性本身，

[10] 阿士圖娣在文中只用了「認同」(identity) 而非「族群認同」(ethnic identity)。甚至，因為大洋洲的族群認同是依其文化而來，傾向於所謂的「拉馬克型」，不同於其他地區的「孟德爾型」而傾向稱之為文化認同。在這一章中，為了突顯族群問題本身，筆者在文中以括弧加入拉馬克及孟德爾型族群認同。

更加無所不在。因此，正如包曼 (Zygmunt Bauman) 所說，當代生活的各主題研究必須透過「認同」作為支柱來掌握，以呈現當代人類社會的現狀。也因此，相關的研究往往聚焦於各種不同的認同 (Bauman 2001)。⓫但認同研究正如族群性研究一樣，既無法證明其為社會事實，也無法釐清其與其他概念（如族群性、國族、階級等）的分辨，而難有理論上的突破。⓬

正因為第一個努力方向造成「認同」取代了「族群性」，另一個努力方向便更值得注意。首先是柏門蘭 (Hans Vermeulen) 與葛弗士 (Coro Govers) 在 1994 年出版了《族群人類學：超越族群與邊界》(*The Anthropology of Ethnicity: Beyond "Ethnic Groups and Boundaries"*) 一書中指出：巴特當初以「邊界」來界定族群，不僅使「文化」與族群性分離，而使得族群性成為互動而非靜態的概念，但也造成後來的研究幾乎完全忽略了「文化」與「族群性」間的關係 (Vermeulen & Govers 1994)。因此，這本書，正如前述林納欽及波易爾或阿士圖娣一樣，由「邊界」如何被界定而呈現文化的差別，因而將文化帶回族群研究中。但就族群概念本身，其實並沒有什麼太大突破或發展。2000 年，柯恩 (Anthony P. Cohen) 出版了《象徵化的認同：關於邊界與競爭性價值的人類學觀點》(*Signifying Identities: Anthropological Perspectives on Boundaries and Contested Values*)(Cohen 2000) 一書時，

⓫ 比如，Thompson (2003) 所研究的馬來西亞，便呈現出人們是如何在分離 (dissociate) 或連結 (associate) 各種不同的認同，包括國家、族群、階級、性別、乃至地方認同等等。

⓬ 如，Handler 甚至質疑了認同概念的有效性 (Handler 1994)。Harrison 則質疑：認同並不在於突顯差異，相反地，是因其相似但是具有私有資源的性質，而成為排他性據有的對象 (Harrison 1999)。

主題已不只是討論「邊界」如何被界定，而是把邊界視為「看及知的方式」(ways of seeing and knowing)。比如，薩爾門 (Anne Salmond) 的紐西蘭研究，藉由探討西方傳教士與土著對當地土著領袖死亡的不同解釋，指出：傳教士呈現西方文化以自我為中心的分析思考方式 (analytic thinking)，強調「邊界」是分離的地方，而毛利人則呈現了關係性的思考方式 (relational thinking)，強調「邊界」是結合的地方 (Salmond 2000)。雖然如此，不同的文化背後，還是有著邊界結構原則的共同性——邊界有其形式與結構性。中心的人看邊界，往往帶有自我中心的獨斷視角，但位於邊陲的人，則更容易考慮中心的想法，而產生比較的觀點。是以，「邊界」是有其結構與形式的，不論是民族國家、族群建構，甚至建立在身體邊界的個人經驗，均可以看到這樣的結構和形式。由此，我們可以看到：這新的努力方向不僅企圖剔除西方文化視「邊界」為分離的偏見，更將不同文化視野背後的共同性帶入思考，並將族群研究帶入心理的層面。

即使如此，上述研究的新方向，基本上還是沒有跳出巴特由「邊界」界定族群的基本立場。但另一方面，有一些研究試圖透過當代正在發展中的區域體系或新地方社會，由同一區域裡面不同族群文化或來自不同地區的人所建構的不同區域認同，來重新檢討並尋找新的族群與認同概念（黃應貴 2006a）。由於這類因交通及溝通工具的急速發達而造成資金、資訊、人、物等快速流通所發展出來的區域體系或新地方社會，不同族群文化或來自不同地方的人往往交錯地生活在一起，加上象徵性溝通系統早已超越人與人直接互動方式的限制，使得個人乃至族群日常生活的界線不再清楚一致，也使得他們所建構的區域認同或族群與文化認同，不再是以「邊界」來認定，因而提供我們思考如何真正跳出巴特以「邊界」界定族群的限制。湯瑪士 (Philip Thomas)

有關馬達加斯加道德地理的研究，便值得我們注意 (Thomas 2002)：

在馬達加斯加東南沿海 Manambondro 地區 Temanambondro 人的研究中，湯瑪士指出：當地人是以河流隱喻他們的家鄉。因他們的祖先由四面八方來到這裡，就如同河流是由上游許多小河匯集而成一樣。更因為這條河是他們的祖先早期生活的依據，而被賦予他們的歷史經驗與文化傳統，包含了他們對於人、地、歷史、人群等觀念在內，使得這條河流不僅是歷史時期的主要活動地，現在仍是被他們賦以認同的所在。在殖民勢力的影響下，他們的生活領域被迫擴大到市鎮，並建構了與家鄉相對而又有階序意涵的空間類別——城市，也建構了新的象徵分類系統：家鄉（或鄉村）相對於城市，有如當地人相對於外來者、傳統相對於現代，或保守相對於進步。這個新分類，並不只是建立在原有傳統的河流空間象徵上，而是結合了外來殖民過程的歷史經驗所發展出代表現代與統治中心的都市，並賦予新的地方（都市）文化意義。而這個新分類體系，在解殖獨立後繼續發展，逐漸建構出馬路作為新的宰制性場所。馬路不僅延續了過去歷史經驗，更呈現了他們是誰、他們在哪兒、以及他們將變為誰的當前關懷。在這個研究中，作者指出：所謂的道德地理（指由當事人主觀的歷史經驗而來而具有區域認同的地方感），不僅是瞭解與想像的面向，它的空間想像更是由觀念、慣性、實踐、認同、道德、社會性、記憶與歷史、經驗與想像力等交織所構成的。這些要素可顯示殖民時期（與外來者）的不對稱與階序關係外，也可顯示當下後殖民的情境。一言以蔽之，道德地理招來過去而使當代有了意義，但過去並非清楚地決定了當代，而是重新拼湊過去來想像未來。

雖然，湯瑪士的研究尚未將同一地區內不同族群文化的外來者之不同區域認同銜接；對於人文或文化地理學提出「區域認同」的概念所包含的外在結構力量與當事人主觀的歷史經驗，他也僅涉及後者而無法包含前者。故雖已能討論或再現威廉士 (Raymond Williams) 的「感覺的結構」(the structure of feeling)(Williams 1977)，但還不足以充分呈現地方上的人在區域體系形成過程的主動性，自然無法把這種認同來對於巴特族群性概念有所挑戰。但他的研究已足以令人有所期待。

此外，在新自由主義政經條件下，族群正與文化一樣，逐漸成為資本的一種，成為當事人爭取政治經濟利益的符碼，而不再只是社會群體運作或文化認同的實質意義。甚至，其表面上的「族群性」活動，實際上可能只是當地人具體的區域性活動中的一環。比如，在臺灣東部的撒奇拉雅族，2007 年正式由阿美族分出並得到政府的正式承認。但除了特定節日集合各地的撒奇拉雅人一起，穿著新創造出來的「傳統服飾」來展演他們新近創造出來的火神祭活動外，日常生活幾乎沒有任何改變。⑬他們依然與阿美族一起生活，講阿美語。這暫時的集體性的「族群」活動，正如其他不同範圍的區域性政治、經濟、宗教、乃至於觀光等活動，都只是他們日常生活中的一環。對於這類新秩序下的新現象與新經驗，我們是繼續稱之為「族群」呢？還是尋找新的概念來有效呈現它？這個在新自由主義新秩序下的新思考，基本上是視「族群」為特定時空背景下的產物而根本質疑了此概念在當代的有效性，故尋求新觀念以取代「族群」，成了另一個可能的新發展。

⑬ 有關撒奇拉雅族民族誌相關資料，參閱 Huang (2007)。

第三節　結　語

由上面的討論，我們可以發現，民族國家或國族主義與族群，是當代人類社會最普遍而最易見到的熱門現象與問題，也是當代世界許多爭端的來源，因而成為許多學科共同關懷的課題。然而，相對於政治人類學有關權力的研究，在人類學中，這方面的進展與突破一直有限。即使族群研究在 1990 年代因重新帶入「文化」概念而有突破性的發展，但也導致「族群」與「文化」甚至「認同」等概念混淆的問題。這都涉及這些研究課題與其他現象與問題密切連結而不可分的複雜性，更涉及這些課題在發展過程中，一直無法建立其在理論上具有涂爾幹所說的社會事實之不可化約的獨立自主性，以至於其研究結果往往愈來愈複雜而治絲益棼。但另一方面，人類學家從事這類問題的探討時，與其他學科比較，還是有其獨特的貢獻：剔除原有觀念中西方文化的偏見。至少，有關民族國家或國族主義的概念，人類學研究便清楚地指出它所隱含的文化偏見——奠基於西歐歷史經驗而來，認為現代民族國家是界線清楚而同質的。同樣地，在族群研究中，人類學的大洋洲研究成果已指出：過去族群的概念往往建立在西方生物繼承與個體心理學的文化中心理論，因而預設了每個人都是獨立自主的生物體。而在有關族群邊界的研究討論上，人類學家得提出視邊界為分離的預設，更是作為中心的西方文化之偏見。但不論是國族主義或族群的研究，在面對新自由主義新秩序的挑戰下，都面對其原有性質上的根本改變，而有尋求新觀念來取代的可能性發展。透過已知的反省來探討未知而有所創造，原就是人類學知識發展的一個特性。

第九章　經濟與社會

經濟人類學的發展，自從馬凌諾斯基奠定三個基本課題——資本主義經濟學的概念是否可適用於瞭解非西方社會的經濟現象、經濟必須由非經濟的社會文化脈絡來瞭解、注重被研究者的觀點，歷經形式論與實質論的爭辯、禮物經濟、現代化理論、鄉民經濟、結構馬克思理論、到政治經濟學的發展，最主要的成就，是突顯了如何由社會文化的脈絡來瞭解經濟。也因此，經濟人類學至此，所建構的並不是經濟理論，而是社會理論。同時，為了解答資本主義經濟學的概念是否可用於瞭解非西方社會的經濟現象，經濟人類學不僅挑戰了資本主義經濟學概念的適用性，並試圖剔除資本主義經濟文化的偏見，更體現尋求資本主義經濟以外的另一種可能的努力。特別是在禮物經濟、農民經濟、結構馬克思論等的探討上，特別明顯。在這方面，經濟人類學的成就，相對於本書其他各章所討論的人類學其他分支，成果更為豐富。

第一節　經濟人類學的基本研究課題

經濟人類學始自於馬凌諾斯基的古典著作《南海舡人》(*Argonauts of the Western Pacific: An Account of Native Enterprise and Adventure in the Archipelagoes of Melanesian New Guinea*)。透過對初步

蘭島交換體系的探討，他建立了經濟人類學的三個主要研究課題 (Malinowski 1961 [1922])：第一，西方資本主義經濟學的概念是否可適用於瞭解非西方社會的經濟現象。這個問題意識起源於初步蘭島民參與庫拉圈 (Kula ring) 交換的動機。不同於資本主義經濟學中追求最大利潤的「經濟人」假定，初步蘭島民主要的生產所得是供給姊妹一家，而不是累積在自家中。另一方面，他們所交換的主要物品，像項鍊、手鐲等寶物，既缺乏實用價值，也不具有貨幣的功能。在此，馬凌諾斯基認為初步蘭島民的「非經濟」動機與行為，是與西方資本主義經濟學定義下的「經濟」觀念——強調由有限資源中選擇必要手段以達到最大的滿足——有根本上的差別。這是由比較得來的。

關於第二個課題，馬凌諾斯基認為：經濟必須由非經濟的社會文化脈絡來瞭解。不同於第一個課題所涉及的比較觀點，這個課題涉及到人類學所談的整體性的觀點 (holistic point of view)。在初步蘭社會，男人生產所得必須交給姊妹的家，這必須從該社會的「母系」社會組織來理解。同樣地，在初步蘭島，生產過程中的不確定性愈高，就愈得依賴宗教（例如巫術），來肯定及保障己身所得。比如，由於近海捕魚僅需仰賴自身的工具與技術，不確定性低，島民在從事近海珊瑚礁捕魚時，從不求助於巫術。但當捕魚活動愈往遠洋深海移動，所得的不確定性與危險性同時增加時，島民愈依賴宗教（特別是巫術）的幫助。同樣地，當初步蘭人進行遠航貿易時，由海上的危險與不確定性所產生的心理恐懼，必須依賴巫術來解除及緩和。仰賴巫術以解決生計或貿易活動所產生的焦慮，也展現出當地人的想法——縱使有再多不確定的因素，還是要想出辦法來解決。雖然，以現代人的觀點來看，這個辦法並不是個科學的辦法，但至少當地人還是使用了自己所能想像得到的方式，來解決問題。

這本書所牽涉到的第三個課題，是如何呈現經濟活動中當地人的觀點 (native's point of view)，也就是現在所謂的被研究者的觀點。比如，初步蘭島民族誌出版之前，在西方社會普遍的刻板印象中，都認為原始社會的人非常懶惰、追求快樂以及自私自利。但這本民族誌中所呈現的是：初步蘭島人十分勤勞並且高傲，經常把所得到東西送到姊妹家裡，而不是為自己所用。而且努力地交換來建立個人的社會地位。這些都表現出他們經濟活動背後的行為規範，也說明了對原始人的懶惰、自私自利的刻板印象是一種西方的偏見。這讓筆者想起大學時聽過的一個小故事：

在菲律賓著名的觀光勝地碧瑤，經常可見來自世界各地的企業家來此渡假。有一天，有一個成功的企業家信步走到湖邊，看見當地一個小孩在湖邊釣魚，便詢問那個小孩：你為什麼不去賺錢而浪費時間在這裡釣魚？小孩反問企業家：賺那麼多的錢要做什麼？企業家回答：賺了錢之後，可以到世界各地渡假。小孩說：我現在就在渡假。

這故事當然有點諷刺，但也顯現了經濟活動的價值究竟是產生於手段或者目的的不同觀點。這正是馬凌諾斯基在《南海舡人》之中非常強調的一點。

事實上，這本民族誌中除了上述三個研究課題有關的現象外，所提到的許多經濟活動，都有著心理上的基礎。首先，交換者不僅對於儀式性的寶物交換懷抱著敬畏的心理，更有著一股「攻擊性的熱忱」(aggressive eagerness)——他們積極主動地進行交換，以得到更有價值的物品，進而得到更高的社會地位。其次，由於人的嫉妒心與野心，交換過程中的成功者往往也會同時招致許多敵人。第三，初步蘭地區的習俗之延續，往往牽涉到人的心理惰性，也就是人往往喜歡一致性而不願改變現狀的心理狀態。

此外，馬凌諾斯基雖建立了三個經濟人類學的主要研究課題，但，這本民族誌還隱含了另一個他當時並未直接點明的重要課題。這個大哉問，直到牟斯在《禮物：古代社會交換的形式與理由》（後簡稱《禮物》）(*The Gift: The Form and Reason for Exchange in Archaic Societies*) 一書中才清楚點出。那便是：資本主義經濟之外有沒有另一種可能？

馬凌諾斯基的學生弗思 (Raymond Firth)，對他所提出的三個基本研究課題提出挑戰。弗思有三個基本的看法（黃應貴 1974: 146）：第一，他認為馬凌諾斯基對於「經濟人」的認定是有問題的。所有人類，不論原始人或現代人，都要面對資源有限但欲望無窮的問題，這種矛盾是人類的困境。也因此，所有人都必須面對如何投注最少的勞力卻能得到最大的滿足，這就是資本主義經濟學對於「經濟人」的基本假定。即便是馬凌諾斯基所描述的初步蘭人，其動機與行為迥異於西方社會的「經濟」定義，但仍不會脫離這個以最少勞力獲得最大滿足的經濟人核心假設。第二，在原始社會甚至鄉民社會中，不一定存在著具有現代貨幣功能的價值量度工具。但是在這樣的社會中，時常可以利用其他的方式，例如勞力、時間來計算他們經濟活動產品的價值。因此，當地人對於寶物的情感，並不是寶物唯一的價值來源，其生產過程所耗費的勞力也可以界定寶物的價值。因而使得寶物也具有價值衡量尺度的功能，而非如馬凌諾斯基所認為的，只具有主觀認定價值。第三，弗思認為，奠基於上面對於「經濟人」與「價值」的普遍性預設，不論是現代社會或原始社會的「經濟」，其實只有程度上的不同，而沒有類別上的不同。

弗思的觀點，受到美國人類學家賀士科維茲 (Melville J. Herskovits) 的支持 (Herskovits 1952)。賀士科維茲以民族誌資料來證明經濟過程一些共有因素及架構的普遍性。與此同時，馬凌諾斯基的看法也受到某些美國人類學家民族誌的支持。像北美西北海岸印地安人的「誇富宴」(potlatch)，在儀式中焚燬大量的有價物資（如毛毯或銅桿)，便提供非常有名的「非經濟行為」之民族誌典範。這些均提供了進一步理論爭辯的基礎。

第二節　實質論與形式論的爭辯

弗思對馬凌諾斯基觀點的質疑，正反映了在經濟人類學中實質論與形式論的爭論（黃應貴 1974)。簡單來說，形式論者認為：所有的經濟現象都可以用西方資本主義經濟學的觀點來瞭解，只是在概念定義與適用範圍上必須做些修正；如以勞力取代貨幣來計算價值，或將經濟利益擴大到社會目標等。而實質論者，正如馬凌諾斯基，認為西方資本主義經濟學並不適用於解釋非西方資本主義社會的經濟現象。不過，真正把這個問題帶到理論上的爭辯的，一直要到博蘭尼 (Karl Polanyi) 與其他兩個學者合編的《早期帝國的貿易與市場》(*Trade and Market in the Early Empires: Economies in History and Theory*) 一書的出版。

博蘭尼認為人類社會中有三種交換的體系 (Polanyi 1957)：互惠 (reciprocity)、再分配 (redistribution)、交易 (exchange)。這三種不同的交換體系存在於不同類型的社會之中。以互惠為主要交換制度的社會，是由對稱的社會群體所組成，最主要的經濟現象是個人間的「互利互生」(mutuality)。如澳洲的採集狩獵之二部組織社會，是個無單一首領的平等社會，互惠即作為整合社會成員的機制。以再分配為主要交換制度的社會，通常比較複雜，且具有階級性的權力組織，有一個物資分配中心成為整個中樞的結構。他們重要的經濟現象是人與人之間的「共享」(sharing)，透過再分配的機制使得社會整合在一起。以交易為主的社會，具有價格作為主要運作機制的市場體系，關注個人的貿易行為，並透過市場體系來整合社會，如現在的西方社會。❶

這樣的理論建構牽涉幾個主要論點：第一，他把經濟看成制度性的過程，也就是說，經濟是鑲嵌 (embedded) 在社會制度之中，使得經濟與非經濟的制度是不可分的。第二，不同類型的社會有著不同類型的經濟行為。第三，他強調：當前的資本主義社會及市場經濟，其實是人類歷史中最晚近也是最短暫的社會經濟型態。換言之，資本主義市場經濟學只適用於市場經濟發展以後的社會，之前的社會必須用別的理論觀點去理解。

博蘭尼所建構的這一套理論 ， 也引起其他經濟人類學家的批評 (Burling 1962; LeClair 1962; Cook 1966)。他們的主要論點有二：第一是抨擊博蘭尼誤解了經濟學。經濟學的理論模型與實際經濟現象原本就屬於不同的層次，經濟人類學在討論時往往把經濟學的理論模型混同於現實，而誤解了經濟學；另外，經濟學中的經濟分析、政治經濟學、經濟思想等是不同的，人類學的討論也往往把它們混淆。簡言之，經濟人類學家誤解也誤用了經濟學，不是將它窄化了，就是將它擴大了。事實上，經濟學在處理經驗現象時，經常限定在討論特定條件下的某些行為。在此限定的領域之內，經濟學可以有效預測與解釋人類行為。甚至，經過適當的轉換過程與條件設定，經濟學的概念可以適

❶ 博蘭尼並沒有否認，一個社會可能並存著不同的交換體系，但他認為每一個社會都有一個主宰性的交換體系。

用於其他領域。比如：市場模型也可以用來分析權力與競爭。第二，他們認為，實質論者往往帶有十九世紀浪漫主義的意識型態，把市場視為工業社會的邪惡象徵。換言之，若整個實質論的討論都建立在反市場的意識型態上,則如何與自認不帶任何意識型態的經濟學者對話?

形式論的批評，自然引起實質論支持者的反擊，包括博蘭尼的學生達爾頓 (George Dalton)、薩林斯、波漢納夫婦 (Bohannans)(Dalton 1961; Sahlins 1960b, 1963, 1969; Bohannans 1968) 等。而形式論者也不斷加入戰局，如薩利思布里 (Salisbury 1962)、弗思 (Firth & Yamey 1963) 等。但其間的對話愈來愈少，正如筆者的分析（黃應貴 1974），這其實是不同立場的爭辯，涉及了兩派學者對於人類學根本不同的看法，以及分析探討路徑的差異。形式論者往往視人類學為科學，研究上往往以個人為分析單位，以客觀的立場來探討研究的對象；實質論者則是偏向人文學傾向，追求的是對社會文化特殊性的瞭解，分析的是社會本身，重視被研究者的主觀立場。由於這個爭辯牽涉到兩派對於人類學看法的不同，乃至於研究目的、分析單位、方法論上的歧異，但卻沒有提升到本體論或認識論的層次來做討論，以至於彼此難以對話，甚至忽略了當時出版的重要研究——牟斯的《禮物》。所以，儘管形式論與實質論的辯論從 1950 年代中期到 1960 年代中期，在經濟人類學中十分熱門，但在 1960 年代中期以後，卻由於爭辯無解而漸漸沒落，代之而起的是對於經濟變遷現象的關注。

隨著資本主義的全球性擴張，人類學研究的弱勢族群或非西方文化，在不同程度上，均已受到了資本主義經濟的影響。即使在馬凌諾斯基所研究的初步蘭島，我們也看到當地人潛水採珍珠賣給西方商人的情形。這個情形，因為二次大戰以後以美國為代表的世界性資本主義經濟的急速擴張而益加突顯，更是當時各國所關懷的急迫問題。不過，在進一步討論這個新發展之前，先回到1950年已經出版，卻在當時形式論與實質論的爭辯中被忽略的課題：禮物經濟。

第三節　資本主義經濟之外的另一種可能：禮物經濟

牟斯的《禮物》一書出版於1950年，英譯本出版於1967年，但在當時的英語世界卻完全被忽視。主要原因是：當時國際人類學界仍為經驗論科學觀所宰制，該書走在時代的太前端，沒能被給予應該有的重視，直至1970年代末期，其價值才真正被重新認定，發揮深遠的影響。

牟斯的研究，分析的是一個非常普遍的現象：送禮。他一開始說明：送禮是個義務性的行為；送的人基於某種義務而送禮，收禮者也基於某種義務而收下。這個十分普遍的現象牽涉到許多人與人之間的關係與權力。更重要的是，接受禮物本身還產生還禮的義務。送禮背後已經涉及到幾個特點：第一，在給與受之間產生了結構性的關係。第二，它存在於社會生活的各個層面上，不論是經濟、政治、法律、宗教、道德。第三，在這個現象背後，有一個普遍的原則，牟斯稱之為「全面性的償付」(total prestation)，就是一般所說的交換。在這個普遍原則之下，任何人或物在進入這個給予、接受、償付的結構之後，人與物的性質也就改變了；物進入了這個過程之後，可以成為神聖的物品；而人進入這個過程之後，就與別人產生不平等的關係。

那麼，為什麼送禮會產生這種結構性的過程與結果？牟斯認為：送禮的人與接受禮物的人之間有著共同的信仰，而每個文化的信仰是不同的。例如，在毛利人的精靈信仰之中，認為所有的人與物背後都

有精靈 (spirit)；一個人送出東西時，也同時是送出他一部分的精靈，若沒有回禮，這精靈可能會報復。換言之，日常生活中習以為常的送禮，是一個整體的社會現象 (total social phenomenon)，存在於社會中的各個層面，涉及信仰，並非只存在於經濟層面。而這個現象背後的原則，他稱之為整體的社會事實 (total social fact)，即交換。這是送禮、接受、還禮這個現象結構背後更深層的原則或結構。交換無法化約為其他課題。因此，李維史陀視牟斯為結構論的先驅 (Lévi-Strauss 1987)，更受到牟斯將交換視為結構原則之論點的影響，發展出他的聯姻親屬理論。

此外，牟斯的理論還涉及了「本土理論」(indigenous theory)。因為，儘管交換普遍出現於各個文化之中，不同的文化常常透過該文化中的一個最清楚、簡單的觀念去涵蓋整個現象。例如，馬凌諾斯基的《南海舡人》用 *kula* 這個概念去涵蓋經濟交易、婚姻交換、甚至參與葬禮、成年禮等活動；而這些活動也都具有神話的、宗教的、巫術的、乃至道德的層面。因此，牟斯認為「就 *kula* 的本質性形式而言，它本身涵蓋初步蘭島人整個經濟與社會生活的服務與償付廣泛體系中最莊嚴的部分，……它具體表現出與許多其他制度的結合點」(Mauss 1990: 27)。換言之，對於這樣既有複雜、多樣的社會表象，以及具有表象之下的深層結構之社會真實，當地人反而能由 *kula* 一語簡單而深厚地表達出來。這種表達，正像神話與意象，是象徵性的、也是集體性的。毛利人的精靈信仰──"*hau*" 的觀念，也像是初步蘭島民的 *kula* 一樣，屬於牟斯強調的「本土理論」。而且，也正是透過這種當地人關鍵性的象徵與概念，我們可以清楚地掌握非常複雜而廣泛的現象。從本土理論出發，《禮物》一書提供牟斯晚期發展「社會象徵起源論」的思想泉源。❷

不過，這本書在經濟人類學的發展上，有其根本性的挑戰。牟斯當初之所以撰寫這本書，是他對於現代資本主義的支配性影響有著很大的不滿。因此，他試圖探討一個問題：「資本主義經濟之外，有沒有另外一種經濟與社會型態的可能？」在 1980 年代以後，牟斯的著作重新受到重視，《禮物》該書的地位也被提升到相對於資本主義商品經濟的「禮物經濟」上。最典型的代表便是葛雷勾理 (Christopher A. Gregory) 的《禮物與商品》(*Gifts and Commodities*) 一書 (Gregory 1982)。

牟斯這本小書之所以能產生深遠的影響，是他已經觸及理論上的本體論問題。尤其是，相對於經驗論立場的馬凌諾斯基，牟斯在本體論上完全倒轉經驗論的假定，承認信仰、觀念在瞭解現象上的解釋性與決定性。亦即，觀念才是現象的本體。這與形式論及實質論均接收經驗論假定真實可透過感官經驗（特別是視覺）來證明的本體論假定，完全不同。如此，我們也才可瞭解為何他的作品，在實質論與形式論爭辯時，完全被忽略。

不過，牟斯的重要性與影響力，還是要等到 1970 代末期以後才被承認。❸在當時經濟人類學領域內，形式論與實質論的爭辯沒落之後，研究課題已轉移到經濟變遷與鄉民社會上。

---

❷ 在牟斯晚期的思想中 (Mauss 1979b)，把涂爾幹的社會理論顛倒過來。涂爾幹將象徵視為社會的產物，而牟斯則認為，社會之所以產生，是建立在象徵的基礎上。

❸ 嚴格來說，在 1950 年代，伊凡普理查、倪丹等學者早已注意到他，並翻譯了《禮物》這本書。但當時對他的注意，主要還是延續對於涂爾幹理論的重視，而不是他涉及本體論及較有創意的部分。這差別可見於《禮物》一書不同版本的翻譯。1967 年英文譯本的副標題是 “forms and functions of exchange...”，但 1990 年譯本的副標題卻是 “form and reason for exchange...”。

正如前面所提到，在全球性資本主義經濟的擴展影響之下，已經沒有所謂的孤立原始社會了。在 1910 年代馬凌諾斯基從事初步蘭田野調查工作時，已有許多初步蘭島人採集珍珠賣給商人。此外，關於貨幣進入當地原有經濟體系會產生何種變遷，非洲的提夫 (Tiv) 人提供了經典的民族誌例子 (Bohannans 1968)：提夫人對於物品的傳統分類有三：第一類是日常生活用品，價值等級低。第二類是銅桿、牛、馬、奴隸等貴重物品。第三類則是女人與小孩等家屬成員，價值等級最高。價值等級高的類別，可以用來換取價值等級低的貨物，但價值低的物品不可能用來換取高的物品或者人。但貨幣進入這社會之後，無論什麼類別的物品都可以用貨幣購買，而打亂了原有的清楚分類。另一類涉及商品對於原始社會的衝擊，經典的例子便是夏普 (Lauriston Sharp) 所研究的澳洲採集狩獵民族——伊爾優隆特 (Yir-Yoront) 人 (Sharp 1953)。原本，僅有男性長老才可擁有石斧，領導地位也建立在石斧的擁有權上。當地人如果要蓋房子、砍樹，都必須跟領導人借石斧。可是，當傳教士進入該社會之後，與傳教士關係良好的女人與小孩取得了鐵斧。原有的社會體系、性別關係、年齡階序被擾亂，再也沒有人跟長老借石斧，使得長老的地位崩解。而鐵斧的進入，便是資本主義經濟所導致。

更多的經濟變遷則與現代化理論有關：二次大戰後代表著資本主義經濟的美國，為了與代表共產主義的俄國對抗，急於拉攏或控制非西方世界，乃以改善戰後獨立的新興國家落後的經濟生活狀況為其手段，提出了現代化理論，作為經濟發展政策的理論依據，成為當時經濟人類學最熱門的新研究課題。

第四節　現代化理論與經濟發展

在有關經濟變遷的討論中，現代化理論是 1960 年代最盛行的觀點。現代化理論以西方在資本主義經濟發展上的成功經驗，作為最高理想與模仿對象。應用在非西方社會的研究上，所關懷的問題便是：若當地經濟要達到西方的水準，要克服哪些阻礙？這幾乎是經濟人類學在形式論與實質論爭辯之後，最主要的熱門研究課題。比如，福斯特 (George M. Foster) 研究墨西哥的農村金遵莊 (Tzintzuntzan)(Foster 1967)，便發現他們強調一個社會的資源是有限的，因此一個人成功地增加收入，便被認為相對地剝奪了其他人可分到的利益，「資源有限觀」乃阻礙了其經濟發展。這種強調原有文化傳統對於當地人現代化的阻礙，成了當時最主要的研究模式。但另一方面，艾普思坦 (T. Scarlett Epstein) 則由兩個印度聚落的例子，探討灌溉水利系統的設立與區域經濟的發展，對當地所產生的不同影響，打破傳統只是阻礙的觀念 (Epstein 1962)。而葛茲 (Geertz 1963) 的《小販與王子：印尼兩個小鎮的社會發展與經濟變遷》(*Peddlers and Princes: Social Development and Economic Change in Two Indonesian Towns*)，則進一步挑戰現代化理論以西方的歷史發展經驗為目標的假定，不僅突顯人類學在經濟變遷研究中的獨特貢獻，更對現代化理論做了修正而成了人類學經濟變遷研究的經典：❹

葛茲所研究而位於印尼爪哇東中部的 Modjokuto 及巴厘島西南部的 Tabanan，均同屬羅斯托 (W. W. Rostow) 所說的前經濟起飛

❹ 下文因討論重點不同，與第二章同一個案的描述不同，但可互補。

(pre-take-off) 期社會。由於前者是個都市化的市鎮，有仕紳、生意人、小百姓、中國人等不同階層。當地的經濟型態被稱為 *bazaar* 經濟，主要中堅分子是以個人身分從事人與人間直接交易的流動性生意人。這類人大都信仰改革的現代伊斯蘭教，在當地大都居於社會中的「間隙」(interstitial) 位置，既不如中產階級政府雇員有穩定收入，也不若農人一般具有地產。他們在傳統文化之中不被重視，卻也因此較不受傳統習俗的包袱與限制，而能創新地建立公司型式的企業，並繼續再投資。但是，*bazaar* 經濟發展的主要問題是：生意人往往缺少社會的基礎來募集零散的資金，以從事更大規模的再投資之資本積累；以個人為中心的網絡式經營使他們不慣於組成聯合經營之企業，無法與團結力量強的中國人競爭。因此，組織之缺乏比起資本短缺或知識技術之障礙，更是妨礙其經濟發展而難以達成「經濟起飛」的目標。

Tabanan 則是個由貴族及鄉民組成的農村，有各種特定功能的組織，如水利灌溉、宗教祭祀、親屬、居住或地域性群體、以及志願性團體，稱為 *Seka*。這些功能性群體的成員範圍並不一定相互一致，充分突顯其多重的集體主義 (pluralistic collectivism)。農民對於貴族有效忠的義務，而貴族對於農民則有照顧的責任。當貴族欲從事經濟發展時，乃利用 *Seka* 組織，帶領農民建立集團性企業。這種經濟組織的運作極有效率，但重視「均富」而導致利潤過度分散與過多的社會義務牽制，使現有企業無能於再投資行為，妨礙了 Tabanan 經濟更進一層的發展。

在這個研究中，葛茲不僅建構了 Modjokuto 模式及 Tabanan 模式，來說明由前經濟起飛期發展到經濟起飛期，可以因原有社會組織的不同，而有不同的方式與途徑，因而挑戰了當時現代化理論以西歐的歷史過程為現代化唯一途徑的文化偏見。他更進而指出經濟現代化或理性化過程有幾個特性：1.創新的經濟領導者屬於特定群體；2.在更大的傳統社會中，創新的人群往往是有長期在外行走的特殊身分而有超越地域的傾向；3.創新群體的出現是他們與他們所屬更大社會之關係的激烈改變結果；4.經濟變遷的動力不一定來自經濟本身，而更可能來自該群體的宗教與道德意識型態；5.企業家創新所面對的主要問題，往往在於組織而不是技術；6.在前起飛期的轉型過程之中，企業家的主要功能是調整舊有手段以適應新的目的。

不過，葛茲的研究之所以能突顯出現代化過程的不同路徑，多少也與印尼內部文化差異巨大有關。這又涉及印尼的地理及歷史條件。特別是多島國家所造成的文化異質性，而位於東西海上貿易的交通要道又帶來各種舶來文化的影響，因而得以不斷綜合不同文化傳統而有所創造。這些均使得印尼文化傳統是由許多不同成分組成而為多元及不規則的。

不過，這本受到韋伯的基督新教與資本主義精神影響的研究，雖然挑戰了現代化理論以西方經驗為唯一途徑的限制，但仍接受 W. W. Rostow (1960) 的經濟發展史觀，以資本主義經濟的邏輯來界定不同階段經濟發展的性質與結構。因此也導致了這樣的結論：傳統社會文化特性僅有助於其在前經濟起飛期的發展，到經濟起飛階段，還是面對傳統的限制，而妨礙步向西方國家經濟起飛的條件與道路。相對之下，有關鄉民經濟的研究，則已將牟斯所思考的問題，「資本主義經濟之外的另一種可能」之問題，帶入考慮。

第五節　鄉民經濟

一、在芮德非爾得定義下的鄉民社會研究

雖然，經濟人類學早期的研究對象，通常是像馬凌諾斯基所研究的初步蘭島人那樣的原始社會。但前面也已提到，這些社會並不如早期研究所預設的那般孤立與同質。大部分的社會不僅已受到資本主義經濟全球性擴張的直接影響，更重要的是全世界占有最大人口比例的經濟型態是「鄉民社會」，而不是原始社會。如中國、印度、東南亞、中南美洲、地中海、中東、蘇聯、東歐等。「鄉民經濟」主要指居住在農村裡，依賴農業生產來維持生計的經濟型態。由於鄉民社會往往是大社會中的一部分，因此，芮德非爾得 (Robert Redfield) 將其界定為部分的社會與部分的文化 (part societies、part cultures)(Redfield 1960)。它可能是城市周邊的腹地，而以農業生活為主。或者，它是屬於帝國廣袤的土地中之大部分以農業生產維生的人。在沃爾夫 (Wolf 1966) 的《鄉民》(*Peasants*) 這本書中，便依照其被大社會剝削的不同方式，進一步對鄉民經濟做出分類：❺

鄉民社會不僅是大社會中的部分社會、部分文化，往往也是最被剝削的對象。更因為剝削的方式不同，而產生不同類型的鄉民社

❺ 沃爾夫的鄉民研究，並不侷限於芮德非爾得的觀點，實際上已帶入了物質論或政治經濟學的觀點。故他會提出「宗教有如意識型態」的立論。

會。沃爾夫依此分為四類：第一類是世襲的鄉民社會，農民的土地並非自有，而是在封建主的土地上耕種，收入上繳給封建主；農民身分是世襲的；西歐中世紀的封建社會便是一例。第二類則是傳統的中國社會，雖然農民生活在自己的土地上，但是必須交稅給官員或政府。第三類則是兩千年前在地中海和中東發展出來的以商業為主的社會，商人透過交換、市場機制剝削農民。第四類則是以社會主義式的中國和蘇聯為典型，生產由國家和行政體系來制訂、控制，這些行政體系的人並不從事生產，往往是依靠農民生產所得而維持行政體系之運作，因而是另一種形式的剝削。也因為這些農民只是部分的社會、部分的文化，所以，往往是透過宗教整合農民和剝削者，並且讓這些被剝削的廣大農民，在這些社會裡能夠安於邊緣位置。因此，宗教活動在這些鄉民社會中就變得非常重要。換言之，在鄉民社會裡，宗教活動其實是一種意識型態；剝削者透過宗教活動來合法化其剝削的行為。

也因此，當鄉民社會裡的農民面對資本主義經濟的衝擊，其反應往往涉及農民的宇宙觀。以福斯特在墨西哥金遵莊的研究為例 (Foster 1967)，在當地農民的宇宙觀裡，所有的資源都是有限的，因此，只要村裡有人賺錢，就表示他剝奪了其他人的資源；資源有限觀乃限制了墨西哥農民對於資本主義經濟的認識與反應方式。是以，1960、1970年代的經濟發展與組織，總是不斷地失敗；一個新的技術被帶入之後，當地人往往會顧慮是否剝削到其他人，造成內部農民之間的不平衡關係，因而放棄新的技術。如此也證明了當地人並不是像資本主義經濟學所假定的那樣，均為追求個人最大利益的經濟人，反而身陷於道德義務的網絡之中。

福斯特的探討方式與葛茲類似，都是深入研究當地的社會文化特色如何影響農民對於資本主義的認識與適應方式、乃至於如何產生衝突，並進而試圖剔除資本主義文化的偏見。同樣的探討與成果，也可見於臺灣農民的研究上。例如筆者（黃應貴 1979）研究臺灣農民在 1970 年代的農業機械化過程：

1970 年代的臺灣農村，因 1960 年代中期以後的都市化、工業化等發展，使得農民大量移民到都市，造成農村勞力短缺。國民政府解決問題的策略，便是用機械取代勞力。但要使用機械，必須解決因三七五減租及耕者有其田政策所造成農民土地面積過於零碎而不利於機械耕作的限制。當時，政府選擇了幾個水稻耕作成功的地方，實驗農業機械化的生產方式。然而，實驗的結果卻是跟原來的設計相反。原來的設計是將土地集中起來從事機械生產，從插秧到收割均進行標準化的一貫作業程序。可是，實際發展的結果，卻是從插秧到收割的機器與生產活動，均分別由不同的家戶來經營。亦即，A 家有插秧機、B 家有耕耘機、C 家有收割機，每家都是老闆。而且，每個擁有農業機器的家戶，都必須找到足夠的顧客來使用機器，否則不敷成本。因此，每個擁農機的家戶均獨立經營，卻又相互支持，最後還是達到了農業機械化目的。只是，臺灣的機械化生產方式不同於西方的機械化一貫作業方式，反而是將一貫作業中的每個使用機械的階段或部分均分割出來，讓不同的人來經營，使得每一家都是老闆。這方式便涉及中國人的人際關係裡幾個相關連的特性：自我中心、差序格局、多線與多向、互惠。這些特性雖與傳統儒家由內而外的倫理相一致，但卻與韋伯所說的理性科層組織背後的非人際關係假定相違背。

這個研究，不僅反省西方的現代化理論觀點，並試圖剔除現代化理論基於西方資本主義經濟興起以來所依賴的理性科層制的迷失，更涉及早期有關中國倫理本位文化、差序格局、官僚組織的理性等課題，以及後來有關中國人的關係取向、面子、禮物與關係學等課題的討論，隱含牟斯所說的本土理論，而為後來社會科學中國化、本土化的先驅。❻

此外，建立在現代化理論之上的鄉民研究，到了1960年代末期，開始受到敏茲(Mintz 1953, 1973, 1979)和沃爾夫(Wolf 1955)的拉丁美洲研究成果質疑。因為，人類學研究一直將鄉民社會視為特殊的類別，既不同於現代社會、也不同於原始社會；「農民」的身分，不同於都市裡的中產階級。芮德菲爾得稱鄉民文化為小傳統，國家層級、以都市為核心、具有悠久歷史的世界性宗教為大傳統，探討兩者之間的相互關係，或大傳統對小傳統的影響。但是，敏茲所研究的加勒比海農民，大都是在糖廠工作的工人。他不禁問了一個問題：這些人是農民嗎？他們都是拿薪水的工人，而且，這些工人很早就發展出階級意識。同樣，沃爾夫所研究拉丁美洲的開放式社群(open community)，主要是從事經濟作物栽種，早已納入資本主義市場經濟中，而不再以生計經濟為主。因此，他們便質疑過去對於鄉民社會的農民研究，因而發展出政治經濟學的探討方式，使得鄉民社會的研究漸漸沒落，而

❻ 除了在第二章談韋伯理論部分已提及早期的研究外，晚期有黃光國延續許烺光的關係取向而來的面子(Hwang 1987)、閻雲翔的禮物(Yan 1996)及楊美惠的關係學(Yang 1994)等較受注意的研究。但這個研究個案出版時，還在現代化理論的宰制下，當時並沒有引起任何迴響。

被政治經濟學的依賴理論或世界體系理論研究所取代。這將在第七節政治經濟學中，進一步討論。但也在此時，有另一支來自俄國小農經濟的研究取向開始受到重視，那便是查雅諾夫 (Alexander V. Chayanov) 所開啟的討論。

二、查雅諾夫的農民經濟研究❼

查雅諾夫的農民經濟研究，並不是要去問鄉民社會如何適應資本主義經濟，而是回到牟斯所關懷的問題：資本主義經濟之外的另一種可能。農民經濟，便是資本主義經濟之外的另一種經濟類別：

身為俄國農業官員的查雅諾夫，花了很多年的時間從事農民研究，最後，他提出農民經濟的理論。

在俄國歷史上，早就存在農民經濟的型態。農民經濟以家作為經濟活動的單位。家的經濟活動有其雙重性——一方面，它是為了滿足家的成員之基本生活需要，而且，為了滿足這些需要，會不斷地投入人力。雖然，結果往往導致效用遞減，亦即，投入的人力愈多，經濟的產能愈小，最後產生所謂自我剝削的現象。儘管可能最後不符合經濟效益，卻可以滿足最基本的生活需要。因此，家可以獨立存在。另一方面，雖然家可以獨立運作，卻有另一個性質使得它可以納入其他的經濟體系裡面——透過與其他經濟體系的連結，農民的剩餘生產還是可以賣到市場裡，因而可以和任

❼ 雖然查雅諾夫的著作，英譯本一樣用"peasant economy"，理當統一譯為鄉民經濟，但為了別於鄉民只是大社會的一部分之觀點，而是另一種類別，他的部分乃譯成農民經濟，以示有別。

何一種經濟體系結合在一起。亦即，家既是一獨立的經濟體系，但又可以納入其他經濟體系。查雅諾夫認為，農民經濟乃是所有人類社會最普遍存在的一種經濟體系，從原始的打獵採集社會到現代的資本主義社會，都可以看到這種以家為滿足基本需要的農民經濟，因而把它視為自然經濟。

和美國人類學界當中，鄉民研究學者芮德非爾得等人將鄉民社會定義為「部分的社會」不同，查雅諾夫視農民家戶經濟為資本主義經濟以外的另一種經濟類別，有自然的親屬基礎，具有普遍性、適應力與彈性，不必然得依附於資本主義而存在。他的看法，在經濟人類學中引起不少的討論與影響，包括薩林斯在著名的論文集《石器時代經濟學》(*Stone Age Economics*)(Sahlins 1972) 一書的前兩章便討論「家戶生產模式」(domestic mode of production)，回應查雅諾夫的農民經濟理論。

薩林斯認為，查雅諾夫的農民經濟有其歷史上的條件——俄國的農民居住於地廣人稀的廣大土地上，每個家戶都有足夠的土地以維持其生存，這項基本條件使他們得以不斷地投入勞力，從事農作，以滿足基本生活需要。但對大部分的社會而言，不一定擁有像俄國農民那樣的條件，勞力很可能轉向其他部門，而非不斷地挹注於農業生產。更何況，查雅諾夫關於家戶的獨立自主性之假定，和人類學的社會文化觀念相互矛盾。因為，所謂社會文化的觀念有一個基本的假定，即社會秩序的存在。家或個人不能獨立存在，必須與其他家與人結合。社會秩序需要有人來執行、維持、甚至控制，這些擁有權力的人的生活所需，必須由其他人的生產之剩餘來供應。因此，即便是家戶經濟，也得產生剩餘，以供家戶以上的社會單位所需。薩林斯強調：人乃是生活在社會文化脈絡裡，從而質疑查雅諾夫的農民經濟或家戶生產模式的「自然經濟」基礎。

基本上，查雅諾夫的農民經濟研究，不僅探討了資本主義經濟之外的另一種可能，也將討論的焦點由市場、交換轉移到勞動力的生產。不過，真正面對資本主義經濟之外的另一種可能，乃是依馬克思理論而來的研究。

第六節　結構馬克思理論

正如第二章所提過的，在 1960 年代末期到 1970 年代末期，馬克思理論是當時人類學的主要理論發展，也是當時西方社會在要求改革的反省浪潮下，用以批判己身社會的主要理論依據。事實上，在主流學術界，馬克思理論一直到 1960 年代都還被視為一種意識型態。所以，即使阿圖塞在 1950 年代已經發展出結構馬克思理論，但仍到了 1960 年代晚期以後才真正在學術界發生影響。不過，在人類學領域之中，馬克思理論要能成為一般的學術理論，而不僅是批判資本主義的意識型態，或僅能適用於西方社會的發展，就必須面對人類學所關注的文化特殊性問題。因此，在法國的人類學家，便致力於應用結構馬克思理論於探討前資本主義社會。例如，葛德利爾 (Godelier 1978) 關於亞細亞生產模式的檢討，便是這類努力的典型。

結構馬克思主義者所累積的民族誌成果，突顯了一個問題：在不同的前資本主義社會中，儘管生產模式相似，但是其他主要社會制度或文化，如親屬制度的差異，卻可能非常巨大。非洲便是最好的例子：在相似的生產方式下，卻有著父系、母系、雙系等等親屬制度上的差別。為了解決這個問題，正如第二章與第五章所提到的，德黑及梅拉索提出了「連結表現」(articulation) 的概念，以不同生產模式的連結來解釋其差異。第二章曾經舉例過的，德黑有關非洲象牙海岸與迦納間王國之研究，便以「親屬為基礎的生產模式」(kin-based mode of production) 與奴隸生產模式的連結，說明該王國的形成，並不如以往研究認為是由長距離貿易造成的，而是上述兩種生產模式連結表現的結果。這個有名的個案研究即是經濟人類學結構馬克思理論的典型例子。第七章第四節在「結構性權力」一節所舉的例子，即葛德利爾討論安地斯山區印地安人以親屬為基礎的生產模式，與印加帝國、西班牙殖民者等外來統治者的生產模式之辯證互動連結的發展過程，則提供了另一種範例。

簡單說，結構馬克思理論在經濟人類學發展上所具有的挑戰性，主要還是在於三點：認識論上的挑戰、剔除資本主義文化偏見、突顯被研究社會文化的特色上。就第一點而言，在早期實質論與形式論的辯論之中，實質論派雖然質疑了資本主義經濟學的概念是否適用於前資本主義社會，但他們的研究焦點或切入點，仍然著重於交易與分配上，並沒有跳出視「市場」為調節經濟活動主要機制，或價值由市場機制所決定的假定。然而，結構馬克思理論一開始便接受馬克思所假定勞力的雙重性質：使用價值與交換價值。透過勞力生產出來的是使用價值，可是，工人進入勞動市場所得到的薪資（交換價值）往往遠低於其勞動力所產生的使用價值，兩者的差價，也就是剩餘的部分，往往被資本家所賺取。這個不同於資本主義經濟學僅關注交換價值的假定，使得人類學的結構馬克思理論研究，一開始便以「生產」而非交易，作為主要的研究切入點，因而產生具有認識論意義的改變。

其次，就剔除資本主義文化偏見而言，在第二章討論馬克思理論時，便已提到葛德利爾 (Godelier 1972) 借用了阿圖塞「決定性」與「支配性」的分辨，進一步說明了許多社會文化裡的支配性制度，往往具有經濟功能，因而具有決定性。例如，非洲氏族社會的親屬、印度社會裡的宗教、古代希臘的政治等，都在當地社會具有支配性，使得氏族或世系群、卡斯特、政治組織也具有經濟功能，而具有下層結構的決定性，如此得以剔除資本主義文化將經濟限於現代經濟制度與活動的偏見。他如，在第三章談到文化馬克思理論時，引用了布洛克 (Bloch 1986) 有關馬達加斯加梅里納人割禮儀式象徵結構作為意識型態的研究，證明農民大眾也可操弄該意識型態來對抗統治者，以剔除西方的意識型態概念所蘊含的文化偏見——即認為意識型態是由上而下的，只有統治者可操縱之以遂行控制目的。

至於第三點，上述重提的例子，讓我們透過生產模式的連結表現概念，更瞭解非洲親屬制度的複雜性，認識到王國形成原因的新解釋，也突顯了安地斯山地區印地安人所代表拉丁美洲土著因被殖民過程所造成文化變化乃至於滅亡。一些細緻的民族誌研究，能讓讀者對其社會文化特色能有更深一層的掌握。這點，可以布洛克 (Bloch 1975) 有關馬達加斯加梅里納及查菲瑪尼利 (Zafimaniry) 的比較研究為例，進一步瞭解：

有關原始社會的馬克思人類學研究，最基本的問題之一還是如何解釋前資本主義社會的親屬制度到底是上層結構還是下層結構？對於這個問題，布洛克從馬達加斯加中部高原的梅里納人及東部平原的查菲瑪尼利人的比較研究，指出這涉及親屬在這些社會中所扮演的不同角色。雖然，這兩個社會的親屬稱謂幾乎相同，但生產模式不同，婚姻法則也不同。布洛克指出：梅里納人從事水利灌溉的水稻耕作，僅能在山谷有限面積從事生產。由於生產所需的勞力是由奴隸所提供，土地乃成為最稀缺且最具有決定性的生產工具。為了避免土地流出，當地人主要的親屬團體 *deme* 不僅是土地的擁有單位，更是行內婚制的單位。因此，親屬制度錯誤地再現 (mis-representation) 實際的生產模式，而成為上層結構中的一部分，其與生產模式的關係是辯證的，故生產模式的改變不會直接導致親屬的改變。但對於查菲瑪尼利而言，他們從事刀耕火耨的生產模式，生計維持主要依賴於勞力的投入多寡，而不是土地的占有面積。其親屬制度是設法透過婚姻吸收陌生人成為其親屬團體的成員。親屬關係直接再現了生產結構，是生產模式中的一部分，是下層結構。故生產模式的改變，會直接影響親屬體系。親屬在這兩個社會之所以有這種差異，是因為其社會形構 (social formation) 的不同。

布洛克的研究，不僅證明親屬在這兩個社會中的支配性，並突顯了社會文化上的差別，正好也突顯了結構馬克思論或馬克思人類學的一個特點與重要貢獻。正如哈特 (Keith Hart) 所說，雖然結構馬克思論者僅有一小群人，但在人類學中能產生這麼大的影響，主要是綜合了德國馬克思論哲學與英國經驗論，而得以活化馬克思論，並造成傳統結構功能論的再生 (Hart 1983)。換言之，結構馬克思論帶給傳統結構功能論及馬克思論本身新的生命，而跳出其原有理論的限制。特別是與歐陸哲學或論述的結合，打開了人類學知識傳統，讓人類學得以不斷注入新的生命，如義大利馬克思論、德國新康德哲學等等。

結構馬克思論或馬克思人類學，終究還是在 1980 年代沒落，這自然涉及它在研究上的許多限制。除了在第二章提到的研究單位難以有效確定的問題外，還有幾個主要的問題。第一，馬克思主義人類學雖以生產取代交易與分配，成為研究的新切入點與主要課題，並使經濟人類學研究的發展有了認識論上的意義，但馬克思理論基本上是一社會理論而非經濟理論；如同博蘭尼，都是從社會性質來探討經濟活動的意義。例如，土地在資本主義經濟社會是一種商品，可是，在亞細亞生產模式或農業社會中，則是生產工具。換言之，是將經濟現象放在不同的社會文化脈絡裡來看，透過不同類型的社會來解釋其經濟活動之意義。最後要回答的是社會性質的問題，而非經濟問題。❽因此，結構馬克思論並沒有從本體論上挑戰資本主義經濟學。

第二，結構馬克思論的討論，正如馬克思論一樣，非常著重「科學知識」(scientific knowledge) 的論述，往往充滿著許多抽象的概念，並非依據經驗層次的研究所歸納出來的知識，而是超越經驗層次的抽象知識。❾這不僅容易造成許多研究往往只是應用公式而了無新意，甚至與經驗知識不符。例如，在工業社會或後工業社會裡的工人階級，往往並不認為自己是工人階級，而是中產階級。這與傳統馬克思論強調階級意識的觀點不符。而且，這類階級會以其他方式來再現其階級意識，像美國的種族問題便是再現其階級意識的特殊方式。

第三，蘇聯的瓦解、東歐的解體，更給了結構馬克思主義者的盼望──視建立社會主義社會為資本主義經濟外的另一種可能──最致命的一擊。類似的落空期望，並不是第一次出現。早在 1970 年代到 1980 年代，馬克思主義人類學曾經試圖將「小商品生產」(petty

❽ 包括前面討論的，由葛德利爾 (Godelier 1972) 帶起的討論：前資本主義社會的某些支配性制度，如親屬、宗教等，具有經濟功能。其實，他的目的是討論「社會理性」的問題。

❾ 這涉及了馬克思認為他要處理的是現象背後的深層結構，而不是一般的科學知識。

commodity production)(即一般在第三世界開始接觸資本主義經濟而出現的小企業)視為資本主義經濟之外的另一種可能，最後卻發現那只是過渡到資本主義經濟的一個暫時性的發展而已，而非一個特殊的經濟類型、制度 (Scott 1986)。這一連串的挫折，使得原就承認資本主義經濟力量的政治經濟學研究，反而有了更大的發展空間。

第七節　政治經濟學

一、法蘭克的依賴理論與華勒思坦的世界體系理論

政治經濟學研究雖然批判資本主義經濟，但卻承認其具有自我繁殖增生，並包捲非資本主義經濟模式，將之納為己身再生產的一環之結構性力量，加上蘇聯、東歐等社會主義國家的瓦解，反而使它因符合現實狀況而有更大的發展空間。而法蘭克 (Andre G. Frank) 研究拉丁美洲所發展出來的依賴理論 (dependency theory)，便證明了這個學派的可發展性 (Frank 1967)：

拉丁美洲在資本主義經濟的世界性擴展下，與美國之間形成有如大都會中心 (metropolis) 與衛星城 (satellite) 的結構性關係。因為，透過市場交易，美國從拉丁美洲低價買進原料，又將製成的商品賣回到拉丁美洲，在這個過程裡產生了雙重的剝削。這便涉及資本主義市場經濟必須透過投資方式，來尋找與控制商品的市場與原料，因而使得大都會和衛星國家產生結構性的關係。而且，這種結構性關係影響到拉丁美洲的發展。當美國與拉丁美洲在經濟上的關係愈緊密時，拉丁美洲的經濟狀況愈接近谷底；但兩者關

係疏遠時，拉丁美洲的經濟狀況反而茁壯。因此，在二次大戰期間，由於美國忙於戰爭，沒有餘力顧及拉丁美洲，此時也是拉丁美洲的國家（如智利和巴西）發展較好的時候。

法蘭克的依賴理論，在當時產生很大的影響[10]。針對第三世界國家的經濟低度發展，現代化理論認為：第三世界本身的社會文化特性阻礙了其經濟發展進程，因此責任在於第三世界本身；依賴理論則提出：已開發國家與低度開發國家間的經濟結構性關係，造成前者對後者的雙重剝削，使得前者得以繼續獲利而繼續發展，但後者在這經濟結構的限制下，只得繼續被剝削而繼續停留在低度發展的情境中，兩者間的差距愈拉愈遠，使後者無論如何努力都無法達到經濟發展的目的。故阻礙第三世界經濟發展的責任是已開發國家與低度開發國家間的結構性依賴關係所造成的。

但是，依賴理論亦有其限制：無法解釋為什麼哪些國家是大都會中心、哪些國家是衛星城。結構關係的形成，必須由歷史過程來理解。華勒思坦 (Immanuel Wallerstein) 的研究便適度地補充並修正了法蘭克依賴理論的架構，以核心／半邊陲／邊陲的結構取代大都會中心／衛星城 (Wallerstein 1976, 1979, 1980)。一方面，他從歷史過程來討論：資本主義市場經濟世界性擴張的歷史過程，說明世界體系的核心是逐漸形成並轉移的，從威尼斯、荷蘭、西班牙、英國，乃至於當今的美國。另一方面，中心國家對於邊陲國家的剝削，往往也不是直接的剝削，而是透過半邊陲國家進行剝削。例如，臺灣因為引進大量外勞而

[10] 依賴理論有許多支派。像巴西的 Fernando H. Cardoso，便代表拉丁美洲知識分子研究自己社會所發展出來的理論觀點。但就影響力而言，法蘭克的論點還是最廣泛而深遠。故以他為代表。

剝削東南亞國家，美國則透過臺灣，間接剝削東南亞，這是大家都已熟悉的普遍現象。因此，資本主義社會對於工人階級的剝削，並不直接發生在本國，而往往是透過半邊陲國家對於邊陲國家的剝削而發生於其他國家，這也使得本國並不會產生階級意識與衝突，而是發生於國家之間。

華勒思坦的世界體系理論比法蘭克的依賴理論更具有說服力。這不只是因為他加進了半邊陲這個要素，而使得結構更有彈性，更是因為華勒思坦認為資本主義經濟體系是世界性的,使得任何一個國家(包括社會主義國家在內）都無法避免被納入這體系中。但法蘭克的依賴理論卻是地區性的，或者依附於國家間的權力關係而來。不過，兩個理論有基本的共同點，即認為資本主義經濟體系的結構均建立在市場交易的機制上。這使他們的理論立場，與結構馬克思論或馬克思人類學強調生產模式或生產關係，有著基本的不同，也使他們均被歸為政治經濟學。

二、人類學的政治經濟學

法蘭克與華勒思坦的政治經濟學研究，源自馬克思理論的傳統。但在人類學領域中，被稱為「人類學的政治經濟學」研究，則源自美國史都華文化生態學的物質論傳統。這個理論傳統配合其拉丁美洲的田野研究與世界體系理論，而以沃爾夫的《歐洲與沒有歷史的人》(*Europe and the People without History*) 為大成 (Wolf 1982)：

在這本書中，沃爾夫一開始便說明：他所關心的是人類社會如何構成一個多重連結的整體，以解釋現代世界體系所展現出來的面貌。他是從「生產模式」切入，但是，他所說的生產模式並不同

於馬克思理論所說的生產模式，而是強調勞力如何透過工具、知識、技術而從自然獲取能量的方式。換言之，他不僅將勞力視為生產模式的基礎，更重要的是，在這個界定之下，得以區分資本主義生產模式與資本主義市場兩個概念。前者指的是資本家透過生產工具的控制而迫使勞工將勞力賣給資本家，使資本家得由勞工的剩餘價值不斷積累來獲利。而後者則是資本主義生產模式透過世界性的市場機制來連結非資本主義生產模式。如此可以突顯出：世界性資本主義經濟體系是透過全球性的市場，連結、滲透、最後破壞了各地不同的非資本主義生產模式。原來的地方社會被破壞，人群的生活方式也被改變。在這個過程裡，資本主義生產模式與資本主義市場逐漸得到支配性的地位——資本主義經濟體系透過市場機制，一方面併吞、另一方面結合其他生產模式。

瞭解了沃爾夫的基本概念後，我們便可以進一步瞭解資本主義經濟體系在十四至十五世紀形成之後，1520年前後，開始往全世界擴張。拉丁美洲的金銀、加勒比海的蔗糖、北美洲的獸皮、非洲的奴隸、印度的鴉片等等，先後都被捲入世界性的市場當中。到了十八世紀，歐洲的商業擴張碰到了瓶頸。此時，英國工業革命成功地以機器取代勞力生產。然而，工業資本主義的發展，不僅需要市場與原料，還需要廉價的勞工，以低廉的工資從工人身上榨取剩餘價值。這便突顯出資本主義市場經濟本身的資本，具有榨取與移動勞力的性質。

十八世紀中葉以後，全世界產生了三波的移民潮，這都是資本主義生產模式為了減低成本、增加利潤所產生的結果；每一批移民潮都為了符合工業生產國的勞力需求，也創造了新的工人階級。以第二波移民潮為例：1800 年至 1915 年，全世界大概有三千二百萬人移民到美國，也因為美國本身有廣大的土地與機器從事商業化生產方式，而吸引更多的移民。這波移民潮形塑了今日美國的面貌，不同文化的群體共同生活在美國這塊土地上，形成美國的多元社會。不過，這些不同文化群體為了保障自己的利益，浮現了族群、種族的問題，而更為根本的階級問題，則是透過族群或種族的方式來再現或表達。

由上，我們可以發現資本主義經濟的世界性擴張，不僅產生了支配性的資本主義世界性市場，而且是由不同起源、不同文化的人所共同參與、建構，包括了西歐人、美洲印地安人、非洲人、亞洲人等等。因此，隨著世界性資本主義經濟的擴展，全世界不同的社會文化都被納入這個體系裡。也因此，對沃爾夫而言，這個世界早就沒有李維史陀所說的「冷社會」(cold societies)。⓫我們過去所熟悉的人群、社會是隨著世界性資本主義經濟的發展而不斷地在改變。每個社會並沒有穩定的界線，如同文化也不是固定而有清楚界線，而是流動性的。換言之，文化在歷史過程中是不斷地建構、解構、再建構。這也對於人類學的文化觀念提出了挑戰性的看法：並沒有所謂本質性的文化存在，

⓫ 李維史陀在《野性的思維》一書中提出冷／熱社會的區分。「熱社會」如歐美，視變遷為常態，把歷史過程內化為自己的發展動力，也會透過歷史來解釋與認定自己。「冷社會」如澳洲土著，重視恆久不變的神話，在主觀上認為己身社會處於長久的穩定狀態，而降低了歷史過程的重要性 (Lévi-Strauss 1966)。這個著名的區分，對人類學理論發展（尤其是人類學如何處理歷史課題）產生深遠的影響。

文化乃是更大的政治經濟發展之下的產物。最著名的例子便是該書第二章提到的北美大平原的印地安人。他們原本是以農業生產為主的定居民族，為了提供糧食給捕捉動物獸皮的獵人與收購獸皮的商人，而成為騎馬捕捉野牛的打獵民族。因此，沃爾夫認為：並沒有所謂本質性的社會文化。這樣的論點受到薩林斯的批評。

三、薩林斯對政治經濟學取向的批評

薩林斯同意沃爾夫所說：世界性資本主義經濟的發展，是由所有的人共同參與的。但薩林斯不同意「文化」只由這個發展過程所決定 (Sahlins 2000)：

薩林斯認為：世界性資本主義經濟會產生作用，是透過地方文化基模的調解而來。這可由他所舉的三個例子來瞭解。以中國為例，乾隆年間，英使來華要求通商貿易，但他們的要求被當時以天朝自居的清廷視為朝貢的請求；英國代表們所帶來的工業文明日常用品，被認為是稀奇的貢物，陳列在圓明園。當時的清廷認為中國是文明最高的民族，不需要其他民族的生產品；英國人是為了仰慕中國的文明教化，遠來朝貢了中國所沒有的奇異物品。對比之下，在太平洋 Sandwich 群島，當地人認為外來者往往是強而有力的，因而喜歡透過外來物品的占有，來增加他們自己的力量與地位。而且，他們不僅喜歡外來物品，更追求新奇以突顯個人的獨特品味。這方式不僅與中國大異其趣，也與北美西北海岸夸求圖 (Kwakiutl) 印地安人不同。夸求圖人是以送禮將他人納入自己的權力範圍。因此，世界性資本主義經濟體系的進入，使他們更容易取得商品，反而加強了他們特有的誇富宴 (potlatch) 與競爭。

> 這些例子，說明了世界性資本主義經濟體系是如何透過地方文化的調節，才得以實踐。而且，由於地方文化的不同，而有各種不同的方式來調節。

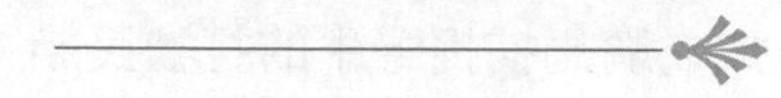

在這篇文章中，薩林斯不僅突顯了文化本身的自主性，還進一步觸及到「文化」與「經濟」的問題。這將在下一章進一步來討論。

第八節　結　語

經濟人類學的發展，自從馬凌諾斯基奠定三個基本課題——資本主義經濟學的概念是否可適用於瞭解非西方社會的經濟現象、「經濟」必須由「非經濟」的社會文化脈絡來瞭解、注重被研究者的觀點，歷經形式論與實質論的爭辯、禮物經濟、現代化理論、鄉民經濟、結構馬克思理論、到政治經濟學的發展，雖然呈現了研究切入點由交易與分配轉移到生產活動上，但最主要的成就，是突顯了如何由社會文化的脈絡來瞭解經濟。尤其是如何由社會的性質來瞭解經濟，更呈現了不同理論的差別。從早期結構功能論所研究的原始社會，到現代化理論及鄉民經濟所著重的鄉民社會，到結構馬克思論由生產模式探討社會形構、乃至於政治經濟學將研究單位擴大到全世界等，更說明了經濟人類學至此最顯著的成就，便是由「經濟」切入，瞭解不同社會的相異性質。也因此，我們可以說，經濟人類學至此，所建構的並不是經濟理論，而是社會理論。

其次，為了解答資本主義經濟學的概念是否可用於瞭解非西方社會的經濟現象，而產生了自馬凌諾斯基以來的實質論、牟斯的禮物經濟、葛茲討論現代化的多元路徑、查雅諾夫的農民經濟、結構馬克思論質疑經濟限於當代經濟制度活動的限制、乃至於政治經濟學強調低度開發實是資本主義經濟結構所造成的等看法，不僅挑戰了資本主義經濟學概念的適用性，並試圖剔除資本主義經濟文化的偏見，更體現尋求資本主義經濟以外的另一種可能的努力。特別是在禮物經濟、查雅諾夫的農民經濟、結構馬克思論等的探討上，特別明顯。在這方面，經濟人類學的成就，相對於本書其他各章所討論的人類學其他分支，成果更為豐富。不過，有關於被研究者的觀點，實涉及薩林斯討論到的經濟與文化問題，將在下一章中進一步討論。

第十章　經濟與文化

文化經濟學，以牟斯在1950年代翻譯為英文的《禮物》一書開風氣之先，而以陶西格在1980年出版《南美洲的魔鬼與商品拜物教》一書最為著名。這支經濟人類學在1980年代以來的新發展，讓我們真正面對到馬凌諾斯基所建立經濟人類學三個課題中，有關被研究者觀點的問題，也比較可能去面對牟斯理論之中具有本體論意義的挑戰。迫使讀者去面對：到底現代經濟對當地人文化上的意義是什麼？文化與經濟又有怎樣的關係？文化理論如何影響上述問題的討論？

第一節　文化經濟學[1]

一、先驅者：牟斯

如上一章所言，《禮物》這本書不僅假定了文化觀念與信仰的本體論基礎，使得我們可以從當地人的本土理論等更深沉的角度來瞭解經

[1] 這裡所指的文化經濟學 (cultural economy) 與文化研究及經濟學裡所談的文化經濟學 (cultural economics) 有所不同。後者是以經濟學或文化研究的立場來探討與「文化」有關的經濟現象，尤其關注文化產業的發展。而 cultural economy 是以文化的假定來探討經濟現象。兩派學者對於「文化」的本體論認定，基本上存在著歧異。

濟現象，最後更由當地人的信仰來解釋。這也呈現了牟斯社會理論的本體論立場：沒有「觀念」的中介，人類無法得知真實 (reality) 的存在，即使真實存在，人也無法意識到。牟斯的探討方式突顯出：必須透過對當地人「文化」的理解，才能瞭解「經濟」在當地人心中所代表的意義；如同生產的物品，必須透過文化的象徵化過程，才成為有價值的物一樣。另一方面，他更提出葛雷勾理 (Christopher A. Gregory) 所說的「禮物經濟」(Gregory 1982)，為相對於資本主義經濟的另一種經濟體系或型態。換言之，牟斯的理論，不僅回答了馬凌諾斯基所提出的三個經濟人類學基本問題，更提出了一個根本性的挑戰：資本主義經濟之外有沒有另一種可能？

二、陶西格的文化經濟學

牟斯的學說，使我們對經濟行為有不同的認識，也對當地文化有更深一層的理解，而成為文化經濟學的濫觴。但是，第一本被認為是「文化經濟學」代表作的民族誌，是陶西格於 1980 年出版的《南美洲的魔鬼與商品拜物教》 (*The Devil and Commodity Fetishism in South America*)：

陶西格這本書，被視為文化經濟學的開端。作者比較了南美洲哥倫比亞和玻利維亞兩地的民族誌。前者是依據作者自己做的田野調查，後者是依據 Nash (1979) 的民族誌而來。本書前半部主要是以哥倫比亞 Cauca 的農民為例，討論資本主義經濟生產方式侵入這個地區的結果，使得當地窮困的農人必須到大農場出賣勞力。他們的工作通常是按件計酬，或僅能依契約付費，所得很低。因此，當地普羅化或是半普羅化的農民，必須依賴原本的鄉民生產

模式 (peasant mode of production)， 在狹小的土地上從事生計農業，以滿足生活的基本需要。這個結果，便是農民繁衍下一代的社會再生產，必須仰賴於生計農業。換言之，與其說資本主義的大農場經濟提高了當地農民的購買力，還不如說是鄉民生產模式有效地彌補了資本主義生產的無效性。甚至，綠色革命更導致稻米等農產品成為商品，使得女人也成為勞工而不再擔負傳統鄉民生產模式中提供生計食物的角色。這種經驗，導致當地人把在大農場工作或是從事經濟作物生產所賺的錢，視為無生殖能力的，跟惡魔交易而得來的，因而會很奢侈地消費掉。相較之下，從事鄉民生產模式所獲得的收入是有生殖能力的，會將之用於再生產、再投資，而不是將之用於購買奢侈品。換言之，他們賦予不同生產方式所賺取的貨幣以不同的意義，將被剝削、透過勞力所賺取的錢視為與惡魔有關。除非，這些錢可以透過教會的洗禮儀式，才能夠成為有生殖力的貨幣，可以用於再生產、再投資。

在玻利維亞錫礦礦工的觀念裡，每個錫礦有惡神 Tio，祂可能庇佑但也可能傷害礦工。因此，礦工必須祭拜、祈求 Tio 神，才會得到福佑；否則，就會遭遇危險。事實上，惡神 Tio 是從當地原有的善神觀念轉變而來的。善神會給予當地人生命，同時，當地人也必須用禮物來回報善神。可是，當資本主義經濟進入當地從事錫礦開採之後，善神被轉換為惡神。也由於惡神在礦坑中的象徵性地位，礦工認為採礦所賺的錢，都是跟惡神交易而來。這樣的貨幣也被視為沒有生殖能力而被隨意花掉或是用以購買奢侈品，而不同於在生計農業之中，生產所賺取的貨幣被認為具有生殖能力，因而可以從事生產與再投資。

這兩個例子都是透過原有的神祇與惡魔對比的信仰，來理解傷害他們的外來資本主義經濟，但背後卻隱含著不同的思考方式與文化傾向。在哥倫比亞 Cauca 的例子中，當地印地安人是以類比 (analogy) 為主要的思考方式，將傳統的信仰轉換到不同生產模式的理解上，但玻利維亞當地人卻是以互惠的辯證方式 (reciprocal & dialectic) 或辯證式的對立方式 (dialectic opposite way of thinking) 來思考，有明顯的互惠式實踐 (reciprocal praxis) 傾向，往往透過社會運動手段來解決不同生產模式間的緊張。由此也突顯出類似的發展背後有著更深層的不同文化特性。

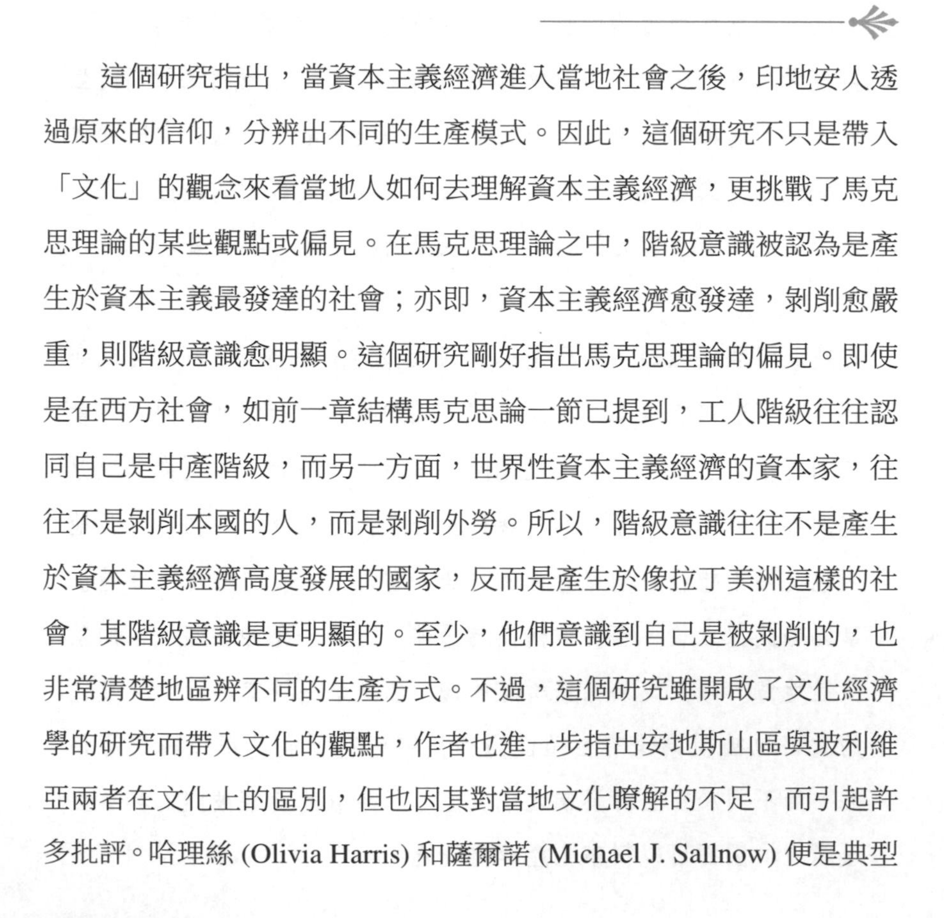

這個研究指出，當資本主義經濟進入當地社會之後，印地安人透過原來的信仰，分辨出不同的生產模式。因此，這個研究不只是帶入「文化」的觀念來看當地人如何去理解資本主義經濟，更挑戰了馬克思理論的某些觀點或偏見。在馬克思理論之中，階級意識被認為是產生於資本主義最發達的社會；亦即，資本主義經濟愈發達，剝削愈嚴重，則階級意識愈明顯。這個研究剛好指出馬克思理論的偏見。即使是在西方社會，如前一章結構馬克思論一節已提到，工人階級往往認同自己是中產階級，而另一方面，世界性資本主義經濟的資本家，往往不是剝削本國的人，而是剝削外勞。所以，階級意識往往不是產生於資本主義經濟高度發展的國家，反而是產生於像拉丁美洲這樣的社會，其階級意識是更明顯的。至少，他們意識到自己是被剝削的，也非常清楚地區辨不同的生產方式。不過，這個研究雖開啟了文化經濟學的研究而帶入文化的觀點，作者也進一步指出安地斯山區與玻利維亞兩者在文化上的區別，但也因其對當地文化瞭解的不足，而引起許多批評。哈理絲 (Olivia Harris) 和薩爾諾 (Michael J. Sallnow) 便是典型

的例子 (Harris 1989; Sallnow 1989)。

這兩位學者都是研究南美洲的專家。他們發現，貨幣在當地之所以產生力量，是源自於貨幣的金屬性質本身，而不是來自於貨幣作為交易的媒介。因為，安地斯山的印地安人認為，金和銀是國家社會秩序的象徵。因此，當它被用於個人利益時，被認為是打擾了社會秩序、是不道德的。同樣的，地底下的礦產被認為是象徵著繁榮與繁衍的核心價值，具有否定原來秩序而創造新秩序的意義。可是，當資本主義經濟進入之後，打破了原來的社會與宇宙秩序，金與銀成為個人追求私利的媒介。而礦藏的開發，打破了原來山神所保護的礦產，再加上基督宗教信仰的傳入，使得山神轉變為惡魔。他們二人帶入了當地人對於物的象徵分類系統，批評陶西格對當地文化的瞭解不足。亦即，資本主義經濟會被視為惡魔，是因其破壞了原來的社會與宇宙秩序，其惡並非源於資本主義自身。這又回到牟斯 (Mauss 1990) 的《禮物》主題，如何更深入地瞭解被研究者的文化，並由其文化來瞭解經濟，才有可能提出資本主義經濟之外的另一種可能。

不過，文化經濟學還必須面對一個挑戰：這些非西方社會的人在從事我們現在認為是生產、交易、分配、消費等經濟過程的活動時，他們自己認為這是生產、交易、分配與消費嗎？這是從馬凌諾斯基以來對於經濟過程不曾質疑過的認識論問題，其解答更涉及本體論問題。人類學家從文化的觀點來理解經濟現象時，其實很可能產生很不一樣的連結。

第三章第四節提到的敏茲，其研究便討論到英國的糖，最早被當作藥品、奢侈品，到十七、十八世紀成為一般人民日常生活的用品。不僅涉及外在的政治經濟條件改變，尤其是工業資本主義經濟的發展，更涉及英國人對於糖的觀念的改變。因此，這本書雖被視為是政治經濟學的代表性研究之一，但已經將「文化」的觀念帶入。不過，敏茲並沒有質疑經濟過程本身。同樣地，另一支經濟人類學的新潮流，1980年代開始發展的消費研究，將切入點由過去的交易與分配或生產，轉移到消費上，但也沒有質疑經濟過程是由「生產、交易、消費」所構成的假定。換言之，經濟人類學理論上的發展，除了牟斯以外，大都只是在認識論上的改變，而不是如牟斯那樣具有本體論意義的挑戰。

牟斯試圖從象徵的角度來探討社會的起源，使他在經濟現象的理解與討論上，會從當地人主觀的文化觀點來看。這不僅質疑了經濟過程的共同假定，更積極地提出由「文化」來回答什麼是經濟的可能性。這個我們現在稱之為文化經濟學 (cultural economy) 的立場，最極端的表現便是顧德曼 (Stephen Gudeman) 的《經濟學有如文化：生活的模式與隱喻》(*Economics as Culture: Models and Metaphors of Livelihood*) (Gudeman 1986)。

三、經濟學有如文化

顧德曼這本書，被視為文化經濟學的最典型代表。他不僅質疑了資本主義經濟興起以來對於經濟過程的基本假定，更試圖將經濟視為文化的建構，以回答「什麼是經濟」的基本問題：

這本書一開始便指出，所有的經濟學或是經濟理論都是社會建構的，而且，都是某一種地方模式。亦即，目前所說的經濟學理論，乃是西方社會的地方知識 (local knowledge)。因此，這本書想要探討的是每個文化所建構的生活模式，瞭解每個生活模式當中的隱喻，特別是具有關鍵性象徵的「聚焦性隱喻」(focal metaphor)。因為，只有從每個文化的關鍵性隱喻，才可以瞭解經濟過程在當地的意義為何。這本書用了好幾個地區的研究成果來討論。包括代表英國地方知識的李嘉圖理論、法國重農學派，還有四個非西方社會的例子。以下舉兩個較極端的例子來進一步說明。

以非洲的班巴 (Bemba) 人為例。當地人的經濟活動的中心是祖先的工作。他們最主要的隱喻是「自然有如祖先」。因為，當地人認為，是神創造了自然世界，可是，卻是祖先改變自然，使其有利於人。因此，當地人從事任何活動，都必須祈求祖先的幫忙；亦即，任何與自然有關的活動，都是由祖先以他們的力量引致。所以，祖先是班巴人最重要的隱喻或聚焦性隱喻。

在這個以母系氏族為主的社會，他們的領導人酋長，就是活的祖先。如果生產失敗，他們認為是祖先收回土地生殖力的結果。而這些領導人，就如同祖先一樣，必須保佑跟隨者的生活基本需要，因而必須累積生產剩餘，分配給生產不足者，以提供跟隨者的基本需要。所以，這些政治領導人的行為也是在模仿他們的祖先，並被稱為活祖先。也唯有如此，酋長才有跟隨者。是以，在班巴這個社會中，分配、交換或生活物資的流通，其重要性並不亞於生產本身。適當的分配本身更是再創造或活絡生產所需的社會關係，而整個「經濟」是由村民、領導者及祖先共同參與。

相較之下，新幾內亞多布 (Dobu) 人生產山芋時，他們把山芋視為人，並認為人與山芋是可相互轉換的，山芋跟人一樣擁有個別的名字。這樣的觀念，牽涉到他們的宇宙觀當中，認為每種物體都是經由轉換而與其他物體相關連。對多布人而言，在田園裡生產山芋的活動，不僅涉及他們認為「世界怎麼形成」以及「他們是誰」、「社會是什麼」、「事情如何發生」等深層的信仰，使他們不把生產看成一種特殊的活動類別，或是使用工具來開採自然世界的活動，而是一種遊戲或社會展演。比如，他們認為有一個獨立的超自然世界存在，人們可以利用巫術與咒語來要求這些超自然力量的幫助，來控制山芋。所以，整個山芋的生產是充滿了巫術。事實上，對他們而言，經濟活動是充滿巫術的社會活動。

對顧德曼而言，這些「聚焦性隱喻」正好呈現每個文化的「知的方式」(the way of knowing)，是當地人認識世界的方式。因此，在本書的結論中，顧德曼提出：「沒有經濟學，只有隱喻」。這與威克 (Richard R. Wilk) 討論潘乃德所獲得的結論，「沒有經濟學，只有文化特質」是沒有什麼差別的 (Wilk 1996: 118)。換言之，在顧德曼的探討之下，只看到文化，而沒有經濟。❷而且，更導致許多二元對立的概念，如傳統／現代、前資本主義經濟／資本主義經濟、禮物經濟／商品經濟、為使用而生產／為交換而生產等等，最後導致「文化」與「經濟」是對立的。這是文化經濟學典型而極端的發展，自然也產生了理論上的困境。

四、文化經濟學的困境

文化經濟學最大的困境，一方面來自文化理論本身的內在矛盾，

❷ 嚴格說來，顧德曼書中的幾個例子中，「自然」與「文化」的對立程度不同，由前到後逐漸下降。多布人是全書當中的最後一個民族誌例子，幾乎沒有自成一格的「經濟活動」領域，而只有文化（或巫術），是最極端的例子。雖然他在結論中對於「自然」、「文化」的對立性做出妥協，但在論證上，他顯然有意要突顯其愈顯極端的相對性。

一方面則來自「文化」與「經濟」的對立。就前者而言，多半的文化理論，從鮑亞士的文化論及馬凌諾斯基的功能論，到葛茲的文化詮釋或薩林斯的文化結構論，都隱含著內在的矛盾：一方面強調每個文化是獨一無二的，另一方面又假定原始人與西方人一樣的理性。特殊與普同之間的無法調和，形成文化理論上的矛盾。其次，就文化與經濟對立而言，如果不是導致顧德曼那樣強調「文化」而相對壓抑「經濟」，便是像葛茲那樣「將經濟行為看成一獨特的文化產物，他通常相對化了經濟實踐」(Wilk 1996: 124)。但不論哪一個方式，這樣的探討，往往忽略了「經濟行為」本身 (ibid.: 131)。

關於「文化」與「經濟」之間在理論上似乎不得不然的對立，涉及現實上在目前世界性資本主義經濟體系支配的條件下，禮物經濟還無法取代商品經濟。另一方面，文化特殊性與人類普同性之間的矛盾，又涉及普遍理性與特殊理性，或韋伯所說的形式理性與實質理性間的衝突如何解決。而這些解決方式也都隱含著經濟人類學幾個新的發展方向。物質文化與消費研究便是其中之一。

第二節　物質文化與消費

在人類學形成的早期，物質文化一直是主要的研究課題，但這個課題也牽涉了不同的理論立場：演化論、象徵論、結構論。

在西方資本主義意識型態影響之下，物被視為是人類創造與勞力活動的結果。因此，早期演化論便以物質發展的程度來表徵社會文化進步的程度。這樣的研究立場，正如當時資本主義經濟學的基本假定，視人與物有著主體與客體之別。相對之下，牟斯在《禮物》一書及日後有關的研究中，為了批評與改正資本主義經濟對於人類社會帶來的負面問題，由人與物不可分的文化觀點，發展出他的社會之象徵起源論。不過，在李維史陀的結構論中，他認為不論是演化論將人與物分離的二元論或牟斯將人與物連結的象徵論，都是在處理現象的表面。事實上，在有關人與物的現象背後，交換才是關鍵而為人類學要探討的對象。因它才是社會的再現與繁衍的機制，是超越人類意識的存在，是屬於潛意識的深層結構。而這根基於人類思考原則而來的層面，是可以被客觀地加以研究。而且，由交換的內容與形式，我們還可以掌握不同類型社會運作的機制。上述這三個不同的主要觀點，實已奠定當代人類學有關物之研究的幾個主要不同理論方向。

到了科學人類學開始，它之所以研究物，主要目的都是在探討社會結構本身，物只是用來證明社會結構或社會存在的附屬物，而沒有其獨立存在的價值。因此，物與物質文化的研究，在結構功能論於1940年代興起後，便已沒落。它幾乎成為只是博物館學的專業，很少為人類學者所重視。這情形一直到1980年代初才有了重要的改變。

1980年代，部分人類學家、考古學家、博物館學者、文化研究者等開始強調物及物質文化本身有其自成一格而不可取代的邏輯，因而有其不可取代的價值而可成為一獨立的研究課題。這種努力與觀點，可清楚表現在米勒 (Daniel Miller) 的《物質文化與大眾消費》(*Material Culture and Mass Consumption*) 一書上 (Miller 1987)：

他由黑格爾的精神現象學提出主體／客體或人／物非二元性關係為這研究領域的分析主軸，並進一步設定主體與客體是辯證 (dialectic) 與動態的 (progressive) 關係、以及兩者與過程的不可分，而強調兩者間的各種關係均是這過程本身的產物。主體並非先驗的，通常是由吸收他所有的客體之過程所構成，因此主客體

並不是獨立存在的，而是相互構成的，而這相互關係本身僅存於它所有的真實化 (realization) 過程的部分中。由此，他突顯了「客體化」(objectification) 的雙重過程：一個是主體在重新創造的活動中具體化 (externalize) 了自己。另一方面，主體經由「再吸納」(sublation)❸的過程重新再據有這具體化的產物。如此，他不僅建立了一個必須與客體化相互構成而沒有個人或社會為文化創造之「獨立主體」的文化理論，也透露出物有自成一格而獨立自主的邏輯與性質，就如同作為客體的器物，之所以同時包含看得見及看不見的兩種極端性質，實立基在其物性上。尤其人造物，往往可隱含與時下認知不同的性質，其風格所塑造的文化形式，更可作為互為主體秩序的媒介而整合個人的再現於更大群體規範秩序中。故物或人造物，不僅再現了社會分工、社會群體、社會結構、乃至自我，它更結合了生產與消費、個體與群體、主觀主義與客觀主義、以及各種複雜的力量與能動性，因而突顯了物質文化及消費研究的重要性。故物表面上單純，實際上是複雜的，充滿著許多矛盾的性質、機制與功能，既具體而又抽象，是現代社會的中心現象。故米勒認為物或物質文化及消費可成為人類學重要的研究課題，並希望由此來改變人類學本身。❹

米勒的論點，固然奠定了當代物質文化與消費研究的理論基礎，而成為超越學科的研究課題，但在人類學中，他的主要成就在於結合物自

---

❸ 在此借用了謝國雄的譯名。

❹ 物質文化及消費成為人類學的重要研究課題，可具體證之於 1996 年出版的 *Journal of Material Culture*。至於如何由這新的研究課題來改變人類學本身的討論，請參閱 Miller (1995)。

成一格的性質與社會文化特性，突顯人類學在這個研究領域上的獨特貢獻，並產生不少名著。[5]

以阿帕督徠 (Arjun Appadurai) 編的《物的生命史：文化觀點下的商品》(*The Social Life of Things: Commodities in Cultural Perspective*) 一書為例，物的生命史成為研究的主要切入點 (Appadurai 1986b)。這樣的切入點，不只使物與經濟、歷史、社會文化結合，更使物本身成為研究之主體，而使物有了獨立的生命及其獨特的價值與重要性。事實上，在科比托夫 (Igor Kopytoff) 的「文化生命史」(cultural biography) 觀念中 (Kopytoff 1986)， 不同於阿帕督徠所提出的 「社會生命史」(social biography) 所強調物之象徵化的控制是在於壟斷權力之政治化 (politicized) 觀點 (Appadurai 1986a)，科比托夫反而認為：在歷史過程中，每個物的生命史都有其個別化 (singularization) 與商品化 (commodization) 兩個相反的發展趨式；而其主要趨勢則取決於其「交換的技術」(technology of exchange)。但不同類型的社會中，文化規則對於物之生命史特性 (biographic idiosyncracies) 的制約有所不同。這使他不只結合了物、經濟、文化與個人價值，更提出社會限制了當地人的世界並同時建構了物與人之看法。這種強調在社會的條件下如何連結物與人的論點，多少是延續了涂爾幹的理論傳統，卻豐富了物自成一格的研究而突顯人類學的特色。也在類似的視野下，讓我們看到從物的切入，能使我們對於法國大革命及印度的殖民統治所隱含的文化與社會改變有了新的瞭解 (Reddy 1986; Bayly 1986) 。 而在印尼蘇巴

[5] 像 Appadurai (1986b) 所編的 *The Social Life of Things*、Hoskins (1998) 的 *Biographical Objects*、Rival (1998b) 所編的 *The Social Life of Trees*、Weiner & Schneider (1989) 合編的 *Cloth and Human Experience*、及 Spyer (1998) 所編的 *Border Fetishisms* 等，均是當時這股潮流之下的著名作品。

(Sumba) 島寇迪 (Kodi) 人的研究 (Hoskins 1998)，霍士欽 (Janet Hoskins) 以類似科比托夫的個別化概念，來驗證史翠珊由美拉尼西亞人因其人觀而視人為可分解的 (partible)、可分的 (dividual)，以至於人乃至性別是建立在禮物交換的過程而沒有現代社會的疏離與剝削的觀點，來突顯寇迪人的物不僅有兩性之別而與自我及交換結合，更因它是過去及個人的人生記憶的集體再現，而說明了物在這社會文化中的重要性，也突顯自我認定是依長期的建構、解構與再建構過程而來的特性。

類似的討論也見於利瓦爾 (Laura Rival) 所編的《樹的社會生命史：樹象徵的人類學觀點》(*The Social Life of Trees: Anthropological Perspectives on Tree Symbolism*) 一書中 (Rival 1998b)。在他的分析當中 (Rival 1998c)，讀者可以瞭解：樹之所以成為社會過程與集體認同最明顯與最具潛力的象徵，是因為樹作為植物，並不截然劃分自然與文化的二分，而肯定生命世界的延續性。❻它具體象徵了活力、生命、成長與繁殖力，而具備了活力與自我再生力量的兩個基本性質。更因為樹根植於土地，而成為任何農業社會所有生命的基礎，它乃成為肯定生命與否定死亡的文化再現。也因此，正如椰子樹在東南亞民族，特別是巴厘及 Nusa Penida 島民，是生命循環的象徵 (Giambelli 1998)。就如非洲丁卡 (Dinka) 的牛或阿桑地的巫術一樣，椰子樹是當地文化的植物性意理 (botanic idiom)。

由上述例子，我們可以清楚看到物質文化與消費研究，雖透過物自成一格的理論立場，結合了經濟、文化、歷史過程、乃至於政治與權力，開展了新的格局，不僅成了人類學乃至於人類學以外（特別是

❻ 相對之下，動物表現為具有威脅性、野性的有機體，而與人類心靈之間存在著不可協調性。

文化研究）的一個重要研究領域，更試圖剔除了資本主義文化視物為無主體性之客體，以及個人是天生獨立個體的偏見，強調了人的自我認定是依長期的建構、解構、與再建構過程而來。但是，物質文化與消費研究並沒有真正超越文化經濟學所面對經濟與文化對立的困境。即使如米勒所說，他意圖用「客體化」觀念超越象徵論，並突顯持續性過程本身的重要性。而這類研究也已將經濟過程的相對重要性，由生產、分配轉移到消費上。但是，消費行為還是難以成為經濟生活中，與生產、交易分離的行為領域，反而變成人類創造價值過程的主要文化範疇 (Miller 1995: 277)。換言之，這類研究最成功之處還是在於突顯了物、人、價值如何被象徵化與創造，以及呈現被研究文化的特色，而無法以「客體化」觀念取代經濟與經濟過程，因而無法真正超越經濟與文化的對立。

第三節 文化實踐、生活方式與心性

相對於物質文化及消費研究，文化實踐則提供了另一種解決困境的可能性。這可以筆者的〈作物、經濟與社會：東埔社布農人的例子〉為例（黃應貴 1993a）：

位於臺灣中部南投縣信義鄉最靠近玉山的東埔社，當地布農人的主要作物，從日據時期日本政府的文明化政策經戰後國民政府推動現代化政策到解嚴後的 1990 年代，由原來的小米變為水稻、番茄到今日的茶，東埔社由原依刀耕火耨自足經濟的流動性民族變成固定化的農耕社會、到依賴大社會資本主義經濟市場存活，不但具體呈現出其不同時代的社會性質，並細緻地呈現當地布農人

如何在外在的歷史客觀條件中，經由原有 *hanitu* 信仰與人觀來理解、轉變、乃至創造有關新作物的活動及其文化意義。更重要的是，透過以作物作為研究的切入點，得以超越傳統與現代、前資本主義與資本主義、禮物經濟與商品經濟、為使用而生產與為交換而生產等二元對立觀念的探討之限制，而能進一步呈現出「經濟與宗教區隔和經濟的獨立自主性」如何浮現、以及「純粹布農人社會」如何消失，也調節了物質論與象徵論之間的衝突。

在這個例子裡，我們可以看到當地布農人如何透過原有的 *hanitu* 信仰及人觀，去瞭解新作物乃至於背後的資本主義經濟，並發展出與新作物有關的「經濟」活動，而突顯出深層的文化傳統如何影響他們認識新世界並產生反應的獨特方式。這樣的探討，雖可以呈現內外複雜因素在歷史過程中的辯證性發展，並避免了簡單的二元對立思考方式來理解的限制，但仍無法以一更寬廣而深入的視野有效地取代經濟與經濟過程的問題。在西美爾 (Georg Simmel) 近年來重新被重視的理論，反而可以找到進一步的思考方向。

西美爾的《貨幣哲學》(*The Philosophy of Money*) 一書雖在 1900 年出版，並於 1907 年被翻譯成英文，但在當時並沒有產生影響力。一直到 1990 年英譯版再版之後，才又重新被意識到其重要性（黃應貴 2004a: 14）：

表面上，他處理的是貨幣如何從有價值物發展為功能性貨幣。但實際上對他而言，貨幣不只是主客體互動過程的交易手段，更代表著一種生活方式。因為使用貨幣的社會必須有「個人」及相對的世界觀之存在，使追求（個人）經濟利益成為可能。

> 社會成員也必須善於使用象徵，使心智在實際生活中成為最有價值的支配性能力，心智與抽象思考乃成為當時代的特色。因此，生活本質是基於心智。自然，在這樣的社會裡，人必須超越直接的互動，因而必須有類似現代國家的中央集權與廣泛的社群來維持客觀的法律、道德與習俗等。此外，除了社會發展為個人解放與人格化的條件外，心理因素或機制更是整個現象發展背後的基礎。因為當貨幣成為貿易、衡量及表現物或商品的價值之媒介，會造成超越個人形式的客觀化生活內容，並導致個人的孤立與自我認同的困惑。所有的認知與價值，就如同貨幣的客觀價格是由主觀評估而來一樣，均是來自主觀的過程與起源，特別是來自主觀非理性的情緒。換言之，貨幣所代表的生活方式，主要便圍繞在如何剔除情緒而依賴心智。這裡不只涉及每個人都有的普遍性理性與主觀非理性的情緒假定，也涉及到主觀與客觀文化間的關係所構成的當時代生活方式。而貨幣本身不僅是時代的創造，就如同藝術品一樣，它更具體地表徵著當時代的特性或是深層靈魂。是以，它不僅影響到生活的許多層面，而且它本身就代表著一種生活方式。

在西美爾這本書中，可以發現他從社會、文化及心理層面，把物與生活結合，並觸及背後的心智，提供了一個更寬廣的研究視野。不過，他的研究是抽象的理論探討，缺少特殊的社會文化民族誌資料，而無法呈現新的生活方式背後的文化觀念與基礎，包括新的經濟活動的觀念是如何被創造出來的。因此，下面將以上述東埔社的例子，進一步說明。

在筆者〈物的認識與創新：以東埔社布農人的新作物為例〉（黃應

貴 2004b）一文中，和筆者先前的研究有所不同，已不再侷限於由人觀與 *hanitu* 信仰來看物，而是透過物來呈現當時的生活方式：

東埔社布農人作物的歷史發展過程，從日本殖民時期的刀耕火耨之生計經濟，到後來的水稻耕作、國民政府統治時的經濟作物栽種、到茶樹與經濟作物的種植等，來探討當地布農人如何透過其原有的人觀、土地或空間、工作、知識、*hanitu*、*dehanin* 等基本分類概念，以及經濟過程的生產、分配與交易、享用與消費等活動，對新作物進行理解而創新的過程。同時也是有關當地人如何由其原有的基本文化分類概念來理解外在的歷史條件而創造新的生活方式與社會秩序，以及以每個不同經濟時期的關鍵性象徵，如小米、水稻、番茄與貨幣、茶與汽車等，來突顯不同的象徵性溝通體系之性質，並反映該社會的深層靈魂或心性的發展。特別是人／物的分離，以及客體化的趨勢，使得主體／客體關係得以普遍，也使得象徵性溝通系統本身的改變，不只涉及 Vygotsky 所說人的心理過程 (psychological process) 的提升或心靈發展，更涉及作為象徵溝通系統的分類體系本身與溝通手段間的逐漸分離，以及象徵與真實之間的分辨與一致的可能性。由此，進而質疑由亞里斯多德以來而被康德所系統化的將基本分類範疇視為固定的看法，以突顯人的創造性以及文化傳統再創造之所以可能的基礎，而這正是物與物質文化研究對人類學理論最可能有的獨特貢獻。

以當地布農人種植經濟作物的過程為例。剛開始，大家不瞭解市場的機制，都在同一時間種植前一年價格最高而最適合當地種的作物，經常導致供過於求，無法獲利。後來，布農人從鄰近的漢人那裡漸漸瞭解市場決定價格的機制。但，無論是漢人或者布農人，都無法預測經濟作物的市場價格。面對市場價格的不確定性，當地漢人是以連續幾年種植同種作物，期待其中一年會大賺一筆的方式作為生存之道，但當地布農人卻發展出以傳統的夢占來決定在何處、何時、種何種作物。這當然是當地布農人獨一無二的文化再創造，更影響他們對於時間、空間、勞力等的認識與使用而形成其生活節奏，構成新生活方式中的主要部分。

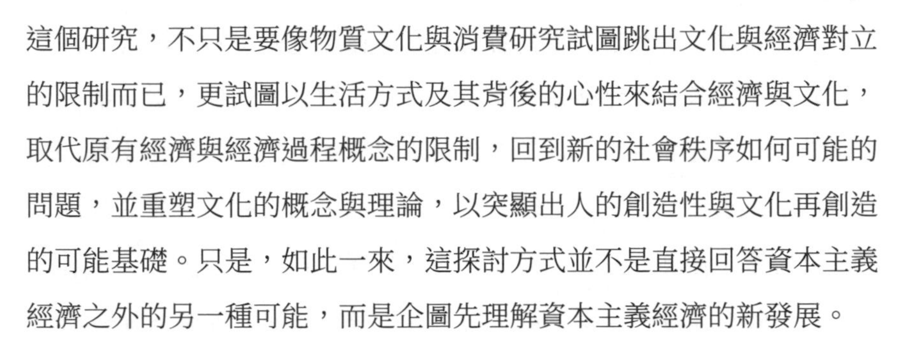

這個研究，不只是要像物質文化與消費研究試圖跳出文化與經濟對立的限制而已，更試圖以生活方式及其背後的心性來結合經濟與文化，取代原有經濟與經濟過程概念的限制，回到新的社會秩序如何可能的問題，並重塑文化的概念與理論，以突顯出人的創造性與文化再創造的可能基礎。只是，如此一來，這探討方式並不是直接回答資本主義經濟之外的另一種可能，而是企圖先理解資本主義經濟的新發展。

關於「新」資本主義經濟或新自由主義經濟與過去的資本主義經濟到底有何不同?又有何基本的共同性質而繼續被稱為資本主義經濟?這些基本的大哉問，才開始被學界認真探討，非筆者目前能在此可以簡單回答。但有一點必須指出的是：新自由主義經濟已超越現代國家的控制，使市場的機制得以更有效運作，也使資本的流通更加迅速而有效益。資本流動所導致的財政問題，已成為經濟過程（原僅指生產、分配與交易、消費）的一環。但這裡的「資本」已不限於「經濟資本」，它可能是創造性知識、文化遺產、乃至創造出來的「虛幻世界」等等，使得經濟結構更容易透過文化形式產生作用。也因此，在新自由主義經濟體系中，許多的概念與類別必須重新界定。至少，概念之間界線的打破與結合遠比其分辨更有意義。許多地方均產生了可馬洛夫夫婦所說的「神祕經濟」(occult economy)(Comaroffs 1999)，即經濟活動與地方宗教、文化密切結合，而這些宗教與文化，完全不符合資本主義精神，或者「現代化」理論的條件與定義。是以，新自由主義經濟之所以有它的宰制力量，並不盡然在於其經濟的結構，更在於其結合了地方文化，作為一種文化形式而產生作用。然而，我們對於這類新文化形式問題，正如新的自由主義本身，也才剛開始加以注意而已。也因此，上述人的創造性與文化再創造的基礎，便變得很重要。

當我們在尋找資本主義經濟之外的另一種可能時，我們往往忽略資本主義本身也在改變與不斷的發展。資本主義並未如馬克思理論所預言的，在它發展到極端之後，會因為內在的矛盾而崩潰，而是以新的形式出現。而本節所述如何由文化實踐所建構的生活方式與心性來看新社會秩序如何被建立？並以什麼文化形式出現？實際上，這是在討論新自由主義經濟的性質與新的文化形式的問題。正如可馬洛夫夫婦在《公共文化》(*Public Culture*) 所編的專號《千禧年資本主義與新自由主義文化》(*Millennial Capitalism and the Culture of Neoliberalism*) (Comaroffs 2000) 及哈維 (David Harvey) 的《新自由主義簡史》(*A Brief History of Neoliberalism*)(Harvey 2005)，或桑內特 (Richard Sennett) 系列著作 (Sennett 1998, 2006)，以及黃應貴 (2006b) 等新近的著作，正揭示經濟人類學未來另一個可能發展的新方向。❼

---

❼ 以 2007 年為例，澳洲人類學年會選擇 “Transforming Economies, Changing States” 為主題，實以整個學會的力量來探討與新自由主義有關的各種問題。同年，新自由主義也成了美國人類學年會最引人注目的研究課題。

第四節　結　語

由上面的討論，我們可以發現：從牟斯在 1950 年代開風氣之先，而由陶西格在 1980 年出版《南美洲的魔鬼與商品拜物教》一書以來所開展的文化經濟學，讓我們真正處理到了馬凌諾斯基所建立經濟人類學三個課題中有關被研究者觀點問題，也比較可能去面對牟斯具有本體論意義的挑戰。至少，我們可以認真地去思考到底現代經濟在當地人文化上的意義是什麼？我們也看到：文化經濟學透過「文化」來探討「經濟」，最後能夠處理的反而是文化，而非經濟。這個結果，部分來自文化理論之中，文化特殊性與人類理性之普同性的內在矛盾。這種內在矛盾往往造成文化與經濟的對立，以至於文化經濟學的探討往往忽略經濟行為本身，最後導致它的沒落。為了克服上述文化與經濟對立的困境，經濟人類學從兩個新的方向試圖來解決。一個是由物質文化及消費著手，試圖建立物的自主性，並結合了經濟、文化、歷史過程、乃至於政治與權力等，將切入點由生產或交易與分配轉移到消費上。由於這新的研究領域強調由客體化過程來建構或分辨主體與客體，並強調主觀主義與客觀主義或外在條件與內在因素等二元對立原則的結合，來超越經濟與文化的對立而開展了新的可能。然而，物質文化與消費研究，至今雖然仍是文化研究中的熱門研究課題，但卻很難與生產及交易與分配分離而成獨立的研究領域。一方面，它的貢獻在於：由於消費往往成為人類創造價值過程的主要文化範疇，因而此領域的研究突顯了物、人、價值如何被象徵化與創造，以及呈現被研究文化的特色。但也因為消費研究仍無法以「客體化」的概念取代經濟與經濟過程，因而無法真正超越經濟與文化的對立。

另一個新的可能研究方向，則試圖由文化實踐來探討當地人如何建立其新的生活方式及其背後的心性，並突顯其以何種文化形式來表現的重要性。這新的探討方向，並不直接回答資本主義經濟以外的另一種可能，而是先理解資本主義經濟新發展的性質，並探討其以何種新文化形式來呈現。尤其新自由主義經濟之所以有它的宰制力量，並不盡然在於其經濟的結構，更在於其結合了地方文化，作為一種文化形式而產生作用。因此，要思考資本主義經濟之外的另一種可能，就必須先面對資本主義經濟的新發展，並同時面對新的文化形式。而這將成為經濟人類學新的發展方向。

當然，上述經濟人類學自文化經濟學以來的發展，也試圖剔除西方文化的偏見。陶西格剔除馬克思論認為階級意識僅能出現在資本主義經濟高度發展的西方社會之偏見，而顧德曼更剔除所謂的經濟僅限於資本主義文化所強調的經濟過程之偏見。物質文化與消費的研究，則要剔除資本主義文化將物視為無主體性的客體及個人是天生之獨立個體的偏見。而文化實踐、生活方式與心性的新探討方式，更是要打破原資本主義文化將經濟視為一個特殊的獨立類別之偏見的限制。也只有在不斷的剔除原西方資本主義文化的偏見後，我們才可能去思索資本主義經濟之外的另一種可能。

第十一章　宗教、儀式與社會

人類學的宗教研究，一開始是以宗教與社會的關係作為其最主要的關懷。經過功能論、詮釋人類學、儀式象徵論、馬克思論、文化實踐論等的發展，儀式逐漸成為宗教與社會間的連結機制而成為宗教人類學研究的主要課題，使宗教與儀式的研究立場，逐漸由消極反映社會性質的探討，轉變為積極尋求社會新秩序的塑造，並挑戰西方資本主義文化中對於宗教負面意見的偏見。

第一節　宗教與社會

不可否認，人類學的形成與發展，是以西方資本主義世界性擴張過程為背景。當時的殖民者接觸到異文化的奇風異俗而產生好奇——這樣的好奇心不純然是知識上的，而更可能出於經濟利益掠奪或者統治管理上的便利——而奇風異俗經常被歸類於當時西方觀點中所謂的「邪教」或「迷信」。因此，宗教人類學一開始便是人類學知識體系中的主要研究領域。比如，泰勒的《原始文化》(*Primitive Culture*)(Tylor 1958 [1871])，在兩冊的分量中，宗教幾占了第二冊的全部。而弗雷澤十二卷的巨著《金枝》，更全部都與宗教有關。

但，從「奇風異俗」到「人類學知識」，更涉及第二章所提到的西方社會科學知識之興起。宗教人類學之所以能成為人類學的一個主要分支，正如涂爾幹所說的，必須證明其研究的對象或主題是一「社會事實」。為此，涂爾幹從宗教與社會的關係論證著手，此乃成為《宗教生活的基本形式》(*The Elementary Forms of Religious Life*)(Durkheim 1995 [1912]) 一書的主要內容，並奠定了宗教人類學一開始的基本關懷。然而，這樣的基本課題始自他的老師古朗士 (Numa D. Fustel de Coulanges)。

一、宗教人類學的先驅者——古朗士

要談宗教與社會之間的關係，我們必須要從涂爾幹的老師，也就是歷史學家古朗士的《古代城邦：希臘羅馬的宗教、法律與制度的研究》(*The Ancient City: A Study on the Religion, Laws, and Institutions of Greece and Rome*)(Fustel de Coulanges 1979 [1864]) 談起：

這本書的主題是:從希臘城邦到羅馬帝國的數百年發展過程之中，社會是由何種規則所統治。因此，這本書主要談及三個歷史發展階段。第一個階段是希臘早期，以「家」作為最大的社會單位，家火的祭儀是整個家或「社會」的再現。甚至極端一點說，「家」即「社會」。每個家都擁有自己的祭壇，祭壇上的家火必須長燃不熄；一旦熄滅，就象徵著家的滅亡。因此，家火是家的關鍵性象徵。再者，家的成員必須透過家火所代表的家之宗教來決定。經歷與家火有關的儀式，才能夠成為家的一分子。因此，即使出生於這個家庭的新生兒，若不舉行相關儀式，也不被認定為家的成員。同樣地，婚入者也必須經由儀式，才能夠成為家的一員。該儀式的效力，甚至可將不具血緣關係的人轉化為家內的一員。除了家火之外，家的宗教性質，還可由家長地位看出。家長大部分是男性年長者，其地位的來源不純然來自血緣或者年齡，而更來自他在家中的祭祀活動所扮演的角色——他負責家內的祭祀活動，是類似祭司的宗教儀式執行者。

在以家為主要社會單位的希臘早期社會裡，法律或行為規範、宗教、政治統治 (government)，三者合而為一，而且是透過跟家有關的宗教信仰來表現。因此，在希臘早期的社會中，家是唯一的社會形式，只有角色 (roles) 而沒有個人 (individual)。因此，自然也沒有現代社會由「社會」、「家庭」之對立所發展出來的公領域與私領域之別。

經歷一段很長的時間之後，希臘的主要社會單位從「家」發展到「城邦」(city)。城邦以家作為最小的社會單位，家之上有宗族，宗族之上有著氏族 (gens) 或者無血緣關係的部落 (tribe)。氏族或部落即構成了城邦。城邦是當時希臘最主要的社會單位，是一個獨立的社會。城邦社會本身已經出現了分工與階層化，有貴族、平民，以及負責對抗掌權者，保護平民的護民官。社會分工的基礎是財產的分化——無產者便淪為奴隸，不具公民的身分。但是，這種政治統治方式（也就是 government），或者是法律的行為規範，仍然來自於宗教的定義。宗教不但聯合了城邦之內的小政治單位，如氏族與家，更可說是社會的再現。

希臘的每個城邦都有一座廟，供奉著該城邦的保護神。若神祇不在神廟之中，意味著該城邦即將滅亡。不過，此時的城邦，並不像原來以家為單位的希臘社會。由於社會分工更複雜，需要類似儀式的活動，以凝聚其下更小單位的所有成員。而在祭祀城邦保護神之後的集體聚餐 (public meal)，便擔負了凝聚城邦成員的任務。聚餐是祭祀儀式的一部分，具有儀式的神聖性，所有公民都必須參與，因而在聚餐之中進入神聖的共融 (holy communion) 境界。因此，公共性的集體聚餐取代了原有的家火，成為整個城邦社會最主要的關鍵性象徵。

從上面的陳述中，我們已經可以看到：在城邦時代，社會的政治統治跟法律規範已經開始與宗教分離而獨立浮現。雖然，政治與法律仍然源於宗教，並且受宗教所規範。這樣的發展趨勢，也與個體 (individual) 的浮現有關。也就是說，在以家為主要社會單位的希臘早期時代，並沒有獨立自主的個體（個人）存在；只有社會的關係，只有個人扮演的角色。到了城邦的時代，個人的獨立性與自主性出現，相關的保護財產的法律、以及保護平民權力的護民官制度也隨之出現。此時，公共領域跟私有領域才逐漸區分開來。

城邦制度發展到後來，由羅馬帝國所取代。和希臘時期不同，羅馬帝國形成之時，其疆域涵蓋了各種不同種族與語言的人群，更擴張到非直接統治的殖民地。因此，人跟人之間的溝通已經超過了面對面的直接接觸。隨著社會分工愈來愈複雜，帝國的宗教、法律、政治統治或政體，都已各自獨立，成為構成整個社會的三個主要制度。以宗教為例，在羅馬帝國時期，一句廣為流傳的名言就是「凱撒的歸於凱撒，上帝的歸於上帝」。說明了在羅馬帝國形成的時候，宗教跟政治已經獨立分開了。不過，羅馬帝國的統治必須面臨的最大困難，是如何使帝國疆域之內所有不同種族與語言的人，都具有平等的地位？因此，它必須要具有普遍主義 (universalism) 的思想——所有的人在帝國的統治與法律之下，具有相同的權利與義務。只有在這個條件之下，帝國才能夠整合民族、族群、語言均存在著巨大差異的人群。因此，基督宗教正好提供了羅馬帝國絕佳的普遍主義宗教基礎——在神的面前，所有教徒，不論種族、語言、財產、年齡，都是兄弟姊妹。因此，基督宗教正是完成羅馬帝國新社會秩序的一個重要基石。一直到基督宗教成為羅馬帝國的國教以後，希臘羅馬社會才建立了與城邦社會不同的嶄新社會秩序——帝國。是以，基督宗教乃提供了建構新社會秩序的最後一塊磚頭。

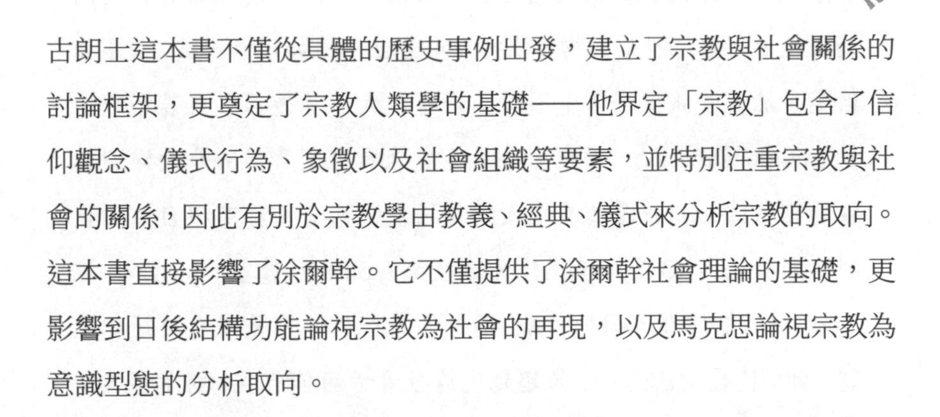

古朗士這本書不僅從具體的歷史事例出發，建立了宗教與社會關係的討論框架，更奠定了宗教人類學的基礎——他界定「宗教」包含了信仰觀念、儀式行為、象徵以及社會組織等要素，並特別注重宗教與社會的關係，因此有別於宗教學由教義、經典、儀式來分析宗教的取向。這本書直接影響了涂爾幹。它不僅提供了涂爾幹社會理論的基礎，更影響到日後結構功能論視宗教為社會的再現，以及馬克思論視宗教為意識型態的分析取向。

二、涂爾幹：宗教作為一社會事實

涂爾幹對於宗教與社會關係的解釋，充分表現在他的經典之作：《宗教生活的基本形式》。此書在宗教人類學之所以重要，是因為涂爾幹在這本書裡面，試圖證明宗教是所謂的「社會事實」；也就是：宗教不能化約為社會以外的其他層面來解釋，而有其自成一格的內在系統，同時宗教的改變也必須由社會本身來解釋。因此，這本書有兩個重要的論點：一是從宗教信仰，一是從儀式證明宗教是自成一格的社會事實。這兩個論點，正好發展出宗教人類學兩個主要的討論方向：信仰與儀式。

在信仰部分，涂爾幹強調：宗教信仰不能化約為個人的信仰。當今所認為的個人信仰，如個人化的圖騰，是在強調以個人主義為基礎的資本主義社會中才得以發展出來。如果純粹是個人的信仰，便不能稱為宗教。

其次，涂爾幹在該書中著力論證宗教信仰本身有其自成一格的內在系統。如澳洲土著的圖騰信仰。❶圖騰制度在澳洲具有很大的差異性，圖騰可能是動物、植物，甚至自然物如地景、風、星辰。但是，涂爾幹試圖證明：不管差別有多大，背後都存在著宗教力量 (religious forces)，而宗教力量在各社會有別。如部分大洋洲民族所相信的 *mana*，源於當地人認為任何東西背後都有超自然力量的共同看法。❷這與其他社會的靈魂 (soul)、精靈 (spirit)、神 (god) 等的信仰屬不同的系統，而信仰系統的差別是來自於社會性質。如：精靈的觀念，必須超越氏族社會才可能存在；神的觀念，

---

❶ 當時的西歐學術界認為：澳洲土著的社會型態是已知人類社會中最簡單、最原始的一種，透過研究澳洲土著社會，也許可以研究人類最初的宗教型態。這也是涂爾幹以澳洲土著作為研究對象的最主要理由。

❷ 當然，同樣是大洋洲的民族，在不同的社會中，*mana* 可具有不同的性質與表現方式。比如夏威夷的階級社會，只有貴族的身上具有 *mana* 這種超自然力量。一般平民百姓沒有，因此不得碰觸貴族，否則會遭到不幸。

更是在他所謂的個人化社會（建立在個人主義基礎上的社會），才會出現。所以，透過信仰的差異本身，便可呈現社會的差別。

第三，涂爾幹試圖證明：宗教變遷是來自於社會本身。他強調：宗教觀念的改變其實是來自於社會生活的改變。比如，神的觀念，是在規模與組織超過部落的社會中才可能存在，而精靈信仰是在超越氏族組織的社會中才存在。故當信仰由精靈改為神時，實是社會單位的規模超越部落的結果。涂爾幹以社會的分類與生活方式來討論宗教信仰系統與宗教形式的改變，因此後人認為他的宗教理論隱含了社會決定論的立場。

在儀式方面，涂爾幹也用與討論信仰類似的方式來界定。他認為：儀式一定屬於社會群體的，不可能化約為個人。在現代西方社會中，有些儀式是個人性的，如贖罪性的儀式。可是這種儀式也只有在所謂個人主義的社會中才有意義。在其他類型的社會中，與個人有關的生命儀禮，如出生、結婚、或者是死亡等相關的所有儀式，甚至化解疾病或者焦慮的儀式，都是社會集體性的。

其次，儀式本身有它自成一格的內在系統。涂爾幹並強調宗教的觀念如何影響儀式本身的結構或程序，儀式本身又如何引起參與者的宗教情緒。前者後來清楚呈現於他的學生牟斯及胡巴特 (Henri Hubert) 的《犧牲：它的性質與功能》(*Sacrifice: Its Nature and Function*) 一書的討論上 (Hubert & Mauss 1964 [1898])。該書提出了：儀式過程本身有特定的結構，任何人或物一旦進入儀式，其性質就完全改變而產生神聖的、超自然的力量。雖然，儀式中使用的物品跟日常生活用品無甚差別，但儀式可以使它產生一種超自然的力量。同樣地，社會生活的一致性跟差異性也會產生神聖體 (sacred beings) 或神聖物的一致性或差異，因而造成儀式的統一與變異。比如，階級社會可能擁有不同階序的神，為不同的階級所崇拜，因而儀式也展現出社會階級與神明階序內部的差異，但又同屬同一信仰體系。而社會內部愈分化，儀式及神明階序的內部區別愈明顯。這也已涉及儀式的改變實源於社會分化的結果。總而言之，涂爾幹試圖透過信仰跟儀式的討論，證明宗教是一個社會事實。但是，他的論證也已經隱含了：宗教是社會的一個集體表徵。他所研究的澳洲原始圖騰社會，圖騰本身就成為社會的表徵。因此，在論證中，集體表徵與宗教可相互交換。另一方面，他認為社會生活的改變決定了信仰的觀念或者儀式的形式，這就隱含了社會決定宗教的論點。

即便如此，涂爾幹的思想無法簡單地以社會決定論一語帶過。在此書中，對於社會與宗教之間的因果關係，涂爾幹並沒有談得很明確。他討論到：宗教跟社會之間，存在著一些重要的中介因素，即所謂的心靈 (mind)，或有時他使用智力 (intellect) 或心智 (intelligence) 來指稱。他觀察澳洲土著社會的圖騰命名，認為：命名不僅展現了人創造再現的能力，更是分類的開始。分類本身，並不只是理性主義哲學家所認為基於先驗的純粹理性而來，而是源自於社會。分類概念提供了當地人思考的架構，當分類被創造出來之後，往往限制或影響了其他的思考方式。而分類系統的建構本身，就已經涉及到當地人的一套思考邏輯與心靈的性質。這也可見於這書中對於「宗教」的界定上。

當涂爾幹討論宗教作為一個獨立的類別時，往往透過宗教／非宗教、神聖／世俗、集體／個人、觀念／物質等二元對立的觀念來論證。在該書中，他認為所謂宗教就是神聖的，而神聖是相對於世俗而來的。因此，他假定了二元對立的概念是先驗的，是人類思考的普遍性原則之一。這乃預告日後李維史陀結構論的討論。由於觸及人類的心靈與思考方式與原則，此書自然也涉及了所謂思考三律的問題。早期，西方學術界傾向認為原始民族的宗教信仰是迷信而不是宗教，是因為原始民族的思考方式經常不合於西方思考最根本的假定，也就是思考三律。❸因此，西方人會認為原始民族的思想被迷信所籠罩。所以，這本書裡面討論社會跟宗教的關係的時候，就牽涉到心靈或者心智的思考之中介作用，並涉及到心靈的客體化作用——如何再現這些抽象的宗教觀念。

在第三章〈文化的概念與理論〉中，我們已提到：許多象徵觀念其實非常抽象，如說神或鬼都不是具像，也無法被觀察得知。但是人心靈的客體化作用使得人類可以用一個具體物去再現這個不可見的觀念，如雕刻一個神像來代替神。如此一來，宗教與社會的因果關係，就不再是單向的社會決定論（社會生活決定了宗教信仰與儀式），還涉及了心靈的中介作用，特別是下一章將討論的思考模式。

當然，這本書還討論到很多其他相關的重要問題，包括一些基本

❸ 所謂思考三律就是同一律、拒中律、矛盾律。同一律：A 就是 A；拒中律是 A 必須是 A 或非 A；矛盾律是「A 不能是 A 又是非 A」。思考三律是西方邏輯思考上最基本的假定。

分類概念的討論，如因果觀念。在此，涂爾幹把因果、條件以及功能等都很清楚地分辨出來。此外，該書也討論到象徵、儀式、知識等等相關的問題，是一本非常複雜的書。自然，本書最後還牽涉到一個很重要的討論：什麼是社會。

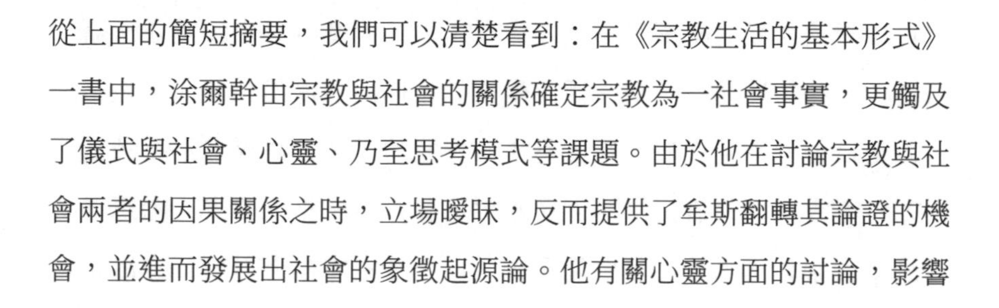

從上面的簡短摘要，我們可以清楚看到：在《宗教生活的基本形式》一書中，涂爾幹由宗教與社會的關係確定宗教為一社會事實，更觸及了儀式與社會、心靈、乃至思考模式等課題。由於他在討論宗教與社會兩者的因果關係之時，立場曖昧，反而提供了牟斯翻轉其論證的機會，並進而發展出社會的象徵起源論。他有關心靈方面的討論，影響了日後李維史陀的結構論。在宗教與社會的問題上，涂爾幹更直接影響到後來功能論的討論。

三、功能論的取向

在本書第九章〈經濟與社會〉中，已經提到馬凌諾斯基把宗教及巫術視為解決當地人心理焦慮的制度。例如，初步蘭島人在近海礁湖捕魚時，不需求助於巫術、儀式，可是一旦要進行遠洋捕魚或遠航貿易時，必須事先舉行繁複的巫術及宗教活動，以抒解因為航海的危險性及捕魚的不確定性所產生的焦慮不安。所以，在馬凌諾斯基的觀念中，宗教的主要功能在於解決人的心理焦慮。

芮克里夫布朗 (Alfred R. Radcliffe-Brown) 便提出與馬凌諾斯基不同的看法。他透過位在緬甸西南印度洋中的安達曼島人之案例提出：安達曼島人的宗教活動，是為了消弭當地人違反社會規範或是禁忌所產生的不安。因此，宗教活動有了彌補裂縫、增加群體凝聚力、重建社會秩序的社會功能。比如，對於原始社會的孕婦而言，生產過程非常危險，嬰兒死亡率也居高不下，因而分娩往往是女性的重大生命危機。但安達曼島人並不因此而感到焦慮；他們擔心的反而是：生產過程中，是否違反風俗習慣或禁忌，特別是父親，即使不負有生產責任，也必須遵守相關禁忌。所以，在嬰兒出生後，島民舉行宗教儀式，以修補可能被破壞的風俗或禁忌，並重建或增強群體的凝聚力與社會秩序。而當地男人的「產翁」(couvade) 儀式，❹便是人類學一個有名的例子 (Radcliffe-Brown 1964 [1922])。

馬凌諾斯基與芮克里夫布朗雖然都屬於功能論，但馬凌諾斯基的功能論是立足於解決個人心理上的各種焦慮，而芮克里夫布朗是從社會功能的立場來解釋宗教或儀式的作用。後者強調宗教一方面具有控制的作用，使成員遵守社會規範，另一方面，也是為了解決人違反社會規範時所產生的失序狀態，因而必須舉行宗教儀式以重建秩序。不過，就荷曼思 (George C. Homans) 的觀點而言，馬凌諾斯基與芮克里夫布朗的功能論解釋雖然有所不同，但基本上並不矛盾，而是分屬不同層次而可以結合。荷曼思認為：馬凌諾斯基是在處理個人層次的「初級焦慮」(primary anxiety)，所以必須舉行「初級儀式」(primary ritual) 來化解。但是，在舉行初級儀式時，儀式過程是否是正確地按照習俗來進行，實已涉及社會規範的遵守。所以，在舉行儀式的同時，不只無法消除原有的個人焦慮，反而產生了因為違反社會規範而導致的「次級焦慮」(secondary anxiety)。次級焦慮必須有另外一個層次的儀式來解決，這便是「次級儀式」(secondary ritual)(Homans 1941)。

荷曼思雖然結合了兩者不同的功能論，但功能論取向其實並不能真正突顯出人類學對宗教與社會問題的獨特立場與貢獻。因為，不論是馬凌諾斯基所著重的巫術或芮克里夫布朗所強調的宗教或儀式，均

❹ 是指丈夫在孩子出生後，模擬妻子生產經驗的儀式性活動。

只是社會秩序或社會結構的附屬品，可以為任何制度的研究所取代。因此，巫術、儀式、宗教，並不具有涂爾幹所強調的宗教作為社會事實之自成一格的獨特性。像功能論這樣的侷限，正反映了人類學理論發展的初期，還深受西方啟蒙時代以來的形式理性及經驗論科學觀影響，以「功能」立場理解非西方宗教所造成的限制。這個問題，只有等到人類學民族誌知識累積到足夠反省原有經驗論知識的基礎的限制時，才可能有所突破。而這個突破，便來自葛茲的文化詮釋。

四、葛茲的文化詮釋

葛茲對於宗教提出了文化詮釋的定義[5]：

> 一個宗教就是一套象徵系統；以確立人類強而有力、廣泛地、恆久的情緒與動機；其建立是透過一般存在秩序的觀念之系統闡述；並給這些觀念披上實在性的外衣；使得這些情緒與動機似乎具有獨特的真實性。(Geertz 1973c: 90)

在他的定義下，一個文化的特殊形而上學與該民族的特殊生活風格有其基本的一致性。人類學者可以綜合出 (synthesize) 一個人群的民族精神 (ethos) 與世界觀 (world view)。這裡所說的民族精神包括美學風格、色調 (tone) 與生活品質等。而他所說的「象徵系統」，不僅是反映真實的模式 (model of)，也是在解釋真實的模式 (model for)。因此，對葛茲而言，宗教信仰提供人群以「意義」，用以解釋不尋常的事件與經驗、理解其痛苦，以及回答現實與理想不一致的倫理標準。更重要的是，在葛茲的突破性定義下，宗教的觀點得以與其他觀點分辨，特別是與常識的、科學的、以及美學的分離開來，突顯出宗教的獨特性。換言

[5] 下面的譯文，經參閱納日碧力戈等 (1999) 的譯文修改而成。

之，宗教終於有了它自成一格的獨立自主性，而這正是功能論無法達到的。

當然，葛茲的革命性定義也引來不少爭論與批評，特別是阿薩德。他認為葛茲的定義有個體心理學的傾向，忽略意義建構的論述過程，也忽略有關宗教是否是真的、非邏輯的、幻想的、或錯誤的意識型態等問題。這定義更有著文化體系與社會真實間的不一致所造成的裂縫、以及無法探討特殊宗教實踐與論述存在的歷史條件等等缺陷 (Asad 1983)。但葛茲定義下的宗教，透過實質的研究成果，也帶給人類學宗教研究新的面貌。

舉例來說，葛茲關於印尼爪哇 Modjokuto 市鎮葬禮的研究，透過文化體系與社會體系或邏輯意義的整合與因果功能的整合等之區辨，開創出更具動態性的探討 (Geertz 1973a)。而他結合韋伯及涂爾幹的理論 (Morris 1987: 316) 來研究爪哇 Modjokuto 的宗教，分辨出當地的多種宗教傳統：一般農民及市鎮都市窮人整合泛靈信仰、印度教及伊斯蘭教要素而成的 *Abangan* 民俗宗教；以商人為主而以伊斯蘭教的多神詮釋所代表的 *Santri* 信仰；以及深受印度教及荷蘭殖民統治洗禮，而大都為官僚菁英所發展出具有古典藝術形式及直覺的神祕主義的宗教傳統，使他得以研究像印尼這樣深受文明及世界性宗教影響的複雜信仰體系 (Geertz 1960)。他進而透過比較印尼及摩洛哥的伊斯蘭教來突顯印尼的「啟迪主義」(illuminationism) 與摩洛哥的「隱修主義」(maraboutism)，以說明兩者文化表現形式上的不同 (Geertz 1968)。甚至，他透過分析國王葬禮儀式來突顯巴厘島劇場國家的權力性質時，更依賴宗教活動上意義網絡 (Geertz 1980)。這使葛茲不僅創意地處理到個別文化的特色，更往往能深入到被研究者內心的信仰。這些研究，使人類學宗教理解得以逐步跳出過去人類學宗教研究常被視為外在論或社會決定論的侷限。對比於宗教學所強調教義或信仰及宗教經驗的解釋，更得以發展出經由研究經驗獲得社會文化詮釋的整體模式。不過，他的宗教研究也都涉及了宗教實踐的部分——儀式。這便牽連到人類學宗教研究上的另一個重要主題——儀式與社會。

第二節　儀式與社會

在有關宗教的人類學研究中，儀式一直受到高度重視。不只是像古朗士所說，儀式是宗教現象的要素之一，更因為它是宗教最普遍且主要的實踐方式。這種實踐可以具有涂爾幹所強調的社會事實之獨立自主性，但也是在社會文化脈絡中進行，因而與社會文化有著各種不同的緊密關係，提供各種相關理論發展的空間。但它卻一直沒有發展成為一獨立的宗教理論，直到象徵論的出現。

一、曼徹斯特學派與儀式的象徵論

㈠葛拉克曼的轉變儀式 (ritual of transition)

如前所說，「儀式」雖然從人類學發展的一開始就被注意到，但卻一直不是人類學宗教研究主要的焦點。至少，早期人類學在討論宗教與社會的問題時，它的重要性可能遠不如巫術、神話等課題。這多少與功能論的興趣有關：神話是行為的憑照 (charter)，而巫術是解除心理與社會焦慮的手段等。然而，透過曼徹斯特學派在中非洲長久的研究累積，儀式的重要性逐漸浮現檯面。雖然，曼徹斯特學派的創立者葛拉克曼 (Max Gluckman) 的研究重點一直是法律與審判過程，但他的學生在中非洲研究所累積的成果，讓這個具有視野的開創者不得不注意到這個歷經長久殖民統治而文化混雜、衝突不斷的地區，有其獨特的方式來面對地方社會內外的矛盾，以維持其社會秩序。為此，他發表了一篇綜合性的文章 (Gluckman 1962)，開啟了儀式與社會的討論：

葛拉克曼強調：原始社會和現代社會的儀式有基本的不同；最重要的差別是：原始社會的儀式往往涉及到複雜的社會關係，必須透過儀式來解決該社會內外的各種衝突。由於原始社會的分工簡單，不同的角色經常高度重疊。因此，衝突產生的時候，其影響所及，不只是現象本身的層面，往往還波及了其他相關連的社會關係。比如，一個男子過世，他可能是一家的父親，一個家族的族長，甚至一個部落的酋長。所以，他的去世，涉及了好幾個相關連的社會關係。相較之下，在較為複雜的現代社會之中，因為分工非常細膩，一個角色的改變或破壞往往不會影響到其他角色，也不會波及其他社會關係。

在這個條件下，我們可以發現：原始社會中的所有儀式，往往著重於重建社會關係。在原始社會中，生命儀禮極端重要，個人成長的重大生命關卡都伴隨著儀式來協助改變或者是重建社會關係。但生命儀禮的重要性，在複雜社會之中被削弱了。比如，複雜的現代社會不見得有成年禮；但成年禮在原始社會卻非常重要——一個人成年以後，各種相關的社會關係都隨之改變。在現代社會，這樣的問題則較隱而不顯。所以，葛拉克曼特別強調作為生命儀禮的轉變儀式之重要性。轉變儀式甚至可以成為區辨原始社會和現代社會的一個主要指標。

葛拉克曼以儀式呈現宗教和社會之間的關係，突顯了儀式的重要

性，並開啟了探討儀式的課題。不過，他在理論上並沒有建立儀式無可取代的獨特性。他的學生特納才將儀式研究往前推進一步，建立了該主題在宗教人類學研究的獨立地位。

㈡特納的儀式象徵理論

正如本書第二章〈社會的概念與理論〉及第三章〈文化的概念與理論〉中或多或少已談及的，特納研究的尚比亞恩登布社會，很早就被西歐殖民。當地社會已接受西歐的各種制度、文化、甚至是基督宗教。另一方面，其傳統文化並沒有完全消失。直到1950、1960年代，中非洲呈現了西方文化與傳統文化之間的劇烈衝突。特納開始從事中非研究時，原本主要探討議題著重在社會組織、社會結構、親屬組織等等。可是，他一直懷疑自己沒有掌握這個社會的特性。每天晚上，他都聽見鼓聲，然後，他發現當地人消失到不知名的地方去。後來他發現：原來他們去進行祕密儀式。特納領悟到：要瞭解這個社會，必須瞭解他們的儀式。因為，當地人是透過儀式來處理他們社會文化裡的衝突。這衝突不只是傳統文化與西方文化的衝突，也包括傳統文化本身內蘊的矛盾。透過外在環境的催化，這些內在矛盾因而表面化。比如，當地親屬組織是建立在母方繼嗣原則上，婚後卻是行隨夫居制度，因而造成權力與財產繼承上的不確定性，自然也造成社會的不穩定與內在衝突。這個內在矛盾，更因殖民政府僅承認財產為父傳子制度而更加尖銳。這類衝突往往是透過儀式來解決。為了瞭解為什麼社會文化的矛盾可透過宗教儀式解決，特納乃進一步發展出儀式的象徵理論。

特納的儀式象徵理論，主要是從儀式的象徵系統或象徵結構去瞭解。❻他不僅細緻地建構了儀式的結構，更進而區分了儀式象徵結構

❻ 本段有關特納儀式象徵理論的討論，主要是依據 Turner (1967a, 1968, 1969) 而來。

本身所含有的三個層次，以及相應的三個解釋架構（參見第三章第三節）。事實上，特納的討論非常細緻複雜。以儀式的象徵為例，它至少具有三個主要的性質：第一，它濃縮了多重的歧異意義於自身；第二，儀式中有一個支配性的象徵來統合各種其他象徵，以使儀式本身有它的一致性跟系統；第三，儀式象徵的意義不僅是多重的，往往還包括兩極化的相反意義在內。

特納理論中的儀式象徵結構，可以由圖七簡明地表示出來。在該圖中，可以看到象徵結構的三個認知層次與三個解釋架構。在第一層次的當地人解釋中，還包含了三個層面：名稱 (name) 或觀念、物質（物、靈魂、精靈）、儀式裡使用的儀式物品 (artifact)。在如此細緻的區分之中，我們可以看到特納思想的複雜性。

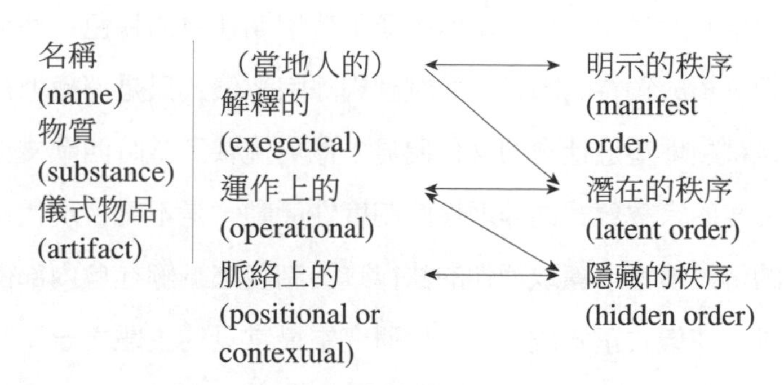

圖七：特納理論中的儀式象徵結構

透過上圖，讀者可知：解釋的架構中，第一個層次往往涉及到在宗教現象中最容易觀察的表象。比如，一個儀式當中有什麼要素、使用哪些物品、分別是什麼意義。第二個實際運作的層面則涉及儀式怎麼去進行，包括它的時間、空間的改變。儀式不是靜態的；更重要的是，儀式往往不是獨立的，而是與其他儀式連結在一起，形成一個叢結。譬如，生命儀禮是從出生到死亡構成一個完整的儀式系統，任一儀式的意義均無法被個別切割、單獨瞭解。而且，解釋的層次會影響到儀式的實際運作。第三個層面則是儀式進行的社會文化脈絡，使得儀式的運作影響到社會文化整體。反之，社會文化整體又影響到儀式的運作方式與內容，使得運作的過程與整體社會文化脈絡間有著相互影響的辯證關係。

透過儀式象徵結構的定義與層次區辨 ，特納回答了最初的問題——為何儀式可以解決社會文化的衝突矛盾？原因即在於：由於儀式象徵本身的多義、乃至包含兩極相反意義在內的特性。儀式的舉行，不但可以解決社會文化內部原有的矛盾，更可以吸納外來不同的力量，調節傳統文化與外來文化間的衝突。相較於前一節所說的宗教，儀式機制實更具體而獨特。

藉由儀式的討論，特納不但突顯了轉型期社會的特色，使得儀式與社會相互構成獨特的課題，並試圖剔除宗教儀式只是消極地再現社會而不是積極地塑造社會的文化偏見。他更挑戰了當時西歐文化往往視原始民族的宗教儀式為非理性的制度性活動、是不符合現代性而充滿迷信的傳統遺留、應以理性的法律政治制度來調解社會內部衝突等文化偏見，使儀式正式成了人類學研究中最常見的主題之一。

㈢儀式象徵結構與社會文化脈絡

不過，特納的儀式象徵結構，乍看之下雖似乎可以普遍應用於不同文化的儀式分析，但即使是在同一文化之中，不同儀式要解決的問題也不同，象徵結構在不同文化之儀式的實際運作上，往往有其不同的著重點。歐特納 (Sherry B. Ortner) 有關尼泊爾雪巴人的研究，正提供了一個經典的例子，使讀者瞭解：儀式的不同象徵機制，如何解決不同性質的社會或文化衝突 (Ortner 1978)：

尼泊爾的雪巴人，以擔任喜馬拉雅山的登山嚮導聞名於世。他們篤信藏傳佛教，追求無色無空的涅槃境界。可是，另一方面，雪巴社會由於缺少正式的政治或社會組織，個人主義及個體獨立性蔚為該社會的特性，使社會秩序更不易維持。因此，這個社會便產生一個主要的矛盾：教義上的理想境界是不重視現世的社會秩序，放棄世俗的觀念、意義和價值的追求。可是，這個社會的存在又必須維持秩序。是以，當地人透過齋戒閉關 (Nyungne)、驅魔、敬奉等儀式實踐過程，建立儀式實踐的階層，然後經奉獻過程，由社會階層分明的下層階級，逐步奉獻至沒有等級區分的上層階級。其過程，正如祭壇上分等級的供奉，透過其儀式的象徵機制，將階層轉換成無階層的至高境界，而達到超越其社會文化衝突的目的。

在這個研究裡，歐特納並沒有探討儀式象徵結構各個層面之間的關係，以及象徵本身的性質；她反而是假定了這些架構的存在。雖然如此，她的研究已足以說明：在特定的社會脈絡中，信仰本身及社會文化價值如何影響儀式的目的及運作方式，以及儀式象徵機制又是如何經由儀式的實踐過程超越主要的社會文化矛盾。在這個實踐過程中，儀式也因連結了雪巴的社會文化脈絡，突顯了當地文化上的特色。

事實上，儀式象徵結構在不同的社會文化脈絡中實踐，往往結合其他社會文化要素而產生變化。丹尼爾 (E. Valentine Daniel) 所研究印度南部信仰佛教的坦米爾人案例中，儀式象徵結構便因社會文化脈絡的不同而與雪巴人例子有所不同。在當地人的觀念裡，人因其修行的程度而分成七個等級。在朝聖的旅程中，隨著海拔高度的逐漸增加，個人修養的層級也因而提升。能抵達朝聖的最高點，也就臻於最高修養層級的境界。這使得坦米爾人的儀式象徵結構，結合了人的身體與地景，構成與特納的恩登布人或歐特納的雪巴人之儀式不同的象徵結構 (Daniel 1984)。這儀式也正如上述其他儀式一樣，突顯了不同社會文化的特色。

㈣儀式塑造新社會秩序與社會特性

相對於前述幾個不同的例子，就儀式與社會關係此一課題而言，臺灣的研究更突顯了儀式象徵機制如何積極地塑造新社會秩序與社會特性。丁仁傑的會靈山運動研究，就是一個很好的例子（丁仁傑2005）：

會靈山運動，是在1980年代以後所出現集體性起乩活動，參與者主要來自臺灣各地非公廟的廟宇信徒，跨越宗教組織與教派。該運動的主要信仰混合了許多教派的教義，認為：人類由先天母所創生，流轉於六道輪迴。而當今已是所謂的三期末劫時期，信徒必須前往先天母化身所在之處會靈，以接受先天母的渡化。先天母化身為「五母」——金母、王母、地母、九天玄女、準提佛母，分別位在臺灣五個地區的廟宇：東部花蓮慈惠總堂的瑤池金母、東部花蓮勝安宮的王母娘娘、中部埔里地母廟的無極虛空地母母娘、中北部苗栗仙山靈洞宮的九天玄女母娘，以及中南部嘉義半天岩紫雲寺的佛母準提菩薩。

會靈山的信徒，多半是在當代資本主義化、都市化、乃至全球化趨勢下，適應失調的弱勢群體，如留鄉的農民、都市邊緣以打零工維生的移民。他們尋求會靈修行的方式來渡化此生。除了上述五母之外，信徒也前往全臺各地二百餘處有靈性的廟宇。藉由參與會靈山運動，信徒不僅重新建立了人與土地的關係，更將其社會活動範圍由原本的地方村落擴大到全臺，甚至透過會靈運動，與其他農村的信徒重新建立了人與人的關係。這個興起於 1980 年代並於 1990 年代末期達到高峰的全民運動，對於資本主義消費文化所造成的人際關係異化、以及都市化、工業化浪潮吸納農村人口後，人與土地疏離而產生的「去地域化」現象，有很強的反抗傾向，實類似於 1970 年代末期的世界性靈恩運動。但是在臺灣的會靈山運動中，更突顯了去地域化後的再連結，使分散於農村及都市，感到強烈疏離的俗民大眾，創造出他們自己所屬的新社群或類別，也使臺灣社會產生了新的面貌。

經由儀式塑造新社會秩序，也可見於大甲鎮瀾宮媽祖進香的例子上(張珣 2003)：

大甲鎮瀾宮，建立於清朝乾隆年間。原本是大甲周圍五十三庄的祭祀中心。在戰後臺灣經濟轉型時期，大甲年輕人不斷外移至都市。成功致富者，便回鄉參選鎮瀾宮的理事會，或成為鎮瀾宮宗教活動的主導者。1978 年以後，理事長與重要幹部都已經是在外地成功發跡的人物；信徒更遍及全島。從此，大甲鎮瀾宮不再僅是地方廟宇，其地位從地方性的社會再現成為臺灣社會的代表。

原本，大甲鎮瀾宮媽祖每年會前往歷史更為悠久的北港朝天宮進香。但隨著廟宇地位的提升，大甲鎮瀾宮不願意再臣服於北港媽祖之下。1987 年，臺灣尚未解嚴時，大甲媽祖便前往媽祖故居——

福建湄州進香，取得了新的靈力位階，成為臺灣媽祖信仰的代表。既然位階已經改變，大甲媽祖不再需要到北港「進香」，而改變成「繞境」，並將繞境路線改變至嘉義新港奉天宮，不再前往北港朝天宮。至此，大甲媽祖已經成為臺灣大社會的再現。參與年度繞境的信徒日益增加，規模也愈來愈大，形成每年春季的全臺盛事。儀式的性質、內容也改變了，所塑造出的臺灣社會，也已由從前以面對面方式溝通範圍為單位的地方社會，擴展到不需面對面方式溝通的跨地域社會。

會靈山信仰與媽祖繞境的例子，不僅是強調儀式本身的象徵機制如何賦予儀式的差別，來突顯社會形式的不同。兩者更突顯了儀式象徵機制塑造社會的積極作用。不過，這樣的研究取向，本身必須面對兩個問題。

首先，儀式與社會的因果關係究竟為何？是社會改變了，儀式也隨之改變，還是儀式的改變帶動了社會改變？這是涂爾幹留下的曖昧空間。在上述的兩個臺灣研究個案中，也尚未清楚回答這個問題。雖然，在理論思考上，儀式與社會的關係很容易以相互構成或相互辯證來回答，但還是無法面對儀式意義為何改變的問題。這更涉及到：是否是在同樣的象徵結構下，儀式產生了不同的意義？若是，意義的差別來自何處？有一個可能的回答是：宗教信仰本身的改變導致意義的改變。但這便涉及到第二個問題。

面對宗教或儀式與社會之間的關係，其實人類學一直在逃避一個更根本的問題：什麼是「宗教」？對宗教學者或信徒而言，人類學的宗教研究往往不直接探討宗教經驗，而由社會文化脈絡來討論宗教，因而都只是處理宗教的外緣問題。對人類學者而言，這類的批評雖是對的，但也跟人類學的學術性質有關。作為一種學術研究，其所得的知識必須讓不具同樣經驗的人都可以瞭解，才可能成為人類學知識體系中大家共享的一部分。因此，即使人類學的發展過程是不斷以已知面對未知，不放棄知識突破的可能性，但也不步上神祕主義的途徑。第二個問題雖然不容易回答，但人類學家也不曾放棄，具體的研究成果，則可見於下一章的進一步討論。

對人類學者而言，第一個問題是主要興趣所在。不過，這樣的興趣實隱含儀式本身在理解社會性質上的關鍵性地位之假定。但是，這樣的假定在所有人類社會都有效嗎？還是只限於某類社會？或者，儀式在不同社會中具有不相等的重要性，這本身便涉及了社會的性質？在下一小節有關馬克思論的探討中，得有進一步的解答。

二、馬克思論：儀式作為意識型態

相對於前述的討論，馬克思論者一開始就將宗教、儀式視為意識型態，是社會的上層結構，是社會形構下的產物，而不是原因或動力。在第三章談到文化馬克思論時，曾提到布洛克有關馬達加斯加中部高地梅里納人的研究 (Bloch 1986)，便是典型的代表。

在梅里納社會，從 1800 到 1971 年間，當地的割禮儀式由各家戶獨自舉行、發展成為全國性的儀式，以增強對皇室的效忠，對抗殖民主義及基督宗教；在殖民統治及基督教化時代，割禮又回歸到家；國家獨立之後，割禮被農民擴大舉行，以對抗國家的統治與剝削。在長達一百多年的演變過程中，我們可以看到儀式的功能不斷地改變，但儀式的象徵結構卻持續不變。更重要的是，儀式象徵結構，與特納等象徵論者所談的有根本上的不同——梅里納割禮儀式象徵的力量，來自儀式結構中的暴力。不只是行割禮者本身必須忍受切膚之痛，儀式執行過程更必須破壞建築物的窗或牆，以利儀式進行。

如第三章曾經提及的，這個研究不僅強調了意識型態的工具性質，而突顯了人的主體性，也使意識型態概念有了更大的彈性與解釋力，更具體證明了儀式的象徵結構可因文化乃至於儀式性質的不同而異，彌補前述相關個案的缺陷與限制。不過，這個案還涉及了一個未解的問題：儀式的功能一直在改變，可用以維持或是對抗政治權威，但為何儀式可以作為意識型態，即使下層政治經濟結構改變，但它的象徵機制仍不變，且可以被不同的階級所挪用？儀式的固定性及其力量從何而來？布洛克自己提出了解答。

布洛克從儀式的語言出發，說明象徵結構何以產生權威 (Bloch 1989)。他借用了奧思汀 (John L. Austin) 的語言學概念：

奧思汀在 *How to Do Things with Words* (1962) 一書中提出：語言有著兩種作用：指稱的作用 (propositional force)，用來指涉或描述事實；語用的 (illocutionary) 或展演的效力 (performative force)：強調語言本身的祈使力量（如命令語句的「坐下」或者是「開門」）。換言之，語言除了用來描述外，還有強迫的作用。布洛克即運用此論點來分析儀式中的溝通媒介。

儀式的溝通媒介，除了語言外，還包括身體的移動、空間分佈、舉行儀式的時間、使用的特殊物品等。然而，無論是哪一種性質的媒介，都有著形式化 (formulized) 的傾向。在儀式中所使用的語言，如祈禱文，有著特殊的聲調，不同於日常語言。更形式化者，就成為吟誦的歌謠。形式化程度愈高，愈不容許改變。極端形式化的語言，就是咒語。唸誦咒語時，即使是極小的更動或者忘詞，均可能導致咒語的失效，甚至反向傷害施咒者。很多時候，儀式語言已經完全無法為參與者所理解，僅有聲音的波動與先後次序，表現出祕密、神聖、尊敬的形式風格。不只是語言，其他媒介，如儀式參與者的身體移動，或者最為形式化的身體動作——舞蹈，均有著類似的不可移易性。

愈是高度形式化的象徵語言，愈與說者脫離關係，也跟時間、空間脈絡脫離關係，而喪失了選擇性、隨機性、偶然性。語言論證的邏輯或是語言的創造性，上述一般語言所具有的性質均不屬於象徵語言所有。同時，語言的形式化程度愈高，指稱的作用 (propositional force) 愈低，語用效力 (illocutionary force) 卻愈強，也愈能影響別人而建立其權威性。最為人知的例子便是天主教的儀式語言都是古典拉丁文。在唸誦儀式語言時，言說者也已不再只代表自己，而可能代表過世的祖先，或者超自然體。更進一步說，儀式語言的意義與效力已經不是來自於語言結構本身，而是來自於儀式實踐的重複性。

布洛克認為，在所謂的「傳統社會」中，形式化的語言本身，提供了權威建立的基礎；最極端的傳統權威，就以宗教或儀式的形式出現。雖然，宗教跟傳統權威之間的界線，並不容易清楚劃分。但至少，傳統權威為了達到政治目的，除了使用形式化的溝通規則外，還是要使用某些非形式化的策略。只有在儀式之中，權威的建立完全來自於形式化的媒介。

布洛克的解釋，不僅說明儀式象徵結構不變的原因，更說明了儀式象

徵結構如何產生權威。❼事實上，他的理論還隱含著儀式與社會之間的另一種關係或課題：愈是階級化的社會，其儀式愈形式化；愈傾向平等的社會，其宗教儀式愈鬆散而不固定，甚至失去了儀式的起碼形式而與一般行為無異。臺灣南島民族的研究，正是此一論點的最佳說明。

在臺灣南島民族當中，排灣族以清楚而嚴謹的貴族制度聞名，布農族則以平等社會著稱。排灣族的儀式，亦展現出高度形式化的特徵。不僅其儀式過程必須由屬於貴族家系的儀式專家來主持，儀式中更充滿著許多咒語，不少均為至今已無法理解的古語，唸誦過程更不得有一絲錯誤，否則會帶來不幸。反之，在布農人的傳統儀式，甚至當代的儀式亦同，每由不同的人來主持舉行，過程往往因人而異，並且，往往以共餐為儀式的結束，使得儀式終止的時間點曖昧不明。兩群體的儀式形式化程度之異，正反映了其社會階級化程度。

排灣與布農族的儀式對比，正說明了：由儀式的象徵結構來瞭解儀式與社會關係的可能性，以及其限制。至少，把儀式視為意識型態，並不是在任何社會或文化中都同樣有效。在平等社會，往往因為儀式的形式化程度有限，所建立的權威也模糊不明，使得儀式本身難以產生意識型態的作用。不過，這個對比固然可以清楚呈現儀式作為意識型態與階級社會的緊密關係，但對於階級社會中被壓迫者而言，在被支配者所擠壓的條件下，或在極端形式化儀式的籠罩下，他們是否可以形成自己不同的獨特儀式來對抗？這可見於可馬洛夫有關南非德希地 (Tshiti) 人的研究 (Comaroff 1985)。

---

❼ 布洛克的解釋，在人類學的儀式研究上，也引發了一些不同意見的討論。參見 Tambiah (1985)。

三、文化實踐論

可馬洛夫的《權力的身體，抵抗的精神：一個南非民族的文化與歷史》(*Body of Power, Spirit of Resistance: The Culture and History of a South African People*)，主要討論南非祖瓦納 (Tswana) 地區的德希地人，在種族隔離政策下的儀式性反抗運動，也涉及了儀式的再創造及儀式與社會的另一層關係：

在英國殖民南非之前，祖瓦納地區的德希地人擁有他們自己的文化、儀式。在長久的被殖民過程之中，德希地人面對政治、經濟、文化壓迫，其反抗是以宗教運動的方式表現。

在被殖民之初，代表英國中產階級的美以美教會，進入該地傳教。他們遠赴海外傳教的目的，旨在教化野蠻人。該教會本身強調情緒跟理性、物質跟精神、身體跟心靈是不可分的。也因此，美以美教會雖然是基督新教教派的一支，卻反對資本主義文化。因為，資本主義文化本身認為情緒跟理性、物質跟精神、身體跟心靈是對立的，而美以美教會正反對這種二元對立的看法，以及資本主義文化所假定的物化世界觀。不過，美以美教會仍強調天職的觀念，承認人跟人之間的不平等，並認為不平等是源於上帝的揀選或恩寵。建立在承認世間不平等的基礎上，美以美教會並不積極鼓動當地人從事實際政治活動來反對資本主義或是殖民統治者。這種概念和行動上的疏離，導致當地人的異化。當地人在經濟上被剝削，生活愈來愈困難，生計遠遠不如傳統生活型態。尤其在南非黃金的開採浪潮下，很多人被迫甚至被擄為採礦工人，加上南非種族隔離政策，當地人被壓迫與異化的程度已經達到頂點。由於種族隔離政策禁止當地人透過政治參與或從事武力對抗以改變現狀，大部分人便試圖透過宗教運動來抗議。美以美教派無法提供反抗運動的種子，而此時傳入的美國錫安教派，其教義反而提供了宗教運動的溫床。

錫安教派傳入德希地人居住地後，當地人採用該教派的教義，強調被壓迫者的團結抵抗，信徒也隨之愈來愈多。事實上，德希地人所信仰的錫安教派，早已融合了美以美教派與傳統信仰，而發展出一個新的地方獨立教派，並且透過宗教儀式的實踐來對抗殖民統治。雖然，這類儀式因為才剛形成，形式化程度還很低，也與日常生活關係緊密而難以清楚切割。進一步來說，透過宗教儀式的執行或文化的實踐過程來對抗殖民統治與種族隔離，並不能實際上改變社會不平等的條件跟被壓迫的情境，可是，宗教的儀式活動凝聚了當地被壓迫者，提供後來逼迫南非白人政府放棄種族隔離政策的社會條件。

可馬洛夫寫作此書時，種族隔離尚未廢除，可是，該書已經預期了反抗運動的力量以及結果。更重要的是，這個研究進一步批判西方中心的功利主義權力、決定性與抵抗等概念，使我們得以正視到：表面上看起來是烏托邦式的宗教運動，但卻是實際與激進運動的搖籃，避免將社會運動限於武力對抗的狹隘偏見。

可馬洛夫的研究，不僅挑戰了西方功利主義下的權力、決定、反抗等觀念的文化偏見，並突顯了當地人如何結合傳統與外來西方文化，創造出新的宗教儀式來對抗已有的支配性權威，顛覆舊有的並塑造新的社會秩序。這除了展現儀式如何積極地推翻舊社會並塑造新社會外，更突顯出這類社會內部原有的不平等性。

第三節　結　語

在這一章中，我們可以發現人類學的宗教研究，是以宗教與社會的關係為最初的關懷。這個主題經古朗士、涂爾幹的發展，乃建立了宗教人類學的基本問題意識——宗教是社會的再現或集體表徵。這個取向，更開展出功能論在人類學發展初期的主宰地位，但也造成宗教只是社會或社會結構的附屬品，並不具有獨特而自成一格的特性。這種情形，直到葛茲視宗教為文化系統來重新界定宗教時，才有所突破。但這種突破並沒有有效地剔除宗教研究上的西方文化偏見，如以「功能」解釋宗教所造成的限制。直到特納發展出儀式的象徵理論，帶出儀式與社會的研究課題後，人類學的宗教研究才真正有它獨特的位置。

透過象徵結構，儀式不僅得以利用象徵本身的多義、乃至包含兩極相反意義在內的特性，更可以吸納外來不同的力量，以調節傳統文化與外來文化間的衝突，使儀式相較於宗教，更有其具體而獨特的機制，突顯轉型期社會的特色，使儀式與社會相互構成獨特的課題，並試圖剔除宗教儀式只是消極地再現社會而不是積極地塑造社會的理論偏見，以及挑戰了當時西歐文化往往將非西方社會的宗教儀式視為非理性的制度性活動、不符合現代性、充滿迷信的傳統遺留等偏見，使儀式正式成為人類學研究中最常見的主題之一。

事實上，在不同的社會文化脈絡之中，儀式不僅有不同的象徵結構，與社會可能更有著不同的連結。譬如，馬克思論視儀式為意識型態，突顯出儀式形式化程度與社會階級化程度間的緊密關連，使儀式與社會的關係有著更複雜與多元的發展空間。透過文化實踐論，我們不僅看到儀式的再創造過程，得以結合傳統文化與外來文化，積極地塑造新的社會秩序，並挑戰西方功利主義下的權力、決定、抵抗等概念，使社會運動的理解得以跳出西方文化將其限於武力對抗的文化偏見，更突顯這類社會內部不平等性的嚴重性，以及儀式顛覆舊社會的作用。

這一章的討論，主要集中在宗教、儀式與社會的關係。然而，人類學的宗教或儀式研究，是否可能觸及信仰者的主觀宗教經驗？這就是下一章「思考模式」所要討論的主題。

第十二章　思考模式

人類學的宗教研究，從上一章所談的宗教與社會或宗教與儀式之課題，轉變到思考模式，實涉及前者往往被宗教學者及信徒認為是外緣問題，對宗教研究而言，更根本的反而是教義以及信仰者的宗教經驗。對此，人類學是從宗教信仰與宗教經驗背後是否有獨特的思考方式與原則著手，這便涉及本章討論的主題——思考模式。但這類探討仍受限於西方理性知識的傳統，真正的突破，則有待於新知識的尋求。

第一節　主智論與思考方式

在人類學成為一門專業學科後，首先觸及此一層次問題的，是與芮克里夫布朗之功能論約略同時，而由伊凡普理查集大成的主智論。然而，主智論的知識傳統，卻是由兩位十九世紀末的學者，英國的古典學、宗教學與親屬研究者弗雷澤，以及法國哲學家李維布律爾所奠定的。

一、弗雷澤的感應法則

作為主智論奠定者之一，弗雷澤的名著《金枝》❶問世之後，即

❶ 弗雷澤的《金枝》，在當時被視為文學名著，卷帙浩繁，初版兩卷，後來增補至十二卷。伊凡普理查針對此書寫作了一篇值得推薦的簡介

成為有名的文學作品。馬凌諾斯基在波蘭取得數學與物理學博士學位之後，因病療養期間，即受此書吸引，而開啟了他對於人類學的興趣。該書不只蒐羅了世界各地的風俗習慣與巫術信仰，更進一步探討巫術之所以產生作用的通則。弗雷澤認為：巫術之所以能產生作用，是依靠「感應法則」(law of sympathy) 而來，故將巫術通稱為「感應的巫術」(sympathetic magic)。這種感應還可進一步分為兩種：一種是依「相似律」(law of similarity) 而來的「同感性巫術」(homeopathic magic)。比如，在行使巫術的時候，捏塑一個受害者的芻像，用針去扎，使受害者感到疼痛，此巫術即是奠基在芻像與受害者的相似性上，產生作用。另外一類巫術，稱為「接觸感染性巫術」(contagious magic) 是依賴「接觸律」(law of contact) 而作用。例如，以受害者身體的一小部分，如頭髮或指甲來施咒，使影響受害者，此種巫術的效力是透過具體的接觸才得以產生。

極簡化地說，風俗習慣乃至於巫術，背後都有其存在的一定道理，並且這個道理與當地人的思考方式有關。這就是主智論的基本假設。只是，在《金枝》風行的時代，主智論尚未正式發展。

二、李維布律爾的互滲律

如同弗雷澤，李維布律爾在當時收集到的世界性民族誌資料中，發現許多原始民族的思考方式大異於西方人。在《原始思維》(*Primitive Mentality*) 一書中 (Lévy-Bruhl 1966 [1923])，他提到了一個很著名的例子：西方傳教士在南美洲傳教時遇到的印地安人，自稱其祖先是鸚鵡。當時的傳教士咸認不可置信，認為原始人的思考幼稚且錯誤，文化原始落後。因為，西方知識是建立在思考三律的基礎上，而

(Evans-Pritchard 1981: 132–152)。

人有異於鸚鵡，因此，宣稱鸚鵡是人的祖先，違反了思考三律中的矛盾律。❷李維布律爾進一步分析這個現象，提出一個看法：當地人會說祖先是鸚鵡，涉及到他稱為「互滲律」(law of participation) 的思考原則。

簡單地說，互滲律是指：在實際生活上，人與圖騰緊密地互相影響、滲透；所以，人類可以被隱喻為鸚鵡。李維布律爾進一步認為：思考上的互滲律原則，存在於某種特殊型式的社會——具有圖騰信仰的社會。在其中，人與動植物在象徵上可以相互指涉、相互滲透。由於互滲律違反西方的思考三律，卻普遍存在於原始社會之中，因此李維布律爾將之稱為前邏輯 (pre-logic) 的思考方式。❸李維布律爾並不曾深入探討特定文化，但其研究成果，卻直接影響到伊凡普理查。

三、伊凡普理查的阿桑地巫術研究

主智論的討論，在伊凡普理查帶入人類學田野工作，提供了必要的民族誌資料之後，被提升到另一個層次。《阿桑地的巫術、神諭與魔法》(*Witchcraft, Oracles and Magic among the Azande*)，更成為最能代表主智論取向的民族誌名著 (Evans-Pritchard 1937)：

---

❷ 有關西方思考三律的內容，參見前一章討論涂爾幹宗教理論時的註❸。

❸ 在李維布律爾後來的研究中，如《土著如何思考》(*Les Fonctions Mentales dans Les Sociétés Inférieures*，英譯為 *How Natives Think*) (Lévy-Bruhl 1985 [1926])，他提出：互滲律的思考方式，正如依據思考三律而來的邏輯實證一樣，是人類普遍共有的。只是，在原始社會裡面，所謂前邏輯的思考方式，更具有支配性。而邏輯實證方式，自十五世紀以來，逐漸宰制了西方社會。因此，李維布律爾隱含了一個觀點：特殊的思考方式，往往來自於特殊的社會條件。

位於蘇丹南部與薩伊交界處，為尼羅河與剛果河分界區的阿桑地社會，在文化上有一個重要的特色——以巫術 (witchcraft) 為其關鍵性象徵 (key symbol) 與「文化慣性」(cultural idiom)。❹透過關鍵性象徵，我們可以理解該文化的獨特思考方式。

在阿桑地社會中，巫術極為常見、極為普遍。當地人會把所有的不幸與不測，均視為由巫術（指 witchcraft 或 sorcery）所造成。因此，當地人一旦遇上不可抗拒之事，經常求助於巫醫，設法找出施加巫術的人。若找到了這個加害者，他們會訴諸當地政治領導人，要求加害者認罪、取消巫術及補償；或者，他們會另外尋求巫師及解毒劑來消除巫術。萬一受害者死亡，親戚必須找出施巫術的兇手，為親人報仇。

事實上，在這個社會裡面，有一套關於巫術的系統知識。比如說，當地人將所有的不幸，特別是生病或意外死亡，或長期經濟生產失敗等等，都視為遭受巫術詛咒的結果。其次，巫術不僅是天生的，並且是依照繼嗣原則來傳承。但，並非所有氏族成員均具有同樣的巫術能力。巫術與人觀有關，會隨著年齡的增長而增強。因此，即使是巫師的兒女，幼時也不被認為是有能力施巫。巫術也與空間觀念有關，距離可以削弱巫術的效力；因此，阿桑地人咸認施行巫術者，一定來自周遭。再者，他們認為：巫術的運作

❹ 這裡所說的巫術不同於我們一般所講的 magic。witchcraft 被視為個人天生就有的能力，當此人作祟他人之時，並沒有意識到自己的作為。相較之下，magic 則是指有意識地去學習、行動，有意圖地加害他人。

完全是心理過程與潛意識的作用。有時，施巫者自己也沒有意識到自己正在作祟害人。而且，在當地人觀念中，富有、具有社會地位、政治領導者，均不可能作祟害人。因為，政治領導人擔負了裁決施巫者是否有罪、該受何種懲罰的仲裁角色，自身不可能被指控施巫。

當地人會如此在意巫術，涉及到他們對人性的看法——巫術害人，往往來自嫉妒、貪心、羨慕、毀謗等等人性弱點。此外，這種巫術擔負起日常實用知識所無法解決的偶然性問題；兩者不相衝突。在第三章提到：伊凡普理查以房柱子壓死人的例子來說明：巫術知識主要是解答為什麼是這個人在這個時候被壓死，而不是其他人，或不是在其他時候。這與白蟻咬壞房柱造成房子倒塌的一般常識並不衝突。

整體而言，有關巫術的一套觀念，包括內在矛盾，均來自於文化本身。它有自成體系的一套觀念，但體系本身也有矛盾。比如，他們清楚知道在特定的情況下，某些從屍體中找到的證據其實是造假，主要是為了說服旁觀者，而且這套作法是訓練巫醫過程中的一環。其次，有關巫術的知識，結合了很多相關的習慣、觀念乃至於儀式實踐，甚至牽涉到當地的民俗醫學知識。

阿桑地巫術的觀念與效力，來自於他們的文化，同時也受限於文化。沒有這些觀念的話，我們無法瞭解阿桑地人的巫術或神秘力量。因此，當地人觀念如果改變的話，巫術的效力馬上產生問題。一方面，我們可以說：新巫術的引入，必須建立在新觀念的基礎上。另一方面，我們也可以看到：西方基督宗教進入之後，巫術的效力便開始動搖。

這個研究還涉及了思考方式的重要討論。巫術背後固然涉及信仰，可是它還是跟科學觀念的因果關係有所不同；它本身有其獨特的因果觀念：第一，巫術的因果關係，往往在事件的連續性序列之外——事件並不一定導因於先前發生的事情。第二，巫術的因果關係往往是由結果來推定原因，而不是由原因推出結果。第三，它是主觀的、先知性、預測性的預言式。第四，巫術的實踐是依賴其在時間上，將未來和現在合而為一——現在施行的巫術，是在未來產生影響。最後，巫術運作的過程或儀式實踐過程，非常依賴弗雷澤所說的「類比」(analogy) 原則，來解釋巫術的因果關係。由於這些思考上的特性，與一般因果觀念不同，伊凡普理查只得稱之為「神祕的」(mystical) 觀念。這種觀念不僅突顯出其獨特的思考方式，也突顯了該文化的特色。

伊凡普理查在這個研究中，不只要突顯出阿桑地人思考方式及文化特色，還論證了：阿桑地的巫術，乍看不合理，其實是具有高度理性的，只是在經驗上有爭議。也就是說，如果從阿桑地人的前提推論下來，整個推理的過程，或是巫術背後的觀念系統與邏輯思辨，其實是非常合理的。既不是前邏輯的，也不是非邏輯的，只是論證的前提和西方科學的假定有所不同。

伊凡普理查透過當地人的語言與觀念來瞭解巫術現象，並沒有進一步探討巫術前提的真假，只在此前提下討論其論證的對錯，來確定當地人是否與西方人一樣的理性。因此，他並沒有從本體論上的立場去討論巫術的性質，進而挑戰過去人類學知識的基礎；他的討論，集中在認識論的層次。他強調：要瞭解巫術，就必須從文化的觀念或信仰，去瞭解其現象及意義。此外，他的研究路徑還是從經驗論的立場，探討當地人的思考與文化上的特色。但無論如何，阿桑地巫術仍是人類學的經典研究，透過深入的個案調查，挑戰一般性的理論，並證明原始人具有和西方人一樣的理性論證能力，挑戰過去西方文化視原始人為幼稚不具理性的偏見。

伊凡普理查的論點，引起了兩個非常不一樣的反應。一是更進一步推展這個論點，以證明原始民族的思考方式與西方人無異，這便是李維史陀的結構論立場。另一個反應，是來自文區的批評。他從維根斯坦晚期的語言哲學觀點出發，認為伊凡普理查從西方經驗論科學觀的立場來理解，不僅誤解當地文化，更無法掌握其獨特的思考方式(Winch 1958)。這些相反的意見，乃引發日後有關理性與文化相對論的爭辯 (Wilson 1970; Finnegan & Horton 1973; Hollis & Lukes 1982; Overing 1985b; Ulin 1984)。下面，先回到李維史陀的結構論。

四、李維史陀的野性思維說

伊凡普理查認為，原始人與現代西方人一樣具有同樣的（形式）理性能力。這樣的觀點，被李維史陀的結構論發揮到極致。他在《野性的思維》中 (Lévi-Strauss 1966)，企圖證明這些原始人必須依賴具體的事物來思考，而不像西方科學可以透過抽象的概念來討論，如數學是完全建立在抽象符號的基礎上。因此，當地人的「科學」不同於現代的科學，他稱之為 bricolage，原為法文，英文翻譯的意思是「具體事物之科學」(science of concrete)。也就是說，原始人其實跟西方人一樣，都要建立系統的知識。只是，原始人在思考上必須依賴具體的東西，而不像科學可以完全透過抽象符號來思辨建立知識系統。甚至，他要進一步證明的：原始人所建立的知識，可能比現代科學更精準。譬如，西方人對於雪只有一種分類，但愛斯基摩人卻可以分辨出幾十種不同性質與用途的雪。再如，菲律賓漢奴奴 (Hanunoo) 人對作物的分類，往往非常細緻，遠超過當代植物學的分類。❺不過，李維史陀不僅要說明：原始人透過具體物來思考所建立的知識系統實不亞於現代科學知識，他更強調：他們所建立的知識系統並不真的只是為了生活所需要，而是為了思考本身。因為，分類對當地人來講，便是一種秩序的建立。

對李維史陀而言，科學固然是要建立一種知識系統並隱含這種秩序，藝術也不例外。只是，藝術所建立的秩序，跟科學所建立的秩序，在前提上有所不同。他稱科學所建立的秩序為「換喻秩序」(metonymic order)，藝術所建立的則稱之為「隱喻秩序」(metaphoric order)。換喻秩序是指我們透過探討對象的部分關連，來歸納出原則或秩序，隱喻秩序就不一定要探討對象都有直接的關連。也因為這樣，李維史陀希望透過原始人的研究，看到人類最原初的、具有普遍性的思考模式。

李維史陀認為，所有的分類系統都有其規則與普遍基礎。除了二元對立的思考原則之外，換喻秩序與隱喻秩序也是普遍存在的原則。不過，在這些普遍性原則之下，我們如何解釋文化的差異？他強調：雖然有一些基本原則的存在，但我們必須要更注意到「轉換」(transformation)，轉換對於理解文化差異是非常的重要。他所說的轉換，包含了兩種不同的類別。一種是同一文化之內，不同分類系統之

❺ 正如筆者所熟悉的布農人，當地人將小米依其生長的地方及用途，分成至少十八種。釀酒用的小米就與煮飯用的小米種類不同。

間的轉換，像是科學與藝術，是兩種不同卻可能並存於同一文化中的分類系統。它們之間如何相互轉換？以科學和藝術為例，由於背後有某種共同的心靈運作，因此是可以相互轉換的。如同巫術，可被視為科學的隱喻式表達，因而十九世紀的人會將巫術視為偽科學。但，巫術與科學均試圖透過實際作為產生作用，這是它們的共同之處。另一種，是同一系統在不同地區不同文化間的轉換。這種轉換之間存在著類比關係。比如，李維史陀在四大卷《神話學》，分析美洲印地安人的神話時，就發現有些共同的主題（如上／下、人間世界／死後世界、熟的／生的、文化／自然）出現在不同的文化中，但以不同的對比關係出現，正可證明神話在不同文化之間的轉換關係。

另一個有名的具體例子，是有關印度的卡斯特制度與澳洲土著圖騰信仰的分析。這兩者分佈在兩個看起來完全沒有關係的文化區。可是兩者之間存在著明顯的對比性。比如，在婚姻制度上，兩者即為內婚制與外婚制的對比——在卡斯特制度下，人們只能在同一階級內尋找婚姻對象，但圖騰制則剛好相反，必須嫁娶屬於不同圖騰的人。進一步來說，卡斯特制度將人分成不同階級、類別，有如不同種類的動植物，這類變異完全是一種文化（建構的）模式 (cultural mode of diversity)，並且嚴禁與屬於不同類別的人群通婚，一如不同種屬的動植物不可能交配繁衍。此種文化模式的分辨，卻產生了自然（分類）模式的效力，如不同卡斯特間的通婚被視為嚴重的禁忌，一如不同種屬之間的通婚無法產生後代（或產生無生殖力的後代）一般。反之，圖騰制度依代表其祖先的動植物，將人分成許多不同的類別（如老鷹與烏龜），是依自然模式對人類施加差別的分類 (natural mode of diversity)，但是這樣的分類是文化性的，不同圖騰的人可以通婚，因而產生了文化（分類）模式的效力。如此，形成了下列的對比關係：

卡斯特：圖騰：：內婚：外婚：：文化模式的分辨：自然模式的分辨：：自然模式：文化模式

李維史陀將距離遙遠、乍看無關的兩個文化評比討論。這兩個文化彼此之間，完全缺少換喻秩序而被放在一起討論，卻能夠相互類比，構成他稱之為「屈折體系的」(paradigmatic) 模式或結構。這種論證方式，不同於經驗科學依換喻秩序來歸納抽象原則，而構成「統合構造的」(syntagmatic) 模式或結構。透過屈折體系的特殊論證，李維史陀不僅得以證明原始人與現代人都具有統合構造及屈折體系的思考模式，更讓人類學研究得以跳出經驗論科學觀限於統合構造模式的限制，帶來了人類學研究上的一大革命。

李維史陀能夠證明原始人與現代人具有相同的理性，更是透過他的特殊論證方式——以具體問題之轉換過程來論證。譬如，李維布律爾常舉南美洲印地安人宣稱其祖先是鸚鵡，以證明原始人的思考方式是前邏輯的。李維史陀卻利用「去整體化」(detotalization) 及「再整體化」(retotalization) 的概念，證明當地人與現代人一樣地理性——透過去整體化，土著將鸚鵡分成頭、頸、腳等部位，再不斷細分下去，最後透過隱喻的關係，將各部位重新結合在一起的再整體化過程，成為一個完整的人。這個思考上的轉換過程，可由圖八表現出來 (Lévi-Strauss 1966: 152)：

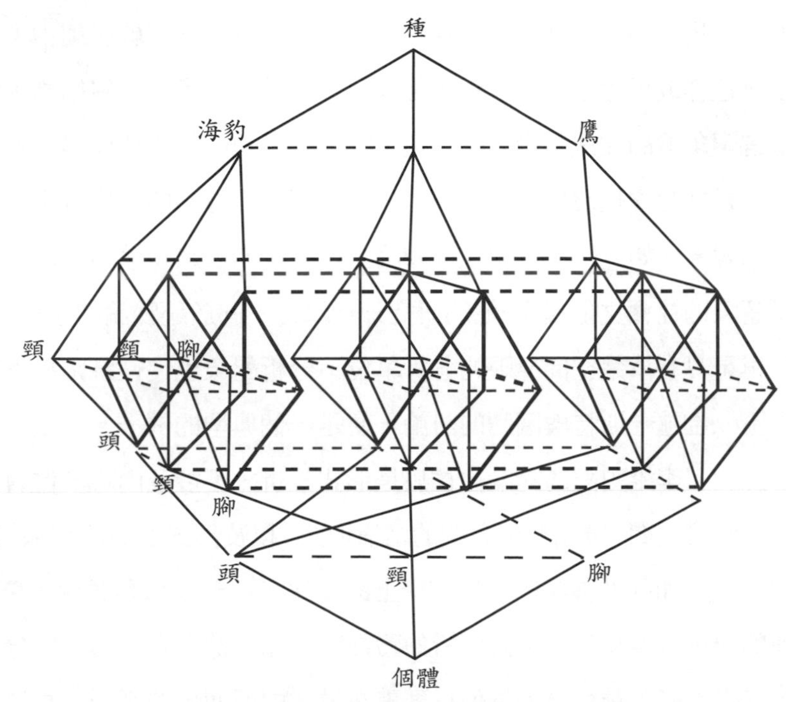

圖八：圖騰與人的轉換

李維史陀要證明的是：上述思考方式，普遍見於所有人類。因此，原始人與現代人的思考方式，基本原則是相同的。不同的只是，原始人的論證過程可能不是換喻的，而是隱喻的。隱喻並不專屬於原始思維；換喻與隱喻，正如二元對立思考方式，普遍存在於各文化之中。現代科學的討論過程，也大量借助於隱喻。例如，物理學在探討更微小的物質時，往往無法直接證明或觀察得知，僅能由結果證明其存在，用名詞來隱喻其性質。李維史陀認為，這正好說明了：現代人的思考方式和原始人沒有不同；反而是透過原始思維的研究，呈現出人類最原初的思考方式與能力。

李維史陀之所以會帶來人類學知識上的革命，主要來自他在本體論上所提出的突破。他認為過去人類學家所處理的社會文化現象，仍然停留在現象的表面層次。要瞭解這些現象何以致之，就必須由人類的心靈運作或思考原則來解釋，這些原則屬於潛意識、深層結構，如同語言現象後的文法結構。李維史陀認為，人類心靈的運作與思考原則，才是社會文化現象的真實，也才是人類學作為一門科學真正應該探討的對象。如此一來，他在本體論上挑戰了過去經驗論科學觀宰制下所認為的社會文化真實。他的研究分析單位不同於經驗論的小村落，也不再是具有清楚空間界限的分析單位，分析對象也往往跳躍於不同文化區。上述卡斯特與圖騰的討論，便是一個典型的例子。

然而，李維史陀的討論往往只是形式分析，不涉及內容。他有興趣的是觀念之間、神話要素之間的結構形式，以及形式之間的關係等，而非意義。如同他強調的是語言學上的文法，而非語意和語用，❻使得他的研究很容易落入形式分析的路徑。比如，他在宗教儀式的分析上，容易忽略實踐行為。不但只著重在儀式中所使用的話語，甚至將話語 (word) 和行為 (action) 完全分離，使得宗教儀式成為神話或教義等話語的附帶品，失去其獨特的性質與領域。這樣的取向，很容易導致跟隨者在研究上落入形式化的窠臼，也造成後續研究上的限制。

除此之外，李維史陀還遭遇了另一個主要的批評。他雖然證明了二元對立的原則以及換喻與隱喻，是所有人類的思考原則或方式，但人類的思考並不限於這兩種原則而已。因此，他顯然簡化了人類的心靈。此外，李維史陀雖然不否認文化差異的存在，但文化差異並不是

❻ 這差別就如同符號學 (semiotics) 與語意學 (semantics) 的不同。語意學的重點在於：語言的意義依賴於說話者用不同方式表達，而這不同的方式對當事人而言才有意義。而符號學是把語言或觀念視為抽象符號，探討符號間的關係。李維史陀對結構語言學者索緒爾 (Derdinand de Saussure) 極為推崇，感興趣的是符號學，而不是語意學。

他的本體論假定，人類心靈的思考原則才是他研究的前提。因此，人類學所著重的文化差異，在他的理論中無法被有效地突顯。

即便如此，李維史陀的結構論早已成為人類學知識體系中的一部分，產生了深遠的影響。在第三章提到：道格拉思探討不可分類者往往成為強而有力的神聖或邪惡力量的來源，此力量實來自心靈運作的結果。如第五章〈親屬、社會與文化〉所討論的聯姻理論，也是他的重要成就。1970 年代，古迪討論文字對人類社會文化的重要性，突顯出文字在社會文化性質區辨上的關鍵性 (Goody 1977)，[7]也是建立在李維史陀以來的主智論之累積成果上。

第二節　文化相對論

相對於李維史陀的結構論，文區則採取完全不同的立場來回應伊凡普理查的阿桑地研究，並引發文化相對論與普遍理性的爭論。

一、文區的文化相對論之挑戰

前面曾提到，主智論原認為原始人的宗教迷信背後有其不同於科學理性思考的獨特思考方式與原則，實是他們前邏輯的思考結果。這論點雖經伊凡普理查以深入的個案研究所推翻，更經李維史陀結構論的闡釋修正為科學、藝術（乃至宗教信仰）背後的換喻與隱喻，就如同二元對立思考方式一樣，均為人類普遍共有的思考方式，也使主智論的發展臻於成熟。但這樣的論點卻違反人類學知識上文化差異的本

[7] 古迪在此書中強調：只有透過文字才能夠讓知識不斷累積、才能進行科學上的三段論法的邏輯思辨、才能使人類建立超越面對面直接溝通的社會，人類知識與社會文化的發展才可能產生重大突破。

體論假定，無法充分呈現不同文化特色。事實上，結構論乃至於主智論，因為文區從語言哲學立場提出不同的觀點而受到進一步的挑戰。

文區受到維根斯坦晚期語言哲學的影響，對普遍理性的觀點提出挑戰。簡單地說，維根斯坦晚期的語言哲學與他早期的邏輯實證論剛好相反；他在晚期認為，我們不可能得知真實 (reality) 本身。我們透過語言的再現理解真實，而語言的概念化便已經在對真實作某種切割，無法直接代表真實本身。而且，每種語言有著不同的再現與切割方式，複數的語言與同概念而不盡相同的定義正說明語言與真實的差距。因此，一種語言所建立的世界觀與知識系統，不可能去瞭解另外一種語言的世界觀與知識系統。在這樣的基礎之上，文區認為伊凡普理查依據現代西方科學的知識與語言，不可能真正瞭解阿桑地人的巫術。伊凡普理查雖然承認原始人跟現代人一樣具有形式理性的邏輯思考能力，可是，他仍認為巫術與經驗相違背。在文區的觀點中，這不僅牽涉以西方文化的偏見來理解當地人文化的問題，更涉及文化間的不可共量性 (incommensurability)——依據現代科學的邏輯思辨來瞭解當地人的巫術，無法真正理解當地人的思考方式 (Winch 1958)。換言之，文區認為伊凡普理查只處理了韋伯所說的普遍性形式理性，而沒能理解當地人獨特的實質理性，而這兩者有著基本上的不同，就如同科學與宗教有根本上的差異一樣。

文區的觀點，引起 1960 至 1980 年代，在人類學、哲學或社會科學界有關普遍理性／特殊理性，或形式理性／實質理性等的爭辯，並形成了兩個不同的理論立場。一派延續李維史陀結構論的立場，認為所有人類背後都有共同的理性、思考原則存在，只有在這樣的共同基礎之上，才能夠瞭解每個文化所發展出來的特殊思考方式。侯頓 (Robin Horton) 的研究便是典型的代表 (Horton 1970)：

在討論非洲傳統思考方式與西方現代科學的差別時，侯頓試圖證明：非洲的傳統思考原則與現代西方科學的思考原則，基本上沒有太大差別。差別在於：非洲傳統的宇宙觀和信仰，結合了當地的社會組織、社會結構。因此，其思考原則所建立的知識體系是封閉的，不能被影響、被改變。某些封閉的傳統知識往往跟巫師所壟斷的特權結合，致使知識體系的改變也往往連帶影響到社會結構，甚至文化分類體系。但是，現代科學知識在社會裡是被獨立出來的範疇，所以，科學知識本身是開放的，科學典範可以一直改變，而不致影響社會本身。

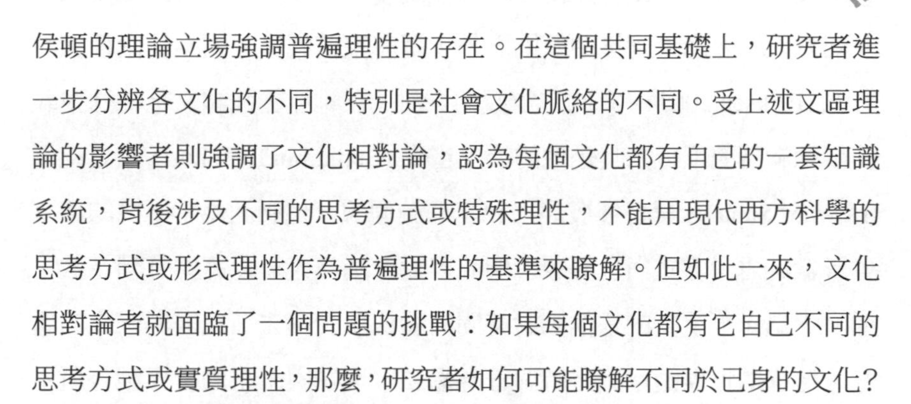

侯頓的理論立場強調普遍理性的存在。在這個共同基礎上，研究者進一步分辨各文化的不同，特別是社會文化脈絡的不同。受上述文區理論的影響者則強調了文化相對論，認為每個文化都有自己的一套知識系統，背後涉及不同的思考方式或特殊理性，不能用現代西方科學的思考方式或形式理性作為普遍理性的基準來瞭解。但如此一來，文化相對論者就面臨了一個問題的挑戰：如果每個文化都有它自己不同的思考方式或實質理性，那麼，研究者如何可能瞭解不同於己身的文化？

在普遍理性論的挑戰下，文化相對論者開始討論所謂的不可共量性。亦即，不同文化裡，有很多概念根本缺少共同的基礎而無法被異文化所理解，甚至翻譯。最為極端者，如倪丹與波易倫 (Jean Pouillon) 的討論 (Needham 1972; Pouillon 1982)。他們認為：諸如信仰、宗教、相信 (to believe) 等等，對當地人而言至關重要的觀念，往往多義、曖昧、難以翻譯。要正確地翻譯宗教的觀念或信仰乃至相信，幾乎是「不可能的任務」。這便涉及到：在維根斯坦的語言哲學中，我們無法透過語言再現真實本身，往往是透過因文化而異的特殊語言概念去描述、再現。因此，文化與文化之間有著難以跨越的鴻溝，這是瞭解異文化本身的限制與困境。也因此，如何尋找一個「橋頭堡」(bridgehead)，以突破這種瞭解上的限制與困境，便成為文化相對論者 (Hollis & Lukes 1982, Overing 1985b, Ulin 1984) 的主要努力方向。

從某個角度而言，這個爭辯並不是個新的問題。早在美國文化人類學發展之初，便已產生過相關的討論，主要圍繞在宇宙觀與語言的問題上。

二、宇宙觀與語言的探討

艾利克森曾指出：如何理解宗教現象，除了如同主智論者去瞭解非西方人宗教思考背後的原則之外，還有宇宙觀與分類系統兩種探討方式 (Eriksen 2001)。有關宇宙觀的探討，在鮑亞士強調文化特殊主義的觀念論傳統下，尤其是他的學生霍夫 (Benjamin L. Whorf) 和夏皮爾 (Edward Sapir)，早已經發展出一套理論假說。他們認為，不同的語言會影響其思考方式與世界觀。例如，愛斯基摩人可以將雪分類為數十種。不過，更重要的是他們對時間的看法缺少過去、現在與未來的區分。這樣的世界觀是與將時間分為過去、現在與未來的世界觀有所不同。又如霍匹 (Hopi) 的例子，這個幾乎沒有名詞與物體而又缺乏標準動詞變化的語言，整個語言的焦點在實際的移動，是個非常強調過程傾向 (process-oriented) 的語言。可惜，他們的討論，在當時並未產生太大的影響，因而無法進一步討論到底語言對文化的影響有多深？對宇宙觀的建立影響為何？雖然，在鮑亞士的文化相對論傳統之下，會發展出這樣的理論假說並不令人意外，但未能產生深遠的影響，多少與當時美國人類學民族誌的累積及深度有關，更與理論上缺少如維根斯坦語言哲學的基礎有關。

鮑亞士文化相對論的傳統，一直要到葛茲試圖結合韋伯的理解觀念 (*Verstehen*)，以及美國本土哲學（如柏克、藍格、萊爾等），而發展出所謂的詮釋人類學，以解決文化相對論的困境——人類學家面對認識論基礎的問題，田野工作便提供了一種可能的出路。亦即，透過參與、同理心、共感，研究者能夠逐漸逼近被研究者的文化。雖然，葛茲也承認：「逼近」不等於「是」，研究者永遠無法成為被研究者，僅能盡量逼近並試圖提供多元的詮釋觀點。❽但是，葛茲的詮釋人類學遭受到最大的批評，便是這樣的理解更容易帶有文化偏見。因為，這些解釋是葛茲自己的解釋，而非當地人的解釋，以至於這樣的討論方式，無法瞭解當地人的宇宙觀、以及他們主觀的看法，更難有效突顯其文化特色。因此，葛茲在人類學的宗教研究上儘管有其重要貢獻與影響，本體論的突破卻相當有限。這相對於基本分類概念研究的成果，則更明顯。

第三節　基本文化分類概念

分類系統的討論，主要是源自涂爾幹 (Durkheim 1995 [1912]) 強調西方哲學從亞里斯多德以來所認為的瞭解之類別或範疇 (the categories of understanding)，認為人觀、空間、時間、物、數字、因果等，為人類最基本的分類概念，是人認識世界的基礎，人類複雜的知識便是由此衍生而來。到了牟斯，翻轉涂爾幹的理論，表面上仍是在

❽ 葛茲自己的民族誌研究，如關於巴厘島鬥雞的討論，或者關於尼加拉劇場國家 (Negara) 的討論，即充分體現了將文化視為文本，並透過親身體驗，與詮釋學的理解來逼近當地人的經驗。

處理宗教與社會的關係，但更強調心靈是宗教與社會兩者的中介因素。他們兩人合寫的《原初分類》(*Primitive Classification*)，更進一步呈現出 (Durkheim & Mauss 1963)：分類系統得以呈現被研究者文化上主觀認識的世界，因而突顯分類系統在瞭解一個文化的重要性。但，這樣的論點在人類學界，一直到 1970 年代末期，才開始真正受到重視。一方面是由於牟斯許多主要著作在這時才翻譯成英文，並給予具翻轉涂爾幹理論的原創性地位；另一方面，則是面對後現代或後結構理論解構了過去在資本主義文化影響下大家習以為常的分類範疇與概念（特別是社會、文化、親屬、政治、經濟、宗教等）之後，需要找到一個對於研究對象能夠更基本、更細緻、更深入、而又更廣泛的研究切入點，以重建人類學的基本文化概念或理論，使我們研究的新出發點兼具批判性、反省性及建設性。而分類概念的探討，正好可以滿足這些要求。

在 1980 年代以後的人類學研究，往往將上述幾個基本的分類概念，個別應用到不同文化的個別層面或領域中，而與其他概念或制度（如親屬、宗教儀式、權力、經濟活動等）結合，發揮了類似第三章文化理論談到的文化實踐論的作用，但較少系統而整體地探討一個文化的基本分類系統。故以下將以筆者所推動的「基本文化分類概念」之研究成果，以布農人的研究為例來說明：

筆者從 1973 年開始從事實際的人類學研究以來，主要研究對象一直是臺灣南島民族中的布農族，特別是南投縣信義鄉東埔村的東埔社，是筆者至今仍持續進行田野工作的最主要地點。有關布農族社會文化的研究，日本學者馬淵東一強調天生命定之原則而提出的父系繼嗣理論，為日後有關布農族研究提供主要的解釋方向。

當筆者開始從事研究時，發現當時布農人最關心的是如何面對世界性資本主義經濟、國家的統治、以及基督教化等與現代化有關的問題上。由此，他們強調個人的能力及集體適應的方式。這個發現，與馬淵東一的觀點大相逕庭。直到筆者撰寫博士論文(Huang 1988)，才以當地人對「人」的看法（人觀，personhood），調和了筆者與馬淵東一的不一致觀點。

在布農族的人觀之中，認為人有兩個 *hanitu*（精靈）。右肩上的 *hanitu* 主導人之利他、集體利益、遵守道德規範的行為，左肩的 *hanitu* 則主導人的利己與創造的自私行為。因此，如何由個人對於群體實際貢獻來認定個人的成就與能力，乃成為布農人超越兩者之間衝突的主要方式，並成為布農人人生目的，甚至是布農文化上的特色。而人的 *hanitu* 繼承自父親，也繼承了他的能力。但一個人後天的學習可以增加個人 *hanitu* 的能力，並傳給後代。如此，藉由人觀的提出，筆者才得以整合前述馬淵東一與筆者觀點的衝突，並對布農族社會文化有了更深一層的瞭解，進入到由其文化的內在邏輯來解釋的層次。

人觀的研究成果，促使筆者發展與推動基本文化分類概念理論的相關研究。從 1990 年代初期以來，筆者陸續編輯出版了《人觀、意義與社會》(1993b)、《空間、力與社會》(1995a)、《時間、歷史與記憶》(1999a) 及《物與物質文化》(2004c) 等書。藉此，得以進一步理解其他基本分類概念在布農文化中的意義。以空間為例（黃應貴 1995b），其傳統空間分類概念缺少中心／邊陲之分辨而以每家都是社會的中心，不僅突顯布農社會的平等特色以及個體與集體間相互轉換與共享關係，也呈現其空間分類系統與上述人觀的不可分。另一方面，每個空間往往同時擁有幾種不同的觀念，常依人不同的使用而賦以不同的空間觀念，使空間比其人觀更有效突顯其實踐的重要性與特性。

他如，在時間的討論中（黃應貴 1999b），瞭解傳統布農人只有時序，而無精確的線型時間，時間的名稱都是指稱該時刻或節期應該做的事，故筆者稱之為「實踐時間」。因此，布農人對於過去發生的事情，無法提出明確的人事時地物，以及社會文化與歷史脈絡等性質；他們趨向於將歷史透過長期經驗的沉澱、壓縮、凝結過程，建構為「意象」(image)，而不是「事件」(event)。但布農人的歷史意象，卻是建立在他們自己所做的、以及有利於聚落全體成員的活動上。這樣的歷史觀，不只使他們成為自己歷史的主體，也突顯出其實踐時間與實踐歷史所具有的布農文化特色。這樣的特色，不但來自當地的人觀及 *hanitu* 信仰、以及文化上實踐的要求，更涉及他們創造歷史活動背後，屬於心靈深處的動機與動力。這裡，我們不但得以瞭解一個文化的時間觀念如何影響他們的歷史觀、以及人觀的主宰性，也涉及「實踐」在該文化的重要性，更涉及人創造其歷史背後的深層動機與動力，後者正是上述兩個分類概念較無法觸及的。

至於物的分類（黃應貴 2004b），討論不再侷限於人觀及 *hanitu* 信仰，而視土地或空間、工作、知識及 *dehanin*（天）等為基本分類概念，在理解新作物及實踐生產、分配與交易、享用與消費等經濟過程的再創造上，是與人觀及 *hanitu* 信仰同樣重要的分類概念。這裡，我們不只看到當地布農人創造出與資本主義經濟有關的新分類範疇（如「市場知識」與「資本投入」等），更看到他們透過原有的基本文化分類概念，來理解外在的歷史條件，而創造出新的生活方式與社會秩序。筆者更以不同經濟時期的關鍵性象徵，如小米、水稻、番茄與貨幣、茶與汽車等，來突顯不同的象徵性溝通系統之性質，及社會的開放與流動性程度，並反映該社會的深層靈魂或心性的發展。由此，透過物的研究，進而質疑由亞里斯多德以來而被康德所系統化的，將基本分類範疇視為固定的看法，以突顯人的創造性以及文化傳統再創造之所以可能的基礎。這更是上述其他分類探討上所無法深入而有效呈現的。

由上，我們不僅可知人觀及其背後的 *hanitu* 信仰，在整個布農文化瞭解上的關鍵性位置，也得以瞭解每個分類概念均個別呈現其他分類概念無法有效突顯的特色，而有其個別獨特的地位。另一方面，透過基本文化分類概念的研究成果，我們得以進一步理解現代的親屬、政治、經濟、宗教等當代普遍使用的社會範疇如何被建構。以宗教為例（Huang 1988; 黃應貴 1991），由當地布農人接受基督宗教的過程，主要是在生態改變帶來瘧疾的災難威脅下，追求謝天新儀式而使自己存活並成為人的路。因此，信仰改變或轉宗的意義必須由其人觀來理解。同樣，政治類別的建構（黃應貴 1998），是透過布農人的人觀及其三種隱含不同性質權力的交換方式所建構的。至於現代經濟的範疇（黃應貴 1993a），更是透過布農族的人觀及 *hanitu* 觀念，認識資本主義市場經濟，以建立其反應的方式。由此，我們不但得以超越傳統與現代、前資本主義與資本主義、禮物經濟與商品經濟、為使用而生產與為交換而生產等二元對立觀念的限制，更能進一步呈現出當地「經濟與宗教的區隔和經濟的獨立自主性」如何浮現。這些研究成果，正足以證明基本文化分類概念在瞭解人類日常實際社會生活上，不論是理論或實際應用上，均有其重要性及前瞻性。

由上面的例子，我們不僅可以清楚發現：個別的基本分類概念可以成為個別文化的關鍵性象徵，為其文化最主要特色所在。❾而現代資本主義文化影響下的新分類範疇，如政治、經濟、宗教等，也得透過這類基本分類概念來建構。

無論如何，即使布農族的人觀可以幫助我們去瞭解他們新的宗教信仰之形成、或是他們如何去理解現代的「宗教」，但此切入主題尚未能真正觸及宗教本質、宗教經驗等問題。因布農人在實際生活上面對重要的問題時，會依賴夢占之啟示來尋求解決之道。比如，建屋、打獵、開墾、遠行等較重大的事，固然依夢占之吉凶來決定，而面對資本主義市場經濟的價格難以預測而無法決定種植何種經濟作物時，當地布農人至今仍採取傳統夢占的手段來決定。而夢占也逐漸變成布農人在現代情境中，文化與族群認同的主要指標。稱布農族是個「愛作夢的民族」，並不為過。但當地布農人認為夢是由人的 *hanitu* 離開身

❾ 除布農族的人觀外，肯亞的 Giriama 人，便是以空間為文化中最具支配性的分類系統。即使 Giriama 人因應現代化與工業化，大量移民至海岸地區就業；但位居內陸的古代都城，仍然是他們的神聖空間。縱使大多數當地人不曾親身造訪，也把古城想像為純正的傳統 (authentic tradition) 與文化本質。因此，在基督宗教與伊斯蘭教的強大勢力之下，傳統宗教也沒有消弭，更不因宗教的世俗化或生活型態的商品化而貶值，反而更成為其族群與文化認同之所在 (Parkin 1991)。

體遊蕩時的經歷所造成。而夢占或 *hanitu* 的實際經驗與內容，實牽涉到上述宗教本質或經驗等問題，唯這些均已超越西方學術傳統的理性範圍。雖然如此，學術的進展或突破，就是勇於透過已知來面對未知。事實上，國際人類學的發展，也已開始面對西方學術傳統中被歸為「非理性」的層面與範疇。

早在 1970 年代中，卡斯塔尼達 (Carlos Castaneda) 就提過：從印地安巫師的觀點來看，人類有兩大類六種方式來獲取知識——理性、與理性有關的談說，以及意志、與意志有關的感覺、作夢、觀看 (Castaneda 1974)。要瞭解「宗教」，過去的理性、談說方式已不足夠，必需其他方式得來的不同知識不可。而這些新領域的發展，將有助於我們進一步去面對宗教學家及信徒所認為的宗教本質、宗教經驗等問題，人類學的宗教研究才可能有真正的突破。

第四節　結　語

由上面的討論，我們可以發現：人類學的宗教研究，從上一章所談的宗教或儀式與社會之關係，轉變到思考模式，實涉及前者往往被宗教學者及信徒認為是外緣問題，更根本的反而是與教義有關的信仰以及宗教經驗。對這樣的質疑，人類學是從宗教信仰與宗教經驗背後是否有與一般思考方式不同的獨特方式與原則著手。

由主智論的傳統，我們可以知道許多宗教現象背後的基本思考原則，如同感應巫術背後的相似律與接觸律原則，或圖騰信仰背後的互滲律等；藉由伊凡普理查、乃至李維史陀的進一步探討，我們更可以瞭解到原始人與現代人一樣，共享普遍的思考方式或原則，如二元對立或互補性的換喻與隱喻等。由此，我們得以剔除過去西方文化視原始思維為幼稚或迷信等偏見。

主智論的發展，雖然導致了普遍理性與文化相對論的爭論，最後沒有具體的結果，但承襲涂爾幹與牟斯而來的文化分類概念的發展，使人類學的宗教研究有了新的方向。至少，我們可以由不同文化的關鍵性分類，來瞭解資本主義文化影響下的「宗教」乃至其他主要範疇如何被建構，並使我們瞭解到：現代的宗教分類範疇，在不同文化之下產生了何種不同的主觀意義。然而，基本文化分類的研究，雖然從被研究者主觀的文化觀點出發，依然是建立在西方理性的學術傳統上。因此，相對於宗教學，人類學的宗教研究依然無法面對宗教本質或宗教經驗之類非理性的範疇。如何面對這些未知的挑戰尋求新的知識，將是人類學宗教研究突破的敲門磚。

第十三章　文化與心理

文化與心理的研究，很早便在人類學的發展過程中占有一席之地，甚至曾經成為美國文化人類學的主流。但在經驗論科學觀的影響下，文化與心理的研究，幾乎只是行為主義及佛洛伊德心理分析的人類學版本。到了 1980 年代，後現代主義興起，解構「文化」的本質性與整體性，轉而強調個人主體性，加上在新自由主義新秩序下造成事物的不確定性，突顯了個人心理問題，使文化與心理的研究再度興起，成為人類學在二十一世紀的熱門新領域之一。

上一章討論思考模式時，便已涉及到人類的思考方式與原則，最後談及人類學宗教研究未來的可能突破，更直接涉及與宗教經驗與宗教信仰有關的非理性之深層心理問題。這些均涉及個人的心理層次。可見心理層次的探討，未來有其發展與前瞻性。但對人類學者而言，在涂爾幹社會事實的概念影響下，心理層次一直被忽略或避而不談。唯有一個例外，便是美國人類學發展初期的文化與人格理論。故要討論心理層面在人類學知識發展上的重要性，必須從美國心理人類學的發展談起。

第一節　美國心理人類學的發展

一、文化與人格的研究

在美國人類學史上，「心理人類學」(psychological anthropology) 是由鮑亞士的學生所開啟的研究領域。❶比如，潘乃德在《文化模式》一書中，以太陽神型、酒神型、誇大妄想型三種人格特質，描述三個不同的文化特性。太陽神型的文化，如祖尼人，強調規律、自制、樂群等價值；違反群體秩序的個人情緒完全不被重視。酒神型的文化，如夸求圖印地安人，則充滿著誇張的競爭與對權力的飢渴；驕傲與羞辱為該文化中最明顯的情緒。至於誇大妄想型，如多布人，則突顯粗暴、狂野、多疑、敵意、自私、欺騙及計謀等特性。

在潘乃德的研究中，原本用來描述個人人格特質的術語，被用以形容群體性的行為規範與特質。如此一來，就自然涉及到個人人格與群體典範人格間關係的問題。為此，卡丁納 (Abram Kardiner) 提出「基本人格結構」(basic personality structure) 的概念 (Kardiner 1939, 1945)，指涉一個社會的成員因共同的兒童養育、生產方式、家庭與婚姻等初級制度 (primary institutions) 所培養出的共同人格特質。這些特質，又投射到次級制度 (secondary institutions)，如宗教信仰和傳說神話上。之後，林頓 (Ralph Linton) 又提出「角色人格結構」(status personality structure) 的概念，以突顯群體內因身分地位不同而有其應扮演的角色與行為特性，來彌補上述基本人格結構的不足。然而，累積了愈來愈

❶ 本段主要參考李亦園先生所寫的介紹性文章（李亦園 1966），並做了一些必要修正。

多的實際民族誌研究後，人類學家發現：上述群體的典型人格概念往往過於理想化而不符實際；這些典型人格，只能以統計學上的眾數來表示。因此，杜寶婭 (Cora Du Bois) 乃提出「眾趨人格結構」(modal personality structure)，以取代典型人格的概念，這乃成為後來「民族性」或「國民性」(national character) 討論的基礎。如潘乃德的《菊花與劍：日本文化模式》(*The Chrysanthemum and the Sword: Patterns of Japanese Culture*) 對於日本民族性的討論，便是有名的例子 (Benedict 1964 [1946])。許烺光有關中國人強調父子為各種社會關係主軸之研究，如《祖蔭之下：中國的文化與人格》(*Under the Ancestors' Shadow: Chinese Culture and Personality*)，便是這股潮流下的產物 (Hsu 1948)。之後，懷汀 (John Whiting) 與柴爾德 (Irving Child) 更利用「人類關係區域檔案」(Human Relation Area Files) 資料庫，以泛文化的比較方法，討論兒童教養方式與人格特性之間的關係 (Whiting & Child 1953)。上述學者，使文化與人格的研究，在 1920 年代到 1950 年代間，成為美國人類學一個重要的研究主題。

心理人類學理論的發展，主要是建立在心理學的行為主義，以及佛洛伊德心理分析的解釋上，透過行為來解釋文化怎麼塑造人格。以下所舉的卡丁納於 1930 年代在大洋洲馬貴斯 (Marquesas) 群島上所進行的研究，便最能夠表現出當時心理人類學的特色 (Kardiner 1939, 1945)：

馬貴斯群島，是位於夏威夷和復活島中間的小島。當地土著以種芋頭和捕魚維生。一旦發生旱災，往往伴隨著長達兩、三年的饑荒；饑荒的嚴重程度，甚至可能造成殺人食肉。同時，群島上的性別比例嚴重不均，男性的數目是女性的二・五倍。因此，當地盛行一妻多夫制，性關係非常鬆懈，女人在性生活上經常採取主動，並花費大量時間裝扮自己，增添性吸引力。由於女人沉溺在性生活之中，無意於照顧或養育兒童；尤其，為了讓性象徵的乳房保持豐滿，女性不願意哺乳，而是以攪拌了椰汁的芋糊作為嬰孩主食。依據佛洛伊德的理論，該文化成員均陷於口腔期欲求不滿的挫折與焦慮之中。這些兒童養育、家庭關係的「初級制度」，乃塑造了當地人的基本人格——對女人的怨恨與恐懼、高度重視男性情誼與男性團體組織、性不滿與性憂鬱、同性戀的趨勢、女性間的敵對態度、對於食人與被肢解的恐懼、進食作為解除焦慮與增進自我認同的手段等等。這些基本人格構成，直接關連到「性」跟「食物」，它們也正是當地人初級制度中最重要的元素。而基本人格構成又塑造、投射出「次級制度」，即宗教和神話的特點。在當地的宗教中，就有以人為犧牲或食人肉的儀式。在傳說神話上，則存在著兩種妖魔：一種是可怖的女妖，以掠食兒童、引誘青年維生。享受過青年的性能力之後，就將之吞食。另一個妖魔則是男性的，跟隨在女人之後，一方面滿足女性的性生活，另一方面則幫助她打擊其他女人。

這個個案研究，是以佛洛伊德心理分析理論來解釋當地人的行為或風俗習慣、制度、乃至神話傳說等宗教信仰，充分呈現人類學與心理分析結合的成果。這種分析方式也成為一時的潮流。

二、「文化與人格」研究的沒落

1940至1950年代，懷汀與柴爾德利用「人類關係區域檔案」的資料，透過大量統計討論兒童養育跟人格之間的關係，使得整個討論非常類似自然科學的探討方式，走向科學主義的道路。雖然，他們在解釋上使用大量的佛洛伊德心理分析理論，但在行為解釋的層面上，卻深受心理學行為主義的影響。這是 1920 年代以來在行為主義或行為科學的影響下，經驗論科學觀影響下的發展。這個發展不僅與鮑亞士強調主觀主義的文化理論相違背，本身更缺乏物質論的說服力。例如，卡丁納在談論馬貴斯群島的「初級制度」時，無法說明為什麼馬貴斯的男女比例為 2.5 : 1，為什麼性別比例不均是以一妻多夫制度作為解決之道，並導致了女性的性關係鬆懈……等等。如果我們回頭去看美國文化人類學的物質論傳統，如史都華所建立的文化生態學，便以和生計活動及經濟安排最直接相關的文化核心 (cultural core) 來解釋其他次要的特質，❷而得以用北美洲印地安人早期的生態環境來解釋該文化中的特殊制度。但卡丁納卻假定了兒童養育、家庭、婚姻等初級制度的存在，而沒有解釋這些制度產生的原因。不過，這個研究領域的最大致命傷，是當他們在討論每個社會文化間的人格特質差別時，社會內部的差異性往往比社會文化之間的差異性更大，使得所謂的「群體性人格」失去了意義，導致整個心理人類學或文化與人格的研究路徑走向沒落。

這個學派沒落的另一個主因，在於它從一開始就假定了個人與社會的普遍性關係：「每個人的性格都有若干方面像所有的人；若干方面像一部分的人；若干方面則什麼都不像」。但是，這個假定也與人類學民族誌累積的事實不符。這可見於道格拉思 (Mary Douglas) 有關「群」(group) 與「格」(grid) 的討論，最能代表個體與社會之間的非普遍性關係 (Douglas 1970: 84)：

---

❷ 關於美國文化人類學中的物質論，請參考本書第三章第二節。

她把所有社會依其「群」(group)（指社會凝聚力的程度）及「格」(grid)（指共享一個分類系統或社會知識的程度）兩個層面，分成四類社會。第一類，如非洲塔倫西社會，有很清楚的系統性社會組織——氏族組織，並共享共同的分類體系，是個群與格均很強勢而沒有個人單獨存在位置的群體社會。第二類，是有很清楚的社會組織，但是共享的分類系統卻很模糊。中非洲久經殖民統治而呈現「群」強「格」弱的社會，就是最明顯的代表。如特納所研究的恩登布社會，雖然存在著氏族組織，但經過了殖民統治與西方文化的影響，造成分類系統的混淆。第三類，是雖有明顯的共享分類系統，卻缺少穩定而清楚的社會組織。像美拉尼西亞的或大洋洲的大人物社會 (big men society)，雖有共享的分類系統，但社會的群體往往是靠後天的成就來組成。因而，這類社會組織隨時在改變，其大小與範圍是不穩定的。也因此，人類學家寧可用「社會性」(sociality) 而不是社會 (society) 的概念，來描述新幾內亞這類流動性高的社會。第四類，既沒有共享的分類系統，也沒有清楚的社會群體。現代工業社會便是屬於這種「群」與「格」均弱的個人主義社會。不過，最典型的個人主義社會，是介於四類社會之間而無「群」與「格」的社會，像非洲的 Mbuti、Ik 等，幾乎沒有社會秩序或秩序瀕臨崩潰。

在上述的研究中，我們發現：個體的重要性，在每個社會都不一樣。這不同於心理人類學一開始的假定：所有的個體與社會都有很清楚的關係，有一些群體共有的性質，也有一些個體突顯的性質。因此，心理人類學的基本假定跟過去民族誌研究累積的成果是相矛盾的。這乃是導致心理人類學沒落的另一個重要原因。

上述對於心理人類學基本假定的質疑，也正反映了該研究領域在早期會在美國獨自發展的一個重要原因。至少，從美國社會學家李思曼 (David Riesman) 等人的名著《寂寞的群眾》(*The Lonely Crowd: A Study of the Changing American Character*) 一書 (Riesman et al. 2001 [1950])，我們知道美國社會原本是以清教徒為主的移民社會，經過長時間的發展，直到二十世紀才成為工業化最發達的國家，更是個人主義最為突顯的社會。這個過程，經歷了三個不同時期不同類型的轉變：在前現代相對穩定的社會，個人是接受舊有習慣的傳統傾向；到了社會擴張的轉變期，個人知道自己要什麼而能依其信仰與價值創新地去追求，其行動為內在傾向；在現代的富裕穩定社會，個人只是模仿同伴的他人傾向，但這種他人傾向也導致自我懷疑，渴望由壓抑中解放卻不可得。如此，也突顯了該書書名的象徵意義，與二十世紀美國人的心聲。❸換言之，心理人類學或文化與人格在美國的發展，有其社會文化條件基礎。

心理人類學或文化與人格理論在 1930 年代的美國文化人類學中興起，故然有其社會文化的條件。它在臺灣的人類學及社會科學界，也曾經產生影響。除了上述許烺光的著作外，李亦園與楊國樞合編的《中國人的性格》(李亦園、楊國樞 1972)，便是在這個理論影響下的代表作。然而，這個取向在臺灣人類學發展史上，雖曾熱門一時，並沒有產生深遠的影響，也無法有效反映出臺灣社會文化的特色。雖然如此，文化與人格理論在早期人類學知識的建立上，還是有其不可抹

❸ 這也讓筆者回憶起自己在 1980 年到哈佛大學進修時的深刻印象。當時，筆者發現美國的朋友，每個月都帶他的兩個小孩去看心理醫生，如同身體健康檢查一樣稀鬆平常。這讓來自臺灣的筆者非常驚訝。

滅的貢獻。至少，像米德的《薩摩亞人的成年》(*Coming of Age in Samoa*) 一書 (Mead 1928)，以薩摩亞人從小受到父母乃至於兄弟姊妹的細心照顧，少有由上而下的管束以及隨之而來的衝突，以至於青少年時期的叛逆現象並不明顯。由此，米德質疑：視青春期叛逆為普遍的生理現象，其實是西方文化的偏見。一如馬凌諾斯基在《南海舡人》中挑戰普遍經濟理性的成就，米德再次突顯了以獨特的地方文化特性來挑戰一般理論之文化偏見的人類學知識特性。

第二節　個體主體性的再興

在 1950 年代，心理人類學開始走向沒落之後，1970 年代後期，個體的問題逐漸在人類學討論裡再次出現。在這之前，正如艾利克森所言 (Eriksen 2001: 73–92)，科學人類學從 1920 年代以來，在結構功能論或者功能論的支配下，社會結構成為最具支配性的主要探討的問題，因而完全忽略了個體。但是，結構功能論或功能論的發展也不是沒有反思這個問題。例如，弗思提出社會結構與社會組織的概念，來說明社會組織是實際行動上的現象，主要是從人跟人的互動的角度去看人如何構成一個社會群體 (Firth 1951)。弗思由社會關係來看社會的構成，與芮克里夫布朗的「社會結構」概念，側重於社會組織的構成原則，已經開始有了歧異。這個差別，實涉及個人與社會間的矛盾關係。另外，如巴特 (Fredrik Barth) 的交易學派 (transaction school)，強調社會秩序或領導者與被領導者的不平等關係，是透過人與人類似交易行為的互動過程來建立 (Barth 1966)。弗思與巴特的取向，都說明了即便是在二十世紀結構論、功能論最具支配性時，人類學家也已經在思考個體與社會之間的關係。

1970 年代後期個體問題的再次出現，實與整個人類學理論的發展直接相關。歷經 1960 年代李維史陀結構論的主宰，以及 1970 年代結構馬克思理論與政治經濟學的支配，人類學理論在這二十年間的發展，幾乎被結構所主宰而完全忽略個體的存在。因此，1980 年代以後，開始產生完全以個體為主的論述與理論取向，後現代理論允為典型代表。雖然，後現代理論家的論述往往有著很大的差別，而很難清楚地用一些共同點簡單說明。不過，強調個體的主體性，可說是他們的一致立場。例如，在「新民族誌」的書寫中，會強調研究者本身、或是當地提供知識的報導人之重要性等。

然而，對於個體主體性的討論，最重要的影響反而是實踐理論。該理論超越了結構論所強調的結構，以及後現代論所強調的個體主體性之對立。像薩林斯 (Sahlins 1981) 的文化結構論，在討論資本主義如何被夏威夷土著所認識與接受的過程中，除了討論當地人原來的文化分類體系如何影響他們對於代表資本主義力量的庫克船長之理解方式外，更涉及當地婦女個別與英國水手產生性關係而得到船上的商品，因而打破了原來國王與貴族對外貿易的獨占權，甚至也打破原來認知系統或世界觀的禁忌，導致原來分類系統的瓦解，使得社會的體系必須重整。如此呈現了個體的行動如何去改變整個分類系統與社會結構，而突顯了個體的重要性。不過，在薩林斯的理論裡，個體仍是被置放在系統之中來理解，真正對於個體的重視，乃至於引起對於心理與文化的討論，反而是在布爾迪厄的實踐理論。

布爾迪厄 (Bourdieu 1977, 1990a) 強調從日常生活的實踐來超越結構與能動性、客觀主義與主觀主義的對立，使得實踐上的個體，都負載著文化的色彩與包袱；不再是純粹的個體，而是包含了已經內化的社會文化價值之能動性在個體之中。尤其，個體在日常生活實踐中的行為傾向，都來自於過去的「慣習」(habitus) 所培養而生。布爾迪厄也強調：個別的人在實踐的過程中，還是會改變其個別的慣習。因此，在他的討論中，經常以「慣習」取代文化，以突顯個體的實踐與文化的結構之間互為主體的辯證關係。

對布爾迪厄而言，日常生活的活動之所以可以成為負載文化價值而有其特殊傾向的實踐，是由於這些日常行為的習得過程已經包含了無意識的「基模」(scheme)。基模，是自幼所培養形成的行為趨勢，乃至於認識世界的方式，是行為背後的傾向，它往往會導致行動者遵守過去的行為方式。但另一方面，基模也可能改變，改變往往來自於情緒 (emotion)，是每個人在情緒上非慣習的反應。因此，日常生活的慣習雖有某種行為方式或規範的傾向，但實涉及兩個很基本的心理機制：一是基模，建立在生理的認知基礎上，傾向不變、代代相傳。另一層面則是不可控制的心理情緒反應，人人均有，導致行為上背離規約與慣習，最後影響到行為實踐的結果。這個西方觀念定義下的非理性力量，是慣習背後很重要的改變動力。是以，布爾迪厄雖然沒有將非理性動力的問題在理論上進一步發揮，但已提供人類學理論在 1980 年代開始發展文化與心理研究領域的理論基礎，特別是認知與情緒的研究。

第三節　認知人類學❹

一、認知人類學的濫觴

認知人類學的發展，不只涉及認知心理學，還涉及語言學、電腦

❹ 關於認知人類學的發展，中文已有專門的論文可參考。參見黃宣衛 (1998)。

資訊、哲學等。不過，早期的發展並不完全奠定在這些基礎上。因為，早期人類學家往往具有心理學的背景，如芮佛斯 (Willian H. R. Rivers)、華德 (Wilhelm Wundt)、馬淩諾斯基等。而芮佛斯在托瑞斯海峽的人類學探險中，便發現到當地土著不惑於繆氏錯覺 (Müller-Lyer illusion)，❺卻更易受騙於垂直水平錯覺 (vertical-horizontal illusion)，❻而感到困惑不已。這個困惑，也開啟了後來認知與文化的研究課題。可惜，在人類學進入科學時代後，認知科學與人類學的連結便斷裂而停止。

到了 1950 年代，民族科學開始發展，探討與認知有關的基本問題。即：所有人類的認知過程是否有其普遍的基礎？例如顏色，所有民族都有黑、白、紅、綠、黃。而且，先有黑白後，才有紅色，再有黃、綠、藍、褐後，才有其他各種混和顏色 (Berlin & Kay 1969)。原因來自：人類視覺對光譜的認定有其普遍性的基礎與限制，超過這個限制之外，人便無法感覺。因此，不同的文化雖各有其細緻區分顏色的分類方式，都不是普遍一致的；但黑與白，卻是每個文化都有。這涉及到人在生理上與認知上的共同基礎，以及心理學家所說的基本範疇或原型。

二、基模論（或原型論）

心理學家認為：人類天生便對某些物、動物、植物等，很容易分

❺ 指心理學上的一個視覺實驗。這實驗是用兩條等長的橫線，一條兩端加上向外的箭號，另一條則加上向內的箭號。一般人都會認為前者較後者長。這個圖形稱為繆氏錯覺。

❻ 也是心理學的視覺實驗。以兩條同長的直線，將一條豎立在另一條橫線的中間，一般人看見後，都會認為直線比橫線長，故稱為垂直水平錯覺。

辨、認知與接受，因為人腦裡已經有這樣的基礎，使得我們很容易去理解某些動物的存在。這些基礎，使不同文化要翻譯、解釋這些物時，都非常容易；學習另外一種語言時，也很容易理解這些概念。例如，就「鳥」這個概念而言，最基本而且可以被普遍認識和翻譯的鳥類，是近似於知更鳥的型態，而不是鴕鳥。「花」也是，波斯菊往往是最容易被不同文化所理解到的花型。換言之，在認知心理學的討論裡，人類並非都是由文化所塑模的，而有其生理上的普遍基礎。這些普遍基礎，被羅茲 (Eleanor Rosch) 稱之為基層類別 (basic-level category) (Rosch 1975)，或被史帕柏 (Dan Sperber) 稱為基本概念 (basic concepts) (Sperber 1985: 82)。

當然，我們也承認：人類的社會文化現象並非如此單純，往往是由很多不同的行為與基本概念所共同構成的。比如，傳統布農人所種的小米，不僅包括了十八種用途及生長環境不同的小米，還包括種植過程的各種禁忌、夢占與儀式活動，以及實際耕種活動上的男女分工及不同家間的勞力交換與互助，更包括攸關生產活動成敗的 *hanitu* 信仰之解釋等。這使得原本只是一個臺灣原住民普遍有的小米耕作活動，得以分辨出不同族群文化上的差別。換言之，當普遍性的基本概念（如植物）構成某一類行為之後，是非常複雜的結合。而這個結合不只包含一系列的行為過程，還包括其結合上的不同方式與固定傾向，這便是認知心理學或認知人類學家如旦拉德 (Roy D'Andrade) 所說的文化基模 (cultural schemas) (D'andrade 1995)，或史帕柏所說的「精巧化的概念」 (elaborate concepts)(Sperber 1985)。在這個基礎上，侯蘭 (Dorothy Holland) 與奎恩 (Naomi Quinn) 進一步指出如何經由類比 (analogy)、隱喻 (metaphor)、換喻 (metonymy) 等，來瞭解基模的運作與特徵 (Holland & Quinn 1987)。這多少已涉及下一小節的聯結論。

三、聯結論

相對於基模論，認知人類學的最主要發展，反而是跟認知的「聯結論」(connectionism) 更有關係 (Bloch 1991)。因為，人之所以為人，就在於人的行為並非以簡單的方式就可以理解。事實上，人的行為不斷增加新的要素，不斷地結合各種所能夠運用的不同資源，這才是實際的社會文化現象，就像上一小節提到布農人小米知識的精巧化過程一樣。同樣地，聯結論認為認知的實際運作過程，有如一個階層狀的結構，可儲存由單位、特徵、以及指向聯結所構成的知識系統。當其面對外來刺激時，不僅可同時處理不同的訊息來源，並根據事物並列或互斥的特徵，運用已有的知識去作迅速而正確的判斷。當面對訊息不完整時，系統可自動遞補上預設值來產生判斷。系統也可以根據學習的過程，建構本身的體系。而且，聯結論所涉及的很多認知過程，均涉及非語言的部分，語言反而只是整體中的一環而已。這就如第十四章第四節討論「社會記憶」時，提到各種非語言、非文字的記憶機制，如空間、儀式、活動、地景、感官經驗等，均形成了集體記憶的一部分，而非某單一元素可以決定集體記憶之主要內含一樣。

正因為認知在實際運作上的複雜性，遠非心理學實驗室研究成果可直接解釋，史特勞斯 (Claudia Strauss) 與奎恩乃結合了基模與聯結論 (Strauss & Quinn 1997)，強調：「基模不再是固定不變的知識結構，而可以是有彈性的、不斷調整的。它是先前經驗的綜合反映，亦即由過去經驗去自動地概推，當面對新狀況時會主動地去填入遺失的元素，以方便於作判斷、決定。但在此一過程中，基模本身也在不斷地調整，以便以新的型式去反映更新的狀況。簡言之，聯結論與基模論之間，並沒有互斥的關係，而毋寧說基模不僅是一種表徵，而且在人類的思考時是一種處理器」(黃宣衛 1998: 92)。這些新的發展，不僅可避免原先認知理論過於結構化或機械化的解釋，也可避免後現代理論完全把文化貶抑為沒有結構或秩序的無用概念，讓文化概念得以面對新的可能。

四、晚近認知人類學的發展：以宗教研究為例

晚近的認知理論，則與演化生物學及發展心理學的發展有密切的關係。特別是在有關宗教的研究上，以「反直覺的本體論範疇」(counter-intuitive ontological categories) 的概念來探討宗教觀念與儀式的認知基礎，已發展到具有重新解釋宗教現象的能力 (Boyer 2001; McCauley & Lawson 2002)。不過，認知人類學所發展出的新概念，如何對於舊現象提供新的解釋或看法？而其新解釋是否能深一層突顯該文化乃至人類學知識的特色？這個問題的答案，將不只影響這個分支繼續發展的可能性，更決定它對人類學其他領域的可能影響。下面將以波爾 (Pascal Boyer) 的研究為例來說明 (Boyer 1994)：

他的基本觀點是：過去宗教人類學的研究，往往是討論人群的宗教概念，用來表現或解釋所在世界的抽象知識系統。換言之，人類學的研究基本上是以理性或知識的角度來討論信仰、觀念，以瞭解其宗教行為，或他們對世界的認識與解釋。但是，這無法幫助我們去瞭解當地人如何去接受這些概念並產生信仰的過程。而這才是宗教人類學應關心的。然而，當地人為什麼相信，涉及到並非日常生活知識所能證明的某些現象。例如，鬼。到目前為止，其存在仍無法具像地被證明。因此，當地人是如何去認識與相信超自然存在呢？對波爾而言，這涉及到四個層面：本體論、因果、

社會範疇、儀式事件。每個層面都涉及不同的認知原則。

第一個本體論層面，涉及到我們所談的宗教現象或宗教觀念的存在，並非實體，甚至跟日常知識與經驗相矛盾。如鬼、神。然而，這類在本體論上反直覺原則的知識，往往有不同的認知原則。這些原則不僅有其普遍性，更與日常經驗背後的直覺原則 (intuition principles) 結合作用，使得宗教概念往往是由混和了具有基模式假定 (schematic assumptions) 的直覺原則與非基模式假定 (non-schematic assumptions) 的反直覺原則所構成，造成這些觀念是可學習而非自然的，但這非自然又有其自然性。第二個是涉及因果的部分，這背後也有不同的認知原則——除了源自直覺本體論而來的一般演繹因果外，最突出的是「由結果誘發原因」式 (abductive type)。亦即，在宗教行為裡，常有一個從結果來推論因果的方式，這是宗教行為裡相當普遍的認知原則，它並不是推論的出發點，而是它的結果。它並不是事實，而是猜測，而且並不因文化不同而不同。第三個層面是社會範疇。在宗教現象中，需要不同類別的人作為儀式實踐者，具有特殊的能力。如美國印地安人的巫師、漢人信仰裡的乩童等，都必須有能力進入幻覺或恍惚的狀態。而不同宗教活動必須有不同的特殊類別者來充當儀式執行者。這些立基於個人特殊能力的本質論者原則或自然性本體論前提而來的社會分類或範疇，在實際上雖往往混和了非基模式或文化性假定，但本質論者的假定 (essentialist assumptions or essence-based principles) 卻是瞭解其一再發生或存在的最佳方式與認知過程。不過，很重要的是，宗教現象的獨特性與重要性都是透過儀式實踐而來。這便是第四個層面。在儀式實踐中，儀式的順序與儀式的假定並不一定一致，但卻結合了上述三個層面——本體論上的宗教假定、由結果誘發原因的因果論、以及社會分類所依據的直覺原則等，均收納於其中，使儀式成了容納各種認知原則的特殊結構 (underspecified structures)，使其有異於日常生活的直覺特性，卻又有著較普遍的跨文化性。透過儀式，不同層面的認知過程得以豐富、加強其「真實性」(plausibility)。

波爾所代表認知人類學的論點，進一步表現在他晚近 (Boyer 2001) 的著作上。他認為：人類關於神或精靈的宗教觀念，雖是具有反直覺 (counter-intuitive) 的性質，但基本上是人類認知系統運作的結果。比如，它多半是擬人化的 (anthropomorphic)。因為，在人的認知指涉體系中，沒有比人更複雜的存在。超自然觀念既然是無所不知、無所不在又包含各種指涉系統，只有擬人的想像才可呈現其複雜性。超自然的性質，又往往以一般的人性來呈現，特別是人的心靈。只是，它往往具有狩獵 (hunting) 及掠奪 (predation) 的隱喻，是危險或駭人的，具有某種程度的曖昧性或本體論上的不確定性。儘管超自然存在有其文化傳承的一面，但對波爾等認知人類學家而言，超自然的宗教觀念，是人類認知系統運作之下自然產生的結果。

五、認知人類學發展的瓶頸

到目前為止，大部分認知人類學的討論，還停留在一般性理論的建構、論證、演繹上，尚未藉由民族誌的探討，以新的理論角度來重新詮釋舊現象。換言之，認知人類學的理論是否可直接用於民族誌的研究上，而能深一層突顯該民族社會文化的特性，並給予同一社會文化現象不同的解釋？這是筆者比較質疑的。比如，以認知理論研究宗教現象而著名的懷德豪 (Harvey Whitehouse)，便以心理學家提出的兩種記憶模式 (Cohen 1989: 114–115)，語意的 (semantic) 及事件的 (episodic)，❼來描述及解釋兩種宗教性 (religiosity)，教義式的 (doctrinal) 及意象式的 (imagistic)❽。這兩種基於記憶模式而來的宗教性，也深深影響社會結構與宗教運動的內在動力。前者隱含穩定性階序，而後者則產生不穩定的平權社會群體 (Whitehouse 2000)。

懷德豪的分類，被佘悲理 (Carlo Severi) 用以討論美洲印地安人，尤其是阿帕奇印地安人的彌賽亞運動 (messianistic movement)(Severi 2004)。早期彌賽亞運動是典型的本土運動，以傳統對抗白人文化，但後來該運動逐漸轉變，到了晚近的宗教活動，已經充滿基督宗教儀式。佘悲理發現這類儀式的行為，是傳統的意象式宗教性，但其禱詞與詩歌等，則是基督宗教的教義式模式。兩者平行的宗教性，遂構成彌賽亞運動的特性：既是傳統，也是新的信仰。如此，突顯了認知探討與過去研究的不同論點與成果，並證明其可用於實際的研究上。

就如同布洛克所提出的「外在化記憶」(external memory) 及「內在化記憶」(internal memory) 來描述及解釋兩種型態的社會——擁有外在化記憶的社會，認為歷史是永恆不可變的，行為也遵從傳統；擁有內在化記憶的社會，認為歷史是不斷改變的，自身也不斷創新 (Bloch 1998)。上述的認知人類學研究，往往仍停留在對比型態的建構，而與區域文化特性的關係不夠緊密。因而在人類學知識的發展上，尚未真正構成突破性的貢獻。這個不足，相對於下一節情緒人類學的

---

❼ 心理學家用語意的 (semantic) 記憶來指記憶一般（客觀）世界知識者，而事件的 (episodic) 記憶是指記憶個人主觀的獨特經驗者。

❽ 懷德豪用教義式的 (doctrinal) 宗教性指該宗教擁有論述形式及穩定的知識體，而意象式的 (imagistic) 指集中於強烈的幻覺式個人經驗之宗教。

研究，則更明顯。但，認知人類學實已藉由探討認知行為的生理基礎，質疑了文化的獨立自主性與決定性。不僅強調認知機制具有的普遍限制性作用，更如林德厚姆 (Charles Lindholm) 所說，在人類學知識的意義上，認知人類學從一個不同的基礎去探討人怎麼去思考，使其有別於動物 (Lindholm 2001)。

第四節　情緒人類學❾

一、情緒的文化差異

從 1950 到 1970 年代，情緒人類學的研究，已經累積了一些相關的民族誌。不過，有關情緒的研究，目的主要是在呈現文化的差異，或是透過情緒來瞭解文化的差異。例如，對於親人死亡，不同文化可以不同的方式去表達：嚎啕大哭、埋首於更繁忙的工作、或默不吭聲。筆者於 1978 年在東埔社從事田野工作時，面對聚落成員的死亡，即有一難以忘懷的經驗：

一位七十多歲的老先生過世了，家人將遺體放置在客廳，蓋上白布，讓聚落成員前來哀悼。由於當時布農人仍依循傳統習慣，死者過世當天即埋葬，若去世於夜裡，則第二天下葬。埋葬當日有一禁忌，即全聚落的人都不能去工作。所以，聚落裡的人也都前來告別死者與慰問其家屬。然而，讓筆者非常訝異的是，待在聚落的整日，均感受不到悲哀的情緒——年老及年幼的村人在停放屍體的客廳看電視，一些年輕人去墓地挖掘墓坑，一些人則上山

❾ 本節主要參閱黃應貴 (2002a)。

找木材製作簡單的棺材，其餘年輕人則在球場上打籃球。到了中午，大家聚在一起吃東西。原來，在布農人的觀念裡，這位老先生是屬於善死善終，沒有什麼遺憾，也不需覺得悲哀。直至葬禮結束，所有弔慰者都離開墓地後，平常照顧老先生的孫女，才獨自一人哭泣。

這裡，便涉及每個文化如何看待死亡與表達失去親人的悲傷。即便是同一個民族的同一種情緒，在不同的歷史時期也可能有不同的意義。比如，美國歷史學家曾描述美國人的生氣 (Stearns & Stearns 1986)：

在十七世紀的美國，生氣不為當時人所注意。十八世紀到十九世紀中葉，由於工業化、都市化發展的結果，使得工作場所與家分離，並必須與許多陌生人接觸，如何控制個人的情緒便成了重要的社會規範。甚至，容易生氣被視為一種疾病。十九世紀中葉到二十世紀中葉，家與工作場所被視為兩個不同的生活領域：在家中的私領域，每個人必須避免生氣，而在工作場所，適當的發怒被認為是發揮個人競爭的動力，而受到鼓勵。

換言之，如何表達怒氣，在同一社會裡的不同時代有不同的發展，也跟其社會歷史條件相關。不過，這兩個例子都在說明情緒因文化的塑造而有不同的方式來表達與再現，以及情緒表達方式的改變突顯了其文化意義上的不同。其所關懷的仍是文化差異的本體論假定與目的，情緒只是多了一個讓我們瞭解、解釋、呈現文化差異的切入點，本身並不具有獨立的本體論意義。

到了 1980 年代，在後現代理論的影響下，情緒的人類學研究有了根本的改變。後現代理論不僅質疑社會文化是否有其本質，更強調個人本身的主體性。因此，後現代理論不僅重視能突顯個人特性的個別情緒，更給予情緒必要的理論立場——在本體論上，我們無法瞭解情緒的性質與真實。因為，所有的真實都是透過文化去理解的。是以，後現代論者對於情緒的本體論地位採取懷疑的態度，認為所處理的只是被文化再現的情緒，是屬於認識論上的問題。

情緒研究真正成為人類學的課題，而且在理論上具有突破性的意義，反而是受到社會學家伊里亞斯 (Norbert Elias) 的影響 (Elias 1978, 1982)。伊里亞斯認為：西方社會由中世紀肢體暴力宰制的時代，進展到近現代對於肢體暴力控制的文明化過程，不僅突顯社會功能的不斷分化與理性化的發展趨勢，更對韋伯、馬克思、涂爾幹等社會科學理論大家往往以西方資本主義的興起來探討這段歷史趨勢的觀點，提出了不同的解釋——伊里亞斯認為，文明的發展是為了控制人類先天的攻擊性與暴力本能之心理情緒。他的理論，不僅承認心理情緒機制在解釋人類社會文化現象上的重要性，更假定並接受佛洛伊德的先天性心理情緒之普遍性看法，使情緒研究有了新的理論基礎與出發點。

不過，情緒作為新的研究課題與領域，要成為人類學知識系統上的新分支，必須在三個層面的相關研究上有足夠的成果：第一，情緒的研究可對於以往研究的解釋提供不同的看法。第二，以情緒作為新的研究切入點，更能突顯出被研究者的文化特性。第三，可以挑戰人類學既有的知識系統，而有助於人類學知識本身的發展。

二、情緒研究作為新的切入點

就第一個層面而言，以布里格絲 (Jean L. Briggs) 的《從不生氣：一個愛斯基摩家庭的描述》 (*Never in Anger: Portrait of an Eskimo*

Family) 所研究的愛斯基摩人為例 (Briggs 1970)：

原本，布里格絲意圖在加拿大西北版圖哈得遜灣西北部的愛斯基摩人從事社會結構的研究。由於整個冬天都居住在雪屋裡，她直接觀察到雪屋內人與人間的情緒如何影響了互動關係，因而指出：真正建立愛斯基摩人群體之間緊密關係的，往往不是原本人類學家所認為的血緣、親屬或婚姻關係，而是人與人的日常生活過程裡的情緒所產生的作用。作為一個研究者，她被當地人接受的過程，也分為被接納、被驅逐到和解的幾個階段，這使得她重新去挑戰既有的親屬理論，認為親子之間被認為是習以為常的「愛」，並不是建立在血緣關係的親疏遠近上，而是建立在人與人之間的互動、情緒的基礎之上。

布里格絲的個案研究，不僅因為討論情緒如何影響親屬關係的實際運作，對親屬問題提供了由情緒來瞭解的新切入點，而成為情緒人類學的古典著作。更突顯了游群社會的個人化 (personalized) 特性，也涉及1980年代新民族誌及民族誌書寫、乃至於人類學知識性質等有關問題的反省。另外，如林德厚姆以親人間的敵意及對外人友善等情緒特性所隱含的普遍情緒模式，重新研究巴特所研究過的斯瓦特巴坦人 (Barth 1959)，提供了一個不同於巴特所強調的追求個人最大利益及世系群分支體系的解釋，而進入到情緒或心理層面的新解釋，也是情緒人類學的著名民族誌 (Lindholm 1982)。同樣地，馬修歐 (Thomas Maschio) 研究位於新不列顛 (New Britain) 西南方的勞托 (Rauto) 人，以情緒的角度來解釋因接受禮物的人疏於回禮，送禮者在情緒上產生憤怒、羞恥、悲傷等心理反應，以至於採取巫術手段來報復 (Maschio

1998)。不僅以情緒的解釋來回答牟斯所探問回禮義務的問題，更提供了不同於牟斯以物有 *hau*（精靈）會懲罰疏於回報者的解釋，使大洋洲民族誌進展到過去未能有效處理的心理層次上之理論討論。這些成果，均證明了情緒研究可以提供與過去研究不同的理論解釋，進而拓展人類學知識的視野。

三、突顯出被研究者的文化特性

第二個層面則是，情緒作為研究新切入點，是否能突顯出當地的民族誌特性。這在南美洲亞馬遜地區的研究上最為明顯。因為，這類社會往往沒有清楚的社會組織與社會邊界、或者固定的成員，其社會型態往往是流動性的。在東南亞、美拉尼西亞等地，也有很多類似的社會，很難探討其社會組織背後的結構原則。而南美洲亞馬遜地區，這些性質特別明顯，因而引起如下的問題：這到底是不是一個社會？若是一個社會，其社會秩序如何維持？在新幾內亞，這類社會的社會秩序是透過交換的機制來維持；但是，在亞馬遜河地區，情緒才是維持其社會秩序的重要機制 。這可見於歐弗琳等人的研究 (Overing & Passes 2000)：

位於南美洲中北部亞馬遜地區的社會，是個沒有清楚社會組織與邊界、社會成員不斷流動的平等社會。但當地社會的社會性，是以融洽的歡樂 (conviviality) 來表現。它並不依賴角色、身分、社會結構或社會之權利為中心 (rights-centered) 的道德系統來構成其群體，而是依互動、互為主體之關係來依附成群。他們特別重視好的生活品質 ，或如何高興地與他人生活而以美德為中心 (virtue-centered) 的倫理。因此，他們不僅強調友情與快樂，也強調生活實踐與技巧上的藝術品味。就此而言，美學與感情上的愉悅 (affective comfort) 一直是他們日常生活實踐上的焦點。由此，我們得以超越西方思想上各種二元對立的觀念，如公民社會與家庭、社會與個人、理性與情緒、心靈與肉體、主觀與客觀、藝術與工作等等。

這裡所強調感情上的愉悅，主要是指日常生活上使人實際受益的美德與情緒條件，像愛、照顧、陪伴、慷慨及共享的精神等。但我們也不可忽略反社會傾向的憤怒、恨、貪心、嫉妒等負面情緒 (negative emotions)。正因這類反社會情感的存在，更促使當地人必須去實踐美德。對亞馬遜人而言，愛與憤怒是同一社會政治體的兩面。同時，歡樂涉及宇宙觀及社群間與部落間的關係。事實上，社會生活世界內由生命、繁殖力、創造力而產生的所有力量，都有源自其社會之外而具有危險、暴力、乃至具有潛在同類相食的破壞力量。只是，這些破壞力量經過人的意志、企圖、以及技巧而轉換為生產的 (generative) 力量。由此可見，亞馬遜社會是以情緒而非交換為建立及維持社會秩序的主要機制。

當地並非沒有交換的行為。只是，這個地區的交換，與美拉尼西亞的交換意義不同。在亞馬遜地區，交換被概念化為陪伴 (company) 與友情 (friendship)；交換使人接近 (being close to)、常訪 (frequenting)、或拜訪 (visiting)；這也意味著交換就像是喜歡某人的陪伴與共享愛與親善。這與美拉尼西亞的交換之意義不同，也使我們更清楚區辨出兩地區之社會性 (sociality) 的不同。而這區辨，實來自其基本上是以情緒或交換為主要社會機制的差別。

我們可以清楚看到：情緒的研究，不僅提供我們一個新穎的角度，以理解亞馬遜地區的社會文化，更重要的是：這個研究新路徑的發展，更突顯了該地區社會文化的特性，並回頭挑戰了西方文化中的許多二元對立的偏見與限制，如公民社會與家庭、社會與個人、理性與情緒、心靈與肉體、主觀與客觀、藝術與工作等等，如此再度突顯了人類學知識是如何透過對當地文化的深入瞭解，發展出相關的新理論，以剔除原有理論中的西方文化偏見之性質。他如，威岡 (Unni Wikan) 在巴厘島的研究，指出當地人並不區辨思想與情感。他們是用情感來思考，用思想來感覺。因此，當地人並不像西方人那樣視情緒是個人內在的 (Wikan 1990)。 而路茲 (Catherine A. Lutz) 由密克羅尼西亞依法路克 (Ifaluk) 人的情緒觀念的瞭解中發現，當地人的情緒是建立在自我與他人關係上，而不是自我的獨立性或內在上 (Lutz 1988)。這些都根本地挑戰了西方文化視情緒為個人內在而主觀的非理性範疇之限制。

四、挑戰人類學既有的知識體系

近二十年來，情緒人類學雖然不斷有新的發展，卻也在第三個層面面臨困境，在理論發展上仍無法真正挑戰既有的人類學知識系統，更沒有跳脫伊里亞斯及佛洛伊德理論的限制。所以，到了 1990 年代，不少學者已經意識到 ： 不能只停留在文化建構論的層次 (Lyon 1995; Leavitt 1996; Reddy 1997)。文化建構論可以應用在任何的研究問題上，因而無法突顯出情緒作為一研究課題的獨特性。情緒要成為一個重要的課題而對人類學知識有獨特的貢獻，就必須有其獨特的問題、資料、與研究的方法。但，縱使雷迪 (William M. Reddy) 試圖綜合心理學、人類學、歷史與文學批評等研究成果所發展出的研究架構 (Reddy 2001)，也無法為情緒研究找到它獨一無二的研究領域而有所突破。

事實上，正如本章一開始提到的：文化與心理的研究領域，在 1980 年代以後的再興，是整個社會人文科學面對「非理性」課題的挑戰而產生的迴響。但該方向實包含了許多不同的主題或研究領域，各有其不同的獨特問題與解決方式。至少，認知與情緒便代表著兩種不同的方向。相對於認知的普遍主義傾向，情緒則揮舞著特殊主義的大纛。如何找到新的思考與理論架構來探索這些還待開發的未知領域，將會是未來情緒人類學乃至於文化與心理是否能繼續發展、甚或在人類學知識發展上大放異彩的關鍵所在。

第五節　結　語

文化與心理的研究，很早便在人類學的發展過程中占有一席之地，甚至曾經成為美國文化人類學的主流。但在經驗論科學觀的影響下，文化與心理的研究，幾乎只是行為主義及佛洛伊德心理分析的人類學版本。以普遍性的個人心理要素來代表群體的心理特徵，無法突顯心理層面的文化深度及主觀經驗，並違反了個體與群體關係為文化所塑造的人類學民族誌結論。縱使這個研究領域的興起，正符合了美國文化中個人主義的特性，卻仍無法負荷人類學突顯文化差異的本體論假定。

1980 年代後現代主義興起，解構文化的結構或本質，轉而強調個人主體性，文化與心理的研究才又再度興起，而成為吸引許多學者投入的新領域。不過，在文化與心理這個主題之下，存在著許多性質迴異的次領域。「認知」與「情緒」即代表著兩個截然不同的發展方向。前者強調生理上的普遍深層基礎，後者強調個體的非理性主觀反應。

由於認知人類學的普遍主義傾向，雖使其容易和其他學科知識相結合（如語言學、資訊科學等），卻仍無法有效突顯文化的特性，也不易產生出可以表現區域文化特色的民族誌研究，使其難以突破相關理論的文化偏見。相反地，情緒研究強調非理性的特殊主義傾向，使該議題不僅更能突顯文化的深層特性，而與文化區的民族誌研究結合，並有效地剔除原有社會文化理論中的西歐文化偏見。特別是亞馬遜地區的情緒研究，更是在挑戰西方文化中許多二元對立的偏見與限制，如公民社會與家庭、社會與個人、理性與情緒、心靈與肉體、主觀與客觀、藝術與工作等等。無論認知或情緒，對於人類學乃至人類知識系統上的挑戰性，乃在於其開始面對西方知識傳統中鮮少觸及的非意識或非理性部分。這領域的探討，更因新自由主義新秩序帶來太多不確定事物，而導致個人心理的焦慮不安及各種心理疾病，也使得這個原是學術傳統中的邊陲領域，因現實社會上的需求而得以吸引更多人的投入，但目前它最需要的是新創意帶來開拓性的突破。因此，雖然目前這些領域尚處於少有重大進展的困境，但仍可期待其未來的發展。

第十四章　文化與歷史[1]

近三十年來，人類學知識上的突破，並不是在傳統人類學的主要分支，如政治、經濟、宗教與親屬等，或是我們目前最熟悉的流行議題：國族主義、族群、性別等等，反而是某些新的課題，發展突飛猛進。以「什麼是歷史？」或「如何界定歷史？」作為主要關懷的歷史人類學，便是最明顯的例子。這必須歸功於薩林斯在 1981 年出版《歷史的隱喻與神話的真實》一書所帶來的突破。在理論上，他以文化結構論的立場，同時解決當時社會人文科學普遍存在的許多二元對立的概念。這個研究領域，更因陶西格研究亞馬遜印地安人的殖民歷史之心理經驗，因能透過當地文化上的魔幻寫實主義，結合班傑明的文化批判理論，以及當地人的治療儀式，而把歷史人類學的研究，帶到歷史文類的問題上，並挑戰人類學知識的性質。如此，人類學知識的發展，不僅能夠突顯當地文化的特色及避免西方文化偏見的限制，更把視野擴大到人類學知識的邊界。

從第五章到第十三章，討論的都是人類社會的主要社會制度或心理現象，如親屬、政治、經濟、宗教等制度或思考、認知、情緒等心理現象。然而，從上述各章的討論，我們也可以清楚知道：這些我們原習以為常的制度或分類範疇、乃至心理機制，其實是從歷史過程中發展出來的。尤其，隨著資本主義經濟體系的全球性擴張，這些制度

[1] 本章主要依據筆者已發表的論文修改而來（黃應貴 2004d）。

或分類範疇，多半受到資本主義文化的影響。是以，要進一步瞭解各文化傳統與資本主義的結合情形，勢必從其歷史過程來瞭解。因此，人類學研究的歷史化成為必然之勢，「歷史人類學」也因應而起。

然而，當我們在使用「歷史人類學」此一詞彙時，有必要釐清討論的內涵。人類學與歷史學的結合問題（或人類學的歷史化），與「歷史人類學」如何可以成為這個學科的一個次分支，是兩個不同的問題。前者，在人類學的發展中有其長遠的歷史，也有相當出色的研究成果。比如，麥克法蘭的名著，《英國個人主義的起源：家庭、財產與社會轉變》(*The Origins of English Individualism: The Family, Property and Social Transition*)，利用教會的受洗紀錄，證明英國社會在工業革命之前，已經是以核心家庭為主要的家庭型態，挑戰了當時現代化理論認為核心家庭是工業化產物的說法 (Macfarlane 1978)。而葛茲的名著，《尼加拉：十九世紀巴厘劇場國家》(*Negara: The Theatre State in Nineteenth-Century Bali*)，更是以巴厘島歷史上的「劇場國家」，突顯東南亞地區具有「能」(potency) 性質的特有權力觀念，挑戰西方自資本主義興起以來便居支配性的功利主義式權力觀念 (Geertz 1980)。沃爾夫 (Eric R. Wolf) 在他的名著，《歐洲與沒有歷史的人》(*Europe and the People without History*) 之中，透過資本主義世界性擴展的歷史過程，不僅將討論範圍擴及全世界各文化，更突顯了過去人類學所認定各具特色的文化，實是資本主義世界性擴展下的歷史產物，因而挑戰了人類學所強調獨立自主的文化概念 (Wolf 1982)。這類成果，不僅促進人類學研究歷史化的趨勢，也加強了人類學與歷史學研究上的結合。美國史學界近來所發展的「新文化史」，便是一個典型的例子 (Bonnell & Hunt 1999)。

至於本章的主題——「歷史人類學」(historical anthropology)，卻

是直到 1980 年代以後，薩林斯的名著《歷史的隱喻與神話的真實》(*Historical Metaphors and Mythical Realities*) 出版 (Sahlins 1981)，引發本體論、知識論或認識論層次的廣大迴響，「歷史人類學」作為一門次分支的地位，才真正確立下來。這也是本章主要討論的重點。為了進一步說明「歷史人類學」這門分支對人類學理論所產生的影響，本章從人類學發展的脈絡開始談起。

第一節　反歷史的現代人類學傳統

十九世紀，人類學形成之初，便與歷史學結下不解之緣。人類學不僅容易被歸入歷史學的範疇，十九世紀中葉到二十世紀初的演化論人類學，主要關懷即是人類文明的歷史發展。只是，當時的討論，往往是以空間取代時間，而以不同地區的不同文化，來代表人類文明的不同發展階段，以建立全人類文明的演化階段論。這個取向，第一次對全人類文化提供了有系統的知識 (Thomas 1989)——雖然，這個知識系統可能是建立在錯誤的基礎上。

演化論人類學知識不符合從十五世紀以來逐漸居於主導地位的實證論、經驗論科學觀。所以，在 1920 年代中期的「科學人類學」，特別是在英國以馬凌諾斯基及芮克里夫布朗為首的功能論與結構功能論，以及在美國以鮑亞士為首的歷史學派，均反對演化論人類學的「臆想」(conjecture) 成分，而強調以參與觀察法為基礎的田野工作，來建構各文化的實證內涵，奠定人類學科學民族誌的知識基礎。這麼一來，卻也使人類學與歷史學研究分道揚鑣。功能論、結構功能論、乃至李維史陀的結構主義，均不重視歷史研究。直到 1960 年代末期結構馬克思人類學興起之後，強調階級形成之長期歷史過程，人類學的反歷史傾向才有所改善。

從1920年代至1960年代末期，歷史研究在人類學中幾乎完全被忽略。但伊凡普理查卻是一個異數。從1940年代開始，他即鼓吹歷史研究的重要性，並出版了一本有名的歷史研究，《塞內奈加的山奴西人》(*The Sanusi of Cyrenaica*)(Evans-Pritchard 1949)：

這本書主要探討北非塞內奈加 (Cyrenaica) 的貝都因 (Bedouin) 人，從1843年到1942年，歷經奧圖曼帝國、義大利、以及墨索里尼法西斯主義的統治，這個原本為「群龍無首」(acephalous) 的部落社會，發展成為與現代國家對抗的「雛形國家」(proto-state) 或「雛形政府」(embryonic government)。然而，這個新的山奴西亞 (Sanusiya) 秩序，卻是依其部落社會原有的分支結構 (segmentary structure) 及其所信仰的伊斯蘭教之蘇菲派 (Sufism) 而來的。

伊凡普理查受歷史學家柯靈烏德 (R. G. Collingwood) 的影響，強調了變遷中較為不變的「內在性」結構原則 (the inside principle)。不同於現代化理論將外來力量視為社會文化改變動力，他突顯了人類學家著重社會文化的內部觀點。不過，伊凡普理查之所以強調歷史研究，主要還是著重於人類學的人文學而非科學性質，較不涉及對於「歷史知識何以可能？」或「什麼是歷史？」等本體論問題的探討。同樣地，即使是1960至1970年代末期盛極一時的結構馬克思人類學或政治經濟學研究，大半只強調了歷史過程的重要性，並沒有由人類學的觀點質疑「歷史」概念本身。直到1980年代初薩林斯的庫克船長 (Captain Cook) 研究，提出「歷史是由文化所界定」的看法，才真正奠定「歷史人類學」的基礎。不過，在薩林斯的著作出版之前，已經有民族誌著作觸及到「當地人的歷史」問題；在鮑亞士影響下的美國人類學界，注重被研究文化的特定歷史脈絡，更早就開始意識到歷史研究的重要性，而提出民族歷史學 (ethnohistory) 的研究取向。

第二節　民族誌基礎與民族歷史學

一、伊隆戈人的獵首

儘管功能論所強調的經驗論民族誌有很強的反歷史傾向，但該取向對田野工作的重視，卻也累積了人類學知識發展所必要的民族誌基礎。其中，羅薩多 (Renato Rosaldo) 的《伊隆戈人的獵首，1883–1974：一個有關社會與歷史的研究》(*Ilongot Headhunting, 1883–1974: A Study in Society and History*)，便是一本深具啟發性的民族誌，主要研究對象為菲律賓行刀耕火耨的伊隆戈 (Ilongot) 人 (Rosaldo 1980)：

位於菲律賓呂宋島中部的伊隆戈人，以活動過的地點，再現他們過去的時間與歷史，使「時間」空間化 (spatialization of time)，如此，也具體化了他們的時間。但這類經由空間再現的歷史意識，卻是建立在他們「眼見為憑」的歷史觀念上，更體現在故事之中。對當地人而言，敘事形式本身就成為一種特定的知識。他們沒有階序的社會生活，使個人隨其在當地政治位置的不同而產生不同的歷史詮釋，也使他們難以對歷史事件產生單一的觀點。由於刀耕火耨的生產方式，迫使他們不斷遷移，群體生活遂擺盪於分散與集中之間。更因為每一代所面臨的環境不同，父輩的經驗無法成為下一代的依循法則。種種條件綜合起來，社會歷史過程被他們感覺為即興式而難以預測的，社會秩序被感覺為無固定形式的。即便如此，這並不意味著伊隆戈社會就無法產生集體的歷史意識。經由個人個別歷史的累積效應，過去的集體意識仍可浮現。比如，他們以一般史、個人（生命）史、以及發展過程的變遷結構等，交叉成他們共同的歷史意識——如 1945 年是伊隆戈人的和平時代，1945–1955 年是獵首的時代，而 1955–1960 年是締結婚姻的時代等。

在這個研究中，羅薩多並沒有進一步探討：哪些事情被當地人視為「歷史」，被他們以其特定的形式再現，因而無法進一步引出「文化如何建構歷史」的後續討論。但這個研究已足以提醒人類學家：「歷史」再現的方式因文化而異，並不侷限於傳統歷史學所注重的文字書寫方式。無文字民族擁有自己的獨特歷史意識；如伊隆戈人，藉由賦予不同年代以不同意義，編織其歷史意識。

二、民族歷史學的發展

在鮑亞士理論的影響下，民族歷史學一直致力於探討被研究民族的歷史。雖然，民族歷史學在人類學發展史上，並沒有重要的成就與影響力，但奠基於其悠久的研究傳統，仍累積出一些富理論意涵的研究題綱，成為歷史人類學發展的重要泉源。❷該研究領域的代表性人物科恩 (Bernard S. Cohn)，在有名的〈歷史與人類學：現況的展現〉

❷ 有關民族歷史學的主要研究成果，及其對於人類學歷史化及歷史人類學發展的影響或貢獻，可參閱 Krech III (1991)，Faubion (1993)，以及代表性期刊 *Ethnohistory*。*Ethnohistory* 從 1954 年出刊到 2007 年為止，已出版 54 卷。

(“History and Anthropology: the State of Play”) 一文中 (Cohn 1987)，歸結出人類學與歷史學結合之後，可以開展的共同研究課題：❸

1. 兩個學科結合的研究領域，是研究他者 (others)——不只是地理上的他者，也是時間（或歷史）上的他者。
2. 主要課題為研究歷史事件 (event)、結構 (structure) 與轉換 (transformation)。
3. 歷史事件之所以成為事件，而不是偶發 (happening)，是要能夠轉變 (convert) 事件的獨特性成為普遍性的、超越性的、以及具有意義性的 (general, transcendent, and meaningful)。因此，並不是如一般歷史學家所說的：事件的獨一無二性，即證成了自身。更重要的是，其獨特性能夠轉變為具普遍性意義，才算是事件。
4. 為什麼個別的事件可以轉換，而具有普遍性的意義？這涉及一般常識層次的現象如何經由文化體系分類，而轉換成具有意義的歷史事件。故事件必是文化體系內的標記 (marker)，而這種使事件轉換為意義的分類關係便是結構。所以，對科恩來說，分類系統成為歷史學與人類學共同研究領域上第一個要面對和注意的問題。
5. 歷史本身是建構 (construction)，同時也是由許多要件所構成 (constitution) 與轉換，而不只是客體化 (objectification) 或者具體化 (reification) 的現象而已。這就如同文化是建構的，也是人類思考的結果一樣。
6. 關於研究單位與主題的問題，禮節、行為典章、政治宗教儀式、神話、權力、權威、交換、互惠、分類系統（或分類的建構與

❸ 下面條列式的內容，是筆者依其論文所選錄，並非原文的條列。

建構的過程）等，都可以成為研究的主題。

7. 在當代進行研究時，殖民主義是最重要的歷史情境。但殖民者與被殖民者必須合成為一研究分析的領域，不宜分離。

8. 民族歷史學最重要的研究主題，仍是文化本身，而不是歷史。人類學研究和純史學相異之處，即在於比較觀點。民族歷史學脫胎於人類學領域，不可能放棄這個獨特的視角。

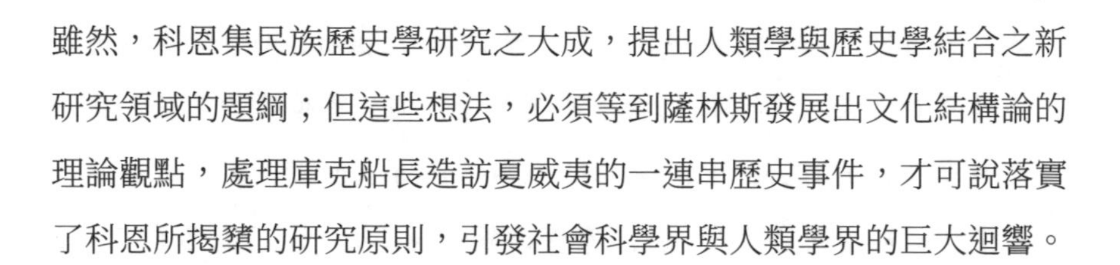
雖然，科恩集民族歷史學研究之大成，提出人類學與歷史學結合之新研究領域的題綱；但這些想法，必須等到薩林斯發展出文化結構論的理論觀點，處理庫克船長造訪夏威夷的一連串歷史事件，才可說落實了科恩所揭櫫的研究原則，引發社會科學界與人類學界的巨大迴響。

第三節　歷史事件、結構與實踐

一、薩林斯，歷史的隱喻與神話的真實

有關十八世紀晚期，英國航海家庫克船長 (Capt. Cook) 造訪夏威夷，卻在當地遇害的史料，已不知有多少歷史學家看過、使用過，但沒有一本書像薩林斯這本八十餘頁的《歷史的隱喻與神話的真實》一樣，造成廣泛的影響。該史料的主要內容是：

1778 年 12 月到 1779 年 1 月，正值夏威夷人的瑪卡希基節慶 (Makahiki festival)。在當地人的信仰中，這是屬於生育之神羅諾 (Lono) 的節日，祂的來臨會帶來自然的繁衍或再生。在這段特定的時期中，僧侶的地位會超越國王，國王甚至刻意迴避，以免與

僧侶造成權力上的緊張競逐關係。恰巧在這時，庫克船長來到夏威夷的三文區島 (Sandwich Island)。

庫克船長的登陸，恰如當地神話所預言的羅諾神之降臨。如同象徵著生育與豐饒的羅諾，他帶來了各種物品，因此，當地人很自然地將他視為神。依照傳統，只有貴族和僧侶可以接近羅諾神。但船艦上隨行的歐洲水手和當地女性發生性行為，並且回報以船上的西方物品。這使當地人更鼓勵女性奉獻自己以取得物品。以上過程，不僅破壞了原本由國王或貴族所獨占的外來物品擁有權，更進一步破壞了原有人群分類（如貴族與平民、外來者與當地人）間的階序關係。

瑪卡希基節慶結束時，正好也是庫克船長預定要離開的時候。原本，他可能平安無事地離開，繼續他的航程，就像是羅諾神短暫來到島嶼之後必將離開一般，該島也恢復了平日的秩序。但意外的是，庫克船長的船隻在離開之後，橫遭暴風雨襲擊，船桅嚴重受損，被迫折返三文區島，以避風與修復船隻。在當地人的歲時週期中，羅諾神駕臨的時間已經過去，政治秩序不再掌握在僧侶和神祇手裡，掌管世俗權力的國王要重新控制大局。庫克船長在這個時刻折返，國王大驚，以為他要篡奪國王的權位。在劍拔弩張的緊張氛圍中，船員與當地人之間的一場偶發性肢體衝突，導致庫克船長被殺，屍體被肢解，並被當地人視為具有靈力的神聖物品加以供奉。經由儀式性的駕臨，以及戲劇性地遇害，庫克船長在當地傳說中也晉升為神。

另一方面，這個社會原本存在著不同的階級。貴族與平民之間，有靈力 (*mana*)（一種只有貴族擁有的神祕力量）或者禁忌 (*tabu*)（指平民不能直接接觸貴族，否則會因其靈力而發生不幸）之別。但平民透過和白人發生性行為，得到外來物品，不僅打破了國王或貴族的特權，同時改變了不同階級類別 (categories) 之間的禁忌。也使得類似資本主義經濟貿易的交易方式被重新評價，這種類別間關係的改變，也轉換了當地人的社會結構。

面對這個事件，薩林斯用四個主要的概念，來分析及呈現整個歷史過程：結構 (structure)、事件 (event)、實踐 (practice)、以及「非常時期的結構」(structure of the conjuncture)。

這裡所說的「結構」，主要是指類別之間的關係。類別與關係，分別屬於不同層次。比如，具有神祕力量的貴族介於人與神之間，而神聖之物／商品、貴族／平民、男人／女人、外來者／當地人等等分類，其間都有特定的關係。但這些不同分類之間的特定關係，只有在特定的「時間」才發生作用，因此，「事件」的發生條件，又涉及當地人對於時間的分類。至於「事件」本身，必須由文化分類所界定，而不是如社會科學或歷史學家所認定的：只要有特定的時、空、人、事的獨一無二的「發生」(happening)，就可以算是歷史事件。對薩林斯而言，歷史事件之所以為事件 (event)，是因其在實踐過程中導致原來分類系統的轉變——一方面，它再生產了原來的文化分類；另一方面，也同時轉換了原來的分類或文化秩序——具備這種轉換過程，才算是事件。因此，「事件」是文化所界定的。同樣地，「實踐」(practice) 此概念也是。並非所有「人的活動」都是「實踐」，「實踐」必然涉及文化的價值 (value)。是以，個人的活動固然涉及個人的利益，而且利益可與外在因素結合而轉變，但薩林斯所討論的個人及其利益卻是受到文化的影響，使得個體被納入結構之中，而非結構之外的平行因素。如此，透過「非常時期的結構」概念，得以將結構與實踐之間相互界定、運作、同時重新評價的過程，建立在個人具有文化選擇的實際活動上，成為自成一格 (*sui generis*) 的系統 ，使得結構的實踐及實踐的結構之間不斷辯證地相互運動，以產生新的轉換、乃至新的文化秩序和新的分類體系。

上述四個主要理論概念，使得薩林斯不僅在解釋上述歷史事件時，得以同時解決結構／行動者、持續／變遷、外在因素／內在因素、客觀主義／主觀主義、物質論／觀念論、全球化／地方化等等二元對立的概念，更明確地指出他是以文化的視野來看歷史，強調文化如何制約 (condition) 歷史，突顯文化如何在歷史中繁衍 (reproduce) 自己。換言之，他確立了「文化界定歷史」的立場，奠定歷史人類學的發展基礎。值得稍加強調的是：這樣的立場，是建立在文化差異的本體論假定上。這個假定，就如同文化的自主性一樣，是人類學形成之初的基本假定。

二、薩林斯與歐北錫克拉的爭辯

薩林斯有關庫克船長造訪夏威夷的研究，奠定歷史人類學的基礎，也引起許多討論與批評。其中，歐北錫克拉 (Gananath Obeyesekere) 寫了一本 《庫克船長被奉為神 ： 歐洲人在大洋洲所創造的神話》 (*The Apotheosis of Captain Cook: European Mythmaking in the Pacific*) 批評薩林斯 (Obeyesekere 1992)。他認為：庫克船長被視為神，完全是歐洲文化所創造出來的神話，而不是當地人的看法。至少，薩林斯是以西方「奉為神」(apotheosis) 的觀念，而不是以「成為神」(deification) 的概念，來看待庫克船長。在薩林斯筆下，庫克一來到夏威夷，就被當作當地的神祇，卻完全沒有討論到在許多非西方社會「成為神」所牽涉的複雜象徵過程。同樣地，薩林斯在寫到庫克船長死後的儀式時，是以西方的「聖徒儀式」(the cult of the saint) 概念，分析當地人如何處理庫克的屍體。甚至，薩林斯所引用的史料主要是來自傳教士的紀錄，即使是當地人的解釋，也已經過傳教士的詮釋。這類討論，使歐北錫克拉提出：庫克船長從來沒有真的被當成神，是薩林斯的書創造了白人神話，也反映了歐洲在啟蒙時代之後，懷抱著教化野蠻之邦的強烈啟蒙價值。因此，歐北錫克拉這本書也隱含著第三世界對於西方文化霸權、學術霸權的批判。❹

面對歐北錫克拉的批評，薩林斯也寫了《「土著」如何思考：以庫克船長為例》(*How "Natives" Think: About Captain Cook, For Example*) 以為反駁 (Sahlins 1995)。薩林斯認為：歐北錫克拉雖然不是西方人，但他的整個論證過程，是用西方中產階級的實踐理性 (practical reason or practical rationality) 來解釋庫克船長事件。歐北錫克拉在理解這些材料的時候，將夏威夷人視為和西方人一樣理性。但實踐理性在西方的宰制性，也是在近代西歐中產階級興起之後，才逐漸形成的。因此，歐北錫克拉的論述導致了一個矛盾：夏威夷人很實際和理性 (practical、rational)，可是西方人卻非常迷信，有心智幻想 (mental illusion) 的傾向。因此，薩林斯認為，歐北錫克拉反而創造了神話，並且導致幾個負面影響：第一，無法看到夏威夷人自己的論述和觀點。第二，違反了人類學知識的性質——文化差異是人類學在本體論上的基本假定。而歐北錫克拉的討論則是完全缺乏「文化」，因為，他假定

❹ 歐北錫克拉是一位斯里蘭卡學者。他的身分使他對於西方學術中的「東方主義」觀點，特別敏感。

了所有民族都跟西方人一樣理性。

在薩林斯與歐北錫克拉的爭辯中，正好突顯幾個重要的論點——人類學對文化差異的基本假定、及其強調透過文化獨特性去挑戰普遍性概念所隱含的偏見，也更加強了歷史人類學研究的主要課題——「文化界定歷史」。為了更確定這個命題，他在〈他者的時間與他者的習俗〉("Other Times, Other Customs")(Sahlins 1985) 一文中，比較了玻里尼西亞 (Polynesia) 斐濟 (Fiji) 人和紐西蘭的毛利 (Maori) 人，因其文化秩序的不同，各別發展出「英雄式的歷史」(heroic history) 與「神話實踐的歷史」(mytho-praxis history)，以進一步說明「文化界定歷史」的意義。❺同時，要將「文化界定歷史」作為歷史人類學的主要課題，就必須面對「什麼是歷史？」的本質性問題。雖然，他早在《歷史的隱喻與神話的真實》一書中，便發展出「事件」是由文化界定以作為回答；但他的架構並沒有從當地的文化特性挑戰「事件」的概念本身，反而是假定了「事件」的普遍性。因此，引起史翠珊 (Marilyn Strathern) 的批評。

三、對於「事件」的重新概念化

史翠珊提出：在西方文化的觀念中，事件是包含了四個被假定的基本性質 (Strathern 1990)：

❺ 簡單來說，英雄式歷史就像大家較熟悉的希臘神話一樣，是由個人的獨特成就來改變歷史的結果，因此，這種歷史所關注的焦點便是這類改變歷史的英雄。但神話實踐的歷史，強調的是以神話作為行為的證照 (charter)，著重的是如何經由實踐來繁衍社會及神話所代表的文化秩序。故前者的英雄行為在後者的社會中，不被視為重要的歷史事件，反之亦是。

1. 獨一無二 (uniqueness)：事件具有獨特的人、時、地、物。
2. 權力 (power)：事件牽涉到權力關係。
3. 脈絡 (context)：任何事件都有其脈絡。
4. 時間 (time)：事件之間有其連續的關係，是建立在線性的時間觀上。

對美拉尼西亞 (Melanesia) 當地人而言，這四個基本性質，都因當地文化的不同而有不同的意義與選擇，以至於最後所構成的「事件」是一種「意象」(image)。就如同臺灣的布農人，因傳統時間觀只能指示事情的先後，而不能精確指涉時刻，使得他們所說的事件往往是意象式的。如信仰基督宗教、生活改善、交通改善等等，都沒有明確的時間、人、地、物、脈絡，更因人的經驗不同而有不同的內涵。❻這樣的批評，使得歷史人類學如何重新概念化「歷史」本身，成為理論上的當務之急。因此，即使薩林斯在〈事件的再度重返〉(“The Return of the Event, Again”)(Sahlins 1991) 一文中，試圖強調「事件」是指發生的事情與結構間的關係，同時也是一種文化秩序的差別，仍然是在西方對於事件的定義下看不同文化界定上的差異，很難剔除基本概念本身隱含西方文化偏見的指責，也使「文化界定歷史」的課題，在研究上仍然不易兼顧文化特殊主義與普遍主義。這一點，只有到「歷史性」問題的提出，訴諸被研究者的歷史意識與再現，才有了解決之道。

❻ 參見黃應貴 (1999b)。不過，最先引起人類學家注意到歷史事件是一種意象，則見於 Errington (1979)。

第四節　歷史性、時間與記憶

雖然，「歷史性」(historicity) 並非一個新的詞彙，早在柯靈烏德的《歷史的理念》(*The Idea of History*) 一書中便已提出。不過，大貫惠美子 (Emiko Ohunki-Tierney) 在《時間中的文化：人類學的探討》(*Culture through Time: Anthropological Approaches*) 一書導論中 (Ohunki-Tierney 1990)，將這個概念更加系統化，與文化觀念結合，使其成為歷史人類學探討「文化界定歷史」的主要架構。她綜合歸納出「歷史性」的性質如下：

1. 歷史性指涉歷史意識，是一個文化得以經驗及瞭解歷史的模式化方式。由於一個文化之中，並不只一種方式可以瞭解歷史，因此，歷史性可以是複數的。
2. 歷史性具有歷史主體所決定的高度選擇性。
3. 在歷史性中，過去與現在透過隱喻及換喻關係，相互依賴與相互決定。
4. 歷史性包含多樣的歷史再現。
5. 歷史行動者的企圖與動機，會影響歷史的結構化 (structuration)。
6. 歷史性是歷史建構與再現的關鍵角色。
7. 由歷史性來探討文化界定歷史的歷史人類學課題，最終的關懷還是文化本身。

至此，歷史人類學的主要研究課題與架構才真正確立。

不過，文化界定歷史雖可從「歷史性」此概念來探討，但文化如何界定歷史，或文化如何建構其歷史意識與歷史再現，便成了歷史人類學進一步發展不得不面對的問題。由後續的研究累積成果中，人類學家發現每個文化中的時間分類（特別是有關「過去」）及社會記憶方式，最可能影響乃至決定其歷史意識的建構與歷史再現的方式。❼比如，居於蘇丹 (Sudan) 與衣索比亞 (Ethiopia) 間的烏庫克 (Ukuk) 人，其交替式的時間使他們建構與再現出一種現在與過去的神話一再交替的歷史。印尼克丹 (Kedang) 人的循環時間，使他們有著不可翻轉卻又不斷重複的歷史經驗與意識 (Davis 1991)。前面提到的傳統布農人，便因其強調時序卻無精確線型時間的時間觀，使他們建構出意象式的歷史觀。這些個案均說明了：一個文化的時間分類或觀念，往往影響其歷史建構與再現的方式。不過，隨著資本主義經濟的世界性擴展，其背後的線型時間也隨之滲入許多非線型時間觀的社會文化中，使當地人同時擁有多重的時間觀念或分類，也使其歷史意識與再現有著多元化的發展。這些正可見於容納班 (Francoise Zonabend) 有關法國村落密娜特 (Minot) 的研究上 (Zonabend 1984)：

這個村落，至少存在著三種歷史。第一種是屬於國家、歷史學家記載的大歷史，討論的是如 1914 或 1940 年世界大戰等重要的歷史事件。這類大歷史的影響力遍及該區，甚至全國，包括政治、經濟、選舉活動等。但它主要是發生在村落外，依賴同質而持續性的線型時間、與文字的記載來記憶。也因此，大歷史的許多事件，並不進入當地人的記憶之中。第二種，是地方史或社區史，主要是依賴循環而重複的社區時間而發生在村落內的集體活動，

❼ 參見 Blok (1992) 及 Hastrup (1992a)。而 Tonkin et al. (1989) 及 Hastrup (1992b) 兩本書，均提供許多相關的研究個案。

也就是全村性的相互交換、晚間的聚會、葬禮儀式等實踐過程為機制，透過所謂持久性記憶 (enduring memory) 所建構與再現的歷史。第三種則是家庭史或個人史，是依家庭時間或生活的時間，以個人生命循環的關鍵時刻所構成的，往往透過出生、結婚、死亡、系譜等所謂「蝟集的記憶」(teeming memory) 或個人記憶之機制，建構或再現家屋內的活動。

這個研究，不僅證明不同的（社會）記憶機制建構與再現了不同的歷史，更說明了一個群體可能因為存在幾種不同的記憶機制，而同時擁有幾個不同的歷史，突顯了歷史的多元性。❽不過，也是在這個研究中，我們看到社會記憶對於當地多元歷史的影響——記憶必須有所憑依，社會記憶是與當地的空間、時間等文化分類概念，以及社會的實踐活動結合，一起運作。

第五節　歷史的文類

容納班對於法國村落多元歷史的分析，以及三種社會記憶、三種歷史的分類，屬於客觀主義的結構論傳統。就法國密娜特村民而言，理性主義的分析可突顯當地文化的特色，但是對於許多非西方文化的人而言，他們的歷史性、歷史意識與歷史再現，不僅受其文化特色所界定，其在意的歷史經驗（即選擇某些事情為其歷史事件）、以何種方式來再現或表達，往往是建立在類似詩性的 (poetic) 非理性基礎上。

❽ 當然，歷史的多元性，不僅來自社會中的不同記憶機制。國家歷史的宰制所引起的抵抗或階級間的對立等，均可造成一社會的多元歷史。參見 Alonso (1988)。

就如同西方文學透過隱喻、轉喻、提喻與諷喻等不同的喻格 (tropes)，書寫出浪漫式、悲劇式、喜劇式、諷刺式等各種不同的文類；每個文化往往以其獨特的方式來表達其歷史經驗。❾這種有關歷史文類的探討，不僅帶給歷史人類學研究上的新方向，更突破了科學知識的理性基礎限制。這在陶西格的研究上最為明顯。

陶西格在《薩滿信仰、殖民主義與野蠻人：一個有關恐懼與治療的研究》 (*Shamanism, Colonialism, and the Wild Man: A Study in Terror and Healing*) 中所研究哥倫比亞、祕魯、厄瓜多爾邊境一帶的印地安人，正如中南美洲印地安人一樣，以魔幻寫實主義為其文化上的特色。陶西格乃應用班哲明 (Walter Benjamin) 的「辯證性想像」(dialectical imagery) 及「模仿」(mimesis) 的概念，來呈現當地印地安人在白人殖民時期的歷史經驗 (Taussig 1987)：

一開始，作者透過《黑暗之心》(*Heart of Darkness*) 的作者康拉德 (Joseph Conrad) 的朋友卡斯門特 (Roger Casement) 及美國工程師哈登堡 (Walter Hardenburg) 等人的報導，建構當地人被征服者虐待的「故事」。特別是有關英國樹膠公司阿拉娜 (Arana)，在南美安地斯山地區與亞馬遜地區開採自然樹膠時，為提升產量，以各種殘忍手段懲罰未達生產量的印地安人，甚至處罰其親人作為威脅。鞭笞更時有所聞。樹膠公司為了掠奪更多的勞力，以及報復反抗的印地安人、削弱競爭對手的生產力，甚至屠殺對手境內可

❾ 這類明顯受到文學批評理論影響的討論，固然可見 Hayden White 的「後現代史學」研究中 (White 1973)。但陶西格的討論，早已超過後現代理論的挑戰方式與內涵，反而接近傅柯 (Michel Foucault) 晚年未完成而有關性史的討論，也更接近人類學的關懷。

能成為其勞工的印地安人。殖民統治的白人，也塑造出野蠻印地安人還盛行食人風俗的傳說，甚至渲染他們的恐怖反叛儀式，如「以手指插入香菸爐發誓報復」(*chupe del tabaco*)。無根據的傳聞在雨林區蔓延，滋長了白人對印地安人的恐懼心理。被恐懼所驅使，殖民者設計了各種殘酷的管理措施。恐怖的想像，不僅合法化了白人將印地安人視為奴隸的正當性，更滋長了殖民統治的暴力。殖民的暴力累積成印地安人對白人的恐懼。在相互建構的恐怖之中，缺乏具體事證的想像不斷擴大增長。恐懼相互加強，使事實與幻想混合，並產生實際的影響力。因此，殖民統治時期想像的「恐怖世界」，成為殖民者與被殖民者雙方行動乃至生活的唯一依據。

相對於上述恐懼的歷史，本書的第二部分著重於巫術與儀式的歷史。當地廣泛流傳著印地安人巫術治病的傳奇軼事。不只是印地安人想求助於巫術，黑人、白人殖民者，不少小資產階級均深信巫術的神奇療效。甚至，教會也使用部分巫術；聖人或聖母奇蹟式的顯靈，更說明了天主教挪借了印地安巫術以用於教會的奇蹟。巫術的力量從何而來？為何殖民者與被殖民者均深信不疑？這便是全書最精彩的論述——殖民者與被殖民者，出於不同的心理動機而求助於巫術實踐。但巫術本身，又具像了當地殖民過程的兩合辯證意象。

殖民者或者官方天主教之所以會挪借印地安人的魔幻寫實主義，來建構其論述與意象，承認被殖民者的野性地位與力量，一方面來自於他們相信印地安人是神祕的、邪惡的，另一方面也因為：

基於野性的力量，他們才得意識到「他者」的存在。這種對野性力量的確定或肯定，是來自殖民者內心對於死亡的恐懼。然而，在印地安人的觀點中，殖民者所亟欲馴化也同時尋求的野性力量，是產生於安地斯山高地與亞馬遜低地的巫術結合。高地的巫師必須餽贈禮物給低地巫師，以習得更強的力量。類似地，在當地普遍流行的「丫嘎」(*yagé*) 儀式裡，❿病人也必須送禮給巫師以進行儀式。雖然，殖民者對於野性力量的挪用，以及病患求助於巫術，是出於不同的心理動機——殖民者是出於對死亡的恐懼，而當地病患則是出於嫉妒不安。但相同的是，立場相對的雙方共同參與、想像、建構出一種辯證兩合的意象。

於是，整個安地斯山區與亞馬遜低地沼澤區的殖民過程，可由印地安人背負著殖民白人行走的意象，表達出來。他們的關係一如盲者與跛子，各自殘缺、彼此依賴。類似地，「丫嘎」治病儀式是由角色相對的巫師與病人共同建構。他們之間，一如殖民者與被殖民者之間，也具有不平等的權力關係。兩個不同的靈魂 (spirits) 組成一個單一的形象，即是當地的殖民／被殖民歷史經驗的再現。這種再現方式，不是藉由語言、文字、敘事，而是藉由神祕經驗、治病儀式，在該社會廣泛流傳。

綜合而言，全書兩部分的討論，可以呈現當地社會的重要組成分子——殖民者與被殖民者——在長達數百年的殖民歷史中所經驗

❿ 當地普遍流行一種稱之為「丫嘎」的儀式——參與者（包括病人、巫師與儀式的學習者）喝下巫師用熱帶雨林植物製成的飲品，陷入一種狂亂的迷幻情境之中；疾病或者苦厄，就在此種儀式中滌淨。

的恐懼與苦難。更突顯了當地殖民史的辯證性意象。辯證性意象，可藉由象徵殖民與被殖民者的盲者與跛子、象徵療癒與受苦的巫師與病患、象徵兩地互補的高地巫師與低地巫師，不斷地向該社會的所有成員再現，並在治病儀式的實踐中被一再強化。巫師或者驅魔僧侶的神祕療癒能力，結合了歷史事實與社會的幻想而生，正可以抒解當地人的苦難。被殖民者在政治上受到壓迫，心理上更因長期的經濟掠奪、文化流失，而陷入深沉的沮喪。巫術治病儀式，不僅反映、濃縮了征服歷史的經驗，也反抗了編年史或歷史純正性 (historical authenticity)，而成為被壓迫者革命性實踐的平臺。作者使用了複雜、誇飾、渲染的蒙太奇手法，突顯出印地安殖民歷史的辯證性意象。他強調：辯證性意象的形成是不連續的、相互矛盾的，更是殖民者與被殖民者互動所共同構成的。這種類似神話的意象至今仍繼續作用，也使得薩滿信仰 (shamanism) 的「殖民化形式」(colonizing form)，不斷地為當地人攫取歷史意象與經驗，使「歷史」有如巫術，影響至今。

從當地民族誌出發，陶西格進一步挑戰西方知識的性質，以及知識生產的模式。西方哲學傳統，從柏拉圖到康德，都將知識視為個別思想家理性思考的結果。由本書巫師與病人的關係，可以說明知識是由互動的社會過程共同創造出來的。此外，不是可以文字表述的抽象知識，才可稱之為知識。瞬息萬變的感官經驗，費解的謎語、隱喻，也是可產生巨大影響力的另類知識。當地的儀式實踐即為一例。它更包含了難以言喻的感官印象，與體現了痛苦、恐懼、矛盾於一身的殖民歷史經驗。

由上面的討論，可以看到：陶西格的《薩滿信仰、殖民主義與野蠻人：一個有關恐懼與治療的研究》一書，最獨特的突破之處，在於討論人類學知識的性質。就如同民族誌也是由人類學家與當地人共同創造的人類學知識一樣，本書所呈現的「歷史」，也是由殖民者所創造的意象和當地印地安人所創造的意象相互激盪回應而來。這種辯證性的意象，不僅突顯出當地文化上魔幻寫實主義的特色，更重要的是突顯了當地人所關心、所表達的歷史經驗，也就是歷史人類學所說的歷史意識與再現。更重要的是，本書實已觸及建構歷史意識的心理基礎，以及殖民歷史的心理經驗。如此，作者不僅積極地回應了後現代主義對於人類學知識的批評，更進一步將人類學對於社會文化現象的探討，由過去科學主義主導下的社會結構、文化邏輯，推展到非理性的心理層面，也使歷史人類學有關歷史再現的問題，如同文學作品的文類(genre)問題一樣，可因各文化的特色，考慮其獨特的經驗與再現方式。這個研究，也使人類學更直接面對該學科知識發展上的未知領域，使歷史人類學的研究有了更具突破性的意義、影響力與發展空間。

第六節　結　語

以「文化界定歷史」作為研究的基本預設、以「歷史性」作為主要研究課題與架構的歷史人類學，是否真的足以成為人類學的一個分支，一直是個有爭議的問題。雖然如此，正如人類學的其他分支，它至少讓研究者對於被研究文化的特色，因此分支的研究課題切入而有進一步的瞭解。上述貝都因人、伊隆戈人、夏威夷人、美拉尼西亞人、法國密娜特村人、以至哥倫比亞印地安人等個案研究，在歷史人類學發展上的貢獻，不僅是突顯出當地文化特色而已，它們更充分突顯出人類學知識與地方文化特色之間相互依賴、相互決定的關係。

另一方面，因歷史人類學蘊含著對於人類學知識與文化概念理論不斷挑戰的可能性，使得它得以吸引人類學家繼續投入這個領域。如薩林斯以文化結構論來瞭解與解釋庫克船長的歷史事件時，也同時超越結構／行動者、持續／變遷、外在因素／內在因素、客觀主義／主觀主義、物質論／觀念論、全球化／地方化等等西方社會人文學科上普遍存在的各種二元對立觀念之限制，更跳出伊凡普理查以社會結構或社會概念來解釋現象的層面，而進入文化邏輯的討論。陶西格有關歷史文類及殖民歷史的心理經驗之研究，已觸及了人類心靈的非理性層面，更突顯出人類學知識是由人類學者和當地人共同創造出來，挑戰了西方學術傳統所強調的：知識是由個人單獨理性思考的結果，甚至將討論觸角延伸及難以言喻的感官經驗。這種對於人類知識的深入探討與突破，將視野擴大到人類學知識探索的邊界。也正是這種不斷開展的新視野與宏大的企圖，深深吸引著新的研究者。

雖然，歷史人類學的發展過程中，像薩林斯及陶西格等可堪作為人類學史發展里程碑的重大成就，顯然少之又少。但歷史人類學的發展也帶動了整個人類學發展的歷史化趨勢，使得人類學的其他研究領域因帶入歷史深度，而得以產生重要影響與成就。正如本章一開始所舉的麥克法蘭、葛茲、沃爾夫等人的研究，使人類學與歷史研究的結合有著更大的發展空間與更深的期望。雖然，這種跨學科的結合，與歷史人類學知識本身的內在發展有其基本上的差別，但筆者相信：若能將歷史人類學的研究課題與成果所構成的個別文化之獨特整體圖像，及其背後的全人類文化視野與多層次（由社會、文化到心理）的文化概念，帶入歷史學研究的思考中，實有助於歷史學研究上有如年鑑學派或新文化史式的開展與突破。就如同因「史識」[11]而使歷史學知識有別於人類學知識，若能將史識確實帶入歷史人類學研究的思考中，很有可能帶來「文化概念的歷史化」⓬而使歷史人類學研究有下一波的突破。但這類期望必須建立在這樣一個基礎上——對於兩個學科的不同學術傳統，及其各自在本體論、知識論或認識論上的基本假定，能夠有所掌握與再創造。如此，才有可能使兩個學科重新回到因各自強調時、空深度而造成分離之前的結合，而使知識上有更高層次的創發。

⓫ 這裡所說的史識，主要是指歷史學者因累積足夠的歷史知識而有的洞識。如年鑑學派的史學大師，Le Roy Ladurie (1979) 所研究的法、西邊界一個中世紀異教徒的聚落一樣。從人類學民族誌的角度來看，他所陳述的內容並不夠細緻或深厚，但這本歷史研究的成功，主要是透過作者的「史識」指出這個異教徒聚落不僅延續了基督宗教傳統建立之前的文化傳統，更為日後的宗教改革提供了文化泉源。這種洞識不僅造就了作者在史學界的大師地位，更突顯了史學知識的獨特性與優點。

⓬ 有關文化概念因歷史化不足而影響歷史人類學發展的討論，參見林開世(2003)。

第十五章　人類學與社會實踐

> 在今天，學問是一種按照專業原則來經營的「志業」，其目的，在於獲得自我的清明 (*Selbstbesinnung*) 及認識事態之間的實際關係。學術不是靈視者與預言家發配聖禮和天啟的神恩之賜 (*Gnadengabe*)，也不是智者與哲學家對世界意義所做的沉思的一個構成部分。這一切，毫無疑問地，乃是我們的歷史處境的一項既成事實，無所逭避，而只要我們忠於自己，亦無從擺脫。這個時候，如果托爾斯泰在諸君之間起立，再度發問：「既然學術不回答『我們應該做什麼？我們應該如何安排我們的生命？』這個問題，那麼有誰來回答？」（韋伯 1991 [1946]: 162–163）

從上面各章的討論中，我們可以進一步認識到人類學知識的特點：第一，在人類學領域中，新研究課題的出現，一方面是為了解決先前研究未解的問題，另一方面，也是面對著社會新浮現的現象。其次，人類學理論知識的進展，著重於剔除原有理論的文化偏見，以便更有效地突顯文化的特色或差異。第三，人類學知識的建構強調被研究者的主觀觀點與整體性，更重視與全人類社會文化的參照。這些特點將影響其實踐的方式與內涵。

這一章討論人類學知識的性質或理論立場所隱含的權力關係，以及二十世紀幾個西歐主要人類學理論發展地的歷史情境，如何造成學術界與社會不同的糾結關係，而影響該國人類學知識性質的建構，以及「人類學實踐」的觀念與方式。此外，更試圖藉由筆者個人追尋學術與社會實踐的過程與體驗，來突顯人類學者因為知識的發展、社會的演變、個人人生的體會等，構成個人主觀的反省、生命的關懷與執著，塑造其人類學實踐的實際方向或方式，乃至於形塑了個人的存在意義。

第一節　人類學知識、社會文化脈絡與社會實踐

一、人類學知識的特性

從上面各章的討論中，我們可以清楚認識到人類學知識的特點。

第一，在人類學領域中，新研究課題的出現，一方面是為了解決先前研究未解的問題，另一方面，也是面對著社會新浮現的現象。在人類學史的發展上，葛拉克曼的衝突理論（第十一章）或李區的擺盪理論（第七章），均是為了解決功能論或結構功能論假定社會為穩定平衡的限制所發展出來的新理論。結構馬克思論或政治經濟學的出現，則是為了解決先前結構論或象徵論無法解釋社會文化改變的動力，以及尋找第三世界淪於低度開發乃至於依賴性發展的理由。1980 年代開始具有很強支配性的實踐論，則是為了解決之前人類學理論知識所產生的客觀論與主觀論、結構與能動性、外在因素與內在因素、持續與變遷等等二元對立的觀念所造成的限制，並面對過去被忽略的人之主體性而發展出來的新理論（第三章）。

除了學科內部知識的進展之外，我們也看到：人類學史上許多新理論的產生，是為了正視新的社會現象與問題。這種傾向，在學術知

識的先驅者身上，特別顯著。如：鮑亞士之所以發展人類學，目的之一即在於面對美國日漸嚴重的種族偏見問題。馬凌諾斯基及牟斯均不滿於資本主義經濟所帶來有如「鐵籠」(iron cage) 般的負面影響，而追求烏托邦理想於前資本主義社會。1980 年代中葉開始風行的後現代人類學，更是因應後工業社會的全球化發展趨勢造成人、物、資金、資訊等流動頻繁，文化混和、邊界消失、以及自我認同的不確定等現象與問題，而產生的新潮流。

雖然，上述兩個不同的主要動力，在每個國家人類學發展的不同階段上，扮演著不同的重要性與決定性，但，可以觀察出共同的趨勢：由客觀的社會層面進展到主觀的文化層面、乃至於晚近深層心理的非理性層面等。

其次，新的人類學知識理論的發展，不僅是為了解決之前研究所留下來未解的問題及面對新浮現的現象，也在剔除原有理論的文化偏見，以便更有效地突顯文化的特色或差異。如：衝突理論與擺盪理論是在剔除原有功能論或結構功能論假定社會是穩定平衡的偏見後，才能有效突顯中非洲早經殖民統治而造成傳統與殖民文化間的衝突，以及東南亞社會因婚姻機制造成結構在不同社會類別間擺盪的特性。再者，如奠基於美拉尼西亞研究所提出的社會性 (sociality) 概念，是剔除原有社會理論假定了社會有清楚界線的限制，才能有效突顯其社會範圍的流動性。而亞馬遜地區的情緒研究，必須先剔除以往理論假定了社會秩序是建立在制度或理性的前提所造成的限制，才能有效突顯這地區是如何透過非理性的深層心理機制來建立及維持社會秩序的特色。換言之，到目前為止，國際人類學知識理論的突破，往往是建立在被研究社會特色的掌握及有效呈現上。而這樣的突破，往往又是以剔除已有知識理論所隱含的文化偏見為前提。

第三，要達到上述兩個目的，人類學知識理論的建構不僅強調了被研究者的主觀觀點與整體性，更是透過全人類社會文化的參照與定位而來。如此使得各個個案研究成果，得以累積並構成全人類共同的知識。換言之，這種共同的人類學知識特性固然是建立在研究者對於被研究對象的主觀觀點有足夠深入及整體性的掌握，更必須透過全人類社會文化的參照，才能有效地突顯出其獨特性。也因此，一個成功的人類學者不僅要能深入瞭解人類學知識理論與被研究對象的主觀觀點，更必須具備全人類社會文化的民族誌知識或圖像，才能有效地為被研究文化的特性定位。正是這種視野，使得一個成功的人類學者雖然研究的只是某個時代某個地方的少數一群人的文化，卻往往能夠有效而深入地再現了特定時空下人的心性（或精神與思考方式），以至於對其他學科的研究能有所啟發。事實上，也只有在這樣的視野下，我們才可以瞭解為何這種共同的人類學知識，不僅能夠用於理解及處理各時代所面對的各種不同現象與問題而有其社會實踐的一面，更足以用來培養學習者的個人視野，而成為社會人文學科的基礎訓練之一，甚至能提供學習者瞭解自己。

二、人類學知識的性質與社會實踐

正因為人類學知識有上述的特點與發展過程，不同時期人類學知識的性質也就不同，自然隱藏或產生不同性質的權力關係，並採取不同的社會實踐方式。比如，經驗論或實證論科學觀下的（結構）功能論或文化與人格理論，往往認為（人類學）知識便是真理，因而可以幫助我們瞭解現象與問題，並尋求解決之道。在這些理論背後之科學觀的影響下，人類學者從事社會實踐時，往往是以社會的病理學家自居，意圖直接提供解決問題的方案。像米德有關薩摩亞青少年研究雖是依據心理分析理論而來：青少年問題往往是與兒童教養方式有關。但在當時的經驗論科學觀主導下，她的研究結果在美國社會所造成的迴響，便是改變兒童教養方式以紓緩嚴重的青春期叛逆問題。對於結構馬克思論或政治經濟學的人類學者而言，人類學知識往往在探討現象背後的結構關係，尤其關注沃爾夫所說的結構性權力 (Wolf 1990, 1999)。因此，結構馬克思論者的社會實踐，便是推翻已有的社會結構，而從事革命來推翻既有的體制遂成為唯一的選擇。這也是為何沃爾夫特別稱讚二十世紀第三世界的農民革命 (Wolf 1969)。❶後現代理論人類學者，強調「論述」本身便是在塑造真實，故「論述」本身便隱含了一種傅柯所描述在現代國家宰制下無所不在的權力，或葛茲所說的文化性權力。在這種理論關照下，社會批判便是一種實踐。人類學的發展研究或發展人類學，在後現代理論（特別是傅柯）的衝擊下，幾乎著重在第三世界或「發展的凝視」(the development gaze) 如何形成而塑造出發展者、受害者、及發展的能動性間的結構關係，以為執行發展計畫與政策的架構與依據。因而使原強調社會實踐的研究成了「發展的論述」(discourses of development)。❷

事實上，不僅不同時期的人類學因知識性質的不同，隱含不同的權力關係，而導致社會實踐的不同看法與方式，更因每個國家的歷史情境與社會文化脈絡的不同，使得社會與學術界的關係面貌各異，更

---

❶ 政治經濟學人類學者經常引用的農民革命成功典範，就是毛澤東在《湖南農民運動調查報告》之後所主張的農民革命路線——在中國，要打倒帝國主義的侵略與推翻傳統帝王與官僚體制的統治，必須從事農民革命，而不是馬克思論所強調的工人革命。

❷ 參見 Hobart (1993)、Ferguson (1994)、Escobar (1995)、Grillo & Stirrat (1997)、Arce & Long (2000) 等。

直接影響人類學知識被建構的性質，以及其社會實踐的看法與方式。這可見於西方幾個主要國家的人類學發展經驗上 (Barth et al. 2005)。

三、西方國家的人類學界與社會實踐

㈠英　國

自啟蒙時代以來，英國社會一直追求學術的獨立自主性，使得人類學的發展從一開始就不像應用性的學科那樣朝向大眾化方式發展，而是被視為有如哲學一般的社會人文領域之基礎學科。更因人類學者必須具備一般的人文素養，加上田野工作的費時，使得人類學者的養成期較長，難以量產，甚至有「貴族學問」之戲謔。在英國，人類學知識較少直接用於社會問題的分析與解決。儘管二十世紀初期，英國的殖民地官員大都具備人類學知識，而功能論學者如梅爾 (Lucy Mair) 與馬凌諾斯基，均曾致力於發展應用人類學；但，應用人類學在英國人類學的發展上一直不被重視。而二十世紀中期在李維史陀影響下的結構論，更少被直接用到社會問題的分析與解決上。即使如此，正因為它早已成為一般人的基礎素養，人類學知識反而到處可見。特別是有關殖民地的社會文化變遷或經濟發展的研究上，文化或社會差異如何影響其經濟發展上採取不同的方式，更是英國社會人類學有過的重要貢獻。❸

㈡法　國

法國人類學的發展，一直與該國的文化思潮緊密重疊，深受其理性主義文化傳統的影響。是以，正如帕金 (Robert Parkin) 所說 (Barth et al. 2005)，法國的人類學理論與民族誌調查，在學科發展之初，便

---

❸ 比如，T. Scarlett Epstein 有關印度 (Epstein 1962) 及新幾內亞 (Epstein 1968) 經濟發展的研究，常與葛茲 (Geertz 1963) 的研究相提並論。

是兩條平行線，各自衍生出個別的學術傳統。一直到晚近，受到英國及美國人類學田野工作的影響，才產生如葛德利爾或杜蒙那樣既重理論又重視長期田野工作的人類學家。但即使如此，他們最終的興趣往往仍在理論的建構及與文化思想界對話，而不在解決實際的社會問題。就如同杜蒙後期的研究，幾乎都是在探討西方個人主義的起源一樣，宛如是一個哲學家或思想史家，少有人記得他田野工作的民族誌報告，《一個南印度次階卡斯特：*Pramalai Kallar* 人的社會組織與宗教》(*A South Indian Subcaste: Social Organization and Religion of the Pramalai Kallar*)(Dumont 1986)。李維史陀與布爾迪厄❹更是這個傳統的典型代表。即使在推動法國民族誌田野工作有極大貢獻的牟斯，在他的《禮物》一書中，是針對資本主義經濟的不滿所提出另一種經濟的可能性之思考，而有很強的批判精神。但「禮物經濟」在實際上，從來就不曾像共產主義那樣具有取代資本主義經濟的實際可能性；他只是藉此提出了一個具有本體論意義的問題與思考的方向。因此，法國人類學者的社會實踐，往往是透過思想上的啟發來影響社會，而較少以直接參與社會問題的解決方式來處理。

㈢德　國

德國人類學的歷史發展過程，正如金格利區 (Andre Gingrich) 所強調的 (Barth et al. 2005)，一直與政治社會緊密結合。在納粹德國興起時，為了符合當時國家的利益及提高人類學本身在現實社會上的重要性，便結合體質人類學與社會／文化人類學，從事有關種族優越論的

❹ 不過，在布爾迪厄的個案上，問題比較複雜。他寫過有關海德格政治本體論的著作 (Bourdieu 1991) 而成為研究海德格的重要經典，宛如哲學家。但他晚年也寫《論電視與新聞事業》(Bourdieu 1998)、《回擊：對抗市場的暴虐》(Bourdieu 2003)，都是很實際的社會議題。

研究，以協助推動驅逐猶太人的政策，並為了協助國家的殖民地擴張而從事殖民地研究。這些均導致人類學的腐化與工具化，自然也阻礙了德國人類學學術研究在戰後的獨立自主性。如今，德國人類學意識到其最急迫的任務，便是如何在負責任的學術倫理前提下，維持批判的知性距離及獨立於明顯的政治利益之上，來建立學術的獨立自主性。

㈣美　國

相對於上述三國，美國人類學又有其不同的歷史發展過程。正如席爾伯曼 (Sydel Silverman) 所說 (Barth et al. 2005)，它一開始雖是建立在德國的唯心論文化觀念上，但鮑亞士卻結合體質、語言及考古等其他三個學科，以便能更整體地研究人本身。這個歷史偶然的結果，之後成為美國人類學的特點之一。不過，美國人類學能成為國際人類學界的主要力量之一，主要還是與美國在二次戰後的快速擴張有關。由於美國在戰後成為當時最強大的資本主義國家，面對戰後的冷戰局面，使美國為了保住資本主義經濟勢力範圍來對抗共產主義在第三世界的擴展，因而極力推動區域研究，以及資助以現代化理論為依據來改善第三世界政經狀況的發展研究，實提供了美國人類學快速成長的空間與條件。而這結果不僅有效地開展了應用人類學的空間，更使得美國人類學因成員眾多而得以發展成為多中心的學科而難定於一尊，並使美國人類學內部本身就有著許多相互對抗或競爭的理論派別。加上它能不斷由其他國家的人類學或學術思想，吸取所需的新知識，發展出各種新的可能性，更促成其內在的反省與反叛，使其能不斷地推陳出新。像後現代人類學，便幾乎成為美國人類學 1980 年代相當突出的獨特發展。

由上，我們可以清楚看到人類學者的社會實踐，若從理性角度來討論，不僅人類學知識的性質或理論立場所隱含的權力關係影響其實踐的觀念與方式，更因每個國家的歷史情境而使學術界與社會有著個別不同的關係而影響其人類學知識性質的建構，後者自然影響著其實踐的觀念與方式。由此已可預見這問題的複雜程度。然而，最能決定人類學者實踐方式的選擇，莫過於人類學者個人本身主觀上如何結合其人類學知識、研究對象及自身所屬社會的歷史情境、以及個人的特性與際遇所產生的態度。這態度往往隨著當事者知識的發展、社會的演變、個人人生的體會而有所轉折，它是個追尋的過程，而不是先驗性的假定，更不是概念上可以清楚界定與論述上可輕易說服人的，它摻雜著太多個人主觀的反省、生命的關懷與執著。下面便以筆者個人的經歷為例來說明。

第二節　社會實踐的追尋：一個人類學者的體驗

任何一位人類學者在臺灣從事田野工作時，經常碰到的窘境便是當地人的質問：人類學者的研究資料既然主要得之於當地人，對當地人又有何回報呢？這在研究臺灣南島民族的田野經驗中，特別突顯。對這個問題的答案，在 1973 年筆者開始進行田野工作時，是很肯定而沒有什麼疑惑的。

一、學術與社會實踐：田野工作者的初期經驗

正如第一章中提過的，筆者研究的初衷正是關注當地的經濟發展，特別是有關當地布農人如何適應資本主義市場經濟的問題。由於當時筆者所研究的山社是以種植經濟作物（主要是番茄、高麗菜、豌豆、敏豆、香菇、木耳等）參與市場經濟的活動與運作，並以此提高生產

所得及生活水準。從事經濟作物的栽種，當時主要面對的困難與問題有三：第一，必須有足夠的資金投入，以購買必要的農藥及肥料等。這個問題對於原缺少貨幣及儲蓄概念的布農人而言，特別嚴重。第二，它是勞力密集的生產工作，必須有足夠的勞力。這對於當地大家同時忙碌於生計的耕作者而言，是比較難以解決的棘手問題。第三，經濟作物的收穫必須出售後轉換為金錢，以購買日常生活所需。故如何避免中間漢商的剝削，則影響其利潤及經濟所得的多寡。

為此，山社的基督長老教會乃發展出三種新的正式組織來適應。第一個是儲蓄互助社。強迫每一位信徒在安息日禮拜後，均必須到儲蓄互助社存錢，以培養原本缺乏的儲蓄概念，同時也可累積足夠的資金貸款給需要資本投入於經濟作物之生產者。第二個是勞力互助隊。一時需要大量勞力者（如開墾土地或收穫等），可透過教會的名義，召集信徒共同工作，而只需付一半的工資捐給教會。參與的信徒並沒有得到工資，算是以勞役來奉獻給教會。這對仍以刀耕火耨方式來種植經濟作物的當地布農人而言，是個非常有用的設計。第三個是共同運銷、共同購買組織。這不僅削減了中間商的剝削，更直接增加了經濟收益。而由於這三個組織，筆者均參與規劃，甚至出面與果菜公司商討如何由載貨卡車到產地直接收取農產品後載運到大都會批發市場，以避免無謂的消耗來減少成本。儲蓄互助社借貸的管理流程更有著筆者的心力在內。因此，碩士論文完成後，筆者更因當地人經濟收益的普遍增加，而有著社會實踐者事成的快樂與滿足感。

當然，這種自信與肯定部分是來自當時有如意識型態般的現代化理論背後所隱含社會科學作為一種能診治社會問題的科學之看法，就如同經濟發展實隱含經濟條件透過科學知識的努力可加以改善的預設一樣。但過了兩年，當筆者重回山社時，卻發現當地布農人對市場經濟成功適應的結果，是讓市場機制在當地更有效運作，因而造成土地較多而適應較成功的當地人向教會儲蓄互助社借貸更多資金來再投資。反之，土地有限者，僅能將所賺得少許金錢存到儲蓄互助社，轉而借貸給有錢的投資者。這使得當地人貧富懸殊的現象立即突顯了出來。因此，當地的朋友乃向筆者抱怨：「你只幫助有錢人」。這對筆者而言，乃是一大打擊，也第一次意識到原來在資本主義經濟的邏輯下推動經濟發展，只是讓其經濟邏輯更有效運作而已。表面上增加經濟收益的結果卻是造成新的問題——貧富懸殊。在這問題的衝擊與反省下，筆者也領悟到經濟人類學討論「資本主義經濟以外的另一種可能」的重要性。為此，筆者開始處理當地布農族的社會組織、宇宙觀等其他非經濟的層面，以便進一步瞭解：到底什麼是「經濟」？

不過，在探索「經濟」的「本質」乃至「資本主義經濟以外的另一種可能」之時，筆者還沒意識到原有（理性科學）知識體系的限制。甚至當時因提供民族誌知識協助幾位同學朋友到拉丁美洲、東歐、中南半島等地拓展貿易的成功經驗，使筆者深信日本產經大學曾為了開展貿易而到世界各地研究當地風俗習慣的必要性與重要性，因這知識使日本得以率先瞭解當地愛斯基摩人的習俗，而成為在阿拉斯加成功設立工廠的第一個國家。換言之，當時筆者還是相信：知識便是真理，可以用於解決實際的問題。這情形一直到筆者從事臺灣中部漢人聚落的「農業機械化」研究時，才開始有所醒悟及改變。

二、「農業機械化」研究的反思：彰化花壇富貴村的田野經驗

1975 年到 1976 年，筆者在臺灣中部彰化縣花壇鄉的富貴村從事五個月的田野工作時，主要是要完成業師王崧興先生所主持，在當地

執行有關推廣「農業機械化」的研究計畫。正如第九章的個案描述，這個研究涉及了當時非常實際的問題：臺灣因為工業化、都市化的急速發展，導致農村青年人口外流及勞力不足現象，使水稻耕作難以維持。為了解決勞力不足及有效使用土地資源，國民政府乃推動農業機械化政策。然而，農機的使用要能達到最大效率，必須在面積較大的農地上執行。當時的臺灣農村在三七五減租與耕者有其田政策的推行下，農地所有權已經分散至小農之手。土地改革政策的成功，也導致了農地的零碎化。為推行農業機械化，政府試圖將分割破碎的土地整合起來而到處宣傳二次土改，以便以西方大農場所依據的理性科層組織管理方式，執行農機經營。但實際上，筆者的調查卻發現：大多數農民是以「差序格局」的社會關係，將一貫作業的各種農機分割成個別不同的小農企業，使每一家分別經營其中一部分農機而均成為企業主。這種建立在每個人都是老闆而強調差序格局人際關係基礎上的經營策略，完全不符合西方理性科層組織的概念，卻同樣達到農業機械化的效果（黃應貴 1979）。這結果不僅證明當時臺灣農業本身已逐漸發展出一個自發性而有效的經營方式來進行，更成為挑戰當時主流的現代化理論之嚆矢，並埋下日後引發所謂的社會科學中國化或本土化的問題。然而，在這個表面上充滿實踐意義的「成功」研究背後，卻有著筆者難以忘懷的困惑、挑戰、反省與心動。

事實上，在筆者當時進行田野調查的村落：富貴村，其成功經營農業機械化的背後，有一不為人知的推手。這個人雖只有小學畢業，卻是全村中，唯一擁有實驗水田的農夫。每年，他將全省各個農業實驗所所實驗的稻種及農藥等，在自己的實驗水田上試種及試用。最後，他發現原本在臺灣南部鳳山實驗失敗的鳳山五號稻種，特別適合該村的自然條件。其產量不僅高達每分地一千五百斤稻穀，居當時的全省之冠，種出來的稻米更具有黏性，宛如糯米。因此，他將實驗成功的稻穀堆積在自家門前，讓所有路過的村人均注意到其豐碩的產量。村民紛紛向他索取種子；第二年，全村均使用他的品種。品種的一致性，更便於農業機械的推廣。他更在日常閒暇時間，有意無意地詢問不同的人是否要經營不同的農機來替他及其他需要的人工作。在這個過程中，他還建議了如何依個人的社會關係湊齊經營農機企業所需要的最低雇主家數。最後，富貴村在沒有經過第二次土改整編零碎土地的過程，便成功地達到農業機械化的目的。

然而，在農業機械化的整個發展過程中，當地並沒有人意識到該推手的功勞。在筆者之前，王崧興先生雖已進行了半年的田野調查，也沒有發現這個人的存在。筆者在田野的前兩個月也沒發現。直到有一天，筆者到他的田地訪問他，他主動問筆者：在他田裡，有一種作物，全村只有他種，不知筆者是否注意到。筆者環顧四周，發現一種過去在山上看過的作物，乃指認出來。他點頭說對，但繼續問：如果他沒有詢問，筆者是否有注意？筆者只得承認沒有。這位農人便說：「你知道什麼是『視而不見』嗎？這就叫做『視而不見』！」筆者大吃一驚，從此開始與他深談，也才更進一步理解到上述農業機械化背後的推手。

若非他有意現身，筆者不可能知道他的存在。事實上，村民對他的印象也只是他很聰明而且悠閒，常看報紙、下棋，但從不擔任任何行政職務或官職，並沒有人意識到他的重要性。只有他在大學念書的兒子清楚地告訴筆者：他的父親曾經拜一位說書人為師。說書人由鹿港挑貨物到富貴村販賣，每到一個地方，除了兜售物品，也就地說書；所到之處，總能吸引不少聽眾。他的父親便是被這位說書人吸引，拜他為師，習得許多古書知識。這使他的父親有著過人的智慧與見解，連身為大學生的兒子都很佩服。雖然，兒子經常要求他父親傳授他的知識，但他父親卻總是說他「沒有慧根」，不適合學。這位農人難以言說的智慧，筆者也經由親身與他互動的過程才逐漸瞭解。比如，他常看國民黨辦的《中央日報》，筆者曾好奇詢問：他是否相信報紙所說的，他的回答卻是：「看你怎麼看報。會看報的人是看它沒有說什麼，而不是它說了什麼。」跟他下棋時，筆者總是覺得只差那麼一步，但事後回想，筆者不曾贏過他……

在完成田野及撰成〈農業機械化〉（黃應貴 1979）的論文後，筆者曾試圖以這個人為核心，來思考地方社會的運作，卻一直不得其功而懊惱不已。事實上，這位被筆者稱之為「水田裡的哲學家」，其實是典型的道家人物；他不僅獨撐大局而不為人所知，同時在潛隱中推動整個地方社會的發展而不著痕跡，更讓所有的人不自覺地主動去做他期望他們要做的事，正是道家所謂「無為而無不為」。這個經驗，不僅讓筆者因觸及漢人社會的脈搏而興奮不已，但也讓筆者意識到原有（理性科學）知識的侷限而倍感困擾，更因這個無須藉助外力而成功的例子讓筆者深深地反思：到底什麼是「社會實踐」？人存在的意義為何？尤其，外來者對於該社會的深層結構與運作都難以理解及掌握的情況下，又如何真能在當地從事社會實踐的事功？這讓筆者想起了在山社從事田野工作時所經歷的另一次至今難以忘懷的經驗。

三、「每個社會都存在著傻子」

1973 年，筆者開始在山社從事碩士論文的田野工作。當時，由於第一次進行田野調查，深恐有所遺漏，故村中一旦發生什麼事時，筆者必會盡快趕到，以探究竟。一晚，剛吃完晚飯，便聽到派出所廣播，通知距離鄰村不遠處正發生森林大火，希望大家前往救火，以免延燒到本村。筆者乃與房東及其長子一起到派出所。半小時之後，僅有村長來加入。派出所主管嘮叨了幾句，便無可奈何地帶領我們四人一起去鄰村救火。抵達隔壁村，卻見該村大部分的人都駐足在街道上觀望村後的森林大火，並沒有加入救火行列。筆者好奇地問房東：為何他們不去救火？萬一火燒到街上怎麼辦？房東笑道：「他們一定最先跑走。」但他立刻很嚴肅地問筆者：「你們漢人不是一樣？」筆者只得默認。然而，房東卻坦然地說道，「你放心，這火一定會被撲滅，因為每個村子都會有一些傻瓜去滅火，所以這些村子可以存在至今。」那場火，就在一群傻瓜經過一晚的努力下，第二天一早就被撲滅了。筆者還清晰記得那晚，那些全身是汗與煙灰的傻瓜，在火場上閃耀著光芒。

這些田野經驗，讓筆者愈來愈覺得難以瞭解當地人的想法，原先以為理所當然的社會實踐也愈來愈不真確，反而像是接受再教育一樣，由他們的身上重新思索到底自己能做什麼事?在太多的困惑及疑問下，筆者確定的一點是：尋求新的知識來理解當地人，是首要的工作。而當時的倫敦政經學院人類學系強調被研究者主觀的文化觀點之訓練，乃提供筆者一個新的視野。至少，由此開展出有關布農人人觀及其他分類概念的探討，讓筆者對於布農人有著與過去截然不同的理解。特別是在 1980 年代由適應市場經濟失敗的弱勢者組成，類似靈恩運動卻又充滿傳統布農夢占及集體禱告治病的新宗教活動，讓筆者瞭解到「社會運動」不必然是我們所熟悉的街頭爆發性的抗爭運動，而可以是常規性（定期舉行）的集體抗議活動，更可以用「激烈的、好鬥的抗議或革命」之外的方式來對抗統治支配性力量。而且，這類「無言大眾」的「無言抗議」，往往長久又廣泛，因它所抗議的不僅是從事中間剝削的漢商，還包括適應市場經濟成功而主導教會活動的優勢布農人，以及包括如何解決原強調個人與集體利益平衡的傳統布農人觀，與資本主義市場經濟運作背後所蘊含的個人主義人觀間之衝突；更是在當下的新情境中，尋找能表現自己並貢獻給群體的方式。

這個持續近十年，由一個村落擴展到整個中部布農族聚落的常規性、宗教性社會運動，在解嚴之後，臺灣社會運動發展到顛峰的 1980 年代末期，完全為主流社會所忽略，但卻深深影響當地布農地方社會未來的發展。至少，它不僅質疑了資本主義經濟的物化及追求個人利益的假設，也重新創造了超越以面對面為社會生活基礎的地方社會，而發展出區域性地方體系，並以夢占再創造了布農文化的群體認同，乃至於尋求多重人觀間的衝突之解決，調解個人與群體間的利益衝突。這個理解，也讓筆者對於一般所謂的「社會運動」，更有所保留與質疑。至少，筆者愈來愈質疑它到底是為誰而服務？誰是真正的受益者？而誰又是真正的受害者？這可見於東埔社進出玉山國家公園的三次轉折上。

四、東埔布農人與玉山國家公園

玉山國家公園於 1985 年成立時，東埔社布農人被說服留在國家公園的範圍內，除了可避免漢人的侵入與打擾外，還可享受國家公園的各種優待。然而，部落土地被劃入國家公園後，不僅當地布農人不得「濫墾」沒有使用中的公有地，更不能隨意折砍樹枝、樹幹為薪材，否則都得擔負違背〈國家公園法〉的罪名。因此，納入國家公園的結果，聚落中原本土地不足的「貧戶」，因無法像以前一樣使用公有造林地來耕作而無法取得生產所需土地，成為最大的受害者。之後，東埔社人在社運團體的支持下，陸續要求退出國家公園，並不斷向國家公園抗議。筆者也曾到立法院的公聽會作證。2005 年，官方已開始同意並考慮將東埔社劃出國家公園的範圍外，這使得東埔社的土地價格立即上漲。但漢人原本有意購買的當地土地早已經被他們收購，而原本缺少土地的貧戶卻又因土地價格飛漲而購買不起——他們再度成為東埔社退出國家公園發展下的受害者。另一方面，為了避免財團進入該地區，壟斷東埔社附近的樂樂谷溫泉以及沙里仙溪流域的民宿與鱒魚養殖場，外界的社運團體又開始積極介入，推動東埔社重新劃歸玉山國家公園範圍。這個最新的發展，使得財團所支持的溫泉、民宿及鱒魚養殖場的開發與擴建受阻，而東埔社原本沒有土地但受雇於這些產業的貧戶，再度面對失去工作的窘境而成為受害者。因此，在有關東埔社進出玉山國家公園的三次轉折過程，當地的布農貧戶永遠是受害者。這當然也與東埔社聚落內部早已因納入資本主義市場經濟體系而不再是同質性地方社會、並有一定程度的內部分化及利益的衝突有關。在資本主義經濟邏輯所造成的不平等結構之下，受害者永遠是居於劣勢的貧戶。

五、學術與社會實踐：二十一世紀初期的布農研究經驗

筆者無意認為：在當代臺灣社會的情境下，一般概念裡的社會實踐完全沒有發展的空間。事實上，筆者也從事過一些被認為是成功的社會實踐。比如，1987 年解嚴以後，特別是在民進黨政府於 2000 年執政之後，鼓勵本土意識或地方文化的發展，修纂地方志遂成為一種時尚。為了回饋布農人，筆者乃於 1995 年應施添福教授之邀，參與臺東縣史的編修。為此，從 1995 年至 2001 年，筆者在臺東縣從事十七個布農聚落的調查，完成《臺東縣史：布農族篇》的撰寫與出版。在從事每一個聚落的調查時，筆者設法訓練當地人協助資料收集的工作，最重要的是以實際工作進行的方式，來證明人類學知識的用處，以培

養當地人未來從事其地方文化的記錄與研究之能力。後來，其中一部分當地人均成立了文史工作室，而成為地方文史研究的主力。

在此同時，由於《臺東縣史：布農族篇》研究的成果，突顯了日據時期日本學者有意無意忽略，而當代布農人早已遺忘的內本鹿地區之重要性。內本鹿是臺東縣境布農人在日據末期集團移住政策之前所居住的深山地區，原先是南部高屏地區與東部臺東地區間貿易必經之路，也是布農、魯凱、鄒族、漢人等族交會混和之處。遲至 1932 年大關山事件爆發後，才被日本殖民政府所征服。因而，可說是臺灣全島最後一塊抗拒殖民統治的樂土。該區由於族群組成複雜，更是布農族因統治當地而逐漸由平等社會發展為階級社會的地區，擁有多重文化、歷史、族群、貿易、殖民主義、乃至具有「歷史的窗口」之理論意義的地區，目前備受臺東布農族菁英所重視，甚至賦予相關研究以「內本鹿學」之名。筆者自然成為此「學」的始作俑者。

這方面的研究成果所造成的社會效應，既產生於主流大社會強調本土文化所造就的風潮，自然也發生於東埔社。1970 年代末期，筆者在東埔社從事田野工作時，當地人正從事經濟作物栽種，大部分人所關懷的是種何種經濟作物可以賺錢。2000 年以後，確實有些人是希望從筆者處得知東埔社早期的歷史，以便推動地方產業，但其實只是當地一小部分菁英分子的興趣，更是臺灣主流社會發展所帶來的議題，而不是當地大多數布農人真正的關懷。當地人真正面對的主要問題，往往是連他們都難以言說清楚的新現象與深層困境，更涉及筆者知識上的限制而有其難度。像有關新自由主義經濟帶來的困惑與不確定性，以及由傳統夢占尋求解決之道，便是兩個典型而又相關的例子。

新自由主義經濟在 1970 年代末期逐步發展，而成為今日全球化現象背後的動力。建立在資訊工業、交通等的迅速發展所導致人、物、知識、資金等的快速流通，也導致政府必須採取自由化、私有化、去管制化等弱化國家力量的政策，並突顯財政金融管理的重要性，使財政金融成為經濟過程中的主要部分。對大眾而言，特別是筆者研究的布農族，並不明白這樣的發展過程。但他們直接的經驗：在新的經濟情境下，許多原先由社會底層族群所挑起的粗重而又具危險性的工作，已由外勞所取代，現連東埔村觀光旅館與飯店的服務工作，均已由外勞所取代，使他們瀕臨失業。另一方面，「文化產業」的興起，使某些地方文化（如臺東延平鄉桃源村的「布農部落屋」）找到新的生活管道，經營成功而意氣風發。更有一些少數人因為進入投機事業（包括股票投資）而致富。雖然，布農人並沒有像可馬洛夫夫婦所描述非洲的例子那般，認為投機客使用巫術才得以致富 (Comaroffs 1999)，但大多數人還是不明白這是怎麼一回事而陷於困惑與不確定的日子中。最悲慘的是失業、酗酒、乃至四出尋找工作而導致整個聚落的沒落，最後走上自殺的道路 。筆者記得 2001 年訪問臺東一個沒落的布農聚落時，教會的布農籍牧師一臉無奈地告知：他第一個月牧會時，這個村子有三個人自殺，前三個月中更有十五人自殺。年輕的他一時非常震驚，從神學院畢業的他第一次認真問他自己：什麼是存在的意義？2005 年筆者與他談話時，他說：即便至今，他還是有太多的不明白。這個「不明白」反映了一個時代下一群人真正的關懷。雖然，這關懷涉及了當地布農人並不意識到但與新自由主義經濟有關的「新發展」，即使是筆者自己，也都還是在摸索的不明白狀態。

當今，大部分布農人面對不確定的新情境時，夢占再度成為應付未知的手段。正如在本書第十章曾提過：布農人在面對資本主義市場經濟農產品價格的不確定性時，夢占成為解決種植何種經濟作物的最後依據。但筆者還是無法理解夢占的神祕性，以及它為何可以指引當地人的行動與意向。比如，東埔社有位少婦可以透過夢占，預見她自己穿著新娘裝走進未曾去過的夫家，乃決心脫離過去的生活方式，嫁到夫家。筆者也不明白，為何東埔社一位婦女可以夢見開挖土機的鄰居連人帶機墜落山崖，因而警告鄰居隔天務必不要開該輛挖土機，使他得以躲過次日發生的墜崖意外。……但筆者知道：這是當地布農人對於當下影響他們社會生活深遠卻又不明白的新自由主義經濟之理解與反應方式，甚至以夢占的能力及經驗作為當下布農人文化認同的依據。對當地布農人而言，這不只是個不確定的年代，更是傳統夢占再興並尋求其存在之新意義的年代。

由上面個人的經歷，筆者想傳達的是：「如何解答資本主義經濟以外的另一種可能」，一直是筆者的社會實踐理想。但它必須是一個人一生努力追尋的目標，在人生的不同階段裡因而有不同的事功要做，不應該自以為是地將它限於我們當代功利主義觀念之事務中，也不應該忽略所謂的社會實踐對於弱勢中的弱勢因內部分化而來的利益衝突所造成的傷害，更不應該自以為是地將自己的實踐取代了當地人當下難以言說的深層關懷。事實上，正如筆者一直想從事的「社會實踐」一樣，這些都一再需要新的知識來瞭解，❺甚至需要更全面的人類社會文化的視野與知識來參照，如此才可接近及反映出未知世界，為未來的努力鋪路。雖然，這個求知過程，很可能讓筆者被劃歸「將學術研究視為社會實踐」的立場，但筆者認為：學術研究，將有助於我們更瞭解及掌握當代未明卻影響深遠的切身現象、以及被研究者乃至於我們自己的社會；人類學的知識，可使研究者因具備全人類文化的寬廣視野而更敏感於社會新現象，以及反思帶來的新觀念與新契機。這些

❺ 雖然，新自由主義經濟的討論，目前還是集中在它是資本主義經濟的另一波高潮還是死路，而完全談不上「資本主義之外另一種可能」的探討。

觀點與視野，並不限於學術研究本身，更有利於所謂的社會實踐工作。

現今，筆者愈來愈確定在自己有生之年，要解答「資本主義經濟以外的另一種可能」已經不太可能，但若沒有人繼續追尋，就完全不可能得到答案。只要有人願意繼續思考及探討，它就可帶來一絲希望。終究，社會實踐並不是純粹個人的事功，而是一種社會關懷，更是一種過程及人存在意義的探索。因此，它更需要傳承。

第三節　結　語

作為一個在臺灣社會成長，在臺灣與英國接受學科訓練，以臺灣少數民族（布農族）為長期研究對象，從事研究、教學、田野工作已經超過三十年的人類學者，筆者曾思索：對於「人類學」在當下的社會可以產生何種影響，又可以產生什麼樣的社會實踐方式（黃應貴 2002c [1991]、1994、2002b [1995]）？儘管，這樣的疑問，在當代的新經濟與社會情境之下愈顯複雜；而筆者的田野經驗，使筆者既感受到布農人當下對於不可掌握的社會生活之高度不安與不確定感，更對於自己從事「社會實踐」究竟幫助了誰，愈感質疑。但無論是就個人經驗，或就一個研究者的立場而言，筆者仍相信：這一章第一節所提到的人類學知識特性，有助於我們理解當下快速變動的社會性質。

1970 年代末期以來的全球化條件以及二十一世紀以來資本主義經濟的新發展，使得資金、商品、資訊、乃至於人的流動等加速，往往使經濟力量超越現代國家的限制與控制，更使得許多社會實踐的問題往往隱含多元政經力量的競爭與連結。在當代臺灣社會實踐中，最容易被提出討論的文化或地方產業、社區發展、新宗教運動、乃至於外籍新娘等最實際而鮮明的問題，背後不僅涉及當地文化的再創造，更涉及了當代資本主義新發展的能動性，早已超越原地方社會乃至於現代國家所能控制的範圍（黃應貴 2006b）。換言之，在新自由主義經濟的歷史社會條件下，人類學乃至社會科學不僅必須面對新的現象與問題，也必須提出新的思維來思索新的可能。前資本主義社會文化所呈現的獨特歧異性，也正提供我們思考人類所有文化建構之極致與限制所隱含的可能性。是以，面對未知的新現象與問題，人類學的全人類社會文化的視野，反而能積極地提供反思與創造的空間。而這種以已知來面對未知的新境界，原本就是人類學知識中的一環。

事實上，人類學之所以吸引人，正是源於這種視野的魅力。本書前面各章的討論，也說明人類學在研究上的突破，正得利於這種視野。如：馬凌諾斯基由初步蘭島民的交換來質疑資本主義經濟行為的普遍性；米德由薩摩亞人沒有青少年問題來質疑美國社會當時認為青少年問題是普遍的生理現象的文化偏見；乃至於晚近因為亞馬遜地區發現當地由心理機制來建立及維持社會秩序的現象，而質疑過去認為社會秩序必須經由制度或群體來建立與維持的文化偏見。儘管這些研究成果並不見得能直接用於實際社會問題的解決上，但卻足以引起讀者的反思及進一步追求可能的解答，也促進了人類學知識的發展。就如同這一章第二節所提到的個人經驗：筆者在寫作碩士論文的研究及實踐過程中，發現自己幫忙解決經濟發展障礙的結果，是導致當地人貧富懸殊的問題。這使筆者意識到：牟斯在《禮物》一書所引發由前資本主義社會的研究，尋找資本主義經濟之外的另一種可能的重要性與挑戰性。三十多年的田野工作與研究，更使筆者體會到：在快速的社會變動之下，一個弱勢群體如何掙扎生存，並在當下情境尋找存在的意義。縱使筆者還無法解答這個學術上的終極關懷，但卻確信一點：這個問題如果那麼容易得到解答，答案早就給出，該問題也就沒有那麼重要。雖然如此，筆者還是相信：只要有人願意繼續去尋找答案，它就有可能被解答，這問題也會繼續帶給人們一絲希望，人類學也會繼續吸引人。

然而，這種人類學的視野與魅力，卻是建立在過去人類學者紮實的民族誌研究成果之基礎上。也因此，儘管人類學知識的性質，及各國社會的歷史情境與社會文化脈絡，甚至學者個人的經驗，均會影響社會實踐的內容與方式；但作為人類學知識基礎的學術研究本身，不僅是韋伯 (Weber 1991 [1946]) 所說的「學術作為一種志業」，更是一種社會實踐。筆者期望：這本書的寫作，也是這種實踐之一。

在這一章的最後，筆者願意以韋伯〈學術作為一種志業〉中的一段話，作為結束：

> 我們終於觸及學術本身在助益清明 (*Klarheit*) 這方面所能達成的最後貢獻，同時我們也到達了學術的界限：我們可以——並且應該——告訴諸君，這樣的實踐立場，按照其意義，可以在內心上一致並因此見人格之一貫的方式下，從這樣這樣的終極世界觀式的基本立場導出（它也許只能從某一個這種基本立場導出，但也許可以從不同的幾個這類基本立場導出），但不能從那樣那樣的其他基本立場導出。具像地說，一旦你們認定了這個實踐立場，你們就是取這個神來服事，同時也得罪了其他的神。因為只要你們忠於自己，你們必然地要得出這樣一個在主觀上有意義的終極結論。至少在原則方面，這點是可以辦到的。這也是作為專門學問的哲學、以及其他學科中在本質上涉及原則的哲學討論，所試圖達成的。如此，只要我們瞭解我們的任務，我們可以強迫個人、或至少我們可以幫助個人，讓他對自

己行為的終極意義，提供一套交代。在我看來，這並不是蕞爾小事，即使就個人生命而言，也關係匪淺。如果一位教師做到了這點，我會想說，他是在為「道德的」勢力服務：他已盡了啟人清明、並喚醒其責任感的職責。（韋伯 1991 [1946]: 160–161）

附　錄

一、譯名對照表

人名

A

阿圖塞 Althusser, Louis
安德生 Anderson, Benedict
阿帕督徠 Appadurai, Arjun
阿薩德 Asad, Talal
阿士圖娣 Astuti, Rita
奧思汀 Austin, John L.

B

邦斯 Barnes, John A.
巴特 Barth, Fredrik
包曼 Bauman, Zygmunt
畢梯 Beattie, John
潘乃德 Benedict, Ruth
班哲明 Benjamin, Walter
布洛克 Bloch, Maurice
鮑亞士 Boas, Franz
玻蒂 Boddy, Janice
波漢納 Bohannan, Paul & Laura
布爾迪厄 Bourdieu, Pierre
波爾 Boyer, Pascal
布里格絲 Briggs, Jean L.
布潔爾 Bunzel, Ruth L.
柏克 Burke, Kenneth
布思碧 Busby, Cecilia

C

喀仕騰 Carsten, Janet
卡斯塔尼達 Castaneda, Carlos
查雅諾夫 Chayanov, Alexander V.
柯恩 Cohen, Anthony P.
科恩 Cohn, Bernard S.
柯靈烏德 Collingwood, R. G.
可馬洛夫 Comaroff, John & Jean
孔德 Comte, Auguste
克拉帕匝諾 Crapanzano, Vincent

D

旦拉德 D'Andrade, Roy
達爾頓 Dalton, George
丹尼爾 Daniel, E. Valentine
聖西門 de Saint-Simon, Henri
笛卡兒 Descartes, René
杜威 Dewey, John
狄爾泰 Dilthey, Wilthelm

J

詹明善 Jamieson, Mark

K

康德 Kant, Immanuel
卡普法勒 Kapferer, Bruce
卡丁納 Kardiner, Abram
科勒 Keller, Albert G.
凱末爾 Kemal, Mustafa
克易士 Keyes, Charles F.
克羅孔 Kluckhohn, Clyde
科比托夫 Kopytoff, Igor
克魯伯 Kroeber, Alfred L.
庫帕 Kuper, Hilda

L

拉發崇 La Fontaine, Jean S.
藍格 Langer, Susanne K.
李區 Leach, Edmund
李蔻科 Leacock, Eleanor
李維布律爾 Lévy-Bruhl, Lucien
劉易士 Lewis, Oscar
林德厚姆 Lindholm, Charles
林納欽 Linnekin, Jocelyn
林頓 Linton, Ralph
洛克 Locke, John
路茲 Lutz, Catherine A.

M

麥克法蘭 Macfarlane, Alan
梅恩 Maine, Henry S.
梅爾 Mair, Lucy
馬凌諾斯基 Malinowski, Bronislaw
馬庫斯 Marcus, George
馬里歐特 Marriot, McKim
馬克思 Marx, Karl
馬修歐 Maschio, Thomas
牟斯 Mauss, Marcel
梅布里路易士 Maybury-Lewis, David
麥格蘭 McGrane, Bernard
米德 Mead, Margaret
梅拉索 Meillassoux, Claude
梅洛龐蒂 Merleau-Ponty, Maurice
米勒 Miller, Daniel
敏茲 Mintz, Sidney W.
蒙田 Montaigne, Michel de
摩爾 Moore, Henrietta L.
摩爾根 Morgan, Lewis H.
穆秋訥 Muchona
墨達克 Murdock, George P.

N

拿加塔 Nagata, Judith A.
倪丹 Needham, Rodney

O

歐比錫克拉 Obeyesekere, Gananath
歐勾特美尼 Ogotemmeli
歐特納 Ortner, Sherry B.
歐弗琳 Overing, Joanna

族名／地名

侯福利雅梯 Hofriyati
霍匹 Hopi

I

依法路克 Ifaluk
伊隆戈 Ilongot

K

克欽 Kachin
高隆 Kaulong
克丹 Kedang
寇迪 Kodi
夸求圖 Kwakiutl

L

蘭卡威 Langkawi
萊彌士 Laymis
雷雷 Lele
拉畢度 Lovedu

M

毛利 Maori
馬貴斯（群島）Marquesas
穆布提 Mbuti
梅拉塔斯 Meratus
梅里納 Merina
蒙杜古馬 Mundugumor

N

恩登布 Ndembu
恩登登里 Ndendenli
努爾 Nuer

P

彭多 Pondo
普伊里亞 Pul Eliya

R

勞托 Rauto

S

薩摩亞 Samoa
山奴西 Sanusi
雪巴 Sherpa
蘇巴 Sumba
斯瓦特巴坦 Swat Pathans
史瓦濟 Swazi

T

塔倫西 Tallensi
坦米爾 Tamil
德昌布里 Tchambuli
德波特蘭 Tepoztlán
提夫 Tiv
托瑞斯海峽 Torres Strait
初步蘭島 Trobriand Island
岑巴甲 Tsembaga
德希地 Tshiti
祖瓦納 Tswana
金遵莊 Tzintzuntzan

專有名詞

聯結論 connectionism
接觸巫術 contagious magic
產翁 couvade
誓約式的 covenantal
文化生命史 cultural biography
文化資本 cultural capital
文化核心 cultural core
文化差異 cultural difference
文化變異 cultural diversity
文化生態學 cultural ecology
文化基模 cultural schemas
文化震撼 cultural shock
文化學 culturology

D

依賴理論 dependency theory
決定性 determination
去整體化 detolalization
辯證性想像 dialectical imagery
辯證法 dialectics
辯證術 dialogics
酒神型 Dionysian
論述 discourse
教義式的宗教性 doctrinal religiosity
家內化 domesticating
宰制性象徵 dominant symbol
支配性 domination

E

精巧化的概念 elaborate concepts
基本結構 elementary structure
鑲嵌 embedded
雛形政府 embryonic government
持久性記憶 enduring memory
事件的記憶 episodic memory
族群 ethnic groups
族群性 ethnicity
民族歷史學 ethnohistory
民族科學 ethno-science
民族精神 ethos
事件 event
交換 exchange
外在化記憶 external memory
具體化 externalize

F

場域 field
田野工作 fieldwork
親嗣關係 filiation
最終的原因 final cause
聚焦性隱喻 focal metaphor

G

星雲式向心政體 galactic polity
性別 gender
治理 governmentality
團體 group

H

慣習 habitus
霸權 hegemony
同感巫術 homeopathic magic

經濟人 homo economicus
相應的 homologous

I

理念型模式 ideal type
意識型態 ideology
慣性 idiom
語用的 illocutionary
意象式的宗教性 imagistic religiosity
不可共量性 incommensurability
不確定性 indeterminacy
工具性象徵 instrument symbol
主智論 intellectualism
內在化記憶 internal memory
互為主體的 intersubjective

K

關鍵性報導人 key informant
關鍵性象徵 key symbol
親類 kindred
親屬宇宙 kinship universe

L

接觸律 law of contact
互滲律 law of participation
相似律 law of similarity
感應法則 law of sympathy
中介 liminal
地方知識 local knowledge

M

機械模式 mechanical model
隱喻的 metaphoric
隱喻秩序 metaphoric order
方法論上的集體主義 methodological collectivism
換喻的 metonymic
換喻秩序 metonymic order
大都會中心 metropolis
模仿 mimesis
眾趨人格結構 modal personality structure
繆氏錯覺 Müller-Lyer illusion
多聲的 multivocal
互利互生 mutuality

N

被研究者的觀點 native's point of view
新自由主義 neo-liberalism

O

客體化 objectification
神祕經濟 occult economy
弒父戀母情結 Oedipus complex

P

典範 paradigm
屈折體系的 paradigmatic
誇大妄想型 Paranoid
參與觀察 participant observation
展演的 performative

多聲的 polyvocal
能 potency
誇富宴 potlatch
實踐 practice
前邏輯 pre-logic
初級制度 primary institutions
動態的 progressive
指稱的 propositional
雛形國家 proto-state

R

互惠 reciprocity
再分配 redistribution
間接稱謂 reference term
反思性 reflexity
具體化 reification
再現 representation
再整體化 retotalization
轉變儀式 ritual of transition
浪漫主義 Romanticism

S

聖典化 sacralization
衛星城 satellite
基模 scheme
次要特質 secondary feature
次級制度 secondary institutions
分支結構 segmentary structure
語意的記憶 semantic memory
共享 sharing
個別化 singularization
社會生命史 social biography
社會資本 social capital
社會形構 social formation
主權 sovereignty
統計模式 statistic model
角色人格結構 status personality structure
結構 structure
非常時期的結構 structure of the conjuncture
再吸納 sublation
全面性決定 superdetermination
象徵資本 symbolic capital
感應巫術 sympathetic magic
統合構造的 syntagmatic

T

蜩集的記憶 teeming memory
全面性的償付 total prestation
交易學派 transaction school
轉換 transformation

V

瞭解 *verstehen*
垂直水平錯覺 vertical-horizontal illusion

二、引用文獻

丁仁傑

2005〈會靈山現象的社會學考察：去地域化情境中民間信仰的轉化與再連結〉。《臺灣宗教研究》4 (2): 57–111。

王崧興

1967《龜山島：漢人漁村社會之研究》。臺北：中央研究院民族學研究所。

1981〈論地緣與血緣：濁水大肚兩溪流域漢人之墾殖與聚落〉。刊於《中國的民族、社會與文化》，李亦園、喬健合編，頁 21–32。臺北：食貨。

1986〈非單系社會之研究：以臺灣泰雅族與雅美族為例〉。刊於《臺灣土著社會文化研究論文集》，黃應貴主編，頁 565–623。臺北：聯經。

石磊

1976《臺灣土著血族型親屬制度：魯凱排灣卑南三族群的比較研究》。臺北：中央研究院民族學研究所。

李亦園

1966〈文化與行為：心理人類學的發展與形成〉。刊於《文化與行為》，李亦園，頁 1–31。臺北：臺灣商務。

李亦園、楊國樞（合編）

1972《中國人的性格：科際綜合性的討論》。臺北：中央研究院民族學研究所。

李業富

1976《費孝通傳 (1910–1975)：一個中國社會學家的生平》。香港：一山圖書供應公司。

何翠萍

1992〈比較象徵學大師：特納〉。刊於《見證與詮釋：當代人類學家》，黃應貴主編，頁 282–377。臺北：正中。

林開世

1992〈文化人類學之父：鮑亞士〉。刊於《見證與詮釋：當代人類學家》，黃應貴主編，頁 2–51。臺北：正中。

2003〈人類學與歷史學的對話？一點反省與建議〉。《臺大文史哲學報》59: 11–29。

林瑋嬪

2001〈漢人「親屬」概念重探：以一個臺灣西南農村為例〉。《中央研究院民族學研究所集刊》 90: 1–38。

吳叡人

1999〈認同的重量：「想像的共同體」導讀〉。刊於《想像的共同體》，吳叡人譯，頁 V–XXV。臺北：時報。

施添福

2001《清代臺灣的地域社會：竹塹地區的歷史地理研究》。新竹：新竹縣文化局。

韋伯

1991 [1946]〈學術作為一種志業〉。刊於《學術與政治：韋伯選集 (I)》，錢永祥等編譯，頁 131–167。臺北：遠流。

納日碧力戈等譯，葛茲原著

1999《文化的解釋》。上海：上海人民出版社。

馬淵東一原著，鄭依憶譯

1986〈臺灣土著民族〉。刊於《臺灣土著社會文化研究論文集》，黃應貴主編，頁 47–67。臺北：聯經。

梁漱溟

1963《中國文化要義》。臺北：正中。

莊英章

1977《林圮埔：一個臺灣市鎮的社會經濟發展史》。臺北：中央研究院民族學研究所。

莊英章、陳其南

1982〈現階段中國社會結構研究的檢討：臺灣研究的一些啟示〉。刊於《社會及行為科學研究的中國化》，楊國樞、文崇一合編，頁 281–310。臺北：中央研究院民族學研究所。

郭一農

1969〈訪大師，談故人〉。《大學雜誌》 22: 10–15。

陳其南

1985〈房與傳統中國家族制度：兼論西方人類學的中國家族研究〉。《漢學研究》 3 (1): 127–184。

1987《臺灣的傳統中國社會》。臺北：允晨文化實業股份有限公司。

陳品姮

2007《再現的政治：玻利維亞高地原住民女性意象之建構》。國立臺灣大學人類學研究所碩士論文（未出版）。

陳奕麟

1984〈重新思考 Lineage Theory 與中國社會〉。《漢學研究》 2 (2): 403–446。

張珣

2003《文化媽祖：臺灣媽祖信仰研究論文集》。臺北：中央研究院民族學研究所。

黃宣衛

1998〈「語言是文化的本質嗎？」——從認知人類學的發展談起〉。《臺大考古人類學刊》 53: 81–104。

黃道琳

1986〈社會生物學與新民族誌：當代人類學兩個落空的期許〉。《當代》 8: 52–59。

黃道琳譯，愛德蒙李區原著

1976《結構主義之父：李維史陀》。臺北：華新。

黃瑞祺、羅曉南（合編）

2005《人文社會科學的邏輯》。臺北：松慧。

黃應貴

1974〈Tiv 與 Siane 經濟：經濟人類學的實質論派與形式論派之比較〉。《中央研究院民族學研究所集刊》 35: 145–162。

1979〈農業機械化：一個臺灣中部農村的人類學研究〉。《中央研究院民族學研究所集刊 》46: 31–78。

1991〈*Dehanin* 與社會危機：東埔社布農人宗教變遷的再探討〉。《臺大考古人類學刊》 47: 105–125。

1992〈關於交換與社會的象徵起源：牟斯〉。刊於《見證與詮釋：當代人類學家》，黃應貴主編，頁 52–83。臺北：正中。

1993a〈作物、經濟與社會：東埔社布農人的例子〉。《中央研究院民族學研究所集刊》75: 133–169。

1993b《人觀、意義與社會》（主編）。臺北：中央研究院民族學研究所。

1994〈從田野工作談人類學家與被研究者的關係〉。《山海文化雙月刊》6: 18–26。

1995a《空間、力與社會》（主編）。臺北：中央研究院民族學研究所。

1995b〈土地、家與聚落：東埔社布農人的空間現象〉。刊於《空間、力與社會》，黃應貴主編，頁 73–131。臺北：中央研究院民族學研究所。

1998〈「政治」與文化：東埔社布農人的例子〉。《臺灣政治學刊》 3: 115–193。

1999a《時間、歷史與記憶》(主編)。臺北:中央研究院民族學研究所。

1999b〈時間、歷史與實踐:東埔社布農人的例子〉。刊於《時間、歷史與記憶》,黃應貴主編,頁 423–483。臺北:中央研究院民族學研究所。

2001《臺東縣史:布農族篇》。臺東:臺東縣政府文化局。

2002a〈關於情緒人類學發展的一些見解:兼評臺灣當前有關情緒與文化的研究〉。刊於《人類學的評論》,黃應貴,頁 341–376。臺北:允晨。

2002b [1995]〈人類學與臺灣社會〉。刊於《人類學的評論》,黃應貴,頁 75–130。臺北:允晨。

2002c [1991]〈東埔社布農人的新宗教運動:兼論當前臺灣社會運動的研究〉。刊於《人類學的評論》,黃應貴,頁 233–267。臺北:允晨。

2002d [1974]〈民族學田野調查實習的價值何在?〉。刊於《人類學的評論》,黃應貴,頁 377–382。臺北:允晨

2004a〈導論:物與物質文化〉。刊於《物與物質文化》,黃應貴主編,頁 1–26。臺北:中央研究院民族學研究所。

2004b〈物的認識與創新:以東埔社布農人的新作物為例〉。刊於《物與物質文化》,黃應貴主編,頁 379–448。臺北:中央研究院民族學研究所。

2004c《物與物質文化》(主編)。臺北:中央研究院民族學研究所。

2004d〈歷史與文化:對於「歷史人類學」之我見〉。《歷史人類學》 2 (2): 111–129。

2006a〈文化與族群的再創造:以陳有蘭溪流域的布農人為例〉。國科會跨領域研究計畫「南島民族的分類與擴散」分枝計畫「文化與族群的形成與再創造:臺灣南島民族的研究」的子計畫期中報告。

2006b〈農村社會的崩解?當代臺灣農村新發展的啟示〉。刊於《人類學的視野》,黃應貴,頁 175–191。臺北:群學出版社。

費孝通

1948《鄉土中國》。臺北:綠洲出版社重印。

鄭依憶

2004《儀式、社會與族群:向天湖賽夏族的兩個研究》。臺北:允晨文化實業股份有限公司。

Ahern, Emily M.

1973 *The Cult of the Dead in a Chinese Village*. Stanford: Stanford University Press.

Ahmed, Akbar S.

1976 *Millennium and Charisma among Pathans: A Critical Essay in Social Anthropology*. London: Routledge & Kegan Paul.

Ales, Catherine

2000 Anger as a Marker of Love: The Ethic of Conviviality among the Yanomami. In *The Anthropology of Love and Anger: The Aesthetics of Conviviality in Native Amazonia*, J. Overing & A. Passes, eds., pp. 133–151. London: Routledge.

Allen, N. J.

2000 *Categories and Classifications: Maussian Reflections on the Social*. Oxford: Berghahn Books.

Alonso, A. M.

1988 The Effects of Truth: Re-Presentations of the Past and the Imagining of Community. *Journal of Historical Sociology* 1 (1) (1988): 33–57.

Althusser, Louis

1979 *For Marx*. London: Verso.

Althusser, Louis & Etienne Balibar

1979 *Reading Capital*. London: Verso.

Anderson, Benedict

1972 The Idea of Power in Javanese Culture. In *Culture and Politics in Indonesia*, C. Holt et al., eds., pp. 1–69. Ithaca: Cornell University Press.

1991 [1983] *Imagined Communities: Reflections on the Origin and Spread of Nationalism*. London: Verso.

Appadurai, Arjun

1986a Introduction: Commodities and the Politics of Value. In *The Social Life of Things: Commodities in Cultural Perspective*, A. Appadurai, ed., pp. 3–63. Cambridge: Cambridge University Press.

Appadurai, Arjun (ed.)

1986b *The Social Life of Things: Commodities in Cultural Perspective*. Cambridge: Cambridge University Press.

Arce, Alberto & Norman Long (eds.)

2000 *Anthropology, Development and Modernities: Exploring Discourses, Counter-*

tendencies and Violence. London: Routledge.

Ardener, Edwin

1972 Belief and the Problem of Women. In *The Interpretation of Ritual: Essays in Honour of A. I. Richards*, J. S. La Fontaine, ed., pp. 135–158. London: Tavistock Publications.

Asad, Talal

1972 Market Model, Class Structure and Consent: A Reconsideration of Swat Political Organization. *Man* (N.S.) 7 (1): 74–97.

1975b Two European's Images of Non-European Rule. In *Anthropology and the Colonial Encounter*, T. Asad, ed., pp. 103–118. London: Ithaca Press.

1975c Introduction. In *Anthropology and the Colonial Encounter*, T. Asad, ed., pp. 16–17. London: Ithaca Press.

1983 Anthropological Conceptions of Religion: Reflections on Geertz. *Man* (N.S.) 18: 237–259.

Asad, Talal (ed.)

1975a *Anthropology and the Colonial Encounter*. London: Ithaca Press.

Ashley, Kathleen M. (ed.)

1990 *Victor Turner and the Construction of Cultural Criticism: Between Literature and Anthropology*. Bloomington: Indiana University Press.

Astuti, Rita

1995a The Vezo Are Not a Kind of People: Identity, Difference, and "Ethnicity" among a Fishing People of Western Madagascar. *American Ethnologist* 22 (3): 464–482.

1995b *People of the Sea: Identity and Descent among the Vezo of Madagascar*. Cambridge: Cambridge University Press.

Austin, John L.

1962 *How to Do Things with Words*. Oxford: Clarendon Press.

Balandier, Georges

1970 *Political Anthropology*. New York: Vintage Books.

Barnard, Alan & Jonathan Spencer (eds.)

1996 *Encyclopedia of Social and Cultural Anthropology*. London: Routledge.

Barnes, John A.

1961 Physical and Social Kinship. *Philosophy of Science* 28 (3): 296–299.

1962 African Models in the New Guinea Highlands. *Man* 62: 5–9.

1964 Physical and Social Facts in Anthropology. *Philosophy of Science* 31 (3): 294–297.

1971 *Three Styles in the Study of Kinship.* London: Tavistock Publications.

Barth, Fredrik

1959 *Political Leadership among Swat Pathans.* London: The Athlone Press.

1966 *Models of Social Organization.* Occasional Paper. London: Royal Anthropological Institute of Great Britain and Ireland.

1969b Introduction. In *Ethnic Groups and Boundaries: The Social Organization of Culture Difference*, F. Barth, ed., pp. 9–38. Boston: Little, Brown and Company.

Barth, Fredrik (ed.)

1969a *Ethnic Groups and Boundaries: The Social Organization of Culture Difference.* Boston: Little, Brown and Company.

Barth, Fredrik, Andre Gingrich, Robert Parkin & Sydel Silverman

2005 *One Discipline, Four Ways: British, German, French, and American Anthropology.* Chicago: University of Chicago Press.

Bashkow, Ira

2004 A Neo-Boasian Conception of Cultural Boundaries. *American Anthropologist* 106 (3): 443–458.

Bateson, Gregory

1958 *Naven: A Survey of the Problems Suggested by a Composite Picture of the Culture of a New Guinea Tribe Drawn from Three Points of View.* Stanford: Stanford University Press.

1972 *Steps to an Ecology of Mind: A Revolutionary Approach to Man's Understanding of Himself.* New York: Ballantine Books.

1979 *Mind and Nature: A Necessary Unity.* New York: E. P. Dutton.

Bauman, Zygmunt

2001 Identity in the Globalizing World. *Social Anthropology* 9 (2): 121–129.

Bayly, Christopher A.

1986 The Origins of *Swadeshi* (home industry): Cloth and Indian society, 1700–1930. In *The Social Life of Things: Commodities in Cultural Perspective*, A. Appadurai, ed., pp. 285–321. Cambridge: Cambridge University Press.

Beattie, John

1964a *Other Cultures: Aims, Methods, and Achievements in Social Anthropology*. New York: The Free Press.

1964b Kinship and Social Anthropology. *Man* 64: 101–103.

1966 Ritual and Social Change. *Man* (N.S.) 1: 60–74.

Beidelman, T. O.

1966 Swazi Royal Ritual. *Africa: Journal of the International African Institute* 36 (4): 373–405.

Benedict, Ruth

1934 *Patterns of Culture.* Boston: Houghton Mifflin Company.

1964 [1946] *The Chrysanthemum and the Sword: Patterns of Japanese Culture.* New York: Meridian Book.

Berlin, Brent & Paul Kay

1969 *Basic Color Terms: Their Universality and Evolution.* Berkeley: University of California Press.

Berstein, Richard J.

1983 *Beyond Objectivism and Relativism: Science, Hermeneutics, and Praxis.* Philadelphia: University of Pennsylvania Press.

Bloch, Marc

1961 *Feudal Society.* Volume 1: *The Growth of Ties of Dependence*. Volume 2: *Social Classes and Political Organization.* Chicago: University of Chicago Press.

Bloch, Maurice

1973 The Long Term and the Short Term: the Economic and Political Significance of the Morality of Kinship. In *The Character of Kinship*, J. Goody, ed., pp. 75–87. Cambridge: Cambridge University Press.

1975 Property and the End of Affinity. In *Marxist Analyses and Social Anthropology*, M. Bloch, ed., pp. 203–222. London: Malaby Press.

1986 *From Blessing to Violence: History and Ideology in the Circumcision Ritual of the Merina of Madagascar*. Cambridge: Cambridge University Press.

1987a Descent and Sources of Contradiction in Representations of Women and Kinship.

In *Gender and Kinship: Essays Toward a Unified Analysis*, J. F. Collier & S. J. Yanagisako, eds., pp. 324–337. Stanford: Stanford University Press.

1987b The Ritual of the Royal Bath in Madagascar: the dissolution of death, birth and fertility into authority. In *Rituals of Royalty: Power and Ceremonial in Traditional Societies*, D. Cannadine & S. Price, eds., pp. 271–297. Cambridge: Cambridge University Press.

1989 Symbols, Song, Dance and Features of Articulation: Is Religion an Extreme Form of Traditional Authority? In *Ritual, History and Power: Selected Papers in Anthropology*, M. Bloch, pp. 19–45. London: The Athlone Press.

1991 Language, Anthropology and Cognitive Science. *Man* (N.S.) 26 (2): 183–198.

1992 *Prey into Hunter: The Politics of Religious Experience.* Cambridge: Cambridge University Press.

1998 Internal and External Memory: Different Ways of Being in History. In *How We Think They Think: Anthropological Approaches to Cognition, Memory, and Literacy*, M. Bloch, pp. 67–84. Boulder: Westview Press.

Blok, Anton

1992 Reflections on “making history”. In *Other Histories*, K. Hastrup, ed., pp. 121–127. London: Routledge.

Boddy, Janice

1989 *Wombs and Alien Spirits: Women, Men, and the Zar Cult in Northern Sudan.* Madison: University of Wisconsin Press.

Bohannan, Paul & Laura

1968 *Tiv Economy.* Evanston: Northwestern University Press.

Bonnell, Victoria E. & Lynn Hunt

1999 Introduction. In *Beyond the Cultural Turn: New Directions in the Study of Society and Culture*, V. E. Bonnell & L. Hunt, eds., pp. 1–32. Berkeley: University of California Press.

Bourdieu, Pierre

1977 *Outline of a Theory of Practice.* Cambridge: Cambridge University Press.

1984 *Distinction: A Social Critique of the Judgement of Taste.* London: Routledge & Kegan Paul.

1988 *Homo Academicus*. Stanford: Stanford University Press.

1990a *The Logic of Practice*. Stanford: Stanford University Press.

1990b The Kabyle House Or the World Reversed. In *The Logic of Practice*, P. Bourdieu, pp. 271–283. Stanford: Stanford University Press.

1991 *The Political Ontology of Martin Heidegger*. Cambridge: Polity Press.

1993 *The Field of Cultural Production: Essays on Art and Literature*. Cambridge: Polity Press.

1998 *On Television and Journalism*. London: Pluto Press.

2003 *Firing Back: Against the Tyranny of the Market 2*. London: Verso.

Bourdieu, Pierre & Chris Turner

2005 *The Social Structures of the Economy*. Cambridge: Polity Press.

Boyer, Pascal

1994 *The Naturalness of Religious Ideas: A Cognitive Theory of Religion*. Berkeley: University of California Press.

2001 *Religion Explained: The Evolutionary Origins of Religious Thought*. New York: Basic Books.

Breuilly, John

1982 *Nationalism and the State*. Manchester: Manchester University Press.

Briggs, Jean L.

1970 *Never in Anger: Portrait of an Eskimo Family*. Cambridge, Mass.: Harvard University Press.

Bringa, Tone

1995 *Being Muslim the Bosnian Way: Identity and Community in a Central Bosnian Village*. Princeton: Princeton University Press.

Bryant, Rebecca

2002 The Purity of Spirit and the Power of Blood: A Comparative Perspective on Nation, Gender and Kinship in Cyprus. *The Journal of the Royal Anthropological Institute* 8: 509–530.

Bunzl, Matti

2004 Boas, Foucault, and the "Native Anthropologist": Notes toward a Neo-Boasian Anthropology. *American Anthropologist* 106 (3): 435–442.

Burling, Robbins

1962 Maximization Theories and the Study of Economic Anthropology. *American Anthropologist* 64: 802–821.

Busby, Cecilia

1997 Permeable and Partible Person: A Comparative Analysis of Gender and Body in South India and Melanesia. *The Journal of the Royal Anthropological Institute* 3: 261–278.

2000 *The Performance of Gender: An Anthropology of Everyday Life in a South Indian Fishing Village*. London: The Athlone Press.

Calhoun, Craig, Edward LiPuma & Moishe Postone (eds.)

1993 *Bourdieu: Critical Perspectives.* Cambridge: Polity Press.

Carrithers, Michael, Steven Collins & Steven Lukes (eds.)

1985 *The Category of the Person: Anthropology, Philosophy, History.* Cambridge: Cambridge University Press.

Carsten, Janet

1995 The Substance of Kinship and the Heat of the Hearth: Feeding, Personhood, and Relatedness among Malays in Pulau Langkawl. *American Ethnologist* 22 (2): 223–241.

1997 *The Heat of the Hearth: The Process of Kinship in a Malay Fishing Community.* Oxford: Clarendon Press; New York: Oxford University Press.

2004 *After Kinship*. Cambridge: Cambridge University Press.

Carsten, Janet (ed.)

2000 *Cultures of Relatedness: New Approaches to the Study of Kinship.* Cambridge: Cambridge University Press.

Carsten, Janet & Stephen Hugh-Jones (eds.)

1995 *About the House: Lévi-Strauss and Beyond.* Cambridge: Cambridge University Press.

Cassell, Joan & Murray L. Wax

1980 Editorial Introduction: Toward a Moral Science of Human Beings. *Social Problems* 27 (3): 259–264.

Castaneda, Carlos

1974 *Tales of Power*. New York: Simon and Schuster.

Chatterjee, Partha

1986 *Nationalist Thought and the Colonial World: A Derivative Discourse*. Minneapolis: University of Minnesota Press.

Chayanov, Alexander V.

1986 [1966] *The Theory of Peasant Economy*. Madison: University of Wisconsin Press.

Ch'u, T'ung-tsu（瞿同祖）

1971 *Local Government in China under the Ch'ing*. Cambridge Mass.: Harvard University Press.

Chun, Allen J.（陳奕麟）

1984 The Meaning of Crisis and the Crisis of Meaning in History: An Interpretation of the Anglo-Chinese Opium War.《中央研究院民族學研究所集刊》55: 169–228.

1996 The Lineage-Village Complex in Southeastern China: A Long Footnote in the Anthropology of Kinship. *Current Anthropology* 37 (3): 61–95.

Clifford, James

1986 Introduction: Partial Truths. In *Writing Culture: the Poetics and Politics of Ethnography*, J. Clifford & G. E. Marcus, eds., pp. 1–26. Berkeley: University of California Press.

1988a Power and Dialogue in Ethnography: Marcel Griaule's Initiation. In *Predicament of Culture: Twentieth-Century Ethnography, Literature, and Art*, J. Clifford, pp. 55–91. Cambridge, Mass.: Harvard University Press.

1988b On Ethnographic Authority. In *Predicament of Culture: Twentieth-Century Ethnography, Literature, and Art*, J. Clifford, pp. 21–54. Cambridge, Mass.: Harvard University Press.

Clifford, James & George E. Marcus (eds.)

1986 *Writing Culture: The Poetics and Politics of Ethnography*. Berkeley: University of California Press.

Cohen, Anthony P. (ed.)

2000 *Signifying Identities: Anthropological Perspectives on Boundaries and Contested Values*. London: Routledge.

Cohen, Gillian

1989 *Memory in the Real World*. East Sussex: Lawrence Erlbaum Associates Ltd., Publishers.

Cohn, Bernard S.

1987 History and Anthropology: the State of Play. In *An Anthropologist among the Historians and Other Essays*, B. S. Cohn, pp. 18–49. Oxford: Oxford University Press.

Collier, Jane F. & Sylvia J. Yanagisako (eds.)

1987 *Gender and Kinship: Essays Toward a Unified Analysis*. Stanford: Stanford University Press.

Collingwood, R. G.

1946 *The Idea of History*. Oxford: Oxford University Press.

Comaroff, Jean

1985 *Body of Power, Spirit of Resistance: The Culture and History of a South African People*. Chicago: University of Chicago Press.

Comaroff, J. & J.

1991 *Of Revelation and Revolution*. Vol. One, *Christianity, Colonialism, and Consciousness in South Africa*. Chicago: University of Chicago Press.

1997 *Of Revelation and Revolution*. Vol. Two, *The Dialectics of Modernity on a South African Frontier*. Chicago: University of Chicago Press.

1999 Occult Economies and the Violence of Abstraction: Notes from the South African Postcolony. *American Ethnologist* 26 (2): 279–303.

Comaroff, Jean and John (eds.)

2000 *Millennial Capitalism and the Culture of Neoliberalism*. *Public Culture* 12 (2).

Comaroff, John L.

1992 [1987] Of Totemism and Ethnicity. In *Ethnography and the Historical Imagination*, John & Jean Comaroff, pp. 49–67. Boulder: Westview Press.

Cook, Scott

1966 The Obsolete "Anti-Market" Mentality: A Critique of the Substantive Approach to Economic Anthropology. *American Anthropologist* 68: 1–25.

Coronil, Fernando

1997 *The Magical State: Nature, Money, and Modernity in Venezuela*. Chicago:

University of Chicago Press.

Corrigan, Philip & Derek Sayer

1985 *The Great Arch: English State Formation as Cultural Revolution.* Oxford: Blackwell.

Crapanzano, Vincent

1980 *Tuhami: Portrait of a Moroccan.* Chicago: University of Chicago Press.

Crocker, J. Christopher

1979 Selves and Alters among the Eastern Bororo. In *Dialectical Societies*, D. Maybury-Lewis, ed., pp. 249–300. Cambridge, Mass.: Harvard University Press.

Dalton, George

1961 Economic Theory and Primitive Society. *American Anthropologist* 63: 1–25.

D'Andrade, Roy

1995 *The Development of Cognitive Anthropology.* Cambridge: Cambridge University Press.

Daniel, E. Valentine

1984 *Fluid Signs: Being a Person the Tamil Way*. Berkeley: University of California Press.

Davis, John

1991 *Times and Identities: An Inaugural Lecture*. Oxford: Oxford University Press.

Day, Sophie et al. (eds.)

1999 *Lilies of the Field: Marginal People Who Live for the Moment.* Boulder, Colo.: Westview Press.

de Heusch, Luc

1981 *Why Marry Her?—Society and Symbolic Structures.* Cambridge: Cambridge University Press.

Delaney, Carol

1995 Father, State, Motherland, and the Birth of Modern Turkey. In *Naturalizing Power: Essays in Feminist Cultural Analysis*, S. Yanagisako & C. Delaney, eds., pp. 177–199. London: Routledge.

Douglas, Mary

1966 *Purity and Danger: An Analysis of Concepts of Pollution and Taboo.*

Harmondworth: Penguin.

1970 *Natural Symbols: Explorations in Cosmology.* Harmondsworth: Penguin.

1975 Animals in Lele Religious Symbolism. In *Implicit Meanings: Essays in Anthropology*, M. Douglas, pp. 27–46. London: Routledge & Kegan Paul.

Duara, Prasenjit

2003 *Sovereignty and Authenticity: Manchukuo and the East Asian Modern.* Lanham: Rowman & Littlefield Publishers.

Dumont, Jean-Paul

1978 *The Headman and I: Ambiguity and Ambivalence in the Fieldworking Experience.* Austin: University of Texas Press.

Dumont, Louis

1970 *Homo Hierarchicus: An Essay on the Caste System.* Chicago: University of Chicago Press.

1986 *A South Indian Subcaste: Social Organization and Religion of the Pramalai Kallar.* Delhi: Oxford University Press.

Durkheim, Émile

1995 [1912] *The Elementary Forms of Religious Life*. New York: The Free Press.

Durkheim, Émile & Marcel Mauss

1963 *Primitive Classification.* Chicago: University of Chicago Press.

Dwyer, Kevin

1982 *Moroccan Dialogues: Anthropology in Question.* Baltimore: The John Hopkins University Press.

Ebron, Paulla A.

2002 *Performing Africa.* Princeton: Princeton University Press.

Edwards, Jeanette et al.

1993 *Technologies of Procreation: Kinship in the Age of Assisted Conception.* Manchester: Manchester University Press.

Elias, Norbert

1978 *The Civilizing Process.* Vol. 1, *The History of Manners.* Oxford: Blackwell.

1982 *The Civilizing Process.* Vol. 2, *State Formation & Civilization.* Oxford: Blackwell.

Engels, Frederick

1972 *The Origin of the Family, Private Property, and the State.* New York: Pathfinder Press.

Epstein, T. Scarlett

1962 *Economic Development and Social Change in South India.* Manchester: Manchester University Press.

1968 *Capitalism, Primitive and Modern: Some Aspects of Tolai Economic Growth.* East Lansing: Michigan State University Press.

Eriksen, Thomas H.

1988 *Communicating Cultural Difference and Identity: Ethnicity and Nationalism in Mauritius.* Oslo: Occasional Papers in Social Anthropology 16.

2001 *Small Places, Large Issues: An Introduction to Social and Cultural Anthropology.* Second Edition. London: Pluto Press.

Eriksen, Thomas H. & Finn S. Nielsen

2001 *A History of Anthropology.* London: Pluto Press.

Errington, Shelly

1979 Some Comments on Style in the Meanings of the Past. In *Perceptions of the Past in Southeast Asia*, A. Reid & D. Marr, eds., pp. 26–42. Singapore: Heinemann Educational Books, Ltd.

1989 *Meaning and Power in a Southeast Asian Realm.* Princeton: Princeton University Press.

Escobar, Arturo

1995 *Encountering Development: The Making and Unmaking of the Third World.* Princeton: Princeton University Press.

Evans-Pritchard, E. E.

1937 *Witchcraft, Oracles and Magic among the Azande.* Oxford: The Clarendon Press.

1940 *The Nuer: A Description of the Modes of Livelihood and Political Institutions of a Nilotic People*. Oxford: Clarendon Press.

1949 *The Sanusi of Cyrenaica*. Oxford: Clarendon Press.

1951 *Kinship and Marriage among the Nuer.* Oxford: Clarendon Press.

1956 *Nuer Religion.* Oxford: Oxford University Press.

1962 [1948] The Divine Kingship of the Shilluk of the Nilotic Sudan. In *Essays in*

Social Anthropology, E. E. Evans-Pritchard, pp. 66–86. London: Faber and Faber.

1981 *A History of Anthropological Thought.* London: Faber and Faber.

Fardon, Richard

1990a Localizing Strategies: The Regionalization of Ethnographic Accounts. In *Localizing Strategies: Regional Traditions of Ethnographic Writing*, R. Fardon, ed., pp. 1–35. Edinburgh: Scottish Academic Press.

1990b Malinowski's Precedent: The Imagination of Equality. *Man* (N.S.) 25 (4): 569–587.

Faubion, James D.

1993 History in Anthropology. *Annual Review of Anthropology* 22: 35–54.

Faubion, James D. (ed.)

2001 *The Ethnics of Kinship: Ethnographic Inquiries.* Lanham: Rowman & Littlefield Publishers.

Ferguson, J.

1994 *The Anti-Politics Machine: "Development", Depoliticization, and Bureaucratic Power in Lesotho.* Minneapolis: University of Minnesota Press.

Finnegan, Ruth & Robin Horton (eds.)

1973 *Modes of Thought: Essays on Thinking in Western and Non-Western Societies.* London: Faber & Faber.

Firth, Raymond

1951 *Elements of Social Organization.* London: Watts & Co.

Firth, Raymond & B. S. Yamey (eds.)

1963 *Capital, Saving and Credit in Peasant Societies.* London: Allen and Unwin.

Forster, Peter

1975 Empiricism and Imperialism: A Review of the New Left Critique of Social Anthropology. In *Anthropology and the Colonial Encounter*, T. Asad, ed., pp. 23–38. London: Ithaca Press.

Fortes, Meyer

1945 *The Dynamics of Clanship among the Tallensi: Being the First Part of an Analysis of the Social Structure of a Trans-Volta Tribe.* Oxford: Oxford Univeristy Press.

1949 *The Web of Kinship among the Tallensi: The Second Part of an Analysis of the*

Social Structure of a Trans-Volta Tribe. Oxford: Oxford University Press.

1969 *Kinship and Social Order: The Legacy of Lewis Henry Morgan.* London: Routledge and Kegan Paul.

1970a The Structure of Unilineal Descent Groups. In *Time and Social Structure and Other Essays*, M. Fortes, pp. 67–95. London: The Athlone Press.

1970b Descent, Filiation and Affinity. In *Time and Social Structure and Other Essays*, M. Fortes, pp. 96–121. London: Athlone Press.

Fortes, Meyer & E. E. Evans-Pritchard (eds.)

1940 *African Political Systems*. Oxford: Oxford University Press.

Foster, George M.

1967 *Tzintzuntzan: Mexican Peasants in a Changing World*. Boston: Little, Brown and Company.

Foster, Robert J. (ed.)

1995 *Nation Making: Emergent Identities in Postcolonial Melanesia.* Ann Arbor: University of Michigan Press.

Foster-Carter, Aidan

1978 Can We Articulate "Articulation"? In *The New Economic Anthropology*, J. Clammer, ed., pp. 210–249. New York: St. Martin's Press.

Foucault, Michel

1979 *Discipline and Punish: The Birth of the Prison.* New York: Vintage Books.

Fox, Robin

1967 *Kinship and Marriage: An Anthropological Perspective*. Harmondsworth: Penguin Books.

Frank, Andre G.

1967 *Capitalism and Underdevelopment in Latin America: Historical Studies of Chile and Brazil.* New York: Monthly Review Press.

Franklin, Sarah & Susan McKinnon (eds.)

2001 *Relative Values: Reconfiguring Kinship Studies.* Durham: Duke University Press.

Freedman, Maurice

1958 *Lineage Organization in Southeastern China*. London: The Athlone Press.

1966 *Chinese Lineage and Society: Fukien and Kwangtung*. New York: Humanities

Press.

Fried, Morton H.

1967 *The Evolution of Political Society: An Essay in Political Anthropology.* New York: Random House.

Friedman, Jonathan

1974 Marxism, Structuralism and Vulgar Materialism. *Man* (N.S.) 9: 444–469.

1975 Tribes, States, and Transformations. In *Marxist Analyses and Social Anthropology*, M. Bloch, ed., pp. 161–202. London: Malaby Press.

Frisby, David & Derek Sayer

1986 *Society.* London: Tavistock.

Fustel de Coulanges, Numa D.

1979 [1864] *The Ancient City: A Study on the Religion, Laws, and Institutions of Greece and Rome*. Gloucester, Mass.: Peter Smith.

Geertz, Clifford

1960 *The Religion of Java.* Chicago: University of Chicago Press.

1962 Social Change and Economic Modernization in Two Indonesian Towns: A Case in Point. In *On the Theory of Social Change: How Economic Growth Begins*, E. E. Hagen, pp. 385–407. Homewood, Ill.: The Dorsey Press.

1963 *Peddlers and Princes: Social Development and Economic Change in Two Indonesian Towns.* Chicago: University of Chicago Press.

1968 *Islam Observed: Religious Developments in Morocco and Indonesia.* New Haven: Yale University Press.

1973a Ritual and Social Change: A Javanese Example. In *Interpretation of Cultures*, C. Geertz, pp. 142–169. New York: Basic Books, Inc., Publishers.

1973b Deep Play: Notes on the Balinese Cockfight. In *Interpretation of Cultures*, C. Geertz, pp. 412–453. New York: Basic Books, Inc., Publishers.

1973c Religion as a Cultural System. In *Interpretation of Cultures*, C. Geertz, pp. 87–125. New York: Basic Books, Inc., Publishers.

1980 *Negara: The Theatre State in Nineteenth-Century Bali.* Princeton: Princeton University Press.

1983 *Local Knowledge: Further Essays in Interpretive Anthropology.* New York: Basic

Books.

1988 *Works and Lives: The Anthropologist as Author.* Stanford: Stanford University Press.

Geertz, Hildred & Clifford Geertz

1964 Teknonymy in Bali: Parenthood, Age-Grading and Genealogical Amnesia. *Journal of the Royal Anthropological Institute of Great Britain and Ireland* 94 (2): 94–108.

Gell, Alfred

1995 The Language of the Forest: Landscape and Phonological Iconism in Umeda. In *The Anthropology of Landscape: Perspectives on Place and Space*, E. Hirsch & M. O'Hanlon, eds., pp. 232–254. Oxford: Clarendon Press.

Gellner, Ernest

1957 Ideal Language and Kinship Structure. *Philosophy of Science* 24 (3): 235–242.

1960 The Concept of Kinship: With Special Reference to Mr. Needham's "Descent Systems and Ideal Language". *Philosophy of Science* 27 (2): 187–204.

1963 Nature and Society in Social Anthropology. *Philosophy of Science* 30 (3): 236–251.

1969 A Pendulum Swing Theory of Islam. In *Sociology of Religion*, R. Robertson, ed., pp. 127–138. Middlesex: Penguin.

1981 *Muslim Society.* Cambridge: Cambridge University Press.

1983 *Nations and Nationalism.* Ithaca: Cornell University Press.

Giambelli, Rodolfo A.

1998 The Coconut, the Body and the Human Being: Metaphors of Life and Growth in Nusa Penida and Bali. In *The Social Life of Trees: Anthropologcial Perspectives on Tree Symbolism*, L. Rival, ed., pp. 133–157. Oxford: Berg.

Gingrich, Andre & Richard G. Fox (eds.)

2002 *Anthropology, by Comparison.* London: Routledge.

Gladney, Dru C. (ed.)

1998 *Making Majorities: Constituting the Nation in Japan, Korea, China, Malaysia, Fiji, Turkey, and the United States*. Stanford: Stanford University Press.

Gledhill, John

2000 *Power and Its Disguises: Anthropological Perspectives on Politics.* 2nd ed.

London: Pluto Press.

Gluckman, Max

1962 Les Rites de Passage. In *Essays on the Ritual of Social Relations*, M. Gluckman, ed., pp. 1–52. Manchester: Manchester University Press.

1963 [1952] Rituals of Rebellion in South-East Africa. In *Order and Rebellion in Tribal Africa*, M. Gluckman, pp. 110–136. London: Cohen & West.

Godelier, Maurice

1972 *Rationality and Irrationality in Economics.* London: Monthly Review Press.

1977 The Concept of "Social and Economic Formation": The Inca Example. In *Perspectives in Marxist Anthropology*, M. Godelier, pp. 63–69. Cambridge: Cambridge University Press.

1978 The Concept of the "Asiatic Mode of Production" and Marxist Models of Social Evolution. In *Relations of Production: Marxist Approaches to Economic Anthropology*, D. Seddon, ed., pp. 209–257. London: Frank Cass and Company Limitted.

Goodale, Jane C.

1980 Gender, Sexuality and Marriage: A Kaulong Model of Nature and Culture. In *Nature, Culture and Gender*, C. MacCormack & M. Strathern, eds., pp. 119–142. Cambridge: Cambridge University Press.

Goody, Jack

1976 *Production and Reproduction: A Comparative Study of the Domestic Domain.* Cambridge: Cambridge University Press.

1977 *The Domestication of the Savage Mind.* Cambridge: Cambridge University Press.

1983 *The Development of the Family and Marriage in Europe.* Cambridge: Cambridge University Press.

Goody, Jack (ed.)

1958 *The Developmental Cycle in Domestic Groups.* Cambridge: Cambridge University Press.

Gregor, Thomas A. & Donald Tuzin (eds.)

2001 *Gender in Amazonia and Melanesia: An Exploration of the Comparative Method.* Berkeley: University of California Press.

Gregory, Christopher A.

1982 *Gifts and Commodities.* London: Academic Press.

Grichting, Wolfgang L.

1971 *The Value System in Taiwan, 1970: A Preliminary Report.* Taipei: W. L. Grichting.

Grillo, R. D. & R. L. Stirrat (eds.)

1997 *Discourses of Development: Anthropological Perspectives.* Oxford: Berg.

Gudeman, Stephen

1986 *Economics as Culture: Models and Metaphors of Livelihood*. London: Routledge & Kegan Paul.

Hamilton, Peter

1992 The Enlightenment and the Birth of Social Science. In *Formations of Modernity*, S. Hall & B. Gieben, eds., pp. 17–58. Oxford: Polity Press.

Handler, Richard

1988 *Nationalism and the Politics of Culture in Quebec.* Madison: University of Wisconsin Press.

1994 Is "Identity" a Useful Cross-cultural Concept? In *Commemorations: The Politics of National Identity*, J. R. Gillis, ed., pp. 27–40. Princeton: Princeton University Press.

2004 Afterword: Mysteries of Culture. *American Anthropologist* 106 (3): 488–494.

Harris, Olivia

1980 The Power of Signs: Gender, Culture and the Wild in the Bolivian Andes. In *Nature, Culture and Gender*, C. MacCormack & M. Strathern, eds., pp. 70–92. Cambridge: Cambridge University Press.

1989 The Earth and the State: the Sources and Meanings of Money in Northern Potosi, Bolivia. In *Money and the Morality of Exchange*, J. Parry & M. Bloch, eds., pp. 232–268. Cambridge: Cambridge University Press.

Harrison, Simon

1999 Identity as a Scarce Resource. *Social Anthropology* 7 (3): 239–251.

Hart, Keith

1983 The Contribution of Marxism to Economic Anthropology. In *Economic Anthropology: Topics and Theories*, S. Ortiz, ed., pp. 105–144. Lanham, Md.:

University Press of America.

Harvey, David

2005 *A Brief History of Neoliberalism.* Oxford: Oxford University Press.

Hastrup, Kirsten

1992a Introduction. In *Other Histories*, K. Hastrup, ed., pp. 1–13. London: Routledge.

Hastrup, Kirsten (ed.)

1992b *Other Histories.* London: Routledge.

Hatch, Elvin

1973 *Theories of Man and Culture.* New York: Columbia University Press.

Herskovits, Melville J.

1952 *Economic Anthropology: A Study in Comparative Economics.* New York: Knopf.

Hertz, Robert

1960 *Death and the Right Hand.* Glencoe: The Free Press.

Hertzler, Joyce O.

1961 *American Social Institutions: A Sociological Analysis.* Boston: Allyn & Bacon.

Ho, Tsui-ping（何翠萍）

1997 *Exchange, Person and Hierarchy: Rethinking the Kachin.* Ph. D. dissertation, University of Virginia.

Hobart, Mark (ed.)

1993 *An Anthropological Critique of Development: The Growth of Ignorance.* London: Routledge.

Hobsbawm, Eric J.

1983 Introduction. In *The Invention of Tradition*, E. Hobsbawm & T. Ranger, eds., pp. 1–14. Cambridge: Cambridge University Press.

1990 *Nations and Nationalism Since 1780: Programme, Myth, Reality.* Cambridge: Cambridge University Press.

1992 Ethnicity and Nationalism in Europe Today. *Anthropology Today* 8 (1): 3–8.

Holland, Dorothy & Naomi Quinn (eds.)

1987 *Cultural Models in Language and Thought.* Cambridge: Cambridge University Press.

Hollis, Martin & Steven Lukes (eds.)

1982 *Rationality and Relativism.* Oxford: Basil Blackwell.

Holy, Ladislav

1996 *Anthropological Perspectives on Kinship.* London: Pluto Press.

Holy, Ladislav (ed.)

1987 *Comparative Anthropology*. Oxford: Basil Blackwell.

Homans, George C.

1941 Anxiety and Ritual: The Theories of Malinowski and Radcliffe-Brown. *American Anthropologist* 43: 164–172.

Homans, George C. & David M. Schneider

1955 *Marriage, Authority, and Final Causes: A Study of Unilateral Cross-cousin Marriage.* Glencoe, Ill.: The Free Press.

Horton, Robin

1970 African Traditional Thought and Western Science. In *Rationality*, B. R. Wilson, ed., pp. 131–171. Oxford: Basil Blackwell.

Hoskins, Janet

1998 *Biographical Objects: How Things Tell the Stories of People's Lives.* London: Routledge.

Hsiao, Kung-Chuan（蕭公權）

1960 *Rural China: Imperial Control in the 19th Century.* Seattel: University of Washington Press.

Hsu, Francis L. K.（許烺光）

1948 *Under the Ancestors' Shadow: Chinese Culture and Personality.* New York: Columbia University Press.

Huang, Shiun-wey（黃宣衛）

2007 Cultural Construction and a New Ethnic Group Movement: The Name Rectification Campaign and the Fire God Ritual of the Sakizaya in Eastern Taiwan. Paper presented at the Workship of Change and Continuity in the Aboriginal Societies of Taiwan. Sponsored by the International Centre for Excellence in Asia Pacific Studies and the Department of Anthropology RSPAS. 29 October 2007.

Huang, Ying-kuei（黃應貴）

1988 *Conversion and Religious Change among the Bunun of Taiwan.* Ph. D. Thesis.

London School of Economics and Political Science, University of London.

Hubert, Henri & Marcel Mauss

1964 [1898] *Sacrifice: Its Nature and Function.* London: Cohen & West.

Hwang, K. K.（黃光國）

1987 Face and Favor: The Chinese Power Game. *American Journal of Sociology* 92 (4): 944–974.

Hymes, Dell

1974 The Use of Anthropology: Critical, Political, Personal. In *Reinventing Anthropology*, D. Hymes, ed., pp. 3–79. New York: Vintage Books.

Ingold, Tim (ed.)

1990 *The Concept of Society is Theoretically Obsolete.* Manchester: Manchester University Press.

Jahoda, Gustav

1999 *Images of Savages: Ancient Roots of Modern Prejudice in Western Culture.* London: Routledge.

James, Wendy

1975 The Anthropologist as Relevant Imperialist. In *Anthropology and the Colonial Encounter*, T. Asad, ed., pp. 41–69. New York: Humanities Press.

James, Wendy & N. J. Allen (eds.)

1998 *Marcel Mauss: A Centenary Tribute.* Oxford: Berghahn Books.

Jamieson, Mark

2003 Miskitu or Creole? Ethnic Identity and the Moral Economy in a Nicaraguan Miskitu Village. *Journal of the Royal Anthropological Institute* (N.S.) 9: 201–222.

Jean-Klein, Iris

2000 Mothercraft, Statecraft, and Subjectivity in the Palestinian Intifada. *American Ethnologist* 27 (1): 100–127.

Joyce, Rosemary A. & Susan D. Gillespie (eds.)

2000 *Beyond Kinship: Social and Material Reproduction in House Societies.* Philadelphia: University of Pennsylvania Press.

Kapferer, Bruce

1988 *Legends of People, Myths of State: Violence, Intolerance, and Political Culture in*

Sri Lanka and Australia. Washington: Smithsonian Institution Press.

Kardiner, Abram

1939 *The Individual and His Society: The Psychodynamics of Primitive Social Organization.* New York: Columbia University Press.

1945 *The Psychological Frontier of Society.* New York: Columbia University Press.

Kessing, Roger M.

1975 *Kin Groups and Social Structure.* New York: Holt, Rinehart and Winston.

Keesing, Roger M. & Felix M. Keesing

1971 *New Perspectives in Cultural Anthropology.* New York: Holt, Rinehart and Winston, Inc.

Keyes, Charles F.

1981 The Dialectics of Ethnic Change. In *Ethnic Change*, C. F. Keyes, ed., pp. 3–30. Seattle: University of Washington Press.

King, Victor T.

1981 Marxist Analysis and Highland Burma: A Critical Commentary. *Cultures et developpement* XIII (4): 675–688.

Knauft, Bruce M. (ed.)

2002 *Critically Modern: Alternatives, Alterities, Anthropologies.* Bloomington: Indiana University Press.

Kopytoff, Igor

1986 The Cultural Biography of Things: Commoditization as Process. In *The Social Life of Things: Commodities in Cultural Perspective*, A. Appadurai, ed., pp. 64–91. Cambridge: Cambridge University Press.

Korn, Francis

1973 *Elementary Structures Reconsidered: Lévi-Strauss on Kinship.* London: Tavistock Publications.

Krech III, Shepard

1991 The State of Ethnohistory. *Annual Review of Anthropology* 20: 345–375.

Kroeber, Alfred L.

1968 [1909] Classificatory Systems of Relationship. In *Kinship and Social Organization*, P. Bohannan & J. Middleton, eds., pp. 19–27. New York: The

Natural History Press.

Kroeber, Alfred L. & Clyde Kluckhohn

1952 *Culture: A Critical Review of Concepts and Definitions.* Cambridge, Mass.: The Peabody Museum.

Kuper, Adam

1980 The Man in the Study and the Man in the Field: Ethnography, Theory and Comparison in Social Anthropology. *European Journal of Sociology* 21 (1): 14–19.

1983 *Anthropology and Anthropologists: The Modern British School.* London: Routledge & Kegan Paul.

1999 *Culture: The Anthropologists' Account.* Cambridge, Mass.: Harvard University Press.

Kuper, Adam (ed.)

1992 *Conceptualizing Society.* London: Routledge.

Kuper, Hilda

1947 *An African Aristocracy: Rank among the Swazi.* Oxford: Oxford University Press.

Leach, Edmund

1954 *Political Systems of Highland Burma: A Study of Kachin Social Structure.* London : The Athlone Press.

1961a Aspects of Bridewealth and Marriage Stability among the Kachin and Lakher. In *Rethinking Anthropology*, E. Leach, pp. 114–123. London: The Athlone Press.

1961b *Pul Eliya, A Village in Ceylon: A Study of Land Tenure and Kinship.* Cambridge: Cambridge University Press.

1974 *Lévi-Strauss.* Glasgow: Fontana.

Leacock, Eleanor

1978 Women's Status in Egalitarian Society: Implications for Social Evolution. *Current Anthropology* 19 (2): 247–275.

Leavitt, John

1996 Meaning and Feeling in the Anthropology of Emotions. *American Ethnologist* 23 (3): 514–539.

LeClair, Edward E.

1962 Economic Theory and Economic Anthropology. *American Anthropologist* 64: 1179–1203.

Le Goff, Jacques

1980 *Time, Work, & Culture in the Middle Ages.* Chicago: University of Chicago Press.

Le Roy Ladurie, Emmanuel

1979 *Montaillou: The Promised Land of Error*. New York: Vintage Books.

Lévi-Strauss, Claude

1966 *The Savage Mind.* Chicago: University of Chicago Press.

1967 The Effectiveness of Symbols. In *Structural Anthropology*, C. Lévi-Strauss, pp. 181–201. Garden City: Doubleday & Company, Inc.

1969 *The Elementary Structures of Kinship.* Boston: Beacon Press.

1976 The Scope of Anthropology. In *Structural Anthropology*, C. Lévi-Strauss Vol. II, pp. 3–32. Chicago: University of Chicago Press.

1983 *The Way of the Masks.* London: Jonathan Cape.

1984 The Concept of "House". In *Anthropology & Myth: Lectures 1951–1982.* C. Lévi-Strauss, pp. 151–152. Oxford: Basil Blackwell.

1987 *Introduction to the Work of Marcel Mauss.* London: Routledge & Kegan Paul.

Lévy-Bruhl, Lucien

1966 [1923] *Primitive Mentality.* Boston: Beacon Press.

1985 [1926] *How Natives Think.* Princeton: Princeton University Press.

Lewis, Ioan M.

1968 Comment to Current Anthropology Social Responsibility Symposium. *Current Anthropology* 9: 415–417.

Lewis, Oscar

1951 *Life in a Mexican Village: Tepoztlan Restudied.* Urbana: University of Illinois Press.

Li, An-Che

1968 Zuni: Some Observations and Queries. In *Theory in Anthropology: A Sourcebook*, R. A. Manners & D. Kaplan, eds., pp. 136–144. Chicago: Aldine Publishing Company.

Lindholm, Charles

1982 *Generosity and Jealousy: The Swat Pukhtun of Northern Pakistan*. New York: Columbia University Press.

2001 *Culture and Identity: The History, Theory, and Practice of Psychological Anthropology*. Boston: McGraw-Hill.

Linnekin, Jocelyn & Lin Poyer

1990a Introduction. In *Cultural Identity and Ethnicity in the Pacific*, J. Linnekin & L. Poyer, eds., pp. 1–16. Honolulu: University of Hawaii Press.

Linnekin, Jocelyn & Lin Poyer (eds.)

1990b *Cultural Identity and Ethnicity in the Pacific*. Honolulu: University of Hawaii Press.

Lu, Hsin-Yi

2002 *The Politics of Locality: Making a Nation of Communities in Taiwan*. London: Routledge.

Lutz, Catherine A.

1988 *Unnatural Emotions: Everyday Sentiments on a Micronesian Atoll & Their Challenge to Western Theory*. Chicago: University of Chicago Press.

Lyon, Margot L.

1995 Missing Emotion: The Limitations of Cultural Constructionism in the Study of Emotion. *Cultural Anthropology* 10 (2): 244–263.

MacCormack, Carol & Marilyn Strathern (eds.)

1980 *Nature, Culture and Gender*. Cambridge: Cambridge University Press.

Macfarlane, Alan

1978 *The Origins of English Individualism: The Family, Property and Social Transition*. Cambridge: Cambridge University Press.

Maine, Henry S.

1861 *Ancient Law: Its Connection with the Early History of Society and Its Relation to Modern Ideas*. London: J. Murray.

Malinowski, Bronislaw

1961 [1922] *Argonauts of the Western Pacific: An Account of Native Enterprise and Adventure in the Archipelagoes of Melanesian New Guinea*. New York: E. P. Dutton & Co., Inc.

Manners, Robert A. & David Kaplan (eds.)

1968 *Theory in Anthropology: A Sourcebook.* Chicago: Aldine Publishing Company.

Marcus, George E. & Michael M. J. Fischer

1986 *Anthropology as Cultural Critique: An Experimental Moment in the Human Sciences.* Chicago: University of Chicago Press.

Maschio, Thomas

1998 The Narrative and Counter-Narrative of the Gift: Emotional Dimensions of Ceremonial Exchange in Southwestern New Britain. *Journal of the Royal Anthropological Institute* 4 (1): 83–100.

Mauss, Marcel

1979a A Category of the Human Mind: The Notion of Person, the Notion of "Self". In *Sociology and Psychology*, M. Mauss, pp. 57–94. London: Routledge & Kegan Paul.

1979b *Sociology and Psychology: Essays.* London: Routledge & Kegan Paul.

1990 [1950] *The Gift: The Form and Reason for Exchange in Archaic Societies.* London: Routledge.

Mauss, Marcel & Henri Beuchat

1979 [1904–5] *Seasonal Variations of the Eskimo: A Study in Social Morphology.* London; Boston: Routledge & Kegan Paul.

May, William F.

1980 Doing Ethics: The Bearing of Ethical Theories on Fieldwork. *Social Problems* 27 (3): 358–370.

McCallum, Cecilia

2001 *Gender and Sociality in Amazonia: How Real People Are Made.* Oxford: Berg.

McCauley, Robert N. & E. Thomas Lawson

2002 *Bringing Ritual to Mind: Psychological Foundations of Cultural Forms.* Cambridge: Cambridge University Press.

McGrane, Bernard

1989 *Beyond Anthropology: Society and the Other.* New York: Columbia University Press.

Mead, Margaret

1928 *Coming of Age in Samoa: A Psychological Study of Primitive Youth for Western Civilization.* New York: Morrow.

1935 *Sex and Temperament in Three Primitive Societies.* London: Routledge & Kegan Paul.

Meeker, Michael E.

1980 The Twilight of a South Asian Heroic Age: A Rereading of Barth's Study of Swat. *Man* (N.S.) 15 (4): 682–701.

Meggitt, Mervyn

1972 Understanding Australian Aboriginal Society: Kinship Systems or Cultural Categories? In *Kinship Studies in the Morgan Centennial Year*, P. Reining, ed., pp. 64–87. Washington, D.C.: The Anthropological Society of Washington.

Meillassoux, Claude

1972 From Reproduction to Production: A Marxist approach to economic anthropology. *Economy & Society* 1 (1): 93–105.

1978a "The Economy" in Agricultural Self-Sustaining Societies: a Preliminary Analysis. In *Relations of Production: Marxist Approaches to Economic Anthropology*, D. Seddon, ed., pp. 127–157. London: Frank Cass and Company Limited.

1978b The Social Organization of the Peasantry: The Economic Basis of Kinship. In *Relations of Production: Marxist Approaches to Economic Anthropology*, D. Seddon, ed., pp. 159–169. London: Frank Cass and Company Limited.

1981 *Maidens, Meal and Money: Capitalism and the Domestic Community*. Cambridge: Cambridge University Press.

Miller, Daniel

1987 *Material Culture and Mass Consumption.* Oxford: Basil Blackwell.

1995 Consumption Studies as the Transformation of Anthropology. In *Acknowledging Consumption: A Review of New Studies*, D. Miller, ed., pp. 264–295. London: Routledge.

Milton, Kay

1979 Male Bias in Anthropology. *Man* (N.S.) 14 (1): 40–54.

Mintz, Sidney W.

1953 The Folk-Urban Continuum and the Rural Proletarian Community. *American Journal of Sociology* 34: 139–143.

1973 A Note on the Definition of Peasantries. *The Journal of Peasant Studies* 1 (1): 91–106.

1979 The Rural Proletariat and the Problem of the Rural Proletarian Consciousness. In *Peasants and Proletarians*, R. Cohen et al., eds., pp. 173–197. London: Hutchinson & Co.

1985 *Sweetness and Power: The Place of Sugar in Modern History*. New York: Penguin Books.

1989 The Sensation of Moving, While Standing Still. *American Ethnologist* 16 (4): 786–796.

Moore, Henrietta L.

1994 *Anthropology and Africa: Changing Perspectives on a Changing Scene.* Charlottesville: The University Press of Virginia.

1999 Introduction. In *Those Who Play with Fire: Gender, Fertility & Transformation in East & Southern Africa,* H. L. Moore, T. Sanders & B. Kaare, eds., pp. 3–37. London: The Athlone Press.

Moore, Henrietta L., Todd Sanders & Bwire Kaare (eds.)

1999 *Those Who Play with Fire: Gender, Fertility & Transformation in East & Southern Africa.* London: The Athlone Press.

Morgan, Lewis H.

1871 *Systems of Consanguinity and Affinity of the Human Family*. Oosterhout, N.B., The Netherlands: Anthropological Publications.

1877 *Ancient Society: Or, Researches in the Lines of Human Progress from Savagery through Barbarism to Civilization*. Chicago: C. H. Kerr.

1965 *Houses and House-life of the American Aborigines*. Chicago: University of Chicago Press.

Morris, Brian

1987 *Anthropological studies of Religion: An Introductory Text*. Cambridge: Cambridge University Press.

Morris, Rosalind C.

1995 All Made Up: Performance Theory and the New Anthropology of Sex and Gender. *Annual Review of Anthropology* 24: 567–592.

Nagata, Judith A.

1981 In Defense of Ethnic Boundaries: The Changing Myths and Charters of Malay Identity. In *Ethnic Change*, C. F. Keyes, ed., pp. 87–116. Seattle: University of Washington Press.

Nash, June

1979 *We Eat the Mines and the Mines Eat Us: Dependency and Exploitation in Bolivian Tin Mines*. New York: Columbia University Press.

Needham, Rodney

1960a *Structure and Sentiment: A Test Case in Social Anthropology*. Chicago: University of Chicago Press.

1960b Descent Systems and Ideal Language. *Philosophy of Science* 27 (1): 96–101.

1971 Introduction. In *Rethinking Kinship and Marriage*, R. Needham, ed., pp. xiii–cxvii. London: Tavistock Publications.

1972 *Belief, Language, and Experience*. Chicago: University of Chicago Press.

1974 *Remarks and Inventions: Skeptical Essays about Kinship*. London: Tavistock Publications.

Nugent, David

1982 Closed Systems and Contradiction: the Kachin in and out of History. *Man* (N.S.) 17 (3): 508–527.

Obeyesekere, Gananath

1992 *The Apotheosis of Captain Cook: European Mythmaking in the Pacific*. Princeton: Princeton University Press.

Ohunki-Tierney, Emiko（大貫惠美子）

1990 Introduction: The Historicization of Anthropology. In *Culture through Time: Anthropological Approaches*, E. Ohunki-Tierney, ed., pp. 1–25. Stanford: Stanford University Press.

Ong, Aihwa

2006 *Neoliberalism as Exception: Mutations in Citizenship and Sovereignty*. Durham: Duke University Press.

Ong, Aihwa & Stephen J. Collier (eds.)

2005 *Global Assemblages: Technology, Politics, and Ethics as Anthropological Problems.* Oxford: Blackwell.

Orta, Andrew

2004 The Promise of Particularism and the Theology of Culture: Limits and Lessons of "Neo-Boasianism". *American Anthropologist* 106 (3): 473–487.

Ortner, Sherry B.

1973 On Key Symbols. *American Anthropologist* 75: 49–63.

1974 Is Female to Male as Nature Is to Culture? In *Woman, Culture and Society*, M. Z. Rosaldo & L. Lamphere, eds., pp. 67–87. Stanford: Stanford University Press.

1978 *Sherpas through Their Rituals*. Cambridge: Cambridge University Press.

1984 Theories in Anthropology since the Sixties. *Comparative Studies in Society and History* 26 (1): 126–166.

Ortner, Sherry B. & Harriet Whitehead (eds.)

1981 *Sexual Meanings: The Cultural Construction of Gender and Sexuality.* Cambridge: Cambridge University Press.

Overing, Joanna

1985a Today I shall call him "Mummy": multiple worlds and classificatory confusion. In *Reason and Morality*, J. Overing, pp. 152–179. London: Tavistock Publications.

Overing, Joanna (ed.)

1985b *Reason and Morality.* London: Tavistock Publications.

Overing, Joanna & Alan Passes (eds.)

2000 *The Anthropology of Love and Anger: The Aesthetics of Conviviality in Native Amazonia.* London: Routledge.

Parkin, David

1991 *Sacred Void: Spatial Images of Work and Ritual among the Giriama of Kenya.* Cambridge: Cambridge University Press.

Pasternak, Burton

1972 *Kinship and Community in Two Chinese Villages.* Stanford: Stanford University Press.

Peacock, James L.

1981 The Third Stream: Weber, Parsons, Geertz. *Journal of the Anthropological Society of Oxford* 12 (2): 122–129.

Polanyi, Karl

1957 The Economy As Instituted Process. In *Trade and Market in the Early Empires: Economies in History and Theory*, K. Polanyi et al., eds. pp. 243–270. Glencoe, Ill.: Free Press.

Polanyi, Karl, Conrad M. Arensberg, and Harry W. Pearson (eds.)

1957 *Trade and Market in the Early Empires: Economies in History and Theory*. Glencoe, Ill.: Free Press.

Polier, Nicole & William Roseberry

1989 Tristes Tropes: Postmodern Anthropologists Encounter the other and Discover Themselves. *Economy and Society* 18 (2): 245–264.

Potter, Jack M.

1970 Land and Lineage in Traditional China. In *Family and Kinship in Chinese Society*, M. Freedman, ed., pp. 121–138. Stanford: Stanford University Press.

Pouillon, Jean

1982 Remarks on the Verb "To Believe". In *Between Belief and Transgression: Structuralist Essays in Religion, History, and Myth*, M. Izard and P. Smith, eds., pp. 1–8. Chicago: University of Chicago Press.

Rabinow, Paul

1977 *Reflections on Fieldwork in Morocco*. Berkeley: University of California Press.

Radcliffe-Brown, Alfred R.

1964 [1922] *The Andaman Islanders*. New York: The Free Press of Glencoe.

1952 *Structure and Function in Primitive Society*. New York: The Free Press.

Rappaport, Roy A.

1967 *Pigs for the Ancestors: Ritual in the Ecology of a New Guinea People*. New Haven: Yale University Press.

1979 The Obvious Aspects of Ritual. In *Ecology, Meaning, and Religion*, R. A. Rappaport, pp. 173–221. Richmond: North Atlantic Books.

Redfield, Robert

1941 *Folk Culture of Yucatan*. Chicago: University of Chicago Press.

1960 *The Little Community and Peasant Society and Culture*. Chicago: University of Chicago Press.

Reddy, William M.

1986 The Structure of a Cultural Crisis: Tthinking About Cloth in France Before and After the Revolution. In *The Social Life of Things: Commodities in Cultural Perspective*, A. Appadurai, ed., pp. 261–284. Cambridge: Cambridge University Press.

1997 Against Constructionism: The Historical Ethnography of Emotions. *Current Anthropology* 38 (3): 327–351.

2001 *The Navigation of Feeling: A Framework for the History of Emotions*. Cambridge: Cambridge University Press.

Richer, Stephen

1988 Fieldwork and the Commodification of Culture: Why the Natives are Restless. *Canadian Review of Sociology and Anthropology* 25 (3): 406–420.

Riesman, David, Nathan Glazer & Reuel Denney

2001 [1950] *The Lonely Crowd: A Study of the Changing American Character*. New Haven: Yale University Press.

Rivers, William H. R.

1971 [1910] The Genealogical Method. In *Readings in Kinship and Social Structure*, N. Graburn, ed., pp. 52–59. New York: Harper & Row.

Rival, Laura

1998a Androgynous Parents and Guest Children: The Huaorani Couvade. *The Journal of the Royal Anthropological Institute* 4: 619–642.

1998c Trees, from Symbols of Life and Regeneration to Political Artefacts. In *The Social Life of Trees: Anthropological Perspectives on Tree Symbolism*, L. Rival, ed., pp. 1–36. Oxford: Berg.

Rival, Laura (ed.)

1998b *The Social Life of Trees: Anthropological Perspectives on Tree Symbolism*. Oxford: Berg.

Rosaldo, Michelle Z.

1974 Women, Culture and Society: A Theoretical Overview. In *Woman, Culture and Society*, M. Z. Rosaldo & L. Lamphere, eds., pp. 17–42. Stanford: Stanford University Press.

1980 *Knowledge and Passion: Ilongot Notions of Self & Social Life.* Cambridge: Cambridge University Press.

Rosaldo, Michelle Z. & Louise Lamphere (eds.)

1974 *Woman, Culture and Society.* Stanford: Stanford University Press.

Rosaldo, Renato

1980 *Ilongot Headhunting, 1883–1974: A Study in Society and History.* Stanford: Stanford University Press.

Rosch, Eleanor

1975 Cognitive Representations of Semantic Categories. *Journal of Experimental Psychology* 104: 192–233.

Rostow, W. W.

1960 *The Stages of Economic Growth: A Non-Communist Manifesto.* Cambridge: Cambridge University Press.

Roth, Paul A.

1989 Ethnography without Tears. *Current Anthropology* 30 (5): 555–569.

Sacks, Karen

1975 Engels Revisited: Women, the Organization of Production, and Private Property. *Toward an Anthropology of Women*, R. R. Reiter, ed., pp. 211–234. New York: Monthly Review Press.

Sahlins, Marshall

1960a Evolution: Specific and General. In *Evolution and Culture*, M. Sahlins et al., eds., pp. 12–44. Ann Arbor: The University of Michigan Press.

1960b Political Power and the Economy in Primitive Society. In *Essays in the Science of Culture*, R. Corneino & G. Dole, eds., pp. 390–415. New York: Crowell.

1963 On the Sociology of Primitive Exchange. In *The Relevance of Models for Social Anthropology*, M. Banton, ed., pp. 139–227. London: Tavistock Publications.

1969 Economic Anthropology and Anthropological Economics. *Social Science Information* 8 (5): 13–34.

1972 *Stone Age Economics.* New York: Aldine Publishing Company.

1976 *Culture and Practical Reason*. Chicago: University of Chicago Press.

1981 *Historical Metaphors and Mythical Realities: Structure in the Early History of the Sandwich Islands Kingdom*. Ann Arbor: University of Michigan Press.

1985 Other Times, Other Customs: The Anthropology of History. In *Islands of History*, M. Sahlins, pp. 32–72. Chicago: University of Chicago Press.

1991 The Return of the Event, Again. In *Clio in Oceania: Toward a Historical Anthropology*, A. Biersack, ed., pp. 37–100. Washington, D.C.: Smithsonian Institution Press.

1995 *How "Natives" Think: About Captain Cook, for Example*. Chicago: University of Chicago.

2000 Cosmologies of Capitalism: The Trans-Pacific Sector of "The World System". In *Culture in Practice: Selected Essays*, M. Sahlins, pp. 415–469. New York: Zone Books.

Salamone, Frank A.

1979 Epistemological Implications of Fieldwork and Their Consequence. *American Anthropologist* 81: 46–60.

Salisbury, Richard F.

1962 *From Stone to Steel: Economic Consequences of a Technological Change in New Guinea.* Melbourne: Melbourne University Press.

Sallnow, Michael J.

1981 Communitas Reconsidered: The Sociology of Andean Pilgrimage. *Man* 16 (1): 163–182.

1987 *Pilgrims of the Andes: Regional Cults in Cusco*. Washington, D.C.: Smithsonian Institution Press.

1989 Precious Metals in the Andean Moral Economy. In *Money and the Morality of Exchange*, J. Parry & M. Bloch, eds., pp. 209–231. Cambridge: Cambridge University Press.

Salmond, Anne

2000 Maori and Modernity: Ruatara's dying. In *Signifying Identities: Anthropological Perspectives on Boundaries and Contested Values*, A. P. Cohen, ed., pp. 37–58.

London: Routledge.

Sangren, P. Steven

1988 Rhetoric and the Authority of Ethnography: "Postmodernism" and the Social Reproduction of Texts. *Current Anthropology* 29 (3): 405–435.

Sassen, Saskia

2006 *Territory, Authority, Rights: From Medieval to Global Assemblages.* Princeton: Princeton University Press.

Schneider, David M.

1964 The Nature of Kinship. *Man* 64: 180–181.

1965 Some Muddles in the Models: Or, How the System really Works. In *The Relevance of Models for Social Anthropology*, M. Banton, ed., pp. 25–85. London: Tavistock Publications.

1967 Kinship and Culture: Descent and Filiation as Cultural Constructs. *Southwestern Journal of Anthropology* 23: 65–73.

1968 *American Kinship: A Cultural Account.* Englewood Cliffs: Prentice-Hall.

1969 Kinship, Nationality and Religion in American Culture: Toward a Definition of Kinship. In *Forms of Symbolic Action*, R. F. Spencer, ed., pp. 116–125. Seattle: The University of Washington Press.

1972 What is Kinship All about? In *Kinship Studies in the Morgan Centennial Year*, P. Reining, ed., pp. 88–112. Washington, D.C.: The Anthropological Society of Washington.

1984 *A Critique of the Study of Kinship.* Ann Arbor: The University of Michigan Press.

Schneider, David M. & Akitoshi Shimizu

1992 Ethnocentrism and the Notion of Kinship. *Man* (N.S.) 27 (3): 629–633.

Schneider, Jane & Peter Schneider

1976 *Culture and Political Economy in Western Sicily.* New York: Academic Press.

Schweitzer, Peter P.

2000 *Dividends of Kinship: Meanings and Uses of Social Relatedness.* London: Routledge.

Schweitzer, P. P. et al. (eds.)

2000 *Hunters & Gatherers in the Modern World: Conflict, Resistance, and Self-*

Determination. Oxford: Berghahn Books.

Scott, Alison MacEwen (ed.)

1986 Rethinking Petty Commodity Production. *Social Analysis* 203–117.

Segal, Daniel A. & Richard Handler

1992 How European Is Nationalism? *Social Analysis* 32: 1–15.

Sennett, Richard

1998 *The Corrosion of Character: The Personal Consequences of Work in the New Capitalism.* New York: W. W. Norton & Company.

2006 *The Culture of the New Capitalism.* New Haven: Yale University Press.

Severi, Carlo

2004 Capturing Imagination: A Cognitive Approach to Cultural Complexity. *Journal of Royal Anthropological Institute* 10: 815–838.

Sharp, Lauriston

1953 Steel Axes for Stone-age Australians. *Human Organization* 11: 17–22.

Shimizu, Akitoshi（清水昭俊）

1991 On the Notion of Kinship. *Man* (N.S.) 26 (3): 377–403.

Shorter, Aylward

1972 Symbolism, Ritual and History: An examination of the work of Victor Turner. In *The Historical Study of African Religion: With Special Reference to East and Central Africa*, T. O. Ranger & I. N. Kimambo, eds., pp. 139–149. London: Heinemann.

Silverblatt, Irene

1987 *Moon, Sun, and Witches: Gender Ideologies and Class in Inca and Colonial Peru.* Princeton, Princeton: Princeton University Press.

Simmel, Georg

1990 *The Philosophy of Money*. London: Routledge.

Skinner, Quentin (ed.)

1985 *The Return of Grand Theory in the Human Sciences.* Cambridge: Cambridge University Press.

Spencer, Jonathan

1989 Anthropology as a Kind of Writing. *Man* (N.S.) 24: 145–164.

Sperber, Dan

1985 Anthropology and Psychology: Towards an Epidemology of Representation. *Man* (N.S.) 20 (1): 73–89.

Spyer, Patricia (ed.)

1998 *Border Fetishisms: Material Objects in Unstable Spaces.* New York: Routledge.

Stearns, Carol Z. & Peter N. Stearns

1986 *Anger: The Struggle for Emotional Control in America's History.* Chicago: University of Chicago Press.

Steward, Julian H.

1955 *Theory of Culture Change: The Methodology of Multilinear Evolution.* Urbana: University of Illinois Press.

1977 *Evolution and Ecology: Essays on Social Transformation.* Urbana: University of Illinois Press.

Stewart, Michael

1997 *The Time of the Gypsies.* Boulder, Colo.: Westview Press.

Stocking, George W.

1983 The Ethnographer's Magic: Fieldwork in British Anthropology from Tylor to Malinnowski. In *Observers Observed: Essays on Ethnographic Fieldwork*, G. W. Stocking, ed., pp. 70–120. Madison: University of Wisconsin Press.

Stone, Linda (ed.)

2001 *New Directions in Anthropological Kinship.* Lanham: Rowman & Littlefield Publishers.

Strathern, Andrew

1973 Kinship, Descent and Locality: An Africanist View. In *The Character of Kinship*, J. Goody, ed., pp. 21–33. Cambridge: Cambridge University Press.

Strathern, Marilyn

1980 No Nature, No Culture: The Hagen case. In *Nature, Culture and Gender,* C. MacCormack & M. Strathern, eds., pp. 174–222. Cambridge: Cambridge University Press.

1981 Culture in a Netbag: The Manufacture of a Subdiscipline in Anthropology. *Man* (N.S.) 16 (4): 665–688.

1987 Out of Context: The Persuasive Fictions of Anthropology. *Current Anthropology* 28 (3): 251–281.

1988 *The Gender of the Gift: Problems with Women and Problems with Society in Melanesia.* Berkeley: University of California Press.

1990 Artefacts of History: Events and the Interpretation of Images. In *Culture and History in the Pacific*, J. Siikala, ed., pp. 25–44. Helsinki: The Finnish Anthropological Society.

2005 *Kinship, Law and the Unexpected: Relatives Are Always a Surprise.* Cambridge: Cambridge University Press.

Strauss, Claudia & Naomi Quinn

1997 *A Cognitive Theory of Cultural Meaning.* Cambridge: Cambridge University Press.

Sumner, William G. & Albert G. Keller

1927 *The Science of Society.* New Haven: Yale University Press.

Tambiah, Stanley J.

1976 *World Conqueror and World Renouncer: A Study of Buddhism and Polity in Thailand Against a Historical Background.* Cambridge: Cambridge University Press.

1985a The Galactic Polity in Southeast Asia. In *Culture, Thought, and Social Action: An Anthropological Perspective*, S. J. Tambiah, pp. 252–286. Cambridge, Mass.: Harvard University Press.

1985b A Performative Approach to Ritual. In *Culture, Thought, and Social Action: An Anthropological Perspective*, S. J. Tambiah, pp. 123–166. Cambridge, Mass.: Harvard University Press.

Taussig, Michael

1980 *The Devil and Commodity Fetishism in South America.* Chapel Hill: University of North Carolina.

1987 *Shamanism, Colonialism, and the Wild Man: A Study in Terror and Healing.* Chicago: University of Chicago Press.

1997 *The Magic of the State.* London: Routledge.

Terray, Emmanuel

1972 *Marxism and "Primitive" Societies.* New York: Monthly Review Press.

1974 Long-distance exchange and the formation of the state: the case of the Abron Kingdom of Gyaman. *Economy and Society* 3 (3): 315–345.

1975 Classes and Class Consciousness in the Abron Kingdom of Gyaman. In *Marxist Analysis and Social Anthropology*, M. Bloch, ed., pp. 85–135. London: Malaby Press.

Thomas, Nicholas

1989 *Out of Time: History and Evolution in Anthropological Discourse*. Cambridge: Cambridge University Press.

Thomas, Philip

2002 The River, the Road, and the Rural-Urban Divide: a postcolonial moral geography from Southeast Madagascar. *American Ethnologist* 29 (2): 366–391.

Thompson, E. C.

2003 Malay Male Migrants: Negotiating Contested Identities in Malaysia. *American Ethnologist* 30 (3): 418–438.

Todorov, Tzvetan

1984 *The Conquest of America: The Question of the Other*. New York: Harper & Row.

Tonkin, Elizabeth et al. (eds.)

1989 *History and Ethnicity*. London: Routledge.

Tsing, Anna L.

1993 *In the Realm of the Diamond Queen: Marginality in an Out-of-the-Way Place*. Princeton: Princeton University Press.

Turnbull, Colin M.

1972 *The Mountain People*. New York: Simon and Schuster.

Turner, Bryan S.

1974 *Weber and Islam: A Critical Study*. London: Routledge & Kegan Paul.

Turner, Victor

1967a *The Forest of Symbols: Aspects of Ndembu Ritual*. Ithaca: Cornell University Press.

1967b Muchona the Hornet, Interpreter of Religion. In *The Forest of Symbols: Aspects of Ndembu Ritual*, V. Turner, pp. 131–150. Ithaca: Cornell University Press.

1968 *The Drums of Affliction: A Study of Religious Processes among the Ndembu of*

Zambia. Ithaca: Cornell University Press.

1969 *The Ritual Process: Structure and Anti-Structure.* Ithaca: Cornell University Press.

Turner, Victor W. & Edward M. Bruner (eds.)

1986 *The Anthropology of Experience.* Urbana: University of Illinois Press.

Turner, Victor & Edith Turner

1978 *Image and Pilgrimage in Christian Culture: Anthropological Perspectives.* Oxford: Basil Blackwell.

Tylor, Edward B.

1958 [1871] *Primitive Culture.* New York: Harper.

Ulin, Robert C.

1984 *Understanding Cultures: Perspectives in Anthropology and Social Theory.* Austin: University of Texas Press.

1991 Critical Anthropology Twenty Years Later: Modernism and Postmodernism in Anthropology. *Critique of Anthropology* 11 (1): 63–89.

van Velsen, J.

1964 *The Politics of Kinship: A Study in Social Manipulation among the Lakeside Tonga of Malawi.* Manchester: Manchester University Press.

Vermeulen, Hans & Coro Govers (eds.)

1994 *The Anthropology of Ethnicity: Beyond "Ethnic Groups and Boundaries".* Amsterdam: Het Spinhuis.

Wallerstein, Immanuel

1976 *The Modern World-System I: Capitalist Agriculture and the Origins of the European World-Economy in the Sixteenth Century.* New York: Academic Press.

1979 *The Capitalist World-Economy: Essays.* Cambridge: Cambridge University Press.

1980 *The Modern World-System II: Mercantilism and the Consolidation of the European World-Economy, 1600–1750.* New York: Academic Press.

Waterson, Roxana

1990 *The Living House: An Anthropology of Architecture in Southeast Asia.* Oxford: Oxford University Press.

Weber, Max

1946 Science as a Vocation. In *From Max Weber: Essays in Sociology*, H. H. Gerth & C.

Wright Mills, trans. & eds., pp. 129–156. New York: Oxford University Press.

1978 *Economy and Society.* Vol. One & Two. Berkeley: University of California Press.

Weiner, Annette & Jane Schneider (eds.)

1989 *Cloth and Human Experience.* Washington: Smithsonian Institution Press.

Weston, Kath

1991 *Families We Choose: Lesbians, Gays, Kinship.* New York: Columbia University Press.

White, Hayden

1973 *Metahistory: The Historical Imagination in Nineteenth-Century Europe.* Baltimore: The Johns Hopkins University Press.

White, Leslie A.

1949 *The Science of Culture: A Study of Man and Civilization.* New York: Farrar, Straus and Giroux.

1975 *The Concept of Cultural Systems: A Key to Understanding Tribes and Nations.* New York: Columbia University Press.

Whitehouse, Harvey

2000 *Arguments and Icons: Divergent Modes of Religiosity.* Oxford: Oxford University Press.

Whiting, John & Irving Child

1953 *Child Training and Personality: A Cross-cultural Study.* New Haven: Yale University Press.

Wikan, Unni

1990 *Managing Turbulent Hearts: A Balinese Formula for Living.* Chicago: University of Chicago Press.

Wilk, Richard R.

1996 *Economies and Cultures: Foundations of Economic Anthropology*. Boulder: Westview Press.

Williams, Raymond

1977 *Marxism and Literature*. Oxford: Oxford University Press.

Wilson, Bryan R. (ed.)

1970 *Rationality.* Oxford: Basil Blackwell.

Winch, Peter

1958 *The Idea of a Social Science and its Relation to Philosophy.* London: Routledge & Kegan Paul.

Wolf, Eric R.

1955 Types of Latin American Peasantry: A Preliminary Discussion. *American Anthropologist* 57: 452–471.

1966 *Peasants*. Englewood Cliffs: Prentice-Hall.

1969 *Peasant Wars of the Twentieth Century.* New York: Harper & Row.

1982 *Europe and the People without History*. Berkeley: University of California Press.

1990 Facing Power: Old Insights, New Questions. *American Anthropologist* 92: 586–596.

1999 *Envisioning Power: Ideologies of Dominance and Crisis.* Berkeley: University of California.

Woodburn, James

1979 Minimal Politics: The Political Organization of the Hadza of North Tanzania. In *Politics in Leadership: A Comparative Perspective*, W. A. Shack & P. C. Cohen, eds., pp. 244–264. Oxford: Clarendon Press.

1982 Egalitarian Societies. *Man* (N.S.) 17 (3): 431–451.

Worsley, Peter

1956 The Kinship System of the Tallensi: a Revaluation. *Journal of the Royal Anthropological Institute* 86: 37–78.

Yan, Yunxiang（閻雲翔）

1996 *The Flow of Gifts: Reciprocity and Social Networks in a Chinese Village.* Stanford: Stanford University Press.

Yang, Mayfair Mei-hui（楊美惠）

1994 *Gifts, Favors, and Banquets: The Art of Social Relationships in China.* Ithaca: Cornell University Press.

Zonabend, Francoise

1984 *The Enduring Memory: Time and History in a French Village*. Manchester: Manchester University Press.

泰雅族

王梅霞／著

泰雅族最重要的文化核心觀念之一——gaga，字面意義是「祖先流傳下來的話」，透過gaga的實踐，不同層次的「社會範疇」在不同情境中被同時或分別強調；每個人可以從不同來源分享、交換或學習到不同的gaga，在建立其自我認同的過程中，也不斷重新界定其社會關係。本書深入探討泰雅文化，凸顯當地人在社會變遷的過程中，如何透過其獨特的文化意象來理解變遷及創造意義。

鄒族

王嵩山／著

鄒族自稱“tsou”，也就是「人」，在鄒族傳說中，他們是天神用楓葉造成的。鄒族也是最早到達臺灣的原住民族群之一，而鍾靈毓秀的阿里山就是他們主要的家園。為保留傳統文化，鄒人通過戰祭或小米收穫儀式的象徵性整合，確定彼此的血緣規範，維繫文化認同與一體情感。鄒人在傳統與現代之間找尋平衡，且看他們如何走出屬於自己的一片新天地。

雅美族

余光弘／著

居住在蘭嶼島上的雅美族，也有人說應該叫「達悟族」，在碧海藍天中追逐飛魚，種植水芋與甘藷維生，過著與世無爭的生活。他們是臺灣原住民族中唯一不釀酒、不獵人頭、也不使用弓箭的民族。本書作者長期與雅美族共同生活，由人類學的角度去探究雅美族的文化與儀禮，從他們的建築形式、飛魚祭典、對神靈的態度等，呈現雅美族的獨特面貌。

排灣族

譚昌國／著

活躍於臺灣南端大武山脈的排灣族，他們的一生離不開家，家是他們最深刻的情感之所在。本書展現排灣人從戀愛、結婚到成家的過程，強調了他們重視家名的延續和家屋的維護。作者進一步深入探究排灣族的階層制，由舉目可見的器物到深層的觀念，由核心的家到廣大的部落與山林，階層的價值和精神貫穿了排灣族文化的方方面面。

賽夏族

胡家瑜／著

賽夏族長期在不同人群競合與政經情勢快速變化下，發展出超越部落層次的族群認同，展現獨特的凝聚力和強烈的集體意識。本書深入淺出地說明賽夏社會建構的機制，與併納多元文化的特性。同時，凸顯出賽夏人轉化外界矛盾衝擊的智慧。透過本書，不但可以理解賽夏社會動態建構的過程，也可以重新思考跨越時空變動的文化生命力。

卑南族

陳文德／著

卑南族位處東部一隅，長期以來與外來政權有著密切關係，是臺灣原住民族當中最能接受外來文明的族群，被清廷視為「東藩屏障」、「能以漢法變番俗」、「居近漢人、略通人性」，是日人眼中「近於文明的族群」。本書嘗試綜合以往的研究成果，以深入淺出的方式勾勒這個族群社會文化的整體性面貌。

阿美族

黃宣衛／著

本書由人類學的角度切入，觀察阿美族傳統社會文化獨特的形態，反映人類適應環境時的種種可能性。另一方面，當面對世界性資本主義、國家行政體制等影響時，阿美社會文化的變遷、持續、轉化與創新等現象，也有其特殊意義。因此，當我們思索人類將何去何從，或者探討臺灣社會的未來發展趨向時，相信阿美族的故事可以提供一些素材，為我們注入更豐富、多元的想像空間。

布農族

黃應貴／著

布農族是臺灣原住民當中，居住地最高、最擅長打獵、又最喜歡作夢的民族，也是四處遷移而活動力最大的民族。本書從布農人對人的看法等文化分類概念著手，重新詮釋布農族傳統社會文化的特色，進而說明他們在現代化的歷史社會條件下，如何理解現代化的各種主要力量，並創造出自身新的社會文化傳統。

蠻子、漢人與羌族

王明珂／著

本書描述近百年來，在國家的民族政策下，許多蠻子、爾瑪與漢人成為羌族的過程；以及在羌族認同下，人們如何重塑本族歷史或神話、建構本土文化。羌族是一面誠實的鏡子，映照著我們所熟悉、信賴的「族群認同」與「歷史」的建構過程，以及此一過程中的荒謬與想像。人類學者所描述的土著文化，不只存在於千里外的山之巔、海之涯，我們也生活在土著文化之中。

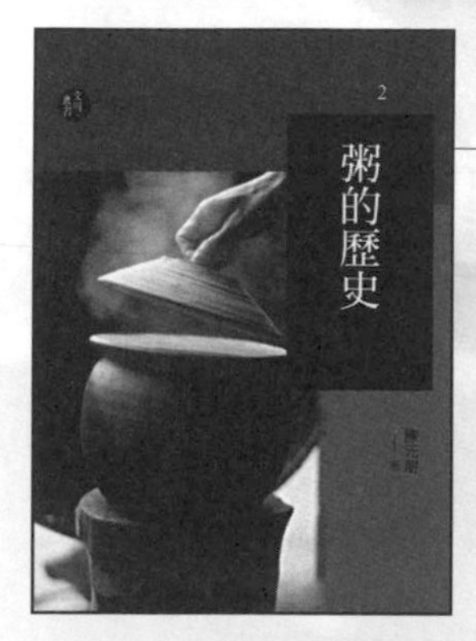

粥的歷史

陳元朋／著

一碗粥，可能是都會男女的時髦夜點，也可能是異國遊子的依依鄉愁；可以讓窮人裹腹、豪門鬥富，也可以是文人的清雅珍味、養生良品。一碗粥裡面有多少的歷史？喝粥，純粹是為口腹之慾，或是文化的投射？本書談粥的歷史，從糧食的種類到粒實的烹調，再到食物形象的賦予，反映我們身處的文化中人們與食物的互動關係。

國家圖書館出版品預行編目資料

反景入深林：人類學的觀照、理論與實踐／黃應貴著.——二版一刷.——臺北市：三民，2021
面； 公分.——（人類學與社會文化叢書）

ISBN 978-957-14-7035-1（平裝）
1. 社會人類學 2. 文化人類學

541.3 109018461

人類學與社會文化叢書
反景入深林——人類學的觀照、理論與實踐

主　　編　黃應貴
作　　者　黃應貴
編輯委員　王銘銘　林開世　林淑蓉　蕭鳳霞

發 行 人　劉振強
出 版 者　三民書局股份有限公司
地　　址　臺北市復興北路 386 號 (復北門市)
　　　　　臺北市重慶南路一段 61 號 (重南門市)
電　　話　(02)25006600
網　　址　三民網路書店 https://www.sanmin.com.tw

出版日期　初版一刷 2008 年 6 月
　　　　　二版一刷 2021 年 5 月
書籍編號　S790020
I S B N　978-957-14-7035-1